清风皓月满庭芳

纪念
欧阳清先生

《清风皓月满庭芳》编委会　编

中国财经出版传媒集团
中国财政经济出版社

图书在版编目（CIP）数据

清风皓月满庭芳：纪念欧阳清先生／《清风皓月满庭芳》编委会编. --北京：中国财政经济出版社，2023.6

ISBN 978-7-5223-2303-9

Ⅰ.①清… Ⅱ.①清… Ⅲ.①欧阳清—纪念文集 Ⅳ.①K825.31-53

中国国家版本馆 CIP 数据核字（2023）第 101915 号

责任编辑：马　真　　　　责任校对：张　凡

封面设计：陈宇琰　　　　责任印制：党　辉

清风皓月满庭芳——纪念欧阳清先生

QINGFENG HAOYUE MANTINGFANG

JINIAN OUYANGQING XIANSHENG

中国财政经济出版社 出版

URL：http：//www.cfeph.cn

E-mail：cfeph@cfeph.cn

社址：北京市海淀区阜成路甲 28 号　邮政编码：100142

营销中心电话：010-88191522

天猫网店：中国财政经济出版社旗舰店

网址：https：//zgczjjcbs.tmall.com

北京时捷印刷有限公司印刷　各地新华书店经销

成品尺寸：170mm×240mm　16 开　27.5 印张　414 000 字

2023 年 6 月第 1 版　2023 年 6 月北京第 1 次印刷

定价：92.00 元

ISBN 978-7-5223-2303-9

（图书出现印装问题，本社负责调换，电话：010-88190548）

本社质量投诉电话：010-88190744

打击盗版举报热线：010-88191661　QQ：2242791300

前言

本书为缅怀、纪念欧阳清先生而作，书名出自苏轼《清风皓月满庭芳》。清风皓月，取之于先生的名字，亦是先生清廉、高洁、磊落，一生甘当“送暖人”“提灯人”的真实写照。满庭芳，寓意先生桃李天下，高足满园，和乐融融。

先生是我国著名会计学家和教育家，新中国成本会计学科的重要开创者、经济活动分析学科的关键领军人、东北财经大学会计学科的卓越奠基人，为我国成本会计与成本管理改革，经济活动分析的创新与发展，东北财经大学会计学科的建立、完善、改革、发展和腾飞都作出了巨大贡献。先生先后荣获全国劳动模范、全国优秀教师、全国五一劳动奖章、国务院政府特殊津贴专家等荣誉称号，堪称师者典范，人生楷模。

本书分五个部分，第一部分“清风劲节：先生传记”，从少年求学、东财工作和退休生活三个时段概略记述了先生追求进步、追求真理、追求卓越的一生；第二部分“皓月呈辉：先生学术与教育思想”，系统整理了先生的学术思想、教育思想、重要学术观点和主要学术成果；第三部分“穆如清风：缅怀先生”，选登了先生同行、同事、学生、亲友和家人对先生的回忆和缅怀文章；第四部分“月朗风清：先生生平、年谱”，收录了先生的生平、年谱、获奖情况，以及有关先生的报道文章；第五部分“清风月影：先生珍贵瞬间”

主要以照片的形式展示了先生各个不同时期参加教学、科研、社会实践活动、文娱休闲活动，与家人、同事、学生、同学的合影。

本书由《清风皓月满庭芳》编委会组织编写。第一部分由刘永泽、孙光国、陈文铭、朱金玉撰稿，由刘永泽负责总纂；第二部分由张先治、万寿义、秦志敏、刘继伟、崔刚撰稿，由张先治负责总纂；第三部分收录了赵德武、王振武、周金珍、董大胜、刘永泽、金宗项、万寿义、陈福义、陈友邦、毛岩亮、张先治、张明明、刘明辉、杨雄胜、栾甫贵、秦志敏、陈文铭、郑海英、工会 81－2 班、刘继伟、余俊仙、邵敏、张生权、王鹏程、王玉红、曹利、陆建桥、胡建雄、孙光国、孔繁国、郭永清、李连军、刁志波、孔庆春、杨洋、杨海英、崔刚、丁增稳、赵合喜、刘春梅、陈薇、纪玮、乔剑、徐彬炎、欧阳宁、欧阳祖浩、牛彦秀、欧阳安琪等同行、同事、弟子、亲友撰写的缅怀和纪念文章，由牛彦秀负责总纂；第四部分由刘明辉、陈友邦、牛彦秀撰稿和整理，由刘明辉负责总纂；第五部分由王玉红收集、整理和编撰。刘明辉负责全书的整体策划、体例统筹和审校定稿工作。

本书的出版经费由先生的弟子及家人集体承担（个人自愿捐款以不超过叁仟元人民币为限），欧阳祖浩、牛彦秀、欧阳宁、欧阳静、孙旭春、余俊仙、傅荣、刘春梅、杨云飞、刘明辉、王玉红、孔繁国、万寿义、左吉贵、刁志波、田峰艺、唐丽茹、张先治、杨海英、陈岩、宁雁、曹利、王鹏程、孔庆春、崔刚、李连军、陈文铭、张南昌、张明明、秦志敏、刘继伟、王福胜、杨雄胜、郭永清、党英、陆建桥、张生权、邵敏、刘永泽、陈友邦、郭涛、郑海英、陈玲、田雍、毕华书、杨洋、陈继壮、傅丹、王觉、毛岩亮、董大胜、樊清玉、欧阳安琪、胡建雄、郑季恒、孙光国、栾甫贵、夏博辉、刘行、杜莹、刘立国、肖欣、方红星、任月君、杜婷婷等 65 人为本书捐款，总计金额 164500 元整，全部用于本书的出版发行。

本书编写过程中，东北财经大学、复旦大学、上海国家会计学院、先生的家人、辽宁省财政厅刘琪瑶、中国财政经济出版社樊清玉、首都经济贸易大学出版社乔剑等给予了大力支持和帮助。在此，我们表示衷心的感谢！

《清风皓月满庭芳》编委会

2023 年 4 月 15 日

目 录

第一部分

清风劲节：先生传记

2022 年 11 月 8 日，我们敬爱的人生导师、学业恩师欧阳清先生永远地告别了他毕生挚爱的会计学教学与科研事业，在上海仙逝，享年 92 岁。

先生高山仰止的品行、兼容并蓄的胸怀、注重传道授业的教育理念及谦逊温和的待人之道，让先生成为众多弟子生命中的灯塔；先生爱生如子、大爱无言的育人情怀、慎思明辨、砥砺完美的学术品格以及只讲奉献、不计索取、满满正能量的立身操守，更让先生成为众多弟子的师表典范。缅怀先生的最好方式就是追忆其人生经历、理解其学术思想并加以继承和发扬光大。

第一节　青葱岁月——先生的求学之路[①]

先生的一生，有岁月静好也曾历喧嚣时年，似是一本书，读之不倦。生逢乱世，却能立一生之梦，少年伊始，就孕育了一生的高贵品行。

一、人杰地灵、贤才辈出

1930 年 7 月 20 日，先生于福建省福州市三坊七巷的衣锦坊“欧阳祖屋”中呱呱落地。先生的出生，不仅为欧阳家族添丁进口，同时也为我国未来会计学界孕育了一代名师。先生的祖父欧阳琮、父亲欧阳崐、母亲张宛冬，兄弟姊妹六人，先生排行第三。

福建省，历史上是“海上丝绸之路”“郑和下西洋”等重要文化发源地和商贸集散地。到宋元时期，随着对外贸易的发展，加之大量文人南迁，福建成为当时经济最发达、文化最兴盛的地区之一，博得了“海滨邹鲁”的美誉。

福州这片福域宝地孕育了一代又一代的民族精英、学者大儒，如宋代理学家杨时、朱熹，文学家柳永，史学家郑樵，书法家蔡襄，清代民族英雄林则徐、船政之父陈绍宽、西学泰斗严复，近代民主革命家黄忠炳、辛亥革命元老林森、共产党工运领袖林祥谦、爱国华侨陈嘉庚、文学家冰心、文化骄子郑振铎、数学大家陈景润等。浓厚的教育和读书氛围，让这块土地钟灵毓秀、人杰地灵。欧阳清先生就出生在这块有福之地——福州，并从父母的血脉和先辈思想中传承了闽南人的传统与文化。

① 本节由刘永泽、孙光国、陈文铭、朱金玉撰稿，刘明辉校审。

二、辗转求学、世事维艰

先生青少年求学期间，适逢战乱，几次濒临无书可读之境，但先生求知若渴，虽颠沛流离，一直坚守、心无旁骛，遍览群书，积累了渊博的文化底蕴，也为先生步入教学生涯后的教学科研工作奠定了坚实的基础。

1936 年 9 月，先生到了上学年龄，为了能够受到良好的教育，母亲携其赴上海，入读当时教会学校——上海圣德小学。1937 年 7 月，卢沟桥“七七事变”后，日本军国主义大举入侵我中华大地，铁蹄长驱南下，上海沦陷。很多仁人志士“宁当刀下鬼，不做亡国奴”，在这种不愿做亡国奴思想的感召下，先生的父亲欧阳崐毅然决定让家眷回到福州以躲避当时的战乱，自己则随国民政府撤到重庆组织抗日活动。

1937 年底，先生进入福州陶淑小学继续读书。从 1939 年底始，先生先后转学于陶淑小学、苓后小学、英华小学就读，并于 1943 年 6 月于道山小学毕业。

中学阶段，母亲打算让先生报考福州教学质量相对较好的县立中学。可先生有自己的打算，因为县立中学在闽侯县尚干镇，离家距离较远（大约二十多公里），需要住校；而先生心仪拟报考福州市区一所私立学校，自己就可以一边求学，一边帮助母亲料理家务。最终母亲还是坚持让先生报考了教学质量较好的福州闽侯县立初级中学。

1943 年 9 月，先生以优异的成绩升入闽侯县尚干镇的福州闽侯县立初级中学，踏上了中学求学之路。学校地处福州市区西北部，背靠峻峭的五虎山，与先生家所在的马尾镇隔江相望。由于当时的交通条件所限，短短二十多公里，需要乘坐一个小时马车、三个多小时轮船才能抵达学校，这种艰辛可见一斑。

闽侯县立中学系公立学校，师资水平很高，教学秩序井然。在这个良好的学习环境和氛围中，先生充分利用优秀的教学条件和资源，投入全部精力汲取各种知识。1944 年 10 月，福州被日军全面侵占，上级决定将学校转移到闽侯县西边山区永泰县。于是，在夏季的一个黎明，几百名初中生，背着行囊，艰难地攀爬在五虎山峻峭的羊肠小道上，白天行路，夜宿难民所，第二天继续行走，历经各种艰难最后到达永泰县南大樟溪边一座破旧大院，即新校址，先生那年十四岁。

到达新校址时，已入深秋，天气转凉。因转迁途中被褥丢失，先生只好和同学合盖一床被，睡在地板上。不久，先生又和母亲失去了联系，失去了经济来源。为求学，先生毅然卖掉随身所带物品，继续艰难的求学之路。

1945 年 5 月，福州解放，先生与其他师生一道返回闽侯旧校址。当时，日军掠夺后的福州及其周边地区的经济环境非常恶劣，学校师生的生活条件十分艰苦，然而，先生依然求学不倦，孜孜以求，克服重重困难完成初中学业，于 1946 年 6 月从闽侯县立初级中学顺利毕业。

三、母爱伟大、塑造人格

先生幼时基本是跟着母亲张宛冬在福州生活。当时家里的经济条件并不是很好，加上孩子众多，所有开支都靠着父亲的薪水过活，可以想见先生幼年的生活并不是十分富裕，幸好有母亲勤俭操持家务，打理日常各项开支，生活还算过得去。

先生的母亲是一位勤劳、善良，且接受过新思想、新教育的时代女性，早年在新学师范学校就读过，明白知识对孩子未来成长的重要性。虽然家境贫寒，她依然尽己所能创造条件让几个孩子早早地接受了启蒙教育，为孩子们的日后成长打下了良好的基础。自己则一个人默默地承担了所有的家务，这在当时夫妻分离、战乱动荡的困境下实属不易。

1937 年底，先生随母亲回到福州之后，便与撤退到重庆的父亲失去了联系，家里因此断了经济来源。此时，母亲上有婆婆需要照料，下有六个孩子需要抚养，生活极为艰难。面对这种情况，母亲没有退缩，没有埋怨丈夫，而是扛起了家庭营生的重担。她先是典卖掉了丈夫收藏的几瓶国外红酒，以应付眼前的困局，然后又典当了一些自己陪嫁过来的家具，以维持家里的日常开销。等孩子们陆续入学以后，她又联合妯娌们在老家开办了一家手工纺纱工厂，虽然规模较小，但还好基本能够维持孩子的学费和家用。

母亲不仅尽可能地给孩子们提供有营养的食物，还给孩子们织毛衣、做衣服。此外，母亲还时常教导先生要勤俭、整洁，注意仪表。良好的家教与生活习惯影响着先生的一生，先生在着装方面非常注重仪表，总是穿戴整齐、干净，还一度被人认为是富家子弟。良好的家庭熏陶也让先生慢慢表现得比同龄孩子更为成熟，懂得生活的艰辛，学会感恩，经常帮母亲做一些力所能及的家务，分担生活压力。

母亲深知知识的重要性，格外重视孩子的教育问题。先生的小学是在不断地转学过程中读完的，而且各个学校距家的距离有远有近。即便是这样，不管家务多繁忙，母亲都会经常邀请老师家访以了解孩子的学习情况。

在课堂之外，母亲也是利用各种方式检查先生对所学课程的掌握情况。每天放学后，母亲都会督促先生做作业，还时不时自己出题考核先生对当天所学内容的理解程度。为了能够帮助先生更好地提高学习成绩，母亲还为先生聘请了家庭教师，这种做法在当时是比较超前的。

贤惠的母亲从思想层面、学习层面和心理层面，塑造了先生坚毅沉稳的心理人格。先生非常理解母亲的良苦用心，也非常珍惜学习的机会，一直勤奋、刻苦，成绩不仅在同族的孩子中是最好的，在几所学校的同学中也始终名列前茅。

四、初涉会计、一生追求

1946 年 6 月，先生从福州闽侯县立初级中学毕业，面临着读高级中学还是考中专的人生选择。读高中能够升大学，这是先生一直的心愿，只是大学学费高昂；读中专，不仅能够早日工作，而且学费较低，距离家乡也近。思虑再三，也是受到姐姐的影响，先生决定报考福建省立高级商业职业学校，就读会计专业，从此与会计结下了一生的不解之缘。

在福建省立高级商业职业学校学习期间，先生专业课成绩十分优异。当时，成本会计课本身相对枯燥，同学们对成本会计课程的学习均感觉十分吃力。任课教师陈奋老师在授课过程中理论联系实际，深入浅出，还不时穿插一些财会小故事，深受学生的喜爱，同学们的学习也变得轻松起来。陈奋老师的启发式、案例式教学方法的运用对先生学习和研究产生了重要的影响，也为先生后期的专业研究奠定了基础，特别是陈奋老师的“理论联系实际”的教学实践影响了先生一生。

新中国成立前，陈奋老师移居台湾，先生与之失去了联系。后期，台湾地区管理会计协会邀请早已成为全国著名财会专家的先生前去访问，在交流会上拜会了在大学任教的陈奋教授。当时先生将自己撰写的两本专业书籍介绍给陈奋老师，书籍内容正是陈奋老师当年讲授的成本会计内容，陈奋老师看到学生欧阳清带来的自己编著的会计方面的专业书籍，甚是欣慰。

新中国成立前夕，浙江、福建等沿海省份的局势变得更加紧张起来。这一时期，先生深刻洞察到知识对未来国家建设的重要性，因而更加努力，不受外界影响，利用各种机会学好专业课，掌握报效祖国的本领。

1949 年 6 月，先生正式从福建省立高级商业职业学校毕业，暂留福州。这时，远在台湾的堂弟写信来，希望先生能去台湾帮他补习功课，先生再次面临着人生的抉择。

当时，先生的叔叔任国民党左营海军基地司令，完全有能力让他前往台湾。可此时的先生已经了解了国民党军队的溃败，也深刻认识到了国民党政府的腐败，他深知此时去往台湾必定没有前途，而全中国的胜利在望，大陆各个地区百废待兴，正是需要人才的时候，所以先生毅然选择留在大陆，为建设百废待兴的祖国服务。

1949 年 8 月，福州解放，先生启程前往上海，与父母团聚，并准备参加大学招生考试。可由于局势混乱，福州到上海的道路已经无法通行，先生从福州出发，坐货车经古田、武夷山到达江西上饶，然后转乘火车，经杭州，最后到达上海。不足 800 公里的路程，先生用了整整六天时间，无奈错过了当年国立大学的招生考试的时间。同年 9 月，先生参加了上海私立光华大学的考试，顺利考入该学校。在光华大学的第一年，虽然是半工半读，但先生的学习却从未耽误。当时光华大学教学使用的是从西方国家引进的全英文会计教材，这为先生后来的学习、工作、科研奠定了扎实的英文基础。

1950 年暑假期间，先生参加了上海学联组织的社会调查活动，活动中得知国立商学院（今上海财经大学前身）招收转校生，先生果断报名并考上了保险系。在国立商学院读书期间，先生在报纸上偶然看到自己一直倾慕的复旦大学正在招收工商管理专业转校生的信息，又决定报考复旦大学。

当时，报考的学生非常多，但复旦大学只招收 4 名学生。先生以第一名的成绩考入复旦大学工商管理系，这得益于先生在光华大学打下的扎实的会计和英文基础。先生非常珍惜在复旦大学的学习机会，正如先生后来的回忆所说："我能在复旦读书，可谓一波三折。我的第一所大学是上海光华大学，后又考入国立商学院（即上海财经大学的前身）。之后适逢复旦开始招生，再次报考并以优异的成绩被录取，成为新中国成立后的第一批复旦人。可以说，我是幸运的，我终于走进知名大学的校门了，而每当我走进大学校门，都有一种强烈的愿望：把握来之不易的机会，珍惜宝贵的时光，读最好的大学，做最优秀的学生。"

五、良师益友、莫逆之交

在复旦大学学习期间，有两个人对先生的影响巨大，一是教授成本会计的何士芳教授。何士芳教授曾在金陵大学、四川大学、齐鲁大学等多所大学任教，后来到复旦大学任教。先生曾回忆："何教授没有留洋背景，属于自学成才的本土专家，但是他留给人的印象非常深刻。当时他教我成本会计，用的教材是翻译的劳氏成本会计。他虽然是用国外的教材，但从不照本宣科，而是非常善于联系中国实际。"

何士芳教授要求学生们直接到工厂车间调研。有一次，去到一家纺织厂，先生勤学好问，就问厂里的接待人员："每个月什么时候能报出成本呢？"工厂人员回答说大约二十天（即每月的 20 日）。先生不禁吃惊道："这简直太慢了，上个月的成本要这个月过了一多半才能报出来，这得影响多少工作?!"接待人员却说："我们计算成本很复杂，是连续性结转计算，要这个车间算完了才能转到下个车间，下个车间结转后才能计算再下个车间，所以需要这么长时间。"先生当时就想："成本核算需要这么长时间，能不能改革呢？能不能提高效率呢？"当时先生就在心里打了一个问号，这为先生以后在成本核算改革方面作出卓越贡献埋下了伏笔。

1959 年，先生与何士芳教授在辽宁商学院任教，两人竟然又成了同事，这让先生感到既惊喜又亲切。后来，何士芳教授在北方过不惯，又调到南京工业大学。虽然分隔两地，但两人一直都有联系。先生到南京调研时，还特地去何教授家拜访。何士芳教授对先生影响和启发最大的就是讲课和研究一定要注意理论联系实际的做法，这奠定了先生一生从事研究工作的理论基调。

另一位在复旦大学学习期间，对先生影响巨大的就是当时在学生会工作的李岚清同学。考入复旦大学的第一年，渴望求知的先生每天只顾埋头读书，由于是走读，除了上课外，很少有时间待在校园里，与同学们接触较少，基本上参加学校活动也不多。1951 年，先生和李岚清住在了同一个宿舍，先生在上铺，李岚清睡下铺。在和李岚清的朝夕相处中，他们互相帮助，互相鼓励，追求思想进步，关心国家大事，积极参加集体活动和社会活动。

先生在校学习非常用功，当时有会计习题课，他每次都是第一个做完，第一个交卷。由于成绩优秀，先生很快就做了人事管理课程的课代表。课代表需要经常跟老师和同学联系，把同学们的意见反映给老师，然后再把老师的要求给同学们传达。到学期末的时候，还要把这门课程的教学情况以及同学的反映写成总结。这些工作先生做得非常细致，总结也写得非常认真。这时，在学生会担任副会长的李岚清找到先生谈话，一方面肯定了先生的学习成绩，另一方也鼓励和希望先生多参加集体活动，要关心国家大事，提高思想认识，争取早日加入共青团。当时，先生对李岚清很是钦佩，一方面是因为李岚清的学习成绩非常好，另一方面是因为李岚清多才多艺，不仅是学生会副会长，经常组织学生活动，参加社会工作，还会篆刻、唱歌，英文、书法也很好，这些都让只知埋头读书的先生钦佩不已。这次谈话之后，先生便积极参加集体活动、社会活动，靠近团组织。大学毕业前夕，先生正式加入了中国共产主义青年团。

1952 年 8 月，先生从复旦大学毕业。分配工作时，大家都纷纷要求到祖国最需要的地方去，到西北、东北等最艰苦的地方去。先生是福建人，他也要求到东北去支援经济建设。不久分配方案公布，先生被分配到东北人事部工作。

据先生本人后来回忆："我当时真没有想到自己会被分配到人事部。在新中国成立初期，分配工作还是讲究出身的，我的家庭不属于工人阶级，而且我才刚刚入团，我觉得不合适。我后来转念一想，可能是因为我做过人事管理课程的课代表，所以才到人事部。”但是，先生觉得自己还是更适合做教师工作。于是先生找到了李岚清，向他表达了自己想从事教育工作的想法。李岚清当时是参加毕业分配工作的学生代表。李岚清也认为先生的确更适合做教育工作，即向分配小组反映了该情况。先生在前往东北快到沈阳的时候，才得到李岚清的通知，先生喜出望外，他被改派到东北教育部报到。

正如1996年先生在写给李岚清的信中所说：“追忆往昔，感慨颇多。想当年在复旦求学，你我同窗，风华正茂，意气风发。睡在我下铺的您，给了我许多帮助，提高了我的思想觉悟，尤其是在毕业前的思想改造中，我确立了为人民服务的宗旨。这对我一生的学习、工作、生活产生了深刻的影响。您给我的帮助，最大的莫过于毕业分配时，让我选择了自己所喜爱的教育事业。”从毕业、工作一直到退休，先生一直与李岚清保持着联系，李岚清那种把个人理想融入祖国和社会需要的崇高情怀一直感染着先生。

到东北教育部报到之后，先生被分配到东北财经学院工作。从此，他就把自己的青春年华，乃至自己的一生都献给了教育事业。

人生路上得遇良师益友，成就了先生一生的事业辉煌！

第二节　清正育人——先生的教学生涯[①]

不积跬步，无以至千里；不积小流，无以成江海。一分耕耘，一分收获。先生在会计学教学与科研领域辛苦耕耘了半个多世纪，为学校的会计教育事业奉献了一生，真可谓呕心沥血、为人师表、著作等身、桃李天下。

① 本节由刘永泽、孙光国、陈文铭、朱金玉撰稿，万寿义校审。

一、教学生涯、终成所愿

1952年，先生受聘于东北财经学院，从此开始了先生一生所从事并热爱的会计教学与科研相结合的漫长学术生涯。岁月流逝，半个多世纪弹指一挥间，先生在会计教学与科研方面都取得了令人仰慕的丰硕成果。

1952年8月，先生正式到东北财经学院报到。当时校方考虑先生是工商管理专业毕业，其大学期间主修课程一定是以管理类课程为主，所以就分配先生教授企业财务管理课程。但先生对财务管理课程不是十分感兴趣，反而对教授会计学课程特别感兴趣，就向校方表达了自己的意愿，当时，学校也分配有从复旦大学会计系毕业的学生，刚好她不愿意教授会计学课程，于是两人就对调了一下，先生教授会计课程，她教授财务管理课程。从此，先生便与会计专业课程的教学工作结下了不解之缘，开始了长达半个多世纪的会计教育人生。

先生到东北财经学院报到后，除了教学以外，先生在政治上要求进步，希望自己能够成为一名优秀的教师，能够早日加入中国共产党。而要想成为一名优秀的教师，就必须努力钻研业务，先生发现向老教授学习就是很好的途径之一。当时，国内的镇压反革命运动刚刚结束，思想还不够统一。东北财经学院有些教师是留美归来的，有些人对这些归国人士并不是非常放心，于是就给先生分派了一项任务，要求他注意这些教授，看看这些教授有什么问题，并定期汇报。

先生认为，这些老教授能放弃国外优越的条件回国为祖国教育事业贡献自己的力量，已经很了不起，因此，他从来没有反映过老教授的不好。相反，先生对当时的有些年轻教师的所作所为非常看不惯，认为这些人不钻研业务，反而投机钻营。先生从不主动靠近他们，反而与一些归国的老教授走得很近，还经常去他们家里拜访和求教。这些老教授对先生这个要求上进的年轻人也很喜欢，经常表扬先生科研能力很强，很重视培养这个年轻人。当时会计教研室主任就是一名留美教授，他经常说：“你别小看青年教师，有的青年教师比如说欧阳清，他的科研能力很强，能搞研究，能写科研论文。”在先生自己不断的努力和钻研下，1954 年，刚刚执教两年的先生就被学校评为“优秀青年教师”。

1958 年，东北财经学院与沈阳师范学院、沈阳俄语专科学校合并，组建辽宁大学。1959 年，并入辽宁大学的原东北财经学院的计划统计系与财政信贷系迁至大连，与位于大连的辽宁商学院合并，成立辽宁财经学院。

辽宁财经学院的教师基本上都是新中国成立后毕业的，因此历史没有问题，“文化大革命”中也没有受到大冲击，这才得以保存了一大批优秀的教师资源。先生和学校其他老师一起在关于辽宁财经学院要不要继续办学的大辩论中据理力争，坚持辽宁财经学院不能下马，学院由此逐渐复课。回到自己熟悉的讲台，先生格外兴奋，教起课来也格外有动力。

当时各地的工厂财会工作因老会计下放而无法正常运转，先生又和其他老师一起办学习班，给刚毕业就走上会计工作岗位的学生和临时从非会计岗位抽调上来的工人辅导会计课，让他们尽可能掌握会计基础知识，以应对会计岗位的需要。由于先生和其他老师的坚持，为国家和地方培养了一大批财会人员，各地纷纷向省里反映辽宁财经学院对他们帮助很大。最后辽宁省委决定辽宁财经学院不仅不能下马，而且要继续办好。就这样，在先生和诸多青年教师的坚持和努力下，辽宁财经学院成为“文化大革命”时期国内仅存的一所保留完整、持续办学的财经院校。

1974 年，先生在财政系会计专业任教。担任工会 74 班辅导员，并讲授会计专业课。那时，先生既要授课，担任多门课程的老师，还要开展科研活动，编写教材。即便任务如此之重，先生始终精力充沛，不会耽误一点教学、科研工作。

据辽宁财经学院 74 级会计学专业学生刘永泽回忆：“我是以工农兵学员的身份考入辽宁财经学院会计学专业的学生，欧阳老师正好担任我们的专业课老师和辅导员。有一次，为了让我学到更多的知识，欧阳老师就带着我去外地校对一本工业会计教材的书稿。连续十多天，天天都校对到深夜，当时的物质条件很差，一直这么连轴转，很快我就扛不住了。那时我才二十多岁，欧阳老师近五十岁，之前还做过手术，却一点事儿也没有，仍然每天认真校对稿子。而且校对质量非常高，后来那本书出版之后，几乎没有出现过一个错误。很多次我半夜一觉醒来，发现他还在校对书稿。每天只休息很短时间，第二天也看不出丝毫疲惫。校稿工作的最后一天，晚上十一点多还赶去火车站，乘夜车回学校，因为第二天上午第一节有课。现在想想，欧阳老师的精力真是好得惊人。”直到年近九旬，欧阳清先生的身体一直都非常健康，这令身边的不少同龄人羡慕不已。

在那个年代，由于极“左”思潮的影响，一切讲究政治挂帅，老师不敢倡导学习专业知识，也不敢讲专业课程，学生也不敢去学专业知识。先生顶住压力，排除干扰，尽可能维持正常的教学秩序，让学生多学点专业知识，为此先生就和其他教师一起，将所有会计专业课程缩减为四个分册——会计基础、工业会计核算、成本核算、资金管理，即著名的“四分册”。这四本教材基本上涵盖了当时会计专业课的主要内容。

先生为了让同学们多学一些专业知识，也发挥了他的政治睿智。在政治挂帅的前提下，他利用宣讲鞍钢经验的机会，介绍鞍钢的班组经济核算，融入一些会计核算和财务管理的知识。其实，班组经济核算就是管理会计中的责任会计。此后，经对鞍钢等企业数年的大量调查和深入研究，整理成“关于工业企业班组经济核算问题的探讨”一文，作为中国会计学会第一次年会的论文，发表在《会计研究》1980 年创刊号上，在该领域的研究上一直处于领先地位。美国犹他州大学三位学者深入鞍钢考察后，在 1985 年泛太平洋企业经营、经济与技术交流会议上提交“责任会计在中国——鞍山钢铁公司的实验”一文，说明班组经济核算这一具有中国特色的责任核算方法已受到国际社会的关注。

二、入党夙愿、中年达成

先生是新中国培养起来的第一批知识分子，加入中国共产党，是先生多年的心愿。他在入党申请书中写道，“参加中国共产党是埋在我心底多年的愿望”，“我们知识分子也要紧密团结在党的周围，努力为党工作，不辜负党的信任和期望，为四化大业贡献自己的毕生精力”。

1984 年，先生加入了中国共产党，成为一名光荣的中共党员，先生始终牢记共产党员的初心和使命，以一个共产党员的标准严格要求自己，规范自己的行为，以实际行动践行一名共产党员的光荣职责。凭着对党的热爱，凭着人民教师的高度责任心和事业心，在半个多世纪的岁月里著书立说、教书育人，在会计教学和科研领域辛勤耕耘，硕果累累。

先生的弟子们，都以先生为榜样、为标杆。在先生的影响下，很多弟子也取得了令人瞩目的成绩。先生的学生刘永泽获评财政部跨世纪学科带头人、大连市劳动模范、国家级教学名师等荣誉；先生的学生张先治获评财政部跨世纪学科带头人、国家级教学名师、全国自强模范、全国师德先进个人、全国先进会计工作者等称号；先生的学生刘明辉多次获评大连市优秀教师、优秀科技干部、劳动模范、霍英东基金会高等学校青年教师一等奖、全国新闻出版系统领军人才、中国十大出版人物、出版行业最高荣誉第十三届韬奋出版奖等。在先生身上，再一次印证了“榜样的力量是无穷的”！

1985 年 9 月，经财政部批准辽宁财经学院更名为东北财经大学。为了表彰、宣传、学习先生的共产党员模范行为，东北财经大学于 1987 年 9 月专门作出了“关于向欧阳清同志学习的决定”，在全校师生员工中开展向欧阳清同志学习的活动，学习欧阳清同志呕心沥血、教书育人的模范行为；学习欧阳清同志勇挑重担、勤奋忘我的奉献精神；学习欧阳清同志严谨务实、理论联系实际的优良学风。

先生先后被授予“大连市模范教师”“大连市优秀共产党员”“辽宁省优秀教师”“全国财税系统劳动模范”“辽宁省优秀共产党员”“辽宁省劳动模范”“全国优秀教育工作者”“全国五一劳动奖章”等光荣称号。

先生工作了一辈子，跟党走了一辈子，对党的忠诚和信仰，从不喊在嘴上，而是体现在行动上。亦如先生在 1996 年写给李岚清的信中所述：“在政治上，我积极向上，坚持为人民教育事业服务。1984 年，我光荣地加入了中国共产党。1986 年、1989 年两次被评为大连市优秀共产党员，1991 年在党的七十周岁诞辰时，我又获得辽宁省优秀共产党员荣誉称号。在教学工作上，我认真从教，积极探索，提出并坚持‘在教书中育人，在育人中教书’的教学指导思想。”

三、注重教学、一丝不苟

“身教重于言教，以身作则”，是先生在教学方面给自己立下的座右铭。先生始终认为：“为人师表是一名教师必备的品质，也是教书育人的重要条件。教师只有严于律己，才能严格要求学生，才能使学生信服。教师对自己不严格，对自己要求不高，也很难保证他能够教出优秀的学生。”先生是这样说的，也是这样做的。在半个多世纪的教学生涯中，先生积累了丰富的教学经验，每堂课前都要认真备课，随时将实务中出现的新内容充实到课堂，使得授课内容常讲常新，不断地向同行学习，取人之长，补己之短，积极探索课程考试的改革方式等。

认真备课是教师必备的素质，在这一点上，先生可谓是广大教师的楷模。自 1952 年始至 2004 年退休，在半个多世纪的教学生涯中，先生一直勤勤恳恳，一丝不苟。先生教过多门课程，有的课程已经讲了数十遍，许多教材也都是先生自己编写的，内容都能背诵，但每次上课前，先生仍然坚持精心备课，从不马虎，先生写过的教案不计其数。对此，许多人不理解，先生则笑着说：“确实，我不备课也能上讲台，但我必须对学生负责。多补充一点新的教学内容，学生就能学得多一些、新一些、深一些。否则，在课堂上讲不好，教师在学生中就没有威信，又怎么去教书育人呢？又怎么去做学生的思想工作呢?”

为了教好书，备好课，先生几十年如一日，从不间断对国内、国外最新学术动态的学习和研究，也从不间断提高自己的专业知识和教学水平。有时，为了能给学生讲授新课题，他不惜查阅数十万字的文献资料；有时，为了给研究生上好一堂课，他要去北京图书馆待上十几天的时间，查阅各个方面的资料、书籍。“讲一分，要懂十分”早已成为先生对自己提出的基本要求。给先生助课的助教深有感触地说：“尽管我已听欧阳老师的课很多遍，但我仍然每堂课都来听，因为他不断完善、更新教学内容，每讲一课内容都不落俗套，有新意，很受学生欢迎。”

早在复旦大学读书的时候，先生就曾多次亲身聆听何士芳教授在课堂上反复强调“理论联系实际”的基本要求，到大学任教后，先生把这种思想带到了自己的教学过程中。因为种种原因，有些老师由于没有提前备好课，所以在上课时就会照本宣科，讲误不生动、不透彻，重难点不突出，学生不愿听课。而先生则认为：“教师讲课不能只停留在书面教材上，那样讲不深，因为你不知道实际情况究竟是怎么样的。特别是现在有些从国外留学回来的人，在国外学习了很多所谓的先进的东西，回到国内也没有深入调查研究，就只讲国外的那些知识，那是没有达到要求的。应该结合中国国情，知道在实际中究竟应当怎么样干才好。”

多年来，先生严谨治学，始终坚持理论与实践相结合。他每年都会抽出一个多月的时间专门用于深入社会调查研究，尽可能利用节假日或到外地开会、探亲等时机对当地的工厂进行走访、考察，建立联系点，并在当地的一些工厂建立学生实践基地。先生在下工厂调研时，一般会先了解工厂的具体情况，有什么优点，存在什么问题，然后根据工厂提出来的具体问题提供一些解决方案。除此之外，先生还把调研的实际情况充实到课堂上，不仅使教学内容更加生动，也更加贴近实际。

1978 年十一届三中全会作出把党和国家工作中心转移到经济建设上来、实行改革开放的历史性决策。先生就适时地联系国内经济体制改革的实际，深入企业进行调查研究，收集了大量原始资料，经过深入、细致的分析研究，从中选出一些有价值的课题，不仅充实和深化了自己的教学内容，还有力地促进了自己的科学研究。由于始终坚持理论与实践相结合，注重调查研究，因此，先生的科研成果很快就在国家经济体制改革中产生巨大影响，他提出的“目标成本管理”理论在很多企业得到应用，收到了显著的经济效益，而一些经过实践检验的科研成果也反过来有力地促进了先生教学工作的开展。

先生自大学毕业任教以来一直兢兢业业，严谨治学、注重科研，因此很快就在教学和科研上产生了一定的影响，即便如此，先生也始终非常重视向同行学习，引进国内外先进理论和方法来改进教学。在学习的同行中，给先生印象最深的是厦门大学的余绪缨教授。余绪缨教授是厦门大学会计学科学术带头人，“文化大革命”时期，全国财经类院校几乎全部下马，唯独辽宁财经学院一直在坚持办学。于是，余绪缨教授便带着几个年轻教师到辽宁财经学院来访问，正好由先生负责接待，一来二去，两人便相识了。余绪缨是一位治学和科研都非常严谨的人，他的“学问做得很深，面很广”，而且“不是单纯说国外是怎么样，而是联系实际和自己的学习心得，来说研究结果究竟应该怎么样”。这种“理论联系实际”的治学、研究思想与先生不谋而合，也给他留下了极深的印象，先生不由感叹：“余教授的确是管理会计的泰斗。他为人正派，坚持原则，不阿谀奉承，有一是一，有二是二，不唯上。”

先生在年龄上比余绪缨教授小八岁，在工作上也比余绪缨教授晚执教很多年，算得上是余绪缨的晚辈，因而得到过他的多方提携和帮助。余绪缨教授到辽宁财经学院访问的时候，先生把自己写的科研论文拿给他看，余绪缨教授不仅给予了很高的评价，还与他进行了深入的探讨。这对先生科研论文的完善起了很大作用。两人相识之后，先生每年春节收到的第一张贺卡几乎全是余绪缨教授的。余绪缨教授还经常把自己写的新书第一时间寄给先生，这对先生的教学和研究都有很大帮助。

先生一生教出了许许多多优秀的学生，除了与先生严谨的治学态度、注重“理论联系实践”的教学思想有关之外，还与先生与众不同的教学考试方式有关，正所谓严“试”出高徒。

在以往的教学过程中，考试一般都会安排在每一个学期期中或者期末来进行。但根据一番调查和研究之后，先生发现，这种方式虽然能够在一定程度上检验学生在前一段时间的学习情况，但也给了很多学生在考试前用突击学习的方法来应付考试的机会，不仅不利于学生未来成才，还非常容易让他们在日常的学习过程中滋生懈怠心理。

经过一番思考之后，先生对自己教授的几门课程的考试方式进行了改革，创造性地提出了“课堂提问、分段考试，两者按权数计总分”的成绩确定方式。也就是说，在原有的期中、期末考试的基础上增加了很多阶段性考试，还增加了大量的课堂提问环节。此外，先生出的课堂提问试题和考试试题也大多是一些具有对比性、综合性、启发性和应用型的试题，这令很多以上课记笔记、下课对笔记、考试背笔记方法学习的学生都难以适应。第一次阶段考试，全班成绩优秀的学生很少，不少学生不及格，这令学生们都很紧张，一度认为先生的要求过于苛刻，甚至称先生为东财“四大杀手”之一。不过，随着时间的推移，学生们逐渐熟悉和习惯了先生的教学方法和考试方式，学习成绩自然而然地也就提高了上去。经过几次考试之后，很多学生突然发现自己掌握的知识增长了很多，这才幡然醒悟：原来，先生这样做都是为了我们好！多年之后，很多毕业之后的学生每每聚在一起忆及此事仍然记忆犹新，“心有余悸”，然而大家一致认为：正是这样才真正培养了我们的专业能力。

四、实验教学、助力课堂

先生无论是在教学过程中还是科研中，都十分重视理论与实际相结合。先生常说“会计学是一门应用性强、紧密联系实际的经济学科”，先生认为教学、科研、实践本质上是一脉相通的，不能纸上谈兵，要真刀真枪，最终要把理论认识转化成生产力。为了搞好教学过程中的理论与实践相结合，先生一是改革实习方式，二是抓好实验教学。

20 世纪 80 年代，大学的学生实习一般都是安排在大学四年级，由系里出面联系实习单位，然后把学生派到实习单位的会计部门，其实习过程通常做法是“一听、二看、三写”，即先请一些业务部门同志讲一讲课，然后跟着企业的会计到生产单位看具体怎么操作，最后就是写实习报告。这中间缺乏一个实际操作的过程，学生也只能是应付，根本达不到实习的目的，效果非常不好，为此，先生就积极探索创新实习方式。1987 年，先生带领学生到大连服装机械厂实习，他组织学生在充分调查的基础上，根据工厂实际情况设计标准成本制度，帮助工厂开展成本管理改革。学生们对此兴趣高涨，厂方大力支持，方案设计得非常成功。大连市经委、财政、税务、审计和轻工业局的领导以及由大连理工大学、东北财经大学教授组成的强大的评审委员会来评定，并给予很高评价：“方案的设计内容体现了该厂的生产经营特点，做到理论联系实际，在内容和方法上有所创新，具有中国特色。”大连市电视台还进行了报道。工厂最终推行了学生设计的方案，取得了良好效果。先生曾经也回忆道：“当时在全国的财经院校中，这样的实习方式很少有。一般来说对硕士生、博士生的论文评定也没有这么大的队伍。”这样的实习，打破了原来的教学条框，缩短了教学和实际的距离。工厂满意，教师满意，学生更满意。

一位学生实习回来深有体会地说："欧阳教授新的实习方式丰富了教学体制改革的内容，使我们认识到自己在社会中的价值和所学知识的局限性。我们希望这种实习的方式能够持久下去。"一位已经走上工作岗位的毕业生在来信中写道："现在每当回想起可爱的大连，总要想起您指导我们毕业实习的日日夜夜。在那些难忘的日子里，我们学到许多书本上学不到的东西。我们从您的身上学到了认真、严谨、踏实和坚韧不拔的优秀品质……这些对我们来说，是一份不可多得的宝贵财富。"

早在1990年前后，中国会计理论界开始提出会计教育改革的问题，先生就让刘明辉关注一下这方面的研究动态并提出一些建议。通过对一些研究成果的跟踪、思考，刘明辉提出实行实验室教学，缓解理论与实际脱节的问题。当时先生担任会计系副主任，分管教学工作，他对刘明辉提出的实验室教学的想法非常支持，并很快开始实施。在先生的领导下，东财会计系很快建起了东北地区第一家会计实验室，一举解决了学生实践能力提升和青年教师案例开发等多方面的难题。

先生在会计实验教学方面，分别从建立会计实验室、编写模拟实验教材、安排实验教学课入手。

建立会计实验室，就是在学校建成一个比较完整、规范的企业模拟"财会部门"，把企业会计工作实际情况搬进实验室，使学生进入会计工作现场，参加实际操作，为学生们应用课堂所学的理论知识解决实际问题提供操作场所。同时，在实验室配备一个有实践经验的专职实验课指导教师，通过教师下厂、教师与企业财会人员合作、学生实习这样三种方式开发案例。先生及其同事开发的案例涉及化工、冶金、机械、纺织等各个行业。此外，先生还结合各企业财务部门的实际情况，设计印刷了各种原始凭证、记账凭证、明细分类账、总分类账以及会计报表的空白表格，供学生实际操作使用，并设置了不同的会计岗位，不仅使学生通过会计案例和实验教学，熟悉了更多岗位的会计工作，还加深了学生对所学理论知识的理解。

在会计教学过程中，由于会计教科书理论性较强，而会计实验教学偏重实际操作，因此一直存在着理论和实践脱节现象。为了解决这个问题，先生便和其他老师一起成立了"会计系列模拟实验教材编写委员会"，组成专门的写作班子，责成专人负责，先后编写了《会计原理模拟实验》《工业会计模拟实验》《商业会计模拟实验》《物资会计模拟实验》《外商投资企业会计模拟实验》等 15 本会计实验教材，这些教材涉及各行各业，内容非常全面，并且都由大连出版社出版。这批教材对于加强在校学生会计基本技能训练，丰富会计实验教学，提高会计专业学生业务素质，起到了极其重要的作用。通过实验室和这批教材，学生不用到工厂就可以完成各个行业、各个阶段的会计实习，极大地提高了学生的动手能力。

利用会计实验室的典型案例和会计实验教材，先生在辽宁财经学院以及后来的东北财经大学陆续开设了“会计原理”和“工业会计”实验教学课，其具体的教学过程分为三个环节：首先，由实验室教师根据“会计原理”课程的教学进度，依据《会计原理模拟实验》的流程要求，组织学生进行分项操作，并让学生在实验室观摩、学习有关会计核算案例；其次，引导学生进行实际操作，锻炼和提高学生的动手能力；最后，辅导学生写出实验报告，及时对实际操作过程进行总结，使感性认识进一步上升为理性认识，实现从理论到实践、再从实践到理论的良性循环。

经过多年的实践，先生主导的会计实验教学在学校会计专业的学生学习过程中，取得了可喜的教学效果和社会效益。第一，增强了学生的实际工作能力，缩短了会计教学与会计实践的距离。通过会计实验室的学习，学生毕业后都能很快适应各个会计岗位的要求，受到了广大企事业单位的欢迎。第二，充实完善了会计专业课教学内容，提高了教学质量。会计实验教学改变了传统会计教学只注重书本知识教育而忽视学生实际动手能力培养的弊病，完善了会计教学环节，充实了教学内容，有利于启发式教学，使学生分析问题、解决问题的能力有较大提高。第三，提高了青年教师的业务能力，培养了理论联系实际的学风。在会计模拟案例的搜集、整理、制作过程中，许多青年教师利用课余时间到企业事业单位进行调查研究，有些单位也是先生亲自联系、亲自带着青年教师到工厂，解决了许多以前在教学过程中没碰到或不能解决的问题，青年教师的业务素质、政治素质得到明显提高。在这个过程中，他们增强了对理论联系实际的认识，并与实践部门建立了紧密的联系，培养了良好的学风。第四，解决了学生下厂实习中的联系难、经费紧、管理难的问题。通过会计实验室模拟实习，学生可以人人参与，亲自动手操作，实践性强，虽然经济业务是假设的，但由于记账所依据的是真实原始凭证，用的是真实记账凭证和账页，编出的是真实的会计报表，在实验室老师的直接指导下，同工厂会计人员指导下的实际操作没什么本质差别，既达到了下厂实习的目的，又克服了学生下厂实习的联系难、经费紧、管理难的问题。第五，提高了会计教学的社会效益。通过会计实验室模拟实习，一方面学生毕业后能较快地胜任本职工作，减少不必要的适应工作时间，尽快为社会创造财富；另一方面也为其他财经院校会计实验室建设提供经验，减少它们的实验室建设成本。

东北财经大学是全国第一所组建会计实验室的高校，并很快取得了教学效果和社会效益，一时前来考察和交流的全国同行，如天津财经学院（现为天津财经大学）、中央财政金融学院（现为中央财经大学）、上海财经大学等都先后派老师来校参观学习实验室的组建和实验教学的具体做法。因为做案例既费时又费力，有些高校为了尽快组建自己的会计实验室就复制了东北财经大学的案例。对此，有的同事提出异议，认为这些案例是我们的科研成果，应该保密。先生则表示说："这有什么值得保密的，他们复制我们的案例，对他们搞模拟实验教学会方便许多，这对培养学生有好处。而且会计模拟实验推广了，也能支持大家的会计教学改革。"

20 世纪 80 年代末 90 年代初，我国还处在一个信息手段并不发达的时代，先生就带领同事、学生依靠举办研究班、学习班、做学术报告的形式，借助在各类机构担任副会长、常务理事的机会，在全国各地做宣传和推广。很快"会计模拟实验教学"就相继在全国许多财经院校开展，为全国会计教学改革特别是会计实验教学改革打下了坚实的基础。"会计模拟实验教学"在取得极大的社会效益的同时，也获得了一系列的社会荣誉，先生对实验教学的具体做法加以总结，形成了会计模拟实验教学成果，该成果先后被评为"东北财经大学会计教学改革特等奖""辽宁省优秀教学成果一等奖"等；不久，又被评为"全国优秀教学成果二等奖"，这是当时全国所有财经类院校在"优秀教学成果"评选中获得的最高荣誉，而且也仅有两所高校获此殊荣。

1996 年，在参加了中国会计学会会计教育改革研讨会和全国高等财经院校财会教学改革研讨会之后，先生给当时分管教育的中央领导写了一封信，提出要正确处理三个关系：一是专业设置与市场经济需要的关系，二是德育与智育的关系，三是理论和实际的关系。信中充满着他对我国教育事业和会计行业的满腔热情和冷静思考。

五、育人为重、传承美德

先生认为，教书应该是全方位的，“在教书中育人，在育人中教书，把教书与育人紧密结合起来”。不但要抓好学生的文化学习，还要加强学生的思想教育，树立为人民服务和为社会主义祖国服务的志向；不但要传授专业知识，还要培养学生理论联系实际的能力；不但要注意课堂教育，还要注重课外甚至毕业后的追踪教育，为社会培养更多人才。

以此为出发点，先生通过对比分析，把加强思想教育渗透到他传播的专业知识中去。

为了让学生们看到党的十一届三中全会前后的巨大变化，先生在讲授指标对比分析时，通过改革开放前后经济指标的动态比较使学生们在掌握经济分析方法的同时，提高了对党的路线、方针、政策正确性的认识。在讲授单位产品成本分析时，先生针对许多学生产生的“我国职工工资太低是因为上缴利润太多”的错误认识，通过对中国和美国同类产品单位成本的对比，说明了我国目前某些产品的单位工资成本高于美国的事实，使学生们认识到我国职工工资偏低并非因为上缴利税多而是因为生产效率太低，要提高平均工资的关键在于提高劳动生产率，而不应不加分析地提出与现实不符的过高要求。

在教学的同时，先生始终把关心青年学生的思想进步作为己任。曾经有一段时期，部分学生思想混乱，缺乏远大的理想和上进心，会计系党总支书记就请在学生中具有极高威望的先生来讲党课。尽管当时教学工作很忙，身负一个本科班和两个研究生班的教学任务，但先生一想到这会对学生提高思想认识有很大帮助，还是答应了。先生为这节党课做了充分的准备。首先，他利用自己的休息时间到团委和系党总支等部门了解学生的思想动态，找学生个别谈话，归纳了一些典型问题；然后，他又查阅了几十万字的资料，从中寻找一些事例；最后，他结合自己 30 多年坚定不移跟党走、投身教育、不断进步的亲身经历和切身体会，深入浅出，娓娓道来，给学生们上了一堂长达三个多小时的意义深远的党课。由于党课的内容既有理论深度，又有大量事实的分析，把教书和育人紧密结合起来，党课中途没有一个学生离席，还吸引了不少其他专业的学生前来旁听。这节党课激发了学生在求知成才的道路上争做“又红又专”、德才兼备的社会主义建设经济人才的热情，取得了令人满意的效果。

尽管先生的教学和科研工作很忙，但只要有时间，他还是会经常参加学生的经济学会、元旦联欢会等。他觉得这样可以跟学生更近距离地沟通，便于了解学生的真实想法，及时给学生做思想教育工作。

毕业后，许多学生都经常写信给先生。有一封是辽宁财经学院 74 级本科生、原审计署副审计长董大胜寄来的，信中这样写道：“现在我们虽然不在您的身边，但是您对工作和事业认真的态度、不懈的追求、对学术精益求精的钻研精神永远激励着我们在人生道路上不断拼搏，努力做出成就。我们上大学因为遇到您这样的好老师辛勤不倦地培养我们，我们才能够在知识海洋里扬帆，在事业的征途上起步。您还在政治上、学业上教导我们为人处世的道理，在生活上给我们体贴入微的关心，这使我们终身受益，毕生难忘。”先生与学生的感情从中可见一斑。

在教书育人的道路上，先生非常注意做学生的良师益友，与学生谈心，帮助学生解决心理问题特别是遭遇挫折时的心理问题。先生对待学生就像对待自己的儿女一样，不仅在政治上、思想上、学习上关心他们，在生活方面也给予了无限关怀和帮助。他挽救政治上误入歧途的学生，为职称评审落选的学生争取机会，还调解学生夫妻矛盾。教师分内的工作他做了，分外的只要是有利于学生学习成长的他也做了。很多学生回忆起当年从先生那里得到的恩泽和教益，深情地把先生称为“严师慈父”。我们这里摘录几个在《会计教育人生——欧阳清回忆录》中收录的先生帮助学生走出心理困境，重拾工作信心，以致后期成绩斐然的实例。

辽宁财经学院 74 级本科生王卫平同学从学校大学毕业后，留在学校任教，工作了几年后，调到另外一所大学任教。由于刚到不久，新的单位并不充分了解她的实际情况，因此，她在职称评选中没有如愿被评上副教授，这让她思想波动很大，曾想离开学校。当时，先生正在保定参加会议，尽管很忙，先生还是从保定赶到了北京，原本打算住在旅馆，却被她接到了家里。先生与她促膝长谈，了解了具体情况后，就劝她："你在教学方面还是很有素质的，现在之所以没有评上副教授，主要是人家不了解你。我相信人家了解你了，肯定会评上。你不要为这个就放弃自己心爱的职业，还是留下来吧。"慢慢安抚了她的情绪。回到大连后，先生觉得自己很有必要把她的详细情况告诉他们学校，于是又写了一封长信给他们学校的党委书记，详细介绍她在辽宁财经学院求学和执教的表现以及对她的评价。不久之后，学校党委书记对她说："欧阳教授已经给我写信了，这让我对你的情况有了更全面的了解。你留下来吧。"她一听先生给学校党委书记写了信，就安心留了下来。在第二年的职称评聘中，王卫平全票通过副教授评审资格。

1991 年初，临近毕业的会计专业 87 级学生王玉红在先生的推荐下，获得了一个学院的保研名额。能在自己一直非常敬重的欧阳清老师教导下继续深造，这让王玉红非常欣喜。意外的是，几天之后，王玉红的保研名额因为一些差错又被取消了。当时，王玉红还只是一个未走出校门的二十岁出头的女学生，听到这个消息无异于一声晴天霹雳，一时非常难以接受，心中充满了不解，情绪也有些不太稳定。先生知道情况后对学校的决定非常不解，因为这在东北财经大学几十年的历史上还是第一次。先生到学校了解了具体情况后，马上就把王玉红叫到家里谈心，一方面向王玉红解释她是因为学院递交推荐材料时出现了差错才被取消了名额，和她个人的表现无关；另一方面又肯定了王玉红在学校的优异表现，鼓励她不要灰心，要继续努力学习，即便没有保研，也可以自己考取。在老师的安慰下，王玉红很快平复了情绪。不久之后，先生又到学校相关部门协调，看看能否纠正差错，为王玉红再争取一次机会。不久恰好其他学院空出一个保研名额，正是之前先生的协调，学校立即把这个名额给了会计学院。于是，王玉红又重新获得了保研资格。或许这就是冥冥中自有注定，在接下来的本科论文写作中，王玉红同学的本科论文选题正好就是先生多年以来研究的方向，因此，王玉红同学的本科论文就是先生指导的，保研成功之后，王玉红同学顺利攻读硕士研究生，先生又是王玉红同学的硕士研究生导师。研究生毕业后，王玉红留在了东北财经大学执教，和先生成了同事，师生之情日益浓厚。在先生荣休后，王玉红每年都会陪同先生做一些他特别喜欢的事情，如拍照、看电影等。先生捐献3000元给大连市工会，帮助生活困难劳模，她都是见证者。

孔繁国和他的爱人朱金玉原本都是中专教师。1995年，孔繁国考入东北财经大学会计系研究生，正好师承欧阳清老师。一年以后，为了向丈夫看齐，朱金玉也考入厦门大学新闻传播系，攻读硕士研究生。这样一来，家里就有了“经济危机”。孔繁国在东财读研究生的时候，一直是依靠朱金玉的工资来提供学费和维持家庭开支的，现在两人都要读研，一下子就没有了经济来源。先生知道这一情况后，就给孔繁国想了一个办法，通过自己在上海的学生陈福义的帮助，让准备写硕士研究生论文的孔繁国到上海耀华玻璃厂实习。这样，孔繁国就可以一边实习，一边写论文，有了实习的工资收入，也就解决了孔繁国的“经济危机”。这让孔繁国和朱金玉到现在都十分感激。研究生毕业以后，孔繁国给先生写过一封信，其中这样写道：“虽然不在您的身边，却仍然感受着您的关怀和呵护。为了学生学习，为了学生工作您操尽了心，为了能让学生有一个实习单位，让学生早日有经济来源您想尽办法。”孔繁国在《师生情谊，情同父子》一文中还写道：“三年的求学生涯，在和导师朝夕相处中，深感导师既是严师又是慈父，给我留下深刻印象。他治学严谨，兢兢业业，对我的专业学习严格要求，一丝不苟。他对我嘘寒问暖，在生活方面给了我很多关心和帮助。记得那时候，我家在农村比较贫穷，大冬天着衣单薄，导师看到后，把自己的皮袄塞给我，使我深受感动，深感慈父般的温暖。”

特别值得一提的是东北财经大学会计学院教授张先治。1978年，张先治在家人尤其是大姐的鼓励和支持下，凭着超人的毅力，聪明的才智，在艰苦的劳作之余，重拾课本备战高考。经过艰苦自学，他以超出录取分数线78分的优异成绩，顺利闯过了文化关。体检时，好心的主检医生得知他凭着坚强的毅力获得优异的考试成绩，被他的精神所感动，请示有关领导，对张先治由于小儿麻痹症导致的残腿放宽了政策，在体检表上盖上了“合格”的印章。

尽管如此，张先治还是做好了两手准备，一边期待着上学的消息，一边继续参加劳动。两个月过去了，全国各地的大学陆续开学，他的入学通知却迟迟未到，张先治本人也放弃了最后的一线希望。他姐姐一次次跑高校、找教委，以最大的努力为弟弟入学一事全力奔波。历经种种波折之后，当时的辽宁财经学院领导最终作出了录取的决定。

1979 年，在学校已经开学半年之后，张先治终于跨入辽宁财经学院（现东北财经大学）的校门。然而，走进大学校园，迎接张先治的并不都是鲜花和笑脸，也有世俗的嘲弄和讥笑。他默默地承受着生活的窘境和精神的压力，开始了自己人生路上一场艰苦卓绝的搏击。他始终告诫自己，“欲胜于人者，先自胜”。他坚信，知识就是力量，知识就是尊严。1980 年，张先治凭借自己坚强的毅力、一流的学习成绩以及优秀的品格，赢得了老师和同学们的赞叹和尊敬。他用三年半的时间读完了四年大学的全部课程，1982 年以全优的成绩领取了大学毕业证书，并被学校评为“优秀共青团员”和“三好学生”。先生被张先治同学自强自立、勤奋好学的精神所感动，更对他的才华青睐有加，因此临近毕业，就有意将他招到门下攻读硕士研究生。对张先治而言，能在这位学识渊博、德高望重的老教授门下继续攻读是一件求之不得的事情。正当他踌躇满志复习应考的时候，体检中“不合格”三个字像幽灵一样又一次缠绕着他。面对残酷的现实，他不得不打消了报考的念头，停止了复习。可就在考试的前几天，事情又出现了转机，求才若渴的学院作出一个破天荒的非正式决定：“体检不过关也让他参加考试，考完再做工作。”在这种情况下，张先治匆忙上阵，他凭借自己的实力，考出了第一名的好成绩。就在众多人都为张先治感到高兴的时候，那张“体检表”再一次发挥了魔力。在录取工作中，尽管院领导做了大量工作，最终还是因为体检不合格把他卡了下来。院领导为他惋惜，老师为他不平，张先治不得不带着遗憾离开他心爱的校园。

带着无尽的遗憾与无奈，张先治陷入了又一次的等待，这一等就是四年。此间，他没有懈怠，没有消沉，在他的心中，一刻也没有离开他所钟爱的学科与事业。在那些日子里，他跑基层，搞调研，他在储备和积累，他在孕育和准备，一个坚定的信念始终在他心中萦绕，他坚信，一个准备腾飞的民族一定会需要知识和文化的。1984 年底，母校又一次向张先治张开了臂膀。在先生的力荐下，他被调回东北财经大学，走上了教学岗位。至此，在这方有识之士为他打造的平台上，张先治如鱼得水，大刀阔斧地干起了事业。1986 年，他终于如愿以偿地考取了先生的研究生，1992 年，他又考取博士研究生，在我国著名经济学家汪祥春教授的指导下，向更深、更高的领域攀登并收获了累累硕果。

“身教重于言教，以身作则”是先生的座右铭和教学信条。他认为，要想当好一名学术带头人，使学生信服，首先必须在知识水平、教学质量、思想品格上对学生有“影响力”和“吸引力”，而要提高自己的“影响力”和“吸引力”，就必须不断提高自己，贡献自己。先生从教半个多世纪，勤勤恳恳，一丝不苟，一些课程已经讲了数十遍，但他每次上课前仍然坚持精心备课，几十年如一日，从不间断对国内外学术动态的学习、研究，不断提高自己的专业知识和教学水平。但是，光教是不够的，先生十分清楚，高等教育承担着教学和科研双重任务，两者紧密结合，互不可分。搞好科研是提高教学质量的一个重要环节，所以先生在搞好教学、年年大量超额完成教学工作量的同时尤其重视科学研究。从执教开始，先生已经公开出版专著和教材 20 余部，其中主编的《成本会计学》、个人著述的《工业企业经济活动分析》和参编的《工业企业财务管理》等教材，分别获得财政部优秀教材一等奖和二等奖；在《会计研究》《财务与会计》等高级别刊物上发表论文 70 余篇，获国家教委和省级优秀成果奖 17 项，其中，《成本目标管理理论与实践》更是获得国家教委人文社会科学研究优秀成果二等奖，被中国会计学会选为新中国成立以来有代表性的 40 篇论文之一，并收录在《现代会计手册》中。先生还充分利用开会、调研机会到东北三省及青岛、天津等十多个城市作了数十场学术报告，大连、沈阳、抚顺等地的一些工厂都留下了先生成本核算改革的足迹，在他的帮助下，这些企业的经济效益得到了很大提高。正如中捷友谊厂在 1987 年写给东北财经大学的感谢信中所说：“我厂在 1985 年着手进行了成本核算方法的改革。在改革过程中，我们得到了贵校欧阳清教授、陈福义老师、刘永泽老师的理论指导。他们所写的论文“成本核算改革新探”“关于建立中国式标准成本会计的探索”为我们建立标准成本核算制度奠定了理论基础，实践证明，他们的理论应用于实践之后，产生了很大的经济效益……为此，我们特向贵校领导及欧阳清教授、陈福义老师、刘永泽老师表示感谢。并对他们的理论应用于实践取得的显著效益表示热烈祝贺。”该成本核算改革项目成果被评为辽宁省机械工业现代化管理成果一等奖。先生也应邀在全国机械工业成本管理经验交流会上作了专题报告，会议肯定了中捷厂的经验并决定向全国推广。抚顺水泥厂在运用标准成本制度后撰写的“标准成本在我厂的应用”一文中写道：“在制定实施方案时，遇到困难较大……我们就邀请欧阳清教授从理论与实践两方面给予指导。坚定了我们的信心，几个实际问题都得到了圆满解决。”抚顺水泥厂实行标准成本制度后，实际利润比计划增加 468 万元。财政部会计司领导与抚顺市领导在总结会上对先生深入实践帮助企业改革给予很高的评价，媒体作了专访并全程录像。不久后，抚顺市有七个工厂相继实行了标准成本会计。

先生教学精益求精、科研不辞劳苦的精神以及他重视科研并把其成果转化为生产力的做法，给许多学生和青年教师带来了正能量，激励他们朝着这一正确方向勇往直前。随先生一起搞过调研的刘永泽、张先治、刘明辉等老师都在这方面取得了丰硕成果，早已成为中国会计学界的栋梁。

六、无私奉献、甘为人梯

在当今的社会，功利观念在影响着很多人，有人在功利、金钱面前失去了自我，而我们的先生在 50 多年的从教生涯中始终坚持功利无我，甘为人梯，无私奉献，爱生如子。先生经常对年轻教师说，一个人要想有所成就，就要有一种抱负，一种理想，一种志存高远的气魄，只有这样才能够对国家、对社会、对人类作出贡献，在贡献中实现自己的价值。同时，要“脚踏实地”，在平凡的岗位上做出不平凡的业绩。最重要的一点，就是要不断地完善自身的人格品格，这是我们每个人做成事的保障，我们不仅要从书本中学习，更要向身边的同事和同学们学习，只有这样才能成长为一个真正的无愧于时代的人。先生是这样说的，也是这样做的！

高等院校师生之间，老教师与青年教师或学生之间缺乏沟通与交流似乎成为一种普遍现象。但先生认为，只要双方将心比心，坦诚相待，这种障碍是完全可以克服的。事实上，青年教师和学生在生活和学习中存在诸多困惑，他们需要也渴望得到老教师的关怀和指导，特别是那些遇到挫折和困难的青年人更需要老师的安慰和理解。先生尽管教学任务十分繁重，但是长期的教学实践使先生认识到要提高学校的教学质量，关键在于提高师资水平。所以，先生经常抽出自己宝贵的课余时间，通过各种方式帮助青年教师提高业务素质和教学水平。先生对青年教师，既严格要求，又耐心指导。当青年教师入职后，先生都会亲自指导他们如何上好第一堂课，帮助青年教师如何准备教案，如何克服心理障碍，如果时间允许，先生还会亲自参与听课，下课后为授课教师仔细分析这一堂课的优缺点，帮助提高青年教师的讲课水平，并以自己的实际行动潜移默化地影响、教育青年教师。在他的影响和带动下，青年教师都能以他为榜样，讲课上精益求精，严格要求学生，教学上取得了良好成绩。

在培养青年教师过程中，先生狠抓实践这一环节，把参加社会实践作为提高教师水平的重要途径。他不仅自己坚持深入实践，还特别注意引导青年教师搞好调查研究，经常带他们出去参加会议、帮助实际工作、协助设计改革方案等，积极为青年教师创造锻炼的条件和机会。如东北财经大学的刘永泽、刘明辉、张先治等教授就曾多次随先生一起去沈阳、抚顺及青岛等地作过实地调查，既帮助工厂改革了成本核算，使理论研究转化为生产力，又从中得到锻炼，提高了分析问题和解决问题的能力。

先生平易近人，尊重青年教师，理解青年教师，关心青年教师。在业务上先生是一位良师，生活上则是青年教师的知心朋友。尽管先生惜时如金，但青年教师来家时他总是放下手头工作，热情接待，亲切交流，不仅给予人生指导和生活启迪，还经常不辞辛苦地为他们提供帮助。我们这里摘录几个收录在《会计教育人生——欧阳清回忆录》中的先生提携青年教师成大才的典型事例。

1994 年 4 月，王玉红正式从东北财经大学会计系毕业，准备寻找工作时她却犯难了，虽然之前实习的会计师事务所领导对她的各方面能力非常赞赏，并向她发出了邀请，但从内心来讲，她又非常想留在东北财经大学会计系执教。该何去何从，王玉红的心里非常矛盾，于是便找到了先生谈心。先生知道王玉红读研时的成绩非常优秀，当听到她想留校执教的想法之后非常高兴，也非常支持。可这时会计系招收青年教师的名额已经确定，先生便给了王玉红一个“曲线救国”的路线，让她先到投资系任教，等以后有机会再调回会计学院。经过先生多方协调，王玉红最终到东北财经大学投资系任教。在投资系工作了 8 年之后，2002 年 9 月，按照先生设计的“曲线救国”的路线，王玉红如愿调回会计学院任教，与先生成为会计学院的同事。

1984 年，刘明辉从湖南财经学院本科毕业以后，报考了辽宁财经学院会计学系的硕士研究生，在被辽财录取的过程中，却发生了一个小插曲。当时，刘明辉的考研成绩非常出色，数学甚至拿到了满分，却有一门专业课成绩不是很理想，这让负责招生工作的先生非常诧异。但从考试成绩来看，先生觉得这肯定是一个人才，于是便决定和另外一位老师一起到湖南长沙亲自面试一下这位考生，研究生导师到考生所在地面试考生，恐怕这也是空前绝后的一次吧。面试从上午 9 点开始一直持续到下午快 2 点才结束，先生问了刘明辉许多问题，内容涉及定额流动资金管理、定额成本差异结转、承包制、利税分流、“三来一补”、连环替代法等多个方面，涉及多门课程，先生发现这位学生不仅能够对答如流，而且对财务管理、经济活动分析、经济政策变化也都有自己独特的理解。这让先生更加诧异，最后先生问了刘明辉一个问题：你今天复试问题回答得都很出色，说明你知识面广、了解学科动态前沿，为什么研究生统考时你的专业课不及格呢？刘明辉回答说：不会吧？我就是经济活动分析课程学得好，对这个有兴趣才报名考的这个专业，我还以为我的专业课应该是一百分呢。先生告诉刘明辉，你的总分全校第二，数学满分，全校第一，专业课 57 分，不及格。直到入学后听了先生的《经济活动分析研究》课程，刘明辉才知道为什么专业课不及格。事实上，那年的分析考题有三道，一道是产品结构对可比产品成本的影响分析，一道是原材料配比对产品成本的影响分析，还有一道是产品质量（等级结构）对利润的影响分析。先生在这几个方面的学术观点独树一帜。只有他的教材会将数量影响和结构影响（产品结构、等级结构、配比结构）严格区分开来。虽然刘明辉的专业课成绩不理想，但先生在交流中发觉这位考生是一块搞科研的材料，于是就把他招进了辽宁财经学院攻读硕士研究生。刘明辉也没有让先生失望，自1986年2月处女作《全面成本控制论》被中国最高会计学术期刊《会计研究》发表始，在攻读研究生期间，他就在包括国家级刊物《会计研究》在内的各类刊物上发表了25篇论文。

1987年初，刘明辉研究生临近毕业。他是南方人，不太习惯北方的天气，而且父母也在湖南，所以就准备毕业后回南方。先生不愿意放走这位科研人才，就想了各种办法挽留他，甚至给刘明辉介绍对象，想用“家”把刘明辉留在东财。不得不说先生果然是慧眼识才，在先生的细心指导下，刘明辉工作没几年就又发表了数十篇论文，其中许多篇论文在学界反响强烈。1988年，刘明辉又与刘永泽、两位湖南籍同学夏博辉和李敬辉等发起成立了中国中青年财务成本研究会，在国内会计研究领域产生了很大影响。

1993年，由于在科研方面取得了骄人的成绩，仅仅从事教学工作六年的刘明辉就被东北财经大学破格晋升为副教授，并开始担任会计学硕士研究生导师；1995年又被破格晋升为教授，成为当时东北财经大学最年轻的教授、最年轻的博士生导师和全国最年轻的会计学教授之一。不仅如此，刘明辉还是国内在独立审计领域较早开始从事专门研究的学者之一。作为注册会计师审计准则组的资深成员和中国注册会计师审计准则委员会的委员，几乎参与了所有准则项目的起草、讨论、修订和宣讲工作。他撰著的《独立审计准则研究》是国内该领域最新研究的代表作之一，他主编的《独立审计学》也是国内第一部独立审计教材。虽然自己已经取得了很大的成绩，但刘明辉一直都没有忘记先生的教导。他曾怀着无限感激的心情说：“我每前进一步，都渗透着欧阳老师呕心沥血的指导。”在先生仙逝后，刘明辉在财务与会计公众号撰文悼念先生，称先生“不只是我的导师，是我的学术领路人，也是我人生路上的提灯人，是我心目中的一座丰碑！”。

如今先生培养起来的青年教师中已有很多人活跃在我国会计学理论研究的前沿，为我国会计学理论的研究和会计工作的发展起了很大的推动作用，至于由此而产生的社会经济效益更是无法估量。高等学校教师不仅要讲好课，而且要撰写好的教材。从前，教材一般由一些高水平的老教师来编著，过去《工业企业经济活动分析》教材就是由先生一人编著，是他多年教学和科研的成果。如今与先生一同担任该课程讲授的四名教师都是他亲手培养起来的研究生，可否吸收这些青年教师参加教材的编写工作呢？如果只从个人利益考虑，先生完全可以继续由自己单独编写，而且吸收青年教师参加编写，在某些情况下比他亲自编写还要花费更多的精力。但是，先生认识到要把东北财经大学建设成为第一流大学，出成果和出人才要同步进行，吸收青年教师参加编写教材是快出人才的重要方式，因此，先生就将教材中的某些内容分配给青年教师编写，先生进行全面指导。在先生的指导下，青年教师一方面提高了教材的编写水平，充分认识到教材的编写不同于学术专著，教材的编写一定要“一手托两家”，教材不是“拼盘”、框架体系要完整、要有内在逻辑，另一方面，通过教材的编写对青年教师的讲课水平的提高也起到了积极的影响作用。

七、不计报酬、奉献社会

在东北财经大学下发的《关于向欧阳清同志学习的决定》中提到：“难能可贵的是，在社会上刮起一切‘向钱看’的歪风时，他多次拒绝高薪聘请的上课机会，而为多个单位义务做学术报告，表现出一个共产党员和人民教师的高尚品德。我们学习欧阳清同志，就要像他那样为了祖国的四化大业勇挑重担、忘我奉献，这样才能够为人师表，无愧于人民教师的光荣称号。”

先生的确如此。先生在学术上颇有建树，在会计工作中对社会贡献很大，请他讲课、做报告的单位越来越多，许多都是慕名而来，重金相邀，但都被先生婉言谢绝了。一次，某单位与先生联系，想请他利用暑假时间为该单位讲授培训课程，对方可以支付5000元报酬，但先生拒绝了，反而接受了系里安排的外出教学任务，并去抚顺辅助抚顺财政局召开标准成本制度理论讨论会。还有一次，一家单位高薪聘请先生讲授经济活动分析课，他却把这个机会让给了一位在生活上有困难的青年教师，自己则主动地替这位教师承担了学校的正常授课任务，到外地上函授课。1988年，某部门请先生做学术报告，有关人员想比照以往他讲课的酬金标准支付报酬，查阅他以前做报告的报酬底账的时候竟然什么也没有查到。他们很惊奇，先生却说：“我做过很多次报告，很少拿酬金。因为我是人民教师，理应为人民作点贡献。”还有一次，先生应邀去沈阳会计师事务所做学术报告，当别人要付给他酬金时，先生诚恳地说：“我的学术报告都是大家共同研究的成果，我一个人蹲在家里是写不出来的。今天，我把这份报告贡献出来，请大家在实践中检验、论证。这笔酬金就算是我交的学费吧！”该单位领导听后感慨地说：“这才是中国真正的知识分子啊！”

先生到各地调研的时候，曾帮助过一些企业完善财务制度以符合上市要求。有一次，正好遇到大连一家企业想申请上市。该企业管理科学，财务清晰，资金雄厚，各方面都符合申请上市的条件。但由于企业缺乏申请上市的经验，迟迟没有能够上市。于是，他们就找到先生，希望先生能够帮助他们重新审查企业各方面制度尤其是财务制度，帮助他们申请上市。考虑到该厂的确具备上市条件，又是东北财经大学的实习基地，先生觉得自己有义务帮忙，于是就答应了下来，陪同该厂的领导一起前往北京申请上市。经过一番手续，该厂终于完成了上市前的准备工作，成功上市，企业领导为了表示感谢，给了先生很多报酬。先生表示拒绝，最后实在推脱不掉，就收了5000元人民币。不过，他并没有将这5000元装进自己的口袋，对于这笔报酬，先生采取了如下的处理方式：当时，大连市有些劳动模范还很贫苦，于是先生就把其中3000元捐给了大连市工会。之后不久，由于我国有些地区连日暴雨，遭遇水灾，先生又把剩余的2000元通过学校捐给了灾区。

类似这样的情况还有许多，先生几乎每次都不要报酬或者直接把自己的报酬捐献了出来，有时还把自己的部分工资捐献给慈善机构或者困难人士。对于先生的这种行为，爱人邵爱琴非常理解，也非常支持。不仅如此，她还经常拿出自己的积蓄和先生一起捐款。

先生及其爱人的行为也在不知不觉中感染着周围的学生和同事。有一年，先生带着学生刘明辉到抚顺，帮助一家企业推行标准成本会计制度。事情完成后，企业要给一些报酬，先生果断推辞了。受老师的影响，刘明辉同样也没要一分钱报酬。与先生搭档工作很多年的东北财经大学会计学院原党总支书记刘书卓则这样评价先生：“不管学生与老师谁遇到什么困难，欧阳老师都会伸出援手帮忙；不管是遇到自然灾害还是家庭贫困生，欧阳老师都是第一个主动捐款。他有着一颗‘大爱之心’，始终都把别人和集体的利益放在首位。他始终走在我们学校所有教师和党员的前列，是我们学习的榜样。”

八、关爱集体、爱校如家

我们的先生爱生如子，他也同样做到了爱校如家。在东北财经大学任教的几十年里，先生既是一位治学严谨、科研出色的优秀教师，也是一位特别关爱集体、组织观念极强、爱校如家的优秀共产党员。

严明的组织纪律是开创各项事业发展新局面的关键保证。毛泽东主席曾强调，“加强纪律性，革命无不胜”。在 20 世纪 90 年代，先生的声名在全国都已有了很大的影响，全国各地的很多单位时不时地会邀请先生到当地开会、调研或做报告。这一点，学校和学院的领导非常了解，也非常支持，从各个方面为先生提供便利条件，其中有一条就是允许先生外出开会不用请假。但是，先生每一次接到邀请、确定行程之后，都会主动找学院党支部和行政部门提前请假备案，每次出差回来后，先生还会主动找到学院汇报外出开会、调研或报告的具体情况，有时更是主动写成材料上报。遇到行程有变、提前回来的时候，先生不是待在家里坐享已经请下来的剩余假期，而是马上回学校，投入日常的教学和科研工作中去，这让很多同事都非常钦佩。

先生始终把学校当作自己的家一样地爱护，这种强烈的爱家意识体现在先生的每时每刻。先生在东北财经大学任教和生活长达半个多世纪，爱学校这个“家”的事例不胜枚举。

1981 年，辽宁财经学院从财政系分出会计系，在筹建会计系的过程中，51 岁的先生完整地参与了会计系的筹建工作，包括会计系的组建架构、师资配备、制度设定、招生规模、课程设置等，先生都一一参与其中，出谋划策。特别是在会计系成立之后，为了会计系的长远发展，先生大力举荐青年人才，从自己教授的本科生、硕士生中选拔了一大批优秀人才留校任教，充实到教师队伍中，比如刘永泽、刘明辉、张先治、陈友邦、秦志敏、陈文铭、刘继伟、王玉红等，极大地补充了辽宁财经学院会计系乃至后来的东北财经大学会计学院的青年教师队伍。可以说，东北财经大学会计学院能够从零开始发展到今天，先生作出了卓越的贡献。

九、桑榆未晚、余热生辉

在人们的传统印象中，退休后的老年生活多是含饴弄孙，颐养天年，但这种“常规”用在先生身上不适合，因为先生在规定的退休时点之后又再次“上岗”。

1990 年，先生年满 60 周岁，按照国家规定可以办理退休手续，在大多数人看来，到了这个年龄的人就应该安享晚年退休生活，但一方面先生自己觉得“老当益壮”，愿意继续为学校的教学和科研工作再作贡献；另一方面，学校也是十分重视学术骨干，注意挽留人才，作为学校的学术带头人、大连市优秀专家，学校希望先生继续留在学校工作。出于以上两个方面的考虑，先生愉快地接受了学校的延退挽留，继续担任学校的本科生和研究生教学工作。先生接受学校的延退挽留之后，继续辛勤耕耘，无论是教学还是科研方面，都在不断地取得骄人成果，直到 2004 年先生 74 岁时，才真正从学校的教学、科研岗位退下来，享受了原本在 14 年前就应该享受的退休生活，算下来，先生在学校教学一线奋战了整整 52 年——半个多世纪啊！在这“超时”的 14 年里，先生依然奔波、忙碌在学校的教学、科研第一线，随时可在教室看到先生的讲课身影，每个学期先生都讲授多门课程，每年都完成或超额教学工作量，继续指导研究生。不仅如此，先生一如既往地利用闲暇时间到企事业单位搞调研，了解实际工作中的具体做法和存在的实际问题，针对问题帮助企事业单位提出解决方案，同时，也将这些实际工作中的新内容、新方法充实到教学工作中，即便先生到了八十岁高龄，也仍然坚持下厂调研。

在先生身上，我们真正看到了一片赤诚、奉献终身，为了会计教育事业活到老、工作到老的精神，先生做到了在充实、忙碌中度过了双倍人生。

十、和谐家庭、传世典范

世间万物，因和谐而美丽，因和谐而温馨，社会是这样，家庭也是这样。

和谐家庭是和谐社会的重要组成部分，夫妻和睦又是和谐家庭的基础。一个人有一个和谐的家庭是幸福的，先生的家庭就是和谐的。

1956 年 3 月 10 日，先生与相识、相知、相爱 4 年之久的邵爱琴女士结婚，开始了长达 60 多年的恩爱有加的夫妻生活。婚后不久，爱人邵爱琴分配到沈阳东北有色金属矿务局财务处工作，第一个月领到工资后，先生和爱人商定今后先生的工资全部寄回家，负担父母生活开支。邵爱琴非常贤惠，从此几十年一直这样做，即使有了三个孩子后，也是将先生全部工资寄回家，负担家用。先生经常出差，邵爱琴一直是先生的单位发工资当天就将工资寄回上海，不仅如此，邵爱琴还亲自织了一件厚毛衣送给公公御寒，还支持先生为母亲镶最好的假牙、配最好的进口助听器，给上海家里安装电风扇和吊扇等。特别令人赞叹的是，邵爱琴对先生的妹妹也非常关心和体贴，有一次先生父亲生病，医药费需子女分摊，小姑负担有些困难，尽管当时先生的家庭并不富裕，但邵爱琴还是决定，小姑的医药费由她支付，家中其他兄弟姐妹都十分感动。

先生生病住院期间，爱人邵爱琴精心护理，寻医问药。特别值得一提的是 1972 年，先生由于劳动过重，加上水土不服等原因导致胃出血，亟需做手术。爱人邵爱琴看到先生的状况，赶紧联系医院。当时，辽宁省并不具备相应的医疗条件，要想很好治疗，只能送到上海的医院动手术。但是，按照当时的规定，如果要出市，不仅需要卫生所、合同医院、市卫生局、学校、系等部门领导同时签字，还要能够买到前往上海的船票，这可急坏了邵爱琴。千难万难跑完了各种手续，爱人邵爱琴亲自将先生送到码头乘船，邵爱琴抓着先生的手叮嘱先生："现在传染病太多，你一定不要输血，一定等我回去再做手术。"几天之后，邵爱琴回到上海，立即去医院陪护先生做手术。手术的过程是漫长的，也是煎熬的。手术从上午九点开始，持续了五个多小时，到午后一点的时候，别的患者都陆陆续续地从手术室中被推了出来，唯独不见先生出来，这令邵爱琴非常担心。她站在手术室门口，眼睛直直地盯着手术室，生怕错过每一个走出手术室的人。她的手心里出满了汗，不断颤动的两腿显示着，此刻她内心的万分担忧。又过了一个小时，到下午两点的时候，先生被推了出来，邵爱琴紧绷的心弦终于松了下来。由于在手术过程中没有输血，先生手术后严重贫血。为了给先生补充气血、调养身体，邵爱琴想尽了各种办法，除了经常做一些补充气血的食物比如猪肝，她还托人买海参给先生补养。在邵爱琴的悉心照顾下，欧阳清的身体很快好转，没过几天就能下地活动了。

先生和爱人邵爱琴在工作上也是互相支持、互相帮助。先生教学是一个特别注重“课堂理论结合工作实践”的老师，在上课之余经常带领会计系学生到工厂实习。邵爱琴便主动帮先生联系各部门、车间，给学生安排实习岗位。先生的课程一直以“实践性强”而著称，这与邵爱琴的支持也有很大关系。此外，先生在长期的会计研究中取得了很多成果，写了很多论文和书籍，邵爱琴不仅帮先生整理、抄录和校对，还利用自己长期在工厂从事财务工作、有丰富的会计实践经验的优势，为先生提供了许多实际案例。她还常常把先生的研究成果带到工作中进行实践检验，帮助先生纠正了一些不符合实际的观点。先生在东北财经大学被誉为“能够一年完成了十年的工作量”，与爱人邵爱琴的勤俭持家、解除一切后顾之忧密不可分。

先生的一家三代都与会计有着不解之缘，先生的姐姐、姐夫、爱人、妹夫都在不同单位从事着会计工作。正如先生所说：“我在复旦打下了会计基础，对会计有浓厚兴趣，最后毕生从事会计教学。我不但想一生教会计，还让全家都成为会计。”在先生的影响下，先生的女儿、儿媳、孙女、外孙也在继续做着先生一生所钟爱的会计事业，可以说先生的家庭是一个典型的会计之家。特别值得一提的是先生的妹夫谷祺教授和先生的儿媳牛彦秀教授，他们与先生一同都曾经辛勤耕耘在东北财经大学的三尺讲坛。谷祺老师在东北财经大学长期从事财务学的教学和科研工作，是我国著名的财务学家、教授、博士生导师；牛彦秀老师 1988 年研究生毕业留校任教，是东北财经大学教授，硕士研究生导师，辽宁省普通高校优秀青年骨干教师，辽宁省教学名师，东北财经大学优秀共产党员、师德模范，中国 MPAcc 学生案例大赛优秀指导教师。在管理会计、成本管理和财务管理领域颇有建树，教学、科研成果丰厚，是《管理会计》国家级精品课、国家级共享视频课的第一主讲教师，《财务管理》（网络教育）国家级共享视频课的课程负责人，是国家社科基金《租值耗散视角下的集团管理控制模式选择研究》课题的负责人。

家和万事兴，在先生的引领下，在爱人邵爱琴的精心操持下，先生的家庭成为幸福之家，和谐之家，堪称典范！

2004 年，74 岁高龄的先生从东北财经大学会计学院退休，与夫人邵爱琴女士定居上海，开始了真正意义上的享受天伦之乐的退休生活。

第三节　不老青松——先生的退休生活①

"人生即隐仍不休，生命七十才开始"，这句话用在先生身上再恰当不过了。先生 2004 年到了 74 岁高龄方才真正从东北财经大学的教学、科研岗位退休，退休前先生是努力工作的，退休后依然：退而不休、著书立说；乐观向上、老有所乐；关心学生、细致入微。

一、退而不休、著书立说

先生即便退休回上海定居，离开了繁忙的教学、科研工作，但仍然忙于著书立说，不断完善退休前编写的教材，真正做到了精益求精，而且还利用闲暇时间到各地走访调查，为有关单位做学术报告。

2002 年，遵循《21 世纪高等院校会计学专业精品系列（案例）教材》的基本思路，先生与南京大学的杨雄胜教授共同担任主编，编写《成本会计学》一书，要求将专业知识讲述与案例展示结合起来，既要有理论又要结合实践，这在当时尚不多见，为此，先生和该书的相关作者在撰写过程中，多次到江苏、上海、大连、河北、江西等地企业进行调研，将实际工作中的内容写入教材。该书 2003 年由首都经贸大学出版社出版，本书出版后受到了读者的欢迎，在使用上实现了预期的目标，并多次重印。成本会计学是会计核算与会计管理的结合，它既是实现企业成本管理现代化、提高经济效益的手段，又是企业现代化管理的一项主要内容。《成本会计学》一书 2003 年出版

---

① 本节由刘永泽、孙光国、陈文铭、朱金玉撰稿，牛彦秀校审。

以后，我国又先后修订了《中华人民共和国会计法》《企业会计准则》和《企业财务通则》等法规。这些法规的制定与实施，对充实财会教材具有重大理论意义和现实意义。由于本书理论完整，实务案例反映实际并与理论有机结合，因此被教育部评为普通高等教育“十一五”国家级规划教材。为了达到国家级规划教材的要求以及适应制度发展变化之需要，出版社要求该书作者们精益求精，继续修改、完善。尽管当时先生已退休定居上海，但先生觉得责无旁贷，于是同杨雄胜和各章原作者，在广泛征求理论界和实务界意见与讨论的基础上，对第一版作了必要的修改、删减和补充，先生最终对全文所有理论内容反复推敲，对所有案例涉及的数据进行核对验算，对全文所有文字字斟句酌，包括标点符号，出版了更高质量的《成本会计学》第二版，本书的第二版仍以工业企业的成本为重点进行阐述，内容体系以成本管理为核心，既包括事后的成本计算，也包括成本预测、成本决策、成本计划、成本控制、成本报表、成本分析、成本考核，还包括当时贴近前沿内容的适时制、倒推成本法、质量成本会计及作业成本计算等，内容全面，堪称成本核算与管理的百科全书，为理论与实务研究者提供了借鉴的思路。

2010 年，正在推行标准成本制度的长春汽车厂想邀请年已八旬的先生做学术报告，汽车厂提出的报告日程安排是每天 6 小时，连续 3 天。先生从上海乘飞机到长春后，主持人看到先生年已 80 岁，就劝他不要按照原定日程讲课，适当调整一下讲课时间，但先生执意坚持，不仅每天白天连续 6 个小时并持续 3 天为汽车厂做报告，晚上还和厂里的工作人员一起研究成本管理问题，让汽车厂的工作人员敬佩不已。大家都说，到了 80 岁高龄的老人还能每天 6 个小时做报告，了不得!

2011 年，先生应他的学生——东风李尔汽车座椅有限公司总经理孔繁国的邀请，到襄樊、十堰、武汉三个城市的汽车座椅厂考察，时间安排得很紧，只能乘小汽车，每天去一个城市，先去襄樊，然后去十堰，最后去武汉。考察程序是先参观生产过程，然后按先生拟定的调查大纲由厂方介绍成本管理，最后根据厂里提出问题做解答。

2013 年 10 月 11 日、11 月 1 日，中国会计视野网“会计口述历史”项目组两次采访先生，为时 5 个多小时，在采访过程中，先生对“改革会计教育”

“创立会计实验室”“在实践中培养人才”“全方位教书育人”“促使理论实践良性互动”“全力推广理论成果转化”“为企业诊断收获共赢效应”“把科研成果纳入教材”等专题进行了畅谈，先生耐心细致地解答了“会计口述历史”项目组记者的相关问题，正如项目组记者所说：“欧阳清教授50多年的会计人生无论是数量还是质量都达到了令人赞叹的程度。聆听欧阳教授的讲述，我们感觉到他这种献身我国会计教育事业，推动会计教育改革和会计行业进步的理想在他青年时期就萌发了。欧阳老师身体健康，红光满面，精力充沛，思维敏捷。‘退而不休’是他退休生活的真实写照。他在一首诗中写道，‘孜孜耕耘大半生，桃李芬芳九州地，耄耋之年归去也，科教自有后来人’！”采访之后，先生为项目组做了题词“理论研究者应深入实践，将理论研究成果转化为生产力”。之后，先生又将“会计口述历史”项目的著作权捐赠给项目组所在的上海国家会计学院。

2014年夏，先生回大连避暑，他仍然很珍惜时间，通过财政局安排，由牛彦秀、王玉红教授陪同，去大连美罗医药公司和辉瑞制药公司调查，重点考察这两个单位的成本管理。过去先生调研的企业多是机械企业，制药行业只去过北京制药厂和沈阳制药厂。这次调研弥补了过去的不足，扩大了视野。尽管他已不再讲课或做学术报告，但是，他仍然认真调研，并将记录稿整理，补充资料库，令同去的各位老师感到非常钦佩！

先生一生都在为会计教育事业忙碌着，无论退休前还是退休后。退休前先生始终奋战在会计教学、科研第一线，著作等身、荣誉丰厚，硕果累累；退休后先生依然著书立说，奔走在企业生产第一线进行调查研究，帮助企业诊断问题，提出各种解决问题的方案。可以说，先生无愧于中国会计界的劳模、会计教育改革的先行者、全国五一劳动奖章获得者、全国财税系统劳模、辽宁省劳模、大连市劳模等的光荣称号；先生一贯强调德育与智育、理论与实践并重，先生领军的会计模拟实验教学是全国首创；先生几十年如一日辛勤工作，退休前先生几乎每天工作到深夜，在东北财经大学被誉为“一年完成了十年的工作量”；先生的研究“真刀真枪”，独具特色，班组经济核算、成本目标管理等代表性研究均来自实践，并指导实践发展，受到企业的欢迎。为了表彰先生对我国会计教育事业的杰出贡献，2019年8月，中共中央、国务院、中央军委向中华人民共和国成立前参加革命工作并健在的老战士老同志、中华人民共和国成立后获得国家级表彰奖励及以上荣誉并健在的人员、中华人民共和国成立后因参战荣立一等功以上奖励并健在的军队人员（含退役军人）、为中华人民共和国成立作出杰出贡献的国际友人等颁发“庆祝中华人民共和国成立 70 周年”纪念章，我们尊敬的先生获此殊荣。颁发纪念章是新中国成立 70 周年系列庆祝活动的重要组成部分，对于加强爱国主义教育，培育和践行社会主义核心价值观，增强中国特色社会主义伟大事业凝聚力和感召力，具有十分重要的意义。2019 年 10 月，当先生收到这枚珍贵的纪念章时，激动的心情溢于言表，自己反复念叨着“我为国家做了这么点事，国家还给我这么高的荣誉，太感谢了！”先生高兴地带着这枚纪念章到上海劳模协会与其他劳模们共享这份荣誉，分享这份快乐！先生还跟其他劳模们说“国家给我们这么高的荣誉，在我们的有生之年，还要尽自己所能为国家出点力、做点事！”

二、乐观向上、老有所乐

先生退休偕夫人回到上海定居后，可谓生活内容丰富多彩，忙碌且快乐！

先生定期与家里的兄弟姊妹团聚，这也是先生平时最快乐的时光，每当家里的亲人聚在一起，大家有说有笑，天伦之乐，其乐融融！由于先生自 1952 年到东北工作，一直兢兢业业，基本没有时间回到上海与亲人团聚，现在退休了，终于有了闲暇的时间，真正有了和家人团聚的机会，为了让先生找寻曾经的回忆，先生的大女儿欧阳宁经常停下手里的工作，陪同先生前往上海复兴路上一年级就读过的圣德小学转转；前往先生 1948 年来到上海时曾经居住过的公寓和先生的父母晚年居住的房屋看看；前往先生在东北工作期间偶尔回到上海都要特地去品尝的特色餐厅、特色书店品尝美味佳肴、喝着咖啡看着书。总而言之，先生对那些留有自己记忆的地方总是流连忘返，津津乐道地讲着以往。不仅如此，先生的大女儿欧阳宁还抽出时间陪同先生故地重游，回到了福州老家，走访了先生讲学过的福州大学和厦门大学，见到了福州大学和厦门大学的学生先生非常高兴，挨个地询问学生们的学习有没有压力、生活习不习惯、气候能不能适应等。从老家福州游玩回到上海，先生总会有好几天沉浸在对老家的回忆之中，念叨着家乡的变化，祖国的变化，兴奋之情溢于言表。

先生是复旦大学毕业的，一直以来先生对母校赞誉有加，应该说，先生在复旦开始热爱会计学，并将其视为自己一生的事业，所以先生非常感谢母校的培养教育，先生在上海定居期间，母校复旦大学的校友（部分）经常安排一些小型聚会，每当先生接到某位同学的通知，都会高兴地答应，因为先生非常珍惜这份来之不易的大学同学情，每到这一天，先生都会早早地做好准备，早早地来到聚会地点，期待与校友们的相聚、畅谈，这里特别值得一提的是先生 2012 年回母校参加毕业 60 周年同学会，复旦大学的管理学院给予回校的同学们热情、细致、周到的接待，返校路费、住宿费、参观的一切开支都由学院负责，真是让这些回校同学非常感动。返校活动内容丰富多彩，共有三天：第一天参观世博会和中华艺术宫，下午乘车观光浦西市容；第二天前往东方明珠观光，难得的是组织者非常用心地安排了军乐队奏乐欢迎同学们，下午回到大学校区参观，浏览校园；第三天由校、院领导介绍复旦学校及管理学院发展情况，举行校友毕业 60 周年返校座谈会，座谈会由管理学院院长主持，学校校长在致欢迎词时说："1952 届校友进入复旦之际，新中国正处于'黎明'之时，同学们毕业 60 年后的今天，国家的发展已经日新月异，中华民族还在为实现复兴梦想而努力。当年 1952 届工商管理专业的学生提前完成学业，服从组织安排，奔赴全国各地支援祖国建设，为工矿企业的发展付出智慧和汗水……祝愿老校友们身体健康，心情愉快。"大会之后，学校又安排同学们举行了自由座谈会，在这次自由座谈会上，先生的同学、时任国务院副总理的李岚清回忆了自己在 1952 年 9 月 12 日，带领复旦大学毕业的同学奔赴东北支援建设的经历。在场的大部分校友都在当时坐上了同一列车前往沈阳，在各自的工作岗位上奉献青春，挥洒汗水。先生也衷心希望母校的青年学子们重视理论联系实际，多参加一些社会实践活动，不断提高自己的工作能力。作为复旦的老校友，先生祈愿母校兴旺昌盛，培养出更多的栋梁之材。座谈会上，同学们畅所欲言，共同追忆了美好而难忘的复旦大学四年时光，追忆了在大学期间教过自己的老师，追忆了求学时同学之间的过往。先生曾动情地回忆说："对于我们这些年过古稀的老人来说，如果不是学校和学院周到的安排和照顾，我们很难实现同学欢聚一堂的愿望。这是一次终生难忘的重聚。"几天的时间很快过去了，返校同学聚会、座谈之后，管理学院院刊记者为返校的每一位同学撰写了一篇采访文章，刊登在《致远》刊物上；学院还为每位同学赠送了很多纪念礼品。

先生将大连视为第二故乡，退休后先生每次回大连都像回故乡探亲。自先生退休回上海定居始，基本上是每年的夏、秋季来大连住些日子，但也有例外的情况。由于先生的爱人身体欠佳，所以2017年这次是间隔两年后再次回到大连，在大连期间，先生抽空来到了曾经工作过52年的东北财经大学，浏览校园，参观学校的相关部门，看到母校发生的巨大变化，先生感到十分高兴。尽管先生已退休13年，但学校离退休处、档案馆、校友处、出版社、会计学院、老教授协会等部门的领导，都亲切会见先生并摄影留念。会计学院领导还设宴招待，先生曾经指导或教过的留校学生，虽然已是国内知名学者，但是他们"一日之师，终生不忘"，同先生多次聚会，真是"师生情谊说不尽，天长地久长相思"。当然，先生每次回到大连，少不了要与众多弟子多次相聚，尽管每次的相聚时间短暂，但那种其乐融融的氛围都给学生们留下了美好的回忆，特别是聚会时，先生对学生们家长里短的问询和对工作的殷殷嘱托更是让学生们心里暖暖的、信心满满的。

先生在1986年被评为大连市劳动模范，1987年被评为全国财政系统劳动模范，1989年第二次被评为全国财政系统劳动模范，1991年被评为辽宁省劳动模范，获得全国五一劳动奖章。"劳动模范"不仅仅是一种光荣称号，也是一种"劳模精神"，必将受到社会的尊重。上海市总工会对劳模的思想、学习、工作和生活都非常关心，为了使身在上海的劳模们不忘初心，牢记使命，发挥劳模的影响、带动作用，上海市总工会在各区成立劳模协会，在社区成立劳模联谊会。先生退休回上海定居后，就参加了徐家汇社区劳模联谊会，从而使自己精神上有所寄托，生活上感到充实美满。徐家汇社区劳模联谊会是在徐家汇街道党工委领导下成立的，接受徐汇区劳动模范协会业务指导，其会员基本是工作或生活在徐家汇街道，来自全国各行各业的"全国劳动模范"和"省、部、市一级的劳动模范"。联谊会有明确的章程和健全的管理机制，由街道总工会具体负责、指导日常工作，关爱劳模，帮助和解决劳模的学习、生活中的各种问题是联谊会的主要职责。劳模联谊会在街道“文化活动中心”创建了近百平方米学习活动场所，专供劳模们学习、活动之用。因此，在每周三上午凡是能够行动自如的劳模都会自动相聚一起畅谈时事、欢唱歌曲、交流生活乐趣，大家聚在一起畅谈国内外大事，分享各种益智的知识，去国内外旅游的劳模回来后，用录像或口头向大家介绍旅游见闻，使众人如身临其境，使大家不会因年老而孤陋寡闻；有做过医生的劳模经常为大家测量血压、介绍医药和防治各种疾病的知识，特别值得一提的是上海信谊药业几年如一日，每月派保健医生到劳模联谊会讲课，介绍医药、治病和养生知识，并赠阅内容丰富的《家庭用药》月刊，使大家受益匪浅。社区总工会领导对劳模平时的生活也十分关心，劳模身体不适，凡住院的即去医院把慰问金送到病床边，遇到因病住不上医院的，就设法到劳模家中探望，联系医院让他们住院就医。劳模联谊会成员，尽管来自五湖四海，过去从事各行各业工作，但是大家团结友爱，互相关心，互相帮助，亲如一家。所以联谊会成立多年来，一直健康地发展着，充分发挥联谊会的作用。无论是刮风下雨，严寒酷暑，都一直坚持活动，深受大家喜爱。在劳模联谊会中，先生心情愉悦，通过与劳模们的彼此畅谈，结交了许多志趣相投的新老年朋友，劳模协会让先生有了心灵归属感。在先生八十岁华诞时，上海市劳动模范协会还专门给先生送来贺卡，祝贺先生八十华诞。所以先生的夫人生前曾跟先生说：“你们周三上午的聚会是‘神仙会。’”在先生 2021 年 11 月摔跤后的病卧期间，劳模协会和那些曾经的老朋友多次前来家中探望慰问，给予了先生情绪和精神上的莫大安慰。在 2022 年新冠疫情刚解封后的劳模联谊会第一次活动时，为了再感受一下活动氛围，先生坚持坐着轮椅让大女儿欧阳宁开车送他去参加。

艺术和科学是相通的，孔子曰“兴于诗，立于礼，成于乐”。先生平时酷爱音乐，无论天寒地冻刮风下雨还是炎热酷暑，退休回上海定居后的每个周五晚上，先生都会和夫人邵爱琴女士兴高采烈地双双去参加社区文化馆的音乐会。先生对音乐的爱好可能也是受他的同学、曾任国务院副总理的李岚清影响所致，在他们大学时期就已开始了这种爱好，直到他们退休。

先生蔼然可亲，乐于助人。先生退休在上海期间关心和帮助了很多外来打工者。先生退休在上海定居期间，有对双胞胎姐妹想考会计师，请求先生给予帮助，先生了解了她们面临的经济困难后，就让她们来家里亲自辅导姐妹两人的专业课，耐心细致地讲解专业知识的重难点，经过数月的辅导，姐妹两人的专业课水平有了很大的提高，最终姐姐通过了会计师的考试，妹妹找到了心仪的工作。当她们拿着礼物上门感谢时，先生谢绝了她们的好意，并嘱咐她们要珍惜不易得来的机会，要努力工作，把自己的本职工作做好了就是对先生最好的报答。类似这样的事例不胜枚举。

2020 年初，新冠疫情来势汹汹，为更广泛地凝聚社会公益力量，依法有序支持新冠疫情防控工作，各级组织纷纷倡议广大党员干部守初心、担使命，发挥先锋模范作用，用实际行动体现责任担当，守望相助，慷慨解囊，用博爱善举彰显社会责任，疫情无情，人间有爱。在这个过程中，先生本着捐献一份爱心、贡献一份力量，为坚决打赢疫情防控攻坚战尽一份力，用涓涓细流汇成海，用点点善举铸大爱的想法，主动捐出自己的爱心，得到了有关部门的肯定，2020 年 3 月 30 日中共中央组织部还专门开出“捐款收据”，对先生的义举特致感谢！

先生的“乐”融入生活、工作的点点滴滴、时时处处，先生可谓是一辈子乐观向上，到了退休后也真正做到了老有所乐。

三、关心学生、细致入微

先生教过的学生无数，带过的研究生也是遍布国内各个行业、众多领域。对每个学生的成长，先生都倾注了无数的心血和满腔的热情，不仅在先生退休前是如此，退休后先生依然时时处处关心学生的生活、工作、家庭，无论大事小情，对他的学生，先生可谓关怀备至，细致入微。

先生十分关心学生的成长和进步，每当某个学生在工作中取得了一点成绩，获得了某个奖项，先生都会从上海打来电话，在表示祝贺、鼓励的同时，先生还会给予新的指导，帮助学生把握方向，比如先生的学生孔繁国被任命为东风李尔汽车座椅有限公司总经理时，先生得知消息后第一时间打来电话，在祝贺和肯定了孔繁国前一段工作成绩的同时，先生还告诉孔繁国无论从事什么职业，有多少付出就会得到多少回报，专心努力工作必定会有好的收获，应该继续努力，下一步该如何做等；每当某个学生工作中有一些变动，只要得到消息，先生都会第一时间给予学生最亲切的关心和指导，比如先生的学生刘继伟从教学岗位调任学校财务处处长时，先生得知消息后第一时间打来电话，嘱咐刘继伟一定把这项工作干好，告诉刘继伟说，财务工作是一个单位里最重要的工作，学校也是如此，财务负责人必须遵纪守法，学校里教学活动、科研活动、学生活动、后勤保障和教辅部门背后都有资金运动，没有强大的资金流，一个单位不可能有发展，更不可能走上良性循环。这种叮嘱对学生来说不仅是对自己的祝贺和鼓励，更是对自己工作上的一个重要指导，会让学生明确未来努力的方向。

先生经常给他的学生打电话问寒问暖，询问工作和生活情况。当先生得知他的学生刘永泽睡眠不好时，先生就给刘永泽打电话，介绍先生自己的一些经验，而且亲自给刘永泽买了一个天猫精灵，从上海寄过来。这个天猫精灵，既能放音乐，又能讲故事，睡前听一听有助于睡眠，让学生感受了先生对学生的关爱；先生提倡孝道，经常教育学生一定要孝顺父母，尊敬他人，当先生得知学生秦志敏和母亲生活在一起时，先生非常高兴，鼓励秦志敏一定要照顾好自己的母亲，特别是当先生了解到秦志敏的母亲患有糖尿病时，就将自己的用药方案分享给秦志敏，并一再叮嘱秦志敏要呵护好老人的健康。

2020 年年初，无情的疫情席卷大地，人们的生活、工作、学习等方面都受到了极大的影响，一切的规律都打乱了，当然也包括我们的上课方式。就在我们都感觉很无助的时候，我们尊敬的先生及时地给他的每个学生打来了电话，询问我们的具体情况，嘱咐我们一定要注意疫情防控，照顾好自己，照顾好家人，甚至先生把自己疫情防控的具体做法包括如何戴口罩、如何洗手消毒等都分享给学生们，特别是对于上课方式的改变，先生叮嘱我们不要受疫情影响而耽误了给学生传授专业知识，先生告诉我们，线上授课不同于线下授课，上网课容易使听课学生产生惰性和不自律，所以，讲课过程中一定要跟学生们强调并要求同学们做到：培养良好的作息习惯、明确自己的学习动机、树立恰当的学习目标、合理利用网络资源等，先生的这些既与时俱进又超前的做法给了我们非常及时的提醒，使得我们这些疫情防控期间尚在岗的任课教师受益匪浅。

先生就是这样一生关爱着他的学生，无论是退休前还是退休后，无论是工作还是生活，先生对学生们的呵护可谓细致入微。学生们的每一步成长都离不开先生的指导，生逢先生这样的恩师，是学生们的幸运。

第二部分

皓月呈辉：先生学术与教育思想

第一节　皓首穷经——先生学术思想研究[①]

欧阳清先生是我国著名会计学家和教育家，新中国成本会计学科的重要开创者、经济活动分析学科的关键领军人、东北财经大学会计学科的卓越奠基人，为我国成本会计与成本管理改革，经济活动分析的创新与发展，东北财经大学会计学科的建立、完善、改革、发展和腾飞都作出了巨大贡献。

先生一生研究领域广泛，成果丰硕：在《会计研究》等权威期刊公开发表有影响力的论文50余篇，出版《成本管理理论与方法研究》《会计大典：成本会计卷》《企业经济活动分析》等专著、教材25部，主持纺织工业部、东风汽车集团有限公司朝阳柴油机公司和中国一汽集团有限公司大连柴油机厂等政府部门和企业的重要科研课题10余项，获得国家级和省级优秀教学成果奖和科研成果奖17项。先生从教52年，涉猎的学术研究领域非常广泛，在许多领域都取得重要的学术贡献，最重大的贡献主要集中于成本会计及成本管理和经济活动分析两大领域。

在成本会计和成本管理研究领域，先生在我国班组经济核算、成本核算改革和成本目标管理等领域都取得创新性成果，为我国成本会计、成本管理和管理会计改革发展，作出重大贡献。

在经济活动分析研究领域，先生是新中国成立后我国最早从事工业企业经济活动分析的研究者和这一学科的创立者之一，形成了自己较为完整的工业企业经济活动分析理论体系、方法论体系和教学资源体系。

今天，我们研究先生的学术贡献，不仅仅是体现在成本会计及成本管理领域和经济活动分析领域的研究成果上，更重要的是要研究先生的学术思想及其深远影响，这对我们当前从事学术研究有着十分重大的现实意义。

先生的学术思想主要由“教研用融合研究学术指导思想”“业财会融合研究学术思想体系”和“校企政融合研究学术方法体系”三部分构成。

---

① 本节由张先治执笔，刘永泽审校。

一、教研用融合研究学术指导思想

先生的学术研究指导思想体现了教学与研究的融合和研究与应用的融合，形成了“以服务教学为核心、以学术创新为根本，以学术成果应用为目标的学术研究指导思想”。

（一）以服务教学为核心

先生的学术研究指导思想一直坚持以服务教学为核心。他的研究领域和研究方向始终围绕着他的主要教学领域和课程建设展开。先生为本科生和研究生讲授的课程主要包括成本会计、成本管理、工业企业经济活动分析、企业经济分析研究等。因此，他的研究领域和研究方向也主要集中在成本会计及成本管理和经济活动分析两大领域，并用这两个领域的研究成果充实、完善和创新教学内容和教学方法，加强会计学科建设。

1. 学术研究服务于成本会计教材建设与课程建设

先生是我国成本会计学科的创立者之一，他在成本会计教材建设和课程建设方面不断创新，取得了丰硕成果，引领我国成本会计学科不断发展。

随着我国经济体制从计划经济体制向有计划的商品经济体制转变，再由有计划的商品经济体制向社会主义市场经济体制转变，企业的经营管理体制和方式也都发生了改变。先生结合这些新环境、新变化，深入实践对企业成本会计相关问题进行调查研究，于 1982 年率先编写并出版了《成本会计》教材（吉林人民出版社，1982 版）。这本教材借鉴现代企业制度下成本会计理论与方法，结合中国改革开放之初企业的实际情况，形成了具有中国特色的成本会计理论体系和方法体系，对推动我国成本会计教材建设和课程建设发挥着十分重要的作用。

在此基础上，先生一直追踪国际国内成本会计改革与发展前沿问题，运用新的学术研究成果不断更新、完善和发展成本会计理论与方法，先后编写并出版《成本会计学》（吉林科学技术出版社，1993 年版），《成本会计学》（东北财经大学出版社，1994 年版，1999 年版，2002 年版），《会计大典：成本会计卷》（中国财政经济出版社，1999 年版），《成本会计学》（首都经贸大学出版社，2008 年版）等教材和著作，为我国成本会计教材建设和课程建设作出巨大贡献。

2. 学术研究服务于成本管理教材建设与课程建设

会计的本质是提供决策与控制有用的信息，这也是成本会计的本质要求。同时，如何利用成本会计信息进行决策与控制，则是成本管理的发展与改革方向。先生基于成本会计改革与创新，深入探讨成本决策和成本控制问题，于 1981 年和 1982 年先后在《财经问题研究》发表文章“谈谈成本决策分析”和“产品成本控制”，于 1983 年开设“工业企业成本管理基础知识讲座”，于 1985 年在《会计研究》发表“成本目标管理理论与实践”，于 1989 年在《财经问题研究》发表“成本管理改革原则的探讨”，于 1993 年在《会计研究》发表“我国成本管理的现状与改革思路”等文章，深入探讨我国成本管理问题，并于 1998 年在东北财经大学出版社出版《成本管理理论与方法研究》专著，构建与创新了我国成本管理理论体系和方法体系。

先生基于成本管理领域的学术成果，为研究生开设成本管理课程。《成本管理理论与方法研究》也成为研究生课程的教材，促进了我国成本管理课程的建设和发展。

3. 学术研究服务于经济活动分析教材建设与课程建设

先生是我国企业经济活动分析学科的开创者和领军人。他所独著、编著和主编的《工业企业经济活动分析》《企业经济活动分析》《工业企业经济活动分析图解及题解》等教材，一直被我国许多高等学校经济活动分析课程所采用，为我国经济活动分析学科建设、教材建设和课程建设作出重大贡献。

先生在企业经济活动分析学科建设和教材建设上的成就主要来自他对企业经济活动分析学术研究中的理论创新和方法创新。先生在经济活动分析理论研究中，十分重视经济活动中的业务活动和技术活动分析，他主编的《工业企业经济活动分析》在教材体系上突出了对业务活动分析和对技术活动分析的地位。特别是在对企业经济活动分析方法的探索中，创新了“品种结构对可比产品成本的影响分析”“品种结构对利润的影响分析”“等级品质量变化对利润的影响分析”“可比产品成本降低任务分析”“材料配比对成本影响分析”“成本技术经济分析”“流动资金周转率因素分析”等方法。这些方法都成为经济活动分析教材建设和课程建设的重要内容。

（二）以学术创新为根本

高等教育或高校教师的使命和职责不仅仅是传授知识，更重要的是追求真理、创新发展。先生一生求真务实、锐意进取、追求创新。只有创新才能服务于教学，只有创新才有用于实践。先生在成本会计、管理会计、成本管理和经济活动分析领域的学术研究都取得重要的创新成果。

1. 班组经济核算与管理会计创新

在20世纪70年代末，班组经济核算是企业提高经济效益的重要途径，但是其中很多理论问题尚未得到解决。先生针对班组经济核算情况进行了广泛调研，在此基础上撰写了一篇题目为“关于工业企业班组经济核算问题的探讨”的文章，对班组经济核算的性质和特点进行了深入分析，澄清了关于班组经济核算的模糊认识。文章刊登在《会计研究》1980年创刊号上。文章发表后，不但在国内得到广泛认可，还获得了海外学术界的关注。美国犹他州大学三名学者到鞍钢考察，了解班组经济核算的情况后，给予很高的评价。班组经济核算成为中国特色责任会计和管理会计的标志之一。

2. 标准成本核算与成本会计创新

20世纪80年代，伴随着经济体制改革，成本核算改革问题的重要性日益凸显。先生对新时期我国成本核算改革的方向、原则、内容、方法等作了深入探讨，为建立具有中国特色的社会主义成本核算体系作出了积极的贡献。为更好地发挥成本核算在企业管理中的功能作用，结合标准成本会计的优点，先生在对中国企业进行实地调研后，撰写了“关于建立中国式标准成本会计的探索”一文，提出应当总结完善我国自己的经验，有选择地吸收西方标准成本会计制度的科学部分，建立一套适合我国国情的中国式标准成本会计制度，推动了我国成本会计的创新发展。

3. 目标成本管理与成本管理创新

早在20世纪80年代初期，先生结合我国企业管理实践的需求提出了从“成本核算”向“成本管理”转变的思路，对当时我国目标成本管理理论创新和改革实践都起了很好的指导作用。随着对成本管理研究的深入，先生先后在《会计研究》公开发表了“成本目标管理的理论与实践”“我国成本管理的现状与改革思路”等文章，对推动我国成本管理理论研究和指导企业目标成本管理实践都具有重要理论价值与应用价值。“成本目标管理的理论与实践”一文先后获得全国财政理论成果佳作奖，国家级人文社会科学研究优秀成果二等奖，并被中国会计学会作为新中国成立以来有代表性的40多篇重要论文之一，收入《中国现代会计手册》。

4. 经济活动分析体系创新

会计如何更好地服务于企业经济管理是会计学科发展要解决的关键问题。先生不仅在成本会计、管理会计领域探索成本会计核算如何服务于成本管理和企业管理，而且拓展会计的服务领域到企业整个经济活动，包括供产销业务活动、财务活动、技术活动等领域，创立和发展了我国企业经济活动分析学科体系。先生创立的经济活动分析体系不仅仅是对财务状况和财务成果进行分析，而且对采购活动、生产活动、销售活动、技术活动等本身进行分析，以及它们对财务状况和财务成果的影响进行分析。因此，企业经济活动分析的理论和理念，是对当前倡导的业财会融合的完美体现。

5. 经济活动分析方法创新

先生业财会融合的企业经济活动分析理论体系，离不开业财会融合的经济活动分析方法体系的支撑。先生深入企业调查研究，特别是针对企业的业务活动和技术活动特点，总结、提炼、创新出许多根植于企业实践的经济活动分析方法。例如，结合对纺织工业和冶金行业的调研，提出了“材料配比对成本影响的分析方法”“等级品质量变动对利润的影响分析方法”。另外，“品种结构对可比产品成本的影响分析”“品种结构对利润的影响分析”“可比产品成本降低任务分析”“成本技术经济分析”“流动资金周转率因素分析方法”等，都是先生结合企业实践而总结创新的经济活动分析方法，对我国经济活动分析方法论建设作出重大贡献。

（三）以学术成果应用为目标

教育的成果和学术创新成果最终都将以实际应用为目标。先生始终坚持教书育人和学术创新与企业实践相结合并应用于社会实践。他多次带领青年教师和学生深入实践，将学术研究成果应用于政府和企业的经营管理实践。

1. 标准成本创新成果在企业的应用

先生的标准成本会计创新成果来源于实践，也积极主动将标准成本会计研究成果应用于企业实践，帮助企业解决成本核算和管理中的难题。标准成本会计方法的推广应用在朝阳柴油机厂、朝阳工程机械厂、沈阳中捷友谊机床厂、大连柴油机厂和大连创新机械厂等企业，都取得了预期的效果。例如，先生带领团队完成的《中捷厂标准成本制度》，获得辽宁省机械工业厅的管理现代化优秀成果一等奖。我国机床工业局也在该厂召开现场会，肯定该项改革成果。先生还帮助抚顺市财政局解决推广标准成本制度中遇到的难题，取得了良好的效果，获得了财政部和抚顺市领导的高度评价。

2. 目标成本管理创新成果在企业的应用

目标成本管理是先生另一项来源于实践又应用于实践的创新成果。他多次带领研究团队到沈阳重型机器厂、沈阳机床厂、抚顺电瓷厂、抚顺挖掘机总厂、大连纺织工业总厂等企业推广应用目标成本管理，对提升企业经营管理水平和经济效益都起到了非常大的作用。特别是先生不顾 80 岁高龄，不远千里对东风李尔的武汉、襄阳、十堰分公司进行调研，对如何推行企业目标成本管理、预算管理及企业规划给出了非常宝贵的建议和对策。调研期间，先生还对东风李尔的财务管理团队进行了专业系统的培训，并为每人赠予其亲手签名的著作《成本会计学》，至今这本书还被大家视若珍宝及操作宝典。东风李尔能够从一个偏安一隅、年销售收入不足 6000 万元的作坊式工厂，成为年销售收入超 50 亿元的国内领先的集团化公司，这与先生一直以来传经送宝、指导帮助、鼓励支持密不可分。

3. 经济活动分析创新成果在企业的应用

企业经济活动分析会议是我国企业经营管理中的常见方式方法。如何开好经济活动分析会议，如何写好经济活动分析报告，是许多企业面临的难题和急需理论指导的问题。先生针对企业的需求，将经济活动分析理论与方法以不同的方式应用于企业。例如，他到许多企业调研的同时为企业管理者做经济活动分析讲座，为中央电大在职学员开设企业经济活动分析课程，介绍经济活动分析理论方法；他带领团队到许多企业直接帮助企业建立经济活动分析制度，提升经济活动分析水平。特别是先生主持的纺织工业部“全国纺织工业经济效益分析”课题，经过大量的调查研究，为全国纺织工业企业开展经济活动分析，制定了相应的制度和分析体系。

二、业财会融合研究学术思想体系

基于教研用融合研究的学术指导思想，先生形成了“以成本会计研究为基础，以对企业业务活动分析为对象，以提升企业财务成本管理为导向的学术思想体系，即业财会融合研究学术思想体系”。

（一）成本会计研究中的业财会融合思想

会计作为一个信息系统，为决策与控制提供有用的会计信息是会计的本质要求。而企业单位的决策与控制主要体现在业务活动和财务活动过程的决策与控制。因此，会计研究就是要以如何创新完善业务活动和财务活动中的会计信息系统为目标。先生在成本会计研究中始终坚持业财会融合思想，将成本会计创新与企业作业行为、组织行为和技术行为相结合，在责任成本会计、标准成本会计和作业成本会计领域都取得丰硕的成果。

1. 成本与班组核算结合——责任成本会计

传统成本核算主要以产品成本核算为对象，没能将成本与组织形式及人的行为相结合。虽然这样的成本核算可计算出产品成本，但无法分清造成产品成本升降的组织单位及人员的责任。先生通过调研论证了我国班组经济核算的特点及优点，特别是从理论高度总结了班组经济核算将成本会计核算与企业组织特点和劳动者个人行为结合的特色，形成中国特色的责任成本会计，得到国际国内成本会计和管理会计界的认可。

2. 成本与业务技术结合——标准成本会计

成本会计核算的目的是为企业的经营决策与管理控制提供有用的信息。如何通过成本核算有效控制成本以实现管理控制目标是成本会计研究的重要问题。先生基于业财会融合的思想，将构成成本的各个技术环节和各项业务环节与其相应的成本费用进行划分，并确定各业务环节和技术环节的成本费用标准，用以控制各业务环节和技术环节的成本费用水平。先生理论联系实际，在标准成本会计领域取得丰硕的研究成果。例如，他撰写的“关于建立中国式标准成本会计的探索”一文，提出应当总结完善我国自己的经验，有选择地吸收西方标准成本会计制度的科学部分，建立一套适合我国国情的中国式标准成本会计制度，文章引发社会各界对于标准成本会计的广泛关注和好评，推动了我国标准成本会计的发展。

3. 成本与作业环节结合——作业成本会计

明确成本驱动因素或成本动因是寻找降低成本途径的关键。成本动因通常以经济活动耗费的资源来进行度量，如材料消耗、人工成本、能源消耗等，而没有按作业或业务活动来归集核算成本。先生借鉴国外作业管理和作业成本法的经验，探索我国成本会计中的作业动因，推动作业成本会计在我国的应用。作业成本会计不仅是一种成本计算方法，更是将成本计算与经济业务的有机结合，根据作业活动耗用资源的情况，将资源耗费分配给作业，再依照成本对象消耗作业的情况，把作业成本分配给成本对象。因此，作业成本会计这种业财会融合理念更加有利于企业完善成本管理，提升企业管理水平。

（二）经济活动分析研究中的业财会融合思想

经济活动分析实际是以反映经济活动的会计信息为分析对象，在会计信息提供者和使用者之间架起的一座桥梁。这个桥梁的本质就是要通过对反映经济活动的会计信息的分析，还原经济活动各项业务的本来面貌。先生的企业经济活动分析，在理论体系和方法论体系上都充分体现了业财会融合的思想。

1. 基于业财会融合的企业经济活动分析理论体系

企业的经济活动包括业务活动、财务活动、会计活动等。企业经济活动分析正是基于会计活动报告的信息，通过经济分析方法还原和解析企业的业务活动、财务活动的状况和成果。先生创立的经济活动分析理论体系，不仅分析企业的筹资活动、投资活动、分配活动等财务活动状况及财务成果，而且重视对采购活动、生产活动、销售活动、技术活动等业务活动进行分析。这一经济活动分析理论体系，充分体现了业财会融合的思想，对经济活动分析学科发展，对指导企业经济活动分析活动，对提升企业经营管理水平都有着重要的意义。

2. 基于业财会融合的企业经济活动分析方法体系

在先生基于业财会融合的经济活动分析理论体系指引下，各种经济活动分析内容及方法也都充分体现了业财会融合的思想。例如，“品种结构对可比产品成本的影响分析”“品种结构对利润的影响分析”“等级品质量变化对利润的影响分析”“可比产品成本降低任务分析”“材料配比对成本影响分析”“成本技术经济分析”“流动资金周转率因素分析方法”等，都是先生结合企业业务活动、财务活动实践而总结创新的经济活动分析方法，得到了经济活动分析理论界和实务界的认可。先生主编的《工业企业经济活动分析》一书获得财政部优秀教材一等奖。

（三）成本目标管理研究中的业财会融合思想

先生在成本目标管理中的业财会融合思想体现在他的一系列论文、教材、研究报告和著作中。例如，论文《成本目标管理的理论和实践——从辽宁部分企业的经验看成本管理的发展》，教材《成本会计学》，研究报告《加强成本管理 提高经济效益——关于某机械公司成本管理的调查报告》，著作《成本管理理论与方法研究》等，都在倡导成本目标管理要与企业的业务、组织、人员的融合。

1. 实行企业业务全过程的成本目标管理

产品成本包括从产品市场调查、设计、试验、工艺准备、物资采购、生产、销售以至为用户服务等各项业务全过程发生的费用。业务全过程成本目标管理就是改变过去只注重生产成本业务的管理，而忽视其他业务过程的管理的现象，将企业各项业务活动发生的费用都纳入成本目标管理之中。

2. 实行企业各个组织及部门的成本目标管理

企业的各个组织及部门都会发生成本费用，或对某项业务的成本费用负责。只有将成本费用目标落实到所有的组织及部门，才能明确组织及部门的成本责任，形成成本责任中心，实施有效的成本管控。

3. 实行企业全员的成本目标管理

无论是各个业务过程的成本目标管理还是各个组织及部门的成本目标管理，最终都需要人来进行管理，而且企业每一个员工都与成本费用相关，只有落实了全员的成本目标管理，才能保证业务全过程和各个组织及部门成本管理目标的实现。

三、校企政融合研究学术方法体系

在教研用融合研究的学术指导思想和业财会融合研究学术思想体系指引下，先生坚持“以校企、校政、校企政项目合作研究为对象，以实地调查访谈研究为方法，以解决企业和政府具体问题为目标”，创新了校企政融合研究学术方法体系。

（一）校企政合作项目研究

项目研究是学术研究的最重要载体。基于项目研究的成果，可形成论文、著作、教材、研究报告等。先生十分重视项目研究，特别是应用型项目研究。他带领研究团队与政府部门和企业合作研究，一方面通过了解政府和企业的实践需求明确学术研究方向，另一方面通过校企合作、校政合作研究为政府和企业提供政策和对策研究成果。

1. 校企合作项目研究

校企合作项目研究是先生学术研究的最重要载体，他主持的校企合作项目有几十项，不仅数量多，而且涉及的企业类型、行业、领域也很多。例如，校企合作的企业既有国有企业，也有民营企业，既有大型企业，也有中小型企业；校企合作项目涉及的行业，有冶金行业、机械制造业、纺织业、医药行业、商业等；校企合作研究的领域包括：成本定价、标准成本、责任成本、成本目标管理、经济活动分析报告、经济活动分析制度、经济效益分析、经济效益审计，等等。

2. 校政合作项目研究

随着校企合作研究的深化，为了在更大范围内推广项目研究成果，先生也注重与政府管理部门合作，研究、推广成本会计、成本管理和经济活动分析领域的科研成果，并通过在更大范围内的应用及检验，完善、创新与发展相关领域的研究成果。例如，先生主持的与沈阳中捷友谊机床厂的合作研究项目研究成果《中捷厂标准成本制度》，在该厂实践中取得很好的效果。为了在机床行业推广这个项目，我国机床工业局在中捷友谊厂召开现场会，在全行业推广。该项目也获得辽宁省机械工业厅的管理现代化优秀成果一等奖。先生还与抚顺市财政局合作研究，解决企业推广标准成本制度中遇到的难题，取得了良好的效果，获得了财政部和抚顺市领导的高度评价。

先生通过校企合作、校政合作项目研究，一是基于第一手的实地研究进行学术创新；二是通过项目研究直接服务于合作企业及政府相关部门，提升经营管理水平；三是将项目研究成果转化为教学内容，促进了教学改革和人才培养。

（二）实地调查访谈研究

实践是检验真理的唯一标准。学术研究必须扎根实践，才能发现问题、解决问题、服务于实践。先生一直坚持到企业和政府部门进行调查访谈，用访谈研究、案例研究、问卷调查等实地研究的方法，掌握第一手的实践状况资料，运用现代经济学理论和管理学理论解决实践中的问题。

20 世纪 80 年代初，先生为了研究成本目标管理，深入沈阳重机厂、水泵厂、大连机床厂、冷冻机厂等进行实地访谈和调查，了解企业成本管理中的做法，总结实践中企业成本管理的经验及存在的问题，并以现代成本管理理论为基础，形成自己的研究成果“成本目标管理的理论和实践——从辽宁部分企业的经验看成本管理的发展”，该文发表于《会计研究》1985 年第 1 期。

20 世纪 90 年代，先生重点关注如何基于成本管理提升企业经济效益问题。他带领研究团队到辽宁省朝阳工程机械有限公司进行了为期 8 天的全面、深入调查研究，通过现场考察、座谈、访谈、查阅资料等实地研究方法，了解和掌握了企业成本管理状况的第一手资料，形成了《加强成本管理　提高经济效益——关于某机械公司成本管理的调查报告》，该报告包括：成本管理工作总体概况，现代企业制度要求企业成本管理转轨变型，关于进一步完善现行成本核算的几点意见，成本核算制度改革的方向和加强企业成本工作的基础等部分，得到企业的认可和好评，对企业加强成本管理、提高经济效益起到了重要的作用。

先生退休后仍坚持深入实践调查研究。2011 年，先生应他的学生——东风李尔汽车座椅有限公司总经理孔繁国的邀请，到襄樊、十堰、武汉三个城市的汽车座椅厂调研考察，一方面了解企业管理的现状，另一方面传授成本管理方面的方法，指导企业的成本管理工作，提升了该公司的经营管理水平和经济效益。2014 年，先生为了完善《成本会计学》教材，到大连美罗医药公司和辉瑞制药公司调研成本管理的做法及存在的问题等，将企业好的管理经验修订完善至教材中。

（三）重大问题导向对策研究

以应用研究为重点的学术研究，关键在于抓住重大问题导向，研究真问题，真研究问题。先生在教研用融合研究学术指导思想下，在学术研究中始终以我国经济建设中的重大财会问题为导向，基于本专业理论与方法创新，为政府和企业提供有针对性的解决方案。

1. 中国特色责任会计研究

20 世纪 70 年代末，在把全党工作重点转移到社会主义现代化建设上来的过程中，认真搞好经济核算，讲求经济效果，明确经济责任成了必然的选择。先生结合本专业特点，探索社会主义现代化经济建设会计改革的方向和重点领域。由于在“四人帮”极“左”路线长期干扰破坏下，经济核算和会计工作都被大大削弱了，许多企业不求经济效益，不讲经济责任，经济建设和企业发展受到严重影响。先生认识到班组经济核算是企业提高经济效益的重要途径，但是其中很多理论问题尚未得到解决。因此将班组经济核算作为研究的重要选题。他带领团队多次到企业调研班组经济核算问题，形成一系列研究成果，系统论述了班组经济核算的理论及方法，包括：班组经济核算性质及特点分析；有关班组经济核算三个模糊认识的澄清；班组经济核算与社会主义劳动竞赛和物质利益相结合，等等。一方面奠定了中国特色责任会计的理论基础，另一方面对企业加强经济核算、提高经济效益提供了思路与方法。

2. 我国成本管理改革思路研究

随着我国经济体制由计划经济体制向有计划的商品经济体制转变，再由有计划的商品经济体制向社会主义市场经济体制转变，我国企业成本管理实践急需适应社会主义市场经济环境的成本管理理论和方法的指导。先生紧跟时代步伐，持续关注和探讨成本管理改革的思路，通过深入实践调查研究，先后在《会计研究》期刊发表了“我国成本管理的现状与改革思路”（1993 年第 1 期）和“我国成本管理改革的回顾和展望”（1998 年第 5 期）等文章，为我国成本管理改革提出对策思路。

在“我国成本管理的现状与改革思路”一文中，先生提出了“一个关键、两个条件、三个完善、四个转变”的成本管理改革对策思路。一个关键：人是关键；两个条件：加强成本管理和成本管理手段现代化；三个完善：完善成本管理内容，完善成本管理方法，完善成本管理组织；四个转变：从经济型成本管理转变为经济与技术结合型成本管理，从经验型成本管理转变为科学型成本管理，从算账型成本管理转变为经营型成本管理，从被动型成本管理转变为主动型成本管理。这一成本管理改革思路对我国成本管理改革理论创新和实践发展都有着重要的意义。

在“我国成本管理改革的回顾和展望”一文中，先生总结我国成本管理改革取得丰硕成果，认为这标志着我国成本管理已进入历史发展的新阶段。这体现在以下几个方面：第一，成本管理观念发生了很大变化；第二，成本管理工作向技术领域扩展，成本控制渗透到成本管理的各个环节；第三，对传统产品成本核算作了改革，以充分发挥成本核算的作用。特别是对我国成本管理改革的展望具有重要的指导意义。一是指出宏观成本管理必须为微观成本管理创造条件，避免因宏观管理调控不力，盲目建设、重复建设，造成人财物的巨大浪费。二是提出微观成本管理深化改革的重点：要提高全员成本意识和成本管理素质；成本管理手段要现代化；完善事前成本管理，开展科学经营决策；总结完善我国行之有效的成本管理方法；进一步改革完善成本分析。

先生的学术思想是他50余年教学与科研历程的结晶，更是我国改革开放以来先生勤奋耕耘的生动体现。他的“教研用融合研究学术指导思想”“业财会融合研究学术思想体系”和“校企政融合研究学术方法体系”，不仅对我国改革开放以来的会计学术研究、会计教育改革和企业经济发展作出了重大贡献，而且他的学术思想体系也将为中国特色社会主义新阶段的经济发展和会计发展产生重大而深远的影响。

第二节　春风化雨——先生教育思想研究[①]

先生从事教育工作近七十年，兢兢业业，任劳任怨，潜心钻研，即便在担任领导职务期间，也是始终工作在教学第一线，坚持给本科生和研究生上课。经过多年的教育工作实践，先生形成了自己独特的教育思想，特别是从事财经教育工作的教育思想，这是值得我们继承的一笔宝贵的精神财富，需要认真总结，加以传承。

教育思想是指人们对人类特有的教育活动现象的一种理解和认识，这种理解和认识常常以某种方式加以组织并表达出来，其主旨是对教育实践产生影响。根据上述对教育思想观念的描述，我们从如下几个方面对先生的教育思想予以归纳。

一、秉承文化传承的理念，更加重视创新

文化传承和创新，是大学的使命，也是大学的宝贵财富和魅力所在。传承和创新是相辅相成的，在传承的基础上，要有所创新，才能保持大学教育的旺盛活力，进而提高大学的教育质量和知名度。所以，坚持传承和创新始终贯穿于先生的教育思想之中。

先生在教学工作中，在坚持继承前人已有成果的基础上，将自己的科研成果纳入教案和编写的教材中，毫无保留地传授给学生们，并不断总结、研究新的理论和方法，丰富教学内容。过去在相当长的一段时间里，高等学校在教学工作中一般都是使用自己本校编写的教材，特别是在“文化大革命”期间，基本没有新教材的出版，通常是教师们自己编写油印发给学生的。从那时起，先生就开始编写教材，他根据已经出版的教材内容，加上自己调研实际工作中的情况，并且将自己的科研成果纳入教材中，作为教材的重要组

---

① 本节由万寿义撰稿，孙光国校审。

成部分，受到学生和社会的欢迎。

为了做好这项工作，就需要对教材的内容进行不间断的更新，而要更新教材的内容，就需要潜心研究，才能出成果。为此，先生在做好日常教学工作的同时，用了大量的时间进行研究，特别是在“文化大革命”特殊时期，也没有中断这种研究。对于研究的新成果，除了在相关专业刊物上发表外，还将大量的内容充实到教材中，不断更新教材的内容。由于先生的科研成果颇丰，所以在每个版本的教材中，都会增加大量的新内容，使学生和读者总能接触到他研究领域的最新研究成果。

先生在教学领域的创新研究是多方面的，不仅仅局限于教学内容方面，在教学手段上也进行不懈的探索，比如在作业方面不是简单教材内容变换数字，有时要求学生自行设计场景，自己设计数据进行计算，并根据计算的结果得出结论，开阔了学生的视野，将学到的理论具体地进行运用；在考试方面，不是考查学生死记硬背，而是采取重点考查学生灵活掌握课程内容的方式，题目新颖，既需要学生掌握课程的内容，同时，还考核了学生灵活运用知识点的能力，受到广大学生的欢迎。

在教学工作中，如何处理好传承和创新的关系，是非常重要的，特别是创新部分，需要经过较长时间的努力，需要文化底蕴深厚的大学氛围，并且有精诚合作的研究团队。为此，先生带出了一支具有创新和开拓精神的教学科研团队，他们不甘寂寞，默默奉献，把业余时间都用于科学研究，创新性地产出了大批的科研成果，受到同行的广泛称赞。他们出版的教材被大量高校使用，培养了大批素质较高的成本会计教学、科研和实际工作的人才。

二、坚持社会实践，采取多手段多样性教学方法

教育与社会实践相结合，是现代教育的普遍规律。大学要培养能够与社会相适应的人才，就要把教育与社会实践相结合，尤其是信息社会更是如此。如果教育教学与社会实践相脱离，那么培养出来的学生就不能很快适应实际工作的需要，影响教学质量。所以，现代教育应当打开大门，走出校园，主动与企业和社会相联系，为社会经济发展服务，为国家的现代化建设服务。

先生在长期的教学实践中体会到，教育对社会的发展起着十分重要的作用，是推动社会发展的强大动力。大学生毕业后如何快速适应自己所从事的工作，是大学教育面临的重要课题，从而实现大学教育与社会实际工作的无缝衔接。理工科院校是这样，文科院校也同样是这样。先生在长期的文科高等教育工作中，探索出一套课堂教学与学生毕业后所从事的工作相结合的教学方法，他的教学理念收到了很好的实践效果，深受学生和用人单位的欢迎，受到广泛的好评。

先生主要从事成本会计和成本管理等方面的教学与研究工作。成本会计在会计学科体系中占有重要的地位，是会计学专业的主干课程，财经大学中相关的专业如财税等专业，也需要成本会计课程作为其主要的专业误。在实际工作中，成本会计也是企业管理工作中的重要环节，其理论性和实务性都很强。在企业的实践中，要想搞好企业管理，提高企业的经济效益，使企业能够持续经营下去，成本管理工作是非常重要的，成本会计岗位也是会计各个岗位中最重要的，受到企业经营者和管理者的高度重视。因此，在企业中，凡是从事成本会计和成本管理岗位的人员，都是从素质较高的人员中选拔出来的。

因此，要想做好成本会计和成本管理工作，不仅要掌握成本会计、成本管理的专业知识，还需要了解企业的生产实际，如制造企业的生产工序、生产工艺过程等，只有这样，才能做好这项工作。为了做好教学工作，先生经常带领学生深入企业，调查研究，掌握第一手资料，指导学生如何将书本上的知识转化成实际工作中的具体操作。他通过这种方式，走访了很多企业，掌握了大量的第一手资料，进而进行归纳整理，总结出具有规律性的东西，充实到自己的教案和教材中，传授给学生们。

另外，他将实际调查得到的第一手资料整理成案例，采用案例教学的方法，体现了教学多手段多样性的教学特点。他是提出建立会计实验室的第一人，推动了东北财经大学会计学院会计学试验室的建设，这个会计实验室是全国建立的首批实验室，他将这些案例充实到实验室中，完善了教学手段，为学生更好地掌握成本会计方法并如何运用于具体的工作实践，进行了有益的探索。

三、探索学科发展的历史，总结具有普遍规律的教学方法

任何一门学科都有其发展和形成的历史，根据其形成和发展的历史，总结出具有规律性的特点，进而产生出新的理论和方法。在先生教育思想中，特别重视研究学科的发展历史，也是先生教育思想的重要组成部分。

成本会计和成本管理经历了漫长的历史变迁，形成了现在的一整套完整的理论和方法体系，而对这个发展过程进行挖掘和整理，是成本会计和成本管理理论工作者的历史责任。在长期的教学和科研工作中，先生在浩瀚的历史资料中，挖掘和整理出了成本会计的历史沿革和发展脉络，并对现代科学技术的发展对成本会计的影响进行了前瞻性的预测，将与成本会计相关的不同学科的理论和方法，以及新技术新理念，融合到成本会计的理论和方法中。这种教学方法极大拓展了学生的知识面，丰富了成本会计的理论和方法，进而提高了教学质量，为学生毕业后能适应社会实践，打下了扎实的基础。

先生在教学工作中认为，教给学生方法比教授具体的知识更加重要，避免单纯的实用型的教学，而更加注重教授方法，为学生日后从事具体工作和科学研究、创立新的理论与方法打下基础。

在先生的教学和科研工作中，始终坚持寻求具有普遍意义的规律性的理论和方法，用来指导实际工作。这是一项非常重要但又是非常烦琐的工作，工作量很大，需要查阅的资料很多。为了做到这一点，他在完成教学任务的同时，长期坚持查阅大量的文献资料，并对其进行归纳总结，形成了他自己对成本会计发展历程的描述，总结出了相应的带有普遍规律性的方法。即便他在退休后，仍然坚持到图书馆查阅资料，不断更新完善教材中的内容。他所做的这些工作，为成本会计学科的发展和内容的完善作出了贡献。

四、总结不同阶段学科发展的特点，形成学科的完整体系

随着高等教育的不断发展，学科门类也在不断增加，而新的科研成果的涌现，需要根据不同阶段、不同学科的特点，在借鉴和继承的基础上，根据

研究出现的新的理论和方法进行归纳、总结，形成新的学科或者课程。

先生长期从事成本会计研究，这门学科在中国起步较晚，该门课程的主要内容原先是放在工业会计或者财务会计当中，后来以先生为代表的专家教授，将相关内容进行整合，再加上他自己的科研成果，创新性地形成了一门新的课程《成本会计学》。这种方式也是目前新学科增加发展的一种趋势。

形成一门课程的完整体系是非常艰巨的任务，需要较长时间的努力，要阅读大量的论文，翻看大量的著作，在文献综述的基础上进行归纳总结，将自己的科研成果加入，并且为同行专家、实务工作者和学生认可。这些浩瀚的工作量，都是先生在繁重的教学、行政等工作之余，利用自己的休息时间完成的。

成本会计学有着与实际工作结合较强的特点，在社会发展的不同阶段，特别是生产技术、数据采集手段、会计制度的演变等，其内容也会随之发生改变，以适应实际工作的需要。所以，在先生的教育思想中，与时俱进的特点非常鲜明。由于教材经常更新，基本上能够反映出社会发展对成本会计的影响，使学生学到的知识在参加工作后很快能与实际工作融合，受到用人单位的欢迎。

成本会计课程体系的建立和完善，经历了较长时间的发展过程，是东北财经大学会计学科的重要成果之一，需要不同课程之间的分工协作、共同参与才能完成。而要完成这项工作，先生前前后后做了大量的协调工作，使得成本会计这门课程既有独立的学科体系，也能很好地与其他课程完成有机的衔接。

五、教学理念科学化和系统化，重视学科之间的联系和衔接

在大学的每个专业的学科体系中，都设置了既相互联系又各自独立的课程，如何更好地协调各门课程之间的关系，使学生能系统地掌握所学专业的知识，是大学教育面临的重要课题。先生在他长期从事教学和教育研究过程中，总结出了学科之间相互联系和衔接的规律和方法，对推动教学改革、提高教学质量作出了贡献。

先生长期在东北财经大学会计学科工作，曾经担任会计学系（会计学院的前身）主管教学的副主任。在这期间，他推动了会计学专业各门课程的改革，带领相关教学管理人员和教师一起，研究会计学科课程设置的种类、每门课程讲授的内容、教材的编写等，使会计学专业课程的设置更加科学化和系统化。课程设置的科学化体现在设置的每门课程的内容都比较成熟，被学术界所广泛认同，实际工作中也有相应的工作内容和岗位，做到教学理论联系实际，有相应的实习机会；课程设置的系统化体现在各门课程都是按学科的特点从简单到复杂、前序课程为后续课程打下扎实的基础，便于学生学习和理解，也使教师的教学工作更好地有序开展。

先生在教学改革中，除了重视学科的科学化和系统化外，还非常重视学科之间的联系和衔接，避免课程和课程之间的重复。过去有的课程为了保持该课程内容的完整，课程的内容过多，有些内容与其他课程的内容相互重叠，造成了有的内容可能每个教师都没讲，有的内容又讲重复了。所以，在教学改革中，先生带领大家一起，认真研究各门课程的特点、课时、课程安排的先后顺序等，制定了相应课程的讲授大纲，既保持了每门课程的完整性，又避免了讲课内容的重复，便于学生掌握课程的内容，收到了非常好的效果。

另外，随着科学技术的发展，国家相关财经法规的变化，各门课程的内容也发生很大的变化。如何使讲课的内容与国家相关财经政策法规相适应，也是一个十分重要的问题。先生认为，每门课程都有其相关的理论和方法体系，在一段时间内保持不变，教材也不应当经常修改，而应当体现相应的稳定。大学的教学主要是教授给学生方法，掌握了方法，国家财经法规的改变，学生自己就可以进行相应的调整。所以要向学生灌输终生学习的理念，只有不断地学习和更新自己的知识，才能适应整个社会的发展与进步。

六、人文与终身关怀理念贯穿教育生涯，体现教育对象的广泛性

在先生的教育思想中，始终坚持人文关怀和终身关怀的理念，他用自己的实际行动，很好地诠释了“一日为师，终身为父”的中华民族的传统美德。

在六十多年的教学工作中，先生教过的学生不计其数，他能叫出许多学生的名字，对学生进行无差别的关心，受到学生的爱戴，大家一致认为，先生不仅是学界翘楚，更是学生们的良师益友。

在教学工作中，先生总是与学生打成一片，讲课通俗易懂，循循善诱；回答学生的问题总是耐心细致，不厌其烦。批改作业认真负责，一丝不苟。在有条件的情况下，课后还去教室为学生进行答疑。这在当今大学教师当中是非常罕见的，也是不容易做到的，先生做到了，十分令人钦佩。

先生对学生的关心不仅仅体现在教学环节，对学生的其他方面也都非常关注，即便学生毕业了，他依然和学生保持联系，了解学生情况，帮助解决各种各样的困难和问题。比如学生生病，他会前去探望，送医送药；学生毕业时工作没有着落，他会千方百计地通过各种途径帮助解决；当学生取得了一些成绩，他会打去电话，与学生一起分享喜悦和快乐，当学生遇到困难和挫折时，他也会打去电话，进行多方面的安慰和鼓励。先生的电话联系，使他的学生们感受到了来自母校老师的慈父般的关爱，特别温馨。

先生对学生的关心体现在多方面，学生去老师家里请教问题、指导学生论文以及其他方面的事情，他都会热情接待，师母也会加入到接待学生的工作中，泡茶、倒水、切水果，还有充满上海风味的小吃，都会不时地端上来，让学生感受到了家庭的温馨。

教育对象的广泛性在先生的教育思想中占有重要的地位，也是他受到众多学生欢迎的一个重要因素。他升华了孔子“有教无类”的教育思想，是大学教育理念中需要特别重视的方面。

七、关注教育改革，特别是课程改革，提高教学质量

先生长期从事教学工作，他特别关注教育改革的进程。在他担任东北财经大学会计系副主任期间，正逢教育改革开始的关键时期，他经常思考会计教育改革的相关问题，形成了许多自己独特的会计教育改革思路。

过去会计学科的课程体系设置得不够合理，使得有的课程内容过多，课时不够，在规定的教学时间内完不成教学计划。而有的课程的内容过少，即

便缩短课时，也会浪费学生的时间。针对这种情况，先生采取大刀阔斧的改革方式，对课程的设置、内容、课时等进行了调整，理顺了各门课程之间的关系，使课程设置更加合理，同时激发了教师搞好教学的热情和学生学习的积极性，提高了教学质量。

在教学策略方面，他提倡多手段教学，不但重视课堂教学，更注重实践教学，采取到实际工作单位实习、实验室教学等方式。同时，在教学进行当中，请在实际部门工作的同志或者毕业后从事实务工作的毕业生来到学校，讲解他们的工作经验和体会，受到学生的欢迎。这些都全面地体现了先生在教育创新方面卓有成效的努力。

在教学改革过程中，他还提倡教育的多样性和差异性。大学教育已经进入了大众化的时代，出现了大众化教育与精英教育并存局面，既要培养社会生产发展需要的大众化人才，同时，还需要培养精英，培养一批杰出人才。因此，教育改革要从多样性和差异性的特点出发，对不同的教学对象，采取不同的教学方法，实施不同的教学内容，满足不同受众的需要。

在先生的教育思想中，还特别强调终身教育的问题，他认为在大学学习期间最重要的是掌握好学习方法，毕业后，随着工作的需要，不断补充在工作中所需要的知识，就是需要终身学习。只有这样，才能在工作中不断提升自己，为社会作出贡献。因此，他在编写教材时，还特别注重细节，便于学生自学。

八、坚持国际化视角，提高中国会计教育的国际化水平

随着中国对外开放力度的增强，国际交流越来越多，信息交流越来越快，这也就要求教育应当纳入全球化的轨道，掌握世界科研的动态，吸收先进的科学技术和方法，纳入我国的教学体系中，提高中国教育的国际化水平。坚持实事求是、总结国内理论和实务的经验，同时借鉴国外先进理论和方法，并将其纳入教学实践中，是改革开放以来，先生所坚持的一贯立场。

成本会计学是一门理论和实务结合比较全面的一门学科，国外在这方面也有许多理论和方法，在实践中取得了较好的效果，需要总结经验，具体运

用于中国的实践中，为中国的成本会计理论和实务服务。先生在这方面做得非常好。他和学生一道，收集和整理了大量国外成本会计方面的先进理论和方法，并将其与国内的理论和方法进行比较研究，从而找出适合中国的理论和方法，纳入成本会计的学科体系中，在大学课堂和实务界广泛推广，收到了较好的效果。

在先生的国际化的教育思想中，并不是生搬硬套国外的做法，而是与中国的具体实践相结合，与中国本土的理论和方法融合，避免了国外的理念和方法在中国不能落实情况的发生。比如，中国成本会计人员在实践中首创的班组经济核算制，比较好地将责、权、利相结合。对于这种形式，先生进行了归纳总结，认为中国的班组经济核算，是将成本核算、成本控制和成本分析有机地结合起来，符合责任会计的一般特点，具有中国特色的责任会计制度。因此，他将这一经验介绍给相关企业，纳入他编写的教材之中，确实收到了非常好的效果。

在先生还特别注重培养年轻教师的国际化视野，鼓励他们学好外语，采取多种形式出国学习，将国外先进的理论和方法引入国内，提高办学质量，适应中国企业国际化的需要。

先生的许多学生毕业后，有的出国工作，有的在外企工作，他都会利用各种机会与这些学生进行交流，了解国外成本会计和成本管理理论和方法的最新动态，充实到教学工作当中，有的整理后编入教材。

九、关注学生的思想品质教育，在教书中育人

东北财经大学的校训是“博学济世”，学贯中西乃为博，才高德厚以济世。“博学济世”，取“博学致用、经邦济世”之义。“博学的求知精神，济世的广阔胸怀”既是对东北财经大学悠久历史的精辟总结，也是对东财文化精髓的高度概括，更是对东财莘莘学子的殷切嘱托。先生深谙东北财经大学校训所蕴藏的深厚内涵，践行校训所体现的哲学思想，并将其融入自己的教育理念当中。

在长期的教学工作中，先生深知，大学培养出来的学生，不仅需要掌握

较好的专业方面的知识，还需要具有良好的职业道德和高尚的品质，特别是财经院校毕业的学生更是如此。所以，他在教学工作中，在讲授好专业课程的同时，注重学生思想道德品质的培养，将专业知识与思想道德品质的培养相融合，收到了非常好的效果。他主要从这几个方面入手：一是在教材编写过程中，适时加入国家方针政策、相关财经法规的内容，并且随着相关政策法规的修改进行教材内容的调整，使学生在学好专业课程的同时，了解相关的政策法规，以便于日后参加工作时能自觉地遵守，避免犯错误；二是在课堂教学时，将收集到的案例讲解给学生听，结合案例分析政策法规以及违反政策法规会受到的处罚，给学生以警示；三是在日常和学生的接触过程中，教育学生应当承担的社会责任，做一个对社会、学校和家庭有担当和责任感的人。

在关注学生思想道德品质教育的同时，先生还特别重视学生母校情怀的培养，利用学校“博学济世”的校训来勉励学生，做一个既有丰富专业知识又能为社会作出贡献的有为青年。他还利用毕业生回校探望教师的机会，了解学生的工作、生活等方面的情况，勉励他们努力工作，不断提升自己，为家庭、学校和社会作出应有的贡献。

财经专业的毕业生特别是会计专业的毕业生，所从事的工作大多与钱、物相关，个别的毕业生经不住诱惑犯了错误。这些对先生触动很大，他深感自己的责任重大，经常用这些真实的案例教育学生，要经得起物质诱惑，做到“常在河边走，就是不湿鞋”。

在先生的教育思想中，除了对学生进行相关的思想道德品质教育外，还特别注重对青年教师的培养和教育，既在专业知识上对青年教师进行帮助，同时也注重青年教育师德的教育，让他们在教学工作中也以身作则，共同做好学生的教育工作，培养出了一批高质量的教师队伍。

先生的教育思想是在他长期从事教学工作中逐渐形成和发展起来的，他的教育思想既影响了他所教授的学生，也影响了学校青年教师，为中国教育事业特别是财经教育事业作出了贡献，是我们的一项宝贵的精神财富，需要我们不断地加以总结，并传承、光大，形成具有中国特色的教育思想，为培养国家建设需要的财经人才而努力。

第三节　水积成川——先生重要学术观点整理[①]

一、班组经济核算

班组经济核算是我国社会主义建设中的一个会计制度创新。先生早在20世纪80年代初就对班组经济核算的理论与实践进行了系统性的阐述和开发，是具有中国特色的成本与管理会计领域的一面旗帜。其相关研究成果主要发表于《会计研究》（1980年3月）与《财经问题研究》（1980年3月）。为保持先生学术观点的原创性，下面的学术观点整理依然保留了那个时代的制度背景和语言风格。

（一）班组经济核算的性质与特点

班组经济核算，就是根据节约时间规律的要求，对企业基层单位——生产班组的生产活动进行的记录、计算、分析、比较，以期用最少的劳动消耗取得最大的经济效果。

班组经济核算是社会主义企业经济核算的基础，有其鲜明的特点：

第一，班组经济核算，是对直接消耗物化劳动和活劳动、直接创造物质财富的生产第一线的经济核算。它能够具体、迅速、准确地反映班组的生产消耗和生产成果，及时地解决生产和管理中的问题，有效地促进工业企业增产节约运动的深入开展。

第二，班组经济核算同生产过程紧密相连的直接性，决定了它的群众性。它和广大工人群众有着最广泛最密切的联系，其核算内容工人摸得着、看得见、体会深，是广大工人群众最关心、最需要了解和掌握的群众核算。

第三，生产班组是企业生产活动的细胞组织，它所进行的生产活动，仅

① 本节由秦志敏、崔刚撰稿，陈友邦校审。

仅是企业生产经营活动的一个片段。因此，班组经济核算只能是局部的核算，它的对象局限于班组直接掌握的劳动消耗和生产成果，主要是为班组本身生产、管理的需要服务。不能要求班组什么都算，应体现干什么、管什么、算什么的原则。开展班组经济核算，是按客观经济规律办事的必然要求。不搞班组经济核算，企业经济核算就失去了基础，就是不完全的核算，其作用就得不到充分的发挥。班组经济核算开展得好，不仅对于高产、优质、低消耗、深入开展增产节约运动、完成国家计划有着重大的促进作用，而且对于把经济工作愈做愈细，提高企业经营管理水平，发扬工人主人翁责任感，完善社会主义生产关系都有着重要意义。只有把企业、车间经济核算和班组经济核算紧密结合在一起，才能更好地反映客观经济规律的要求，促进社会主义生产不断向前发展。

关于班组经济核算，先生特别澄清了实践中的几个模糊认识。其一是认为只有工人参加班组经济核算的全过程，亲自参加具体计算工作才能叫群众核算，否则则不然。在这一框框的束缚下，不仅在某些方面使工人负担过重，更主要的是阻碍了班组经济核算的深入发展。先生认为这种理解是一种形而上学，群众核算不体现在担负具体计算工作的人员是否是工人这一点上，而是体现在班组经济核算的具体对象、具体内容和群众有着直接的、密切的联系上。它核算的范围是群众直接创造物质财富的生产第一线，核算的指标与生产者的活动直接相连，核算的结果能最快地为群众掌握以指导生产改进工作，这就是群众核算的主要含义。其二是有一种片面观点认为班组经济核算只是在社会主义一定阶段才存在，随着生产现代化，班组经济核算就没有必要存在了。先生批评这种观点未能正确认识班组经济核算的性质及作用。班组经济核算可以是各种形式的，如以单机单人为核算单位；以生产小组各个轮班为核算单位；以生产小组为核算单位；以生产设备或联动机为核算单位；以生产流水线或自动线为核算单位。随着生产现代化，班组经济核算的形式、核算内容和核算方法要做相应的变革，但班组经济核算始终是需要的。生产越发展，经济核算，当然包括班组经济核算，必然越来越重要。

（二）利用价值规律进行班组经济核算

在早期的班组经济核算实践中，利用价值形式进行核算，一度被视为禁区，并被认为作用不大，而且比较麻烦。进行班组经济核算，也应当遵从价值规律，这种观点的提出在当时的政治制度背景下是需要胆识的。班组经济核算应当反映价值规律的要求，运用价值形式核算生产产品消耗的物化劳动和活劳动，反映生产经营的经济效果，才能达到经济核算的目的。传统的产量、质量、工时等几个指标固然能在一定程度上从不同方面反映班组的劳动消耗和经济效果，但要把班组经济核算的水平提到新的高度，某些指标还要以价值的货币形式来反映，并应根据实际需要和可能，利用价值指标即用货币形式综合地反映班组工人所创造的经济效果，把班组经济核算其他指标统一起来。这是从班组经济核算的目的出发，由社会主义社会的客观经济规律所决定的。

采用价值形式进行班组经济核算，至少有以下几点好处：

第一，采用价值形式进行班组经济核算，可以把其他指标有机地联系在一起，便于综合考察班组经济效果。

第二，通过计算班组产品的实际成本并同其计划成本对比，可以综合地反映班组生产活动的经济效果。

第三，在一些生产稳定、品种单纯的班组中，实行厂币责任核算制。所谓厂币，就是在厂内流通使用，作为“购买”生产所需材料和“支付”各项生产费用时进行相互结算用的货币，它是每月初由车间根据班组的生产任务和各项定额计算发放的。厂币责任核算制，是本着企业内部基层环节也实行以收抵支这一经济核算制的原则，使价值规律在企业生产经营过程中每一环节都能充分发挥作用。

在利用价值形式进行班组经济核算时，还要合理地制定出各种材料、劳务、在产品、半成品的厂内计划价格，作为班组经济核算的计价标准和相互结算的计价依据。这也正是在厂内经济核算中有意识利用价值规律的具体表现。

在班组经济核算工作中，利用价值规律的作用，对于班组全面、超额完成各项计划任务，有着十分重要的意义。因此，如何进一步认识并充分利用价值规律的作用，以促进班组经济核算的深入发展，就成为目前在理论和实践上需要探讨的重要问题之一。

（三）班组经济核算与社会主义劳动竞赛和物质利益相结合

新中国成立三十年来，班组经济核算工作几起几落，走过了曲折的发展道路。在为数不少的企业里，班组经济核算仍然开展得不够好，未能充分发挥其应有的作用，甚至名存实亡，流于形式。班组经济核算开展之所以不持久、不普遍、不深入，除了当时极“左”路线的干扰破坏外，班组经济核算未能同社会主义劳动竞赛紧密结合，未能贯彻物质利益的原则，也是一个重要原因。

社会主义劳动竞赛，“是在千百万劳动群众最大积极性的基础上建设社会主义的共产主义方法”（《斯大林全集》第12卷），对于促进社会主义生产发展有着巨大作用。在工业企业里，生产班组是开展社会主义劳动竞赛的基层单位。从班组经济核算与社会主义劳动竞赛的关系来看，两者目的是一致的，都是为了实现优质、高产、低消耗，从而保证全面完成和超额完成国家计划。这也决定了班组经济核算的各项指标，与劳动竞赛的基本条件也大体相同或非常接近。劳动竞赛一般主要是比产量、比质量、比消耗，而班组经济核算正是反映和分析产量、质量和消耗等指标计划的完成情况。因此，应该也完全可能把两者紧密结合在一起，班组经济核算的指标为社会主义劳动竞赛提供了具体内容，使人们有了比学赶帮的标准，评比有了具体的依据，有利于社会主义劳动竞赛更加蓬勃地发展。反过来，社会主义劳动竞赛的开展又会把班组经济核算不断推向深入，保证它具有更广泛的群众基础。毫无疑问，班组经济核算和社会主义劳动竞赛的紧密结合，必然有助于两者互相促进，这就能产生巨大的动员力量，促进增产节约运动广泛、深入和持久地开展。

为了使班组经济核算和社会主义劳动竞赛相结合，必须注意解决以下几个主要问题：

第一，要正确确定班组经济核算单位（核算范围）。核算单位也应当是竞赛单位，它应根据生产特点和劳动组织情况，考虑劳动竞赛、岗位责任制的具体要求来确定。只有这样，核算结果才能正确反映出各单位工作成绩的优劣，引起工人的关切和重视，从而有利于劳动竞赛的开展。因此，在经济技术责任能按小组和工作班划分时，尽可能按小组分班进行核算，这是因为同一小组的各班指标完全相同，便于开展班组劳动竞赛评比。只有同一小组的经济效果无法分班划分清楚的，才采用按小组或其他形式。

第二，要正确确定核算指标。班组经济核算指标应与劳动竞赛指标相结合，即把劳动竞赛的主要条件列作班组经济核算的指标。竞赛的重点项目也应是核算的重点指标。为了适应劳动竞赛的需要，除了班组经济核算的基本指标外，还要设置一些附加指标，如安全和学习等。

第三，班组经济核算的结果必须与评比相结合。在反映班组各项指标的成绩时，要有利于评比顺利地进行，这就要根据企业具体情况，采用适当方法。例如，有些企业通过价值指标进行评比，也有些企业采用计分方式，即为各指标分别规定计分标准，全部指标为一百分，各项指标超额完成或未完成时按其幅度给予增分或扣分。但采用这种方式时，应注意各指标的计分标准必须合理。一般来说，对于生产中关键的和难以完成的指标，计分标准可以适当大一些。

第四，加强组织领导。班组经济核算与劳动竞赛相结合，不仅是一个工作方法问题，而且是一项涉及面广的群众性工作。因此，这一工作也绝不是某一部门所能独立胜任的。各部门必须互相通气，密切配合，全力协作才能搞好。为了增强统一领导，有些企业成立了社会主义劳动竞赛与班组经济核算领导小组，从组织上保证了这项工作更好地开展，值得推广。

应当指出，班组经济核算同社会主义劳动竞赛的内容并不完全一致，班组经济核算仅仅是经济指标，而社会主义劳动竞赛还包括了其他内容，不能把两者完全等同起来。

开展班组经济核算和社会主义劳动竞赛必须很好地贯彻物质利益原则，把劳动者的个人物质利益同班组经济核算的结果联系起来，利用物质利益调动工人提高生产经济效果的积极性，关心核算，关心竞赛，把核算和竞赛持久下去，深入下去。

在论证班组经济核算与劳动竞赛和物质利益相结合的观点时，先生充分援引马克思、列宁和毛泽东的相关论述，如“必须把国民经济的一切大部门建立在个人利益的关心上面”（《列宁全集》第33卷），以及“必须实行劳动竞赛，奖励劳动英雄和模范工作者”（《毛泽东选集》第3卷）等。而在当时的那个特殊时期，搞经济核算被诬蔑为利润挂帅，搞劳动竞赛被说成是锦标主义，至于物质奖励，更被戴上了修正主义物质刺激的大帽子，使人不敢越雷池一步。随着全党工作着重点转移到社会主义现代化建设，深入开展班组经济核算变得意义重大。把班组经济核算与竞赛、奖励有机地结合起来，有助于千百万群众在大干社会主义的基础上，获得内在的经济动力和精神动力。

在贯彻物质利益原则中，班组经济核算指标应该成为取得奖金的主要依据。一方面，班组经济核算采取价值指标综合反映了工人增产节约为社会多创造的财富数量，即反映了超额劳动的程度。另一方面，它又可以成为决定每个人取得奖金多寡的基本依据，改变在奖金分配上平均主义的不合理状况。这样做，使工人对班组经济核算更加关心，对生产更加专心。

在班组经济核算中贯彻物质利益原则，绝不是说可以忽视思想政治工作，作为生产力基本因素的劳动者的觉悟程度如何，对生产发生着巨大的影响。因此，在开展班组经济核算过程中，贯彻物质利益原则必须伴之以深入细致的思想政治工作。把思想政治工作结合经济工作一道去做，从各方面调动劳动者的社会主义积极性，班组经济核算才能深入持久地开展下去。

二、成本目标管理

在20世纪50年代，美国管理学大师德鲁克提出管理界具有划时代意义的目标管理思想，现已成为现代管理体系的重要组成部分。随后日本也兴起目标成本管理实践运动，即成本企划。相对而言，我国企业在20世纪80年代对于成本目标管理的尝试还显得比较朴素，并缺乏系统性的理论和经验总结。先生立足于自身所深耕的成本核算与管理领域，并通过对沈阳、大连部分代表性企业的考察与实践，对我国成本目标管理的理论与实践进行了系统总结和深入研究，创新性地提出颇具中国特色的成本目标管理思想。其代表性研究成果主要发表于《财会通讯》（1983年8月）和《会计研究》（1985年3月），先生编著的相关成本会计书籍对目标成本管理也多有涉及。

（一）成本目标管理的含义和特点

成本目标管理，有人称之为目标成本管理，先生认为作为企业目标管理的一个组成部分来说，称之为成本目标管理更为合适。按目标进行管理，要求一个企业在一定期间内应当确定总的奋斗目标，如利润总额、资金利润率等，并据以指导、组织、动员职工为完成企业总目标而努力奋斗。围绕这个总目标，企业各部门、各环节乃至每个人都应当制定自己的奋斗目标，如产量目标、成本目标、技术目标、资金目标等，并制定实现目标的措施，以保证总目标的完成。

实行成本目标管理，首先要根据企业总的奋斗目标测定产品的目标成本，然后将目标成本按产品结构或产品形成过程或产品成本内容进行分解，再按照这些分解目标的要求，去组织设计、试验、生产准备、材料供应、生产管理和技术管理，以保证目标成本的完成。实践证明，这种企业内部的成本目标管理体系，对进行成本规划、指导和控制，使企业以尽可能少的劳动消耗取得尽可能大的经营成果具有重要作用。

对于成本目标管理的内容及范围，存在不同的理解。有人认为，目标成本仅指新产品或老产品在设计以前，根据预期售价减去目标利润和税金求得的产品设计时的成本限额。先生认为这样就把成本目标管理的作用局限在控制新产品或改型老产品的设计成本上。毫无疑问，设计阶段是挖掘降低成本潜力的重要环节，应作为成本目标管理的重点。但企业生产产品要经过调研、设计、试验、工艺准备、材料供应、制造和销售的全过程，在这个过程的各个环节，都要直接或间接地产生一些费用。成本目标管理应以产品成本形成的全过程为对象，结合生产经营的不同性质和特点进行有效的管理，才能充分发挥其应有的作用。同时，在企业产品构成中，新产品或改型老产品只是其中一部分。先生通过调研发现，在多数企业里，可比产品一般占一半以上，对这些产品的定额成本或计划成本也应看作目标成本，进行成本目标管理。所以，无论新产品或是老产品都应当实行成本目标管理。另外，设计目标成本用售价减目标利润和税金的方法来测定，无疑是企业经营管理上的一项重大改革，但把它视为唯一的方法也是不全面的，当预测销售价格有困难时，也可以采用其他方法测定，进行产品设计成本的控制。目标成本的分解和核算也是如此。实践中存在不同的方法，应根据企业具体情况，灵活采用，以实现有效的成本目标管理为目的。

基于沈阳、大连一些企业的实践，先生对我国企业的成本目标管理作出如下总结：

（1）实行全过程的成本目标管理。产品从市场调查、设计、试验、工艺准备、物资供应、生产、销售、以至为用户服务全过程都发生费用，各环节费用高低，都影响着产品成本的升降。过去只注意生产成本的管理，忽视了其他方面的管理，割断了成本形成过程的有机联系，结果是生产成本也控制不了、管理不好。成本目标管理，强调对产品成本进行事先控制，不仅把产品设计过程作为成本目标管理的重点，而且对供应、生产和销售过程都实行成本目标管理。

（2）实行各部门、各环节的成本目标管理。成本管理既然已经扩展到生产经营全过程，因此，仅依靠一个或几个部门进行管理是不够的，必须加强所有部门的成本目标管理。在各个部门和各环节，建立成本责任中心，把各自责任范围内的费用控制起来。

（3）实行全员的成本目标管理。无论是各个过程的成本目标管理还是各个部门的成本目标管理，最终都需要人来管理。过去一提管理，总以为是少数干部或管理人员的事，其实要真正搞好管理必须依靠企业的全体人员。企业每个人的活动都与产品成本形成有直接或间接的联系，必须使他们都能明确自身工作对成本目标完成的影响，让他们来控制自己应控制的费用，才能最有效地实现成本目标管理。

（4）成本目标管理与价值工程结合，经济工作与技术工作结合。在产品设计过程中，设计人员围绕目标成本，进行设计方案的制定、比较和改进，在提高产品质量、性能水平的同时，充分挖掘降低成本的潜力，选择既具备能满足用户需要的产品功能、又能降低成本的最佳方案，使成本目标管理不断向生产、技术的广度和深度发展，为降低成本、提高经济效益开辟新的途径。

（5）成本目标管理与全面经济核算、全面经济责任制结合。只有实行全面经济责任制，才能保证全面经济核算的顺利进行，调动全体人员降低成本的积极性；只有进行全面的经济核算，才能有效地控制成本偏差，正确考核目标成本完成情况。因此，实行全面的成本目标管理必须以全面经济核算为基础，以全面经济责任制作保证。

（二）成本目标管理的步骤与方法

进行成本目标管理，一般可分为目标成本的测定、分解、控制、分析四个步骤。各个步骤紧密联系，周而复始，成本目标管理随之不断向前发展。

1. 目标成本的测定

目标成本的测定是企业实行成本目标管理的首要环节。一个能真正起到控制产品成本作用的目标成本，必须符合以下基本原则：

（1）可行性原则。目标成本必须是企业经过主观努力可以达到的。因此，目标成本应当符合企业各种资源条件和生产技术水平，符合国内外市场竞争的需要，切实可行。

（2）激励性原则（先进性原则）。目标成本要有激发职工积极性的功能，使每个人尽力贡献自己的力量。如果目标成本可以轻易达到，就失去了成本控制的意义。

（3）科学性原则。目标成本不能主观臆断，必须搜集和整理大量情报资料，以可靠的数据作为根据，采取科学方法计算出来。

（4）可衡性原则。目标成本要能用数量或质量指标来表示，以便作为检查和评价实际成本水平偏离程度的标准、考核产品成本的准绳。

（5）统一性原则。目标成本要和总经营目标以及其他目标协调一致。目标成本指标不能互相矛盾，互相脱节，要形成一个统一的、有机的体系。

（6）适时性原则。企业目标成本一般是在全面分析当时主客观条件的基础上制定的。但是，由于现实中存在大量不确定因素，企业经营的外部环境和内部条件不断发生变化，这就要求企业根据条件的变化及时调整和修改目标成本。

要准确地测定目标成本，还必须做大量的准备工作，搜集和整理情报资料，进行认真的研究分析，结合企业实际情况，采用一定的方法测定产品的目标成本。

先生通过著作、撰文对实践中采用的目标成本测定方法进行了系统总结，如基于目标利润的“倒扣计算法”、选择某一先进成本水平作为目标成本的标杆法、利用自变量与因变量间的函数关系求目标成本的方法等。

全部产品目标成本测定后，对于可比产品，还要计算其目标成本降低额和降低率，以便和国家下达的成本计划（笔者注：当时的制度环境）进行比较。如果目标成本降低任务达不到国家计划降低任务的要求，就需要重新测定目标成本，如果达到了计划要求，还需要根据各方面提出的降低成本措施，预测其对目标成本的保证程度。

2. 目标成本的分解

目标成本的分解就是要把目标成本这个大指标，尽可能地分解为若干小指标，落实到各个成本中心以至到个人。反过来再根据分解测定后的小目标进行试算平衡，看其能否保证总目标成本的实现。如未达到，则需采取新的措施分解落实，以保证达到目标成本的要求。

目标成本分解的方法主要有以下几种：

（1）按产品结构进行分解。这是对按产品测定目标成本进行分解的最基本方法。它首先要将产品按构成情况分解为若干结构件，然后根据各结构件的材质及复杂程度，确定其规格、型号，最后参考各结构件的计划成本等将产品目标成本分解为各结构件的目标成本。

（2）按产品形成过程进行分解。即把产品的目标成本按产品的形成过程分解到产品设计、物资采购、生产制造、产品销售各个环节，形成各个环节的目标成本。

（3）按产品成本经济内容进行分解。即把产品成本分解为固定成本和变动成本两大类。固定成本可继续分解为折旧费、企业管理费、车间管理人员工资等。变动成本可分解为原料和主要材料成本、计件工资、包装材料成本等。

3. 目标成本的控制

目标成本的控制是成本目标管理的核心环节，在目标成本分解的基础上进行，对分解后的目标成本进行归口分级控制。

（1）目标成本的归口控制。搞好成本控制必须依靠生产经营过程的各个部门，根据各部门与产品成本的关系把分解指标落实到有关部门去控制管理，如设计、工艺、供应、生产、销售部门等。通过它们对各该过程的目标成本进行控制，才能真正体现其可控性。

（2）目标成本的分级控制。分级主要是把企业分为厂部、车间、工段和班组四级。要有效控制成本不仅需归口管理，而且必须分级控制。厂部成本控制内容是在制定目标成本、编制成本计划、分解下达成本指标的基础上，组织全厂成本核算，控制、检查和分析成本计划的执行情况，组织降低成本活动，指导车间成本管理和控制。车间成本控制是在编制车间成本计划，并分解落实到工段和班组的基础上，控制工时、物资的消耗和费用支出，采取措施保证车间计划的完成，组织车间成本核算，并指导工段和班组的成本核算，进行日常成本控制和指标考核。

总之，通过对目标成本归口分级控制，使企业生产经营各部门、各环节、每个人都有成本控制责任，使产品成本形成的各个过程、各个指标都有人控制。

4. 目标成本的分析与考核

目标成本分析有日常分析和定期分析之分。日常分析伴随成本控制过程随时进行，定期分析可视为成本目标管理的最后环节。目标成本分析主要是将实际成本与目标成本相比较，进行差异分析。不仅分析各项具体差异，还要找出造成差异的具体原因。在此基础上，提出建议，消除不利差异，增加有利差异，并通过目标成本修订，保证目标成本先进可行。

此外，没有考核就没有责任，没有责任就不可能管好。目标成本的考核要与经济责任结合起来，做到奖罚分明，把成本管理的好坏与个人切身利益紧密结合起来。

（三）开展成本目标管理应注意的几个问题

1. 提高企业经营管理素质

成本目标管理是一个全员性的系统工作，需要全员参与。搞好这项工作，不仅需要提高管理干部素质，还要提高全员素质，提高全体员工的思想、文化、业务与技术水平等。

2. 完善成本目标管理的内容

先生通过学术文献和企业实践调研发现，成本目标管理作为一种新的管理方法还不够完善，实践中也未能形成完整的成本目标管理体系。因此要建立健全企业的成本目标管理体系，不断完善成本目标管理的内容，将企业的全部产品、产品生产经营全过程、企业全体部门和全体员工都纳入全面成本目标管理体系，进而实现整体的目标成本最优化。

3. 加强成本目标管理与其他管理手段的结合

成本目标管理并不是一个孤立的存在，而是与其他管理手段紧密相连的。

随着成本目标管理内容的不断完善，其他管理手段也需要进一步加强。包括成本目标管理要与价值工程相结合；成本目标管理要与经济责任相结合；成本目标管理要与先进成本核算方法相结合等。

三、标准成本会计

先生是中国企业标准成本会计制度的倡导者和领航人，他不仅系统阐发和拓展了标准成本法在我国工业企业的应用思想与方法体系，而且身体力行，为中捷友谊厂（现为沈阳机床）等一些典型制造企业开发设计中国式标准成本会计制度，取得了令人满意的效果，并得到抚顺等地方会计主管机关的高度赞扬和大力推广，实现了科研成果向生产力的可喜转换。先生的标准成本会计思想与技术方法在其著作和主编教材中都有较为充分的体现，部分研究成果还发表于《财经问题研究》（1988 年 1 月）、《财务与会计》（1999 年 9 月）、《辽宁财税》（1999 年 10 月）等财经专业期刊。

（一）建立中国式标准成本会计的必要性

党的十二届三中全会以后，进行了以增强企业活力为中心的城市经济体制改革，使企业由生产型转变为适应商品经济要求的生产经营型。这种“变型”，要求企业整个管理模式都要相应地变革。作为成本管理基础的成本核算制度，也必须同步进行改革，为改善企业经营管理、提高经济效益服务。为此，先生基于中国传统成本核算局限性的分析，提出建立中国式标准成本会计的必要性。

新中国成立以来，为服务于高度集中的计划经济体制，形成了一套以事后计算产品实际成本为唯一内容的企业成本核算理论与方法。随着经济体制改革以及商品经济的发展，传统的实际成本核算制度的弊端日渐显现，无法满足现代经济管理的要求，主要表现在如下几个方面：

（1）反应迟钝，控制性差。传统实际成本核算的着重点是放在事后核算，而不是放在事前、事中控制上。生产费用发生时，没有及时进行成本差异的核算与控制。它主要是在每月末计算产品的实际成本，提供的数据较晚，不能及时向管理部门提供信息。另外，实际成本核算将合理成本与可避免的损失混在一起计入最终产品，而这种损失对最终产品的形成并未起到任何作用。这样计算出来的实际成本不能直接回答是高还是低以及高低的原因。它阻碍人们去努力消除浪费和不合理的操作现象。所以，也就失去了成本核算的控制作用。

（2）责任不清。传统的实际成本核算是以产品为唯一计算对象的单一成本核算。它分不清生产经营过程中的成本责任，奖惩制度也无法与成本责任相联系。因而，企业内部各车间、部门及职工个人对降低成本既缺少动力，又没有压力，以致成本工作长期处于只有少数专业人员关心的被动局面。

（3）核算与分析脱节。按传统的实际成本核算制度计算出来的产品成本，不便于成本分析和利润分析。因为本期生产费用没有进行成本差异的核算，本期完工商品的实际成本又受到期初在产品成本水平的影响，因而也就不能直接确定影响成本升降的各种因素。要进行成本分析还必须进行复杂的加工计算，造成成本核算和成本分析脱节。另外，由于销售成本受到期初库存产品、本期完工产品成本水平的影响，在利润分析时，只能计算销售成本的高低对利润的影响，至于进一步分析销售成本高低的原因则很困难。

（4）产品成本不能正确反映当期生产经营效果。在实际成本核算制度下，当期产品成本水平并非完全取决于当期生产经营水平。前期生产费用的超支，可能会反映在本期产品成本中，而本期生产费用的损失、浪费却会转嫁到下期产品成本。因此按这种成本计算的利润，就可能同当期生产经营效果脱节，甚至会给管理部门提供错误信息，挫伤职工的生产积极性。

（5）不便于成本预测和决策。在传统的实际成本核算制度下，变动成本与固定成本不分。人们无法据以确定成本与产量的函数关系，使管理人员难以掌握在不同生产能力条件下的成本和利润水平，给企业成本预测和利润预测带来很大的困难，无法实行预防性管理。当企业环境改变时，管理人员不能根据成本资料作出灵敏反应，这就容易导致企业决策失误。

（6）计算烦琐，效益性差。实际成本核算片面强调“实际”，而把大量的劳动耗费于一些作用不大的事后分配计算工作上。为获得产品实际成本资料，有的生产费用要按地点进行分配，然后再在各产品之间进行分配，不少企业各种产品的费用还要在完工产品和在产品之间进行分配。其实，间接费用与各产品之间的关系本来就是人为确定的，分配标准带有很大的假定性。这样经过多次分配迂回计算出来的成本，是否就是真正的实际成本令人怀疑，究竟有多大用处也值得研究。

以上说明，传统的实际成本会计制度，已远不能适应当前经济体制改革的要求，必须冲破传统观念的束缚，从理论和方法上，实行根本性的改革。标准成本会计是把企业科学管理方法应用于成本计算，使企业的成本计算与成本控制密切结合的一种目标成本会计。它可以有效地管理成本，便于“责任会计”的推行，使成本计算简化、迅速，为编制预算提供可靠的依据。先生认为要在满足宏观经济管理需要的前提下，总结完善我国自己的经验，有选择地吸收西方标准成本会计制度的科学部分，建立一套适合我国国情的中国式标准成本会计制度。

（二）建立中国式标准成本会计的前提条件

1. 健全各项成本管理的基础工作

企业内部管理必须首先实行标准化，要有先进合理的定额、健全的原始记录和计划价格，以及完备的计量、检验制度等。否则就难以制定出合理的标准成本，实行标准成本会计也是一句空话。与此同时，适应成本责任的要求，相应地健全管理组织，也是不可缺少的。此外，还要注意在全厂职工中树立成本意识，进行各种教育和培训，使他们比较熟练地掌握标准成本会计制度。

2. 冲破传统成本核算观念的束缚

首先，在指导思想上，应当认识到成本核算的目的不仅是计算产品的实际成本，编制会计报表，满足上级成本管理的需要。更为重要的是在于充分发挥其在经营决策、成本控制和提高企业经济效益中的作用，以适应企业本身经营管理的要求。其次，要改变传统的“差异结转必须与实物运动相结合”的做法。长期以来，为了满足实际成本计算这一要求，大量劳动耗费于差异的分配和结转上，认为只有这样，成本才真实。其实所谓成本真实，只是相对意义上的真实，何况按传统那一套方法，人为地计算出来的产品实际成本，与其说是真实成本，莫如说是假定性实际成本，是受偶然性因素影响的成本。应当认识到，成本差异是对当期工作效果的反映，计算差异的目的是及时发现生产耗费是超支还是节约，了解差异原因，明确差异责任者，以便控制成本，实行预防性管理。因此，当期的差异应在当期反映出来，使差异的结转与期间完工产品相联系，以便提高成本这一综合指标的灵敏度，而不应过于强调与实物运动相联系。只有冲破旧的思想观念，才能解放思想，弃旧图新，才能对建立标准成本会计有自觉的行动。根据我国国情，以及我国企业成本管理水平的具体情况，提出建立中国式标准成本会计的设想，基本内容如下：

（1）将变动成本与固定成本区分开来，使成本核算更好地满足成本预测和决策的需要。先生强调，我国企业变动成本和固定成本的内容与西方企业不同。比如，工资费用（生产工人工资）在西方企业里一般都属于变动费用，但是我国的具体情况是多数企业工资的增减与产量没有直接联系，因此通常是将工资归于固定成本。其他费用项目与西方国家相比，也有许多不同之处，在划分时应注意到这一特点。另外，对一些半变动或半固定费用，在划分时，不要过于烦琐。为了使其同现行制度规定的成本项目协调一致，尽量不要打乱现行成本项目，最好在原成本项目和子目的基础上，根据各费用项目的主要形态进行划分。

（2）加强成本控制，将成本核算与成本控制和成本分析结合起来。要实行标准成本会计，首先要制定一套既先进又合理的标准定额。这种标准既先进又可行，以有效地发挥标准成本的职能作用。同时，标准成本的制定要适应厂内经济责任制需要，不仅按产品，而且要按责任单位制定。向各部门下达指标时，要以标准成本为基础，使其作为计算奖罚的依据。

（3）产品成本核算应使成本指标能正确地反映本期的生产经营效果。在实行标准成本会计时，要不要计算各种产品的实际成本，重点是如何处理各种成本差异，这是建立中国式标准会计需要探讨的问题。在西方国家，企业的成本资料主要是为企业内部管理服务，对外是保密的。在这种情况下，计算每种产品实际成本的意义并不大。所以，实行标准成本法的西方企业一般是不计算产品实际成本的。而我国（当时）是在公有制基础上有计划的商品经济，工业企业一方面是相对独立的商品生产者，另一方面又要接受国家的统一管理。尽管企业成本核算的主要目的是改善企业的经营管理，但是，还必须为宏观经济管理服务，向上级提供各种产品实际成本资料。同时，为满足全国同行业间产品成本水平的比较，掌握各种产品实际成本水平，也必须计算每种产品的实际成本。这一要求是由企业（当时）的社会主义性质所决定的。

（三）标准成本会计的适用性与优点

标准成本会计制度有其适用性范围。先生指出他所倡导的中国式标准成本会计，主要适用于产品已经定型、产品品种比较稳定、管理基础较好的大批量生产企业。而且，各企业在应用这一成本核算模式时，还需要结合其具体情况作某些调整和补充。这种标准成本会计制度的优点如下：

1. 有利于成本控制

在上述标准成本会计制度下，预先制定企业在一定时期内应达到的成本标准，及时地反映和分析成本差异及其原因，使成本计算同成本控制有机地结合起来。由于成本差异是按原因反映，并按责任区域归集，因此，它不仅能说明成本超降的原因，而且能直接回答成本的超降是由哪些责任单位工作质量所致，这就为正确评价各个责任单位的工作质量，提供了可靠的依据。从而加强了经济责任制，更有利于成本控制。

2. 反应灵敏

在其他成本会计制度下，由于产品销售成本是按先进先出法或加权平均法求得的，它受到期初库存产成品成本水平的影响，同时本期完工产品成本又受到期初在产品成本水平的影响。这样成本、利润就可能同当期生产经营效果脱节。而这种标准成本会计，在绝大多数情况下，是把成本差异全部由完工产成品负担并转入“销售”科目，从而使成本、利润指标同当期生产经营效果直接挂钩，增强了这两个指标的灵敏性。

3. 核算与分析相结合

这种标准成本会计制度，将成本差异计算作为成本核算的中心环节，要求及时揭示成本差异，并按差异原因和责任者划分。所以，成本差异的计算过程，也是差异原因和差异责任的分析过程。同时，由于通常将当期差异直接反映在当期的利润表中，从而能够一目了然地知道产品成本对利润的影响额及其原因。

4. 计算简便、迅速

在这种标准成本会计制度下，将标准成本和成本差异分别列示。材料、在产品、产成品和产品销售成本都可以按标准成本入账，产品成本差异不必在完工产品和在产品之间进行分配，产品销售成本也不必按先进先出法和加权平均法计算，这样核算工作量大大减少，可以及时提供成本数据，使会计人员从繁重的核算工作中解放出来。

（四）标准成本差异的核算与处理

1. 标准成本差异的具体划分

成本差异计算是标准成本会计的中心内容，也是实行成本控制的关键。因此，对于成本差异，不仅要按成本项目来反映，还要按其影响因素进一步划分。原材料差异分为数量差异、配比差异、代用差异和价格差异；生产工人工资差异分为效率差异和分配率差异；费用项目差异分为变动费用的效率差异和耗费差异，以及固定费用的效率差异、产量差异和耗费差异。这些差异应尽可能及时反映，对材料价格差异，应在采购的当时就按材料的种类揭示。材料的数量、配比、代用差异和工资的效率差异，应在发生的当时就及时反映，并查明其原因。这些差异的计算，应同班组经济核算结合起来，并作为班组考核的内容，使其建立在牢固的群众基础之上。至于工资分配率差异和费用项目的差异，尽管要到月末实际生产工人工资总额和费用总额确定以后才能计算出来，但也应注意加强日常成本控制。其中，工资分配率差异的控制，应通过为内部各环节合理制定定员、落实工资基金计划、下达出勤率指标和控制非生产工时损失等方法，控制工资基金支出，充分有效地利用工时，进而降低工资分配率。对于费用项目中的效率差异和产量差异的控制，可与生产工人工资项目中的效率差异、分配率差异的控制结合进行。耗费差异的计算应与成本指标归口分级管理结合起来，即按责任单位确定费用指标，通过费用限额手册或厂币等核算形式，及时反映和经常检查各责任单位的费用指标执行情况，并将费用差异作为评价和考核责任单位业绩的依据。

以上发生的各项成本差异，应定期进行汇总，凡是按产品制定消耗定额，并能直接分产品揭示差异的，应既按产品品种及其原因，又按责任单位归集反映；凡是按责任单位规定限额或不能直接分产品揭示差异的，则按责任单位和费用项目归集反映。在此基础上，应自下而上逐级编制成本差异报告，反映每一成本责任单位在一定时期的标准成本和偏离标准成本的差异，以及成本差异的原因。

2. 标准成本差异的处理

对于成本差异的处理，根据中国国情（当时），总的原则是，差异应按责任单位计算，各成本责任单位只应计算本身工作形成的差异，非本身责任的差异，如原材料价格差异、劳务价格差异、半成品成本价格差异以及企业管理费不应结转给各责任单位，而应由财会部门直接计入或分配计入各完工产品成本中去。至于各成本责任单位如何将当期发生的成本差异计入各种产品，这个问题应根据企业的生产特点、组织结构和管理水平等具体情况的不同来考虑，不能用一个模式去套，强求统一。

借鉴西方标准成本差异的处理实践，主要有如下三种处理方式：

（1）各成本责任单位的成本差异不必在产品之间摊配，可将差异平行结转到厂部财会部门，经财会部门汇总之后，按各种完工产品的标准成本比例进行分配。

（2）各成本责任单位的成本差异，凡是可以直接按产品品种划分的，就直接计入各种产品成本。不能直接按产品品种划分的，对原材料、半成品数量差异，可按实际产量的原材料、半成品的标准成本比例进行分配。其余成本项目的成本差异不必在产品之间进行分配。月末，各责任单位应将各产品成本差异及其他不按品种划分的成本差异结转到厂部财会部门。财会部门对按产品划分的差异按产品的品种汇总，其他不分产品的成本差异，可分别项目按各产品完工产量的该成本项目的标准成本比例进行分配，以计算各完工产品的实际成本。

（3）各成本责任单位的成本差异，凡是可以直接按产品品种划分的，就直接计入各种产品成本；不能直接按产品品种划分的，则应按各产品实际产量的该成本项目的标准成本比例进行分配。月末，应将各产品成本差异结转到厂部财会部门，财会部门可按以上第二种方式来处理成本差异，以计算完工产品的实际成本。

以上三种方式都是把当期成本差异归完工产品负担，即产成品实际成本是在标准成本基础上，加减本期发生的各种差异计算出来的。这样可以使当期发生的差异全部集中反映在本期完工产品成本中。

为了把利润同企业当期生产经营效果直接挂钩，正确反映当期经济效益，充分发挥利润这一综合指标的作用，在一些企业，也可把当期发生的成本差异全部转入销售成本。另一种意见认为，标准成本并非实际成本，应将成本差异在产成品、在产品之间进行分配，产成品、在产品库存额应按实际成本计价。产品成本差异究竟应当如何处理？长期以来，这个问题也一直是争论的焦点。西方国家各企业标准成本差异的处理也不尽相同。先生认为，只要坚持前后一致的原则，从全年来看对利润额并无大的影响。如果年终时成本差异额过大，则说明标准成本已经过时，不再代表合理的、现实的成本。这时，应及时修订标准，并将这部分差异在产成品、在产品和销售产品成本之间分配，以保持存货的真实性。

（五）标准成本修改差异

随着企业生产技术的改进和工人生产熟练程度的提高及物价的变动，标准成本也应随之重新制定。标准成本的变动必然会影响上期期末存货，产生标准成本修改差异。在实行标准成本制度的企业，标准成本修改差异经常发生。为此，先生撰文对因标准成本修改而产生的存货成本差异核算及账务处理加以探讨。

1. 标准成本修改差异核算的必要性

标准成本的修改对于企业来说，是一个十分慎重的问题。只有在企业生产技术有重大改进或物价发生重大变动时，标准成本才应予以修改，否则，不应经常修改。标准成本的修改一般应在年末进行，并在第二年年初开始执行。

企业在第二年生产的在产品、半成品、产成品按新标准成本入账，同时对企业原有存货也应按新标准加以调整，如果不进行调整，在进行成本分析时，就不能正确确定成本差异额。以在产品为例，如果不调整期初在产品成本修改差异，则本期完工产品成本差异中包括了标准成本修改差异。假设本期实际成本等于本期标准成本，则成本差异为零。但是由于期初在产品标准成本修订时未调整而完工产品按新标准成本计算，因此，当标准成本修订降低时，会造成完工产品成本差异等额虚增（夸大不利差异）；反之，当标准成本修订提高时，会造成完工产品成本差异等额虚减（夸大有利差异）。这些问题将影响成本计算的正确性，并导致错误的成本决策。所以标准成本修改时，必须对上期期末存货（即本期期初存货）成本进行调整。

2. 标准成本修改差异的核算及账务处理

企业采用新标准成本核算期初存货成本与实行旧标准成本核算期末存货成本之间差异记入“标准成本修改差异”科目。该科目借方核算因标准成本降低而产生的修改差异，贷方核算因标准成本提高而产生的修改差异。在该科目下应按在产品、半成品、产成品设立二级科目。

“标准成本修改差异”是人为改变标准成本而产生的差异，不是实际成本脱离标准成本而产生的差异。后者是成本控制的重点，先生认为后者应抵减当期损益以提示管理人员如何降低成本，减少差异；而前者是为适应生产技术的发展人为增加（减少）的成本差异额，所以应把“标准成本修改差异”记入“产品销售成本”。当修改差异数额较小时，可一次记入“产品销售成本”；当修改差异较大时，应随着存货的出售按月分摊记入“产品销售成本”。这样转入产品销售成本的净额仍为旧标准成本，保证成本核算的准确性。在分摊“标准成本修改差异”时，还应设立“标准成本修改差异备抵”科目，该科目借方记录标准成本修改升高时的摊销额，贷方登记标准成本修改差异降低时的摊销额。设立这一科目目的在于使管理者对“标准成本修改差异”及其已摊销额和未摊销额能一目了然。

最后在期末编制资产负债表时，存货成本是“存货”“标准成本修改差异”和“标准成本修改差异备抵”三账户代数和。

先生的成本会计著作，堪称标准成本会计制度的集大成之作。先生是中国式标准成本会计理论的奠基人和拓广者，也是让标准成本会计制度扎根于中国制造企业的躬行者和引路人。先生所设计的标准成本会计制度已经成为现代企业成本会计的典范，并在中国大中型制造企业逐渐普及开来。

四、经济活动分析方法与方法论

工业企业经济活动分析是我国 20 世纪 80 年代会计学专业的主干课程之

一，该课程几乎涉及工业企业经济活动的方方面面，指标众多繁杂，内涵丰富多元，成为本专业领域学习与研究当中公认的难啃的硬骨头。先生是该学科的领头人和奠基者，编著有《工业企业经济活动分析》《企业经济分析》《工业企业经济活动分析图解与题解》等，是我国公认的关于经济活动分析的代表性和权威性文献，为我国企业经济活动分析研究与实践提供了全面而清晰的思想、方法与技术指引。

（一）企业经济（活动）分析概论

先生在其著作和文章中，对西方和中国的企业经济分析的形成与发展进行了系统与全面的综述，这本身就是不可多得的重要史料，为后人研究提供了十分有益的参考和文献参考。从中也可以看出西方企业经济（活动）分析的发展史并不算长，但发展十分迅速，并得到越来越多的重视。而在中国，经济（活动）分析作为科学的知识系统，则是在新中国成立之后才形成与发展起来的。

1. 经济（活动）分析的对象和内容

企业经济（活动）分析是研究企业经济活动的一门科学。先生指出，尽管经济活动极其广泛与复杂，其本身都有一定规律可循，可以从不同角度进行研究。先生把经济活动分析视为跨部门的经济管理学科，并从经营角度，将经济活动分析的对象简要地概括为企业的经济活动及其成果。而企业的经济活动和成果，一般是通过计划、核算、报表以及其他信息来源所体现的，这些信息来源的主要形式就是经济指标，它们共同形成了企业的经济指标体系。先生将其概括为以下几个主要方面：（1）反映经营成果的指标；（2）反映经营过程中各种耗费的指标；（3）反映经营过程中的物化劳动和活劳动占用情况的指标；（4）反映劳动耗费和劳动占用的效益的指标；（5）反映不同企业特点的技术经济指标等。

经济（活动）分析的对象自然就决定了经济（活动）分析的内容。先生在其相关著作中，将企业经济活动分析的内容概括为如下几个方面：（1）筹资分析；（2）投资分析；（3）生产和销售分析；（4）商品流转分析；（5）生产经营条件利用分析；（6）成本分析；（7）盈利分析；（8）财务状况分析等。从几十年后的今天来看，这种划分仍不失其普遍性和代表性。

2. 经济（活动）分析的职能与任务

经济（活动）分析是为企业运筹与谋划如何提高经济效益的一种经营管理活动，贯穿于企业经营管理循环的始终，以事前预测、决策为己任，以事中控制为重点，以事后检查为手段，通过发挥分析的职能作用，达到提高企业经济效益的目的。先生将经济（活动）分析的职能概括为如下几个方面：(1) 判断性职能，即通过分析判断经济活动的优劣，证实和评价经营成果，据以进行奖励或处罚；(2) 情报性职能，即通过分析及时掌握经济活动各种信息，预报经营风险，寻求机会为企业决策部门和执行单位提供情报；(3) 预防性职能，即通过分析预先发现问题和原因，并采取相应预防措施，提前排除不利因素的干扰，避免困难局面的出现；(4) 建设性职能，即通过分析，发现和纠正偏差，或发现潜力，调剂力量，调整行为，完善经济活动。

相对于经济（活动）分析的职能，经济（活动）分析的任务具有一定主观性、不稳定性以及与社会环境紧密相连之特点。先生结合当时的社会主义市场经济建设环境，将企业经济（活动）分析的一般任务归纳如下：(1) 指导企业制定正确的经营方针，选择最优方案；(2) 协调经营目标，为正确编制经营计划提供依据；(3) 揭示经济差异，实施过程控制；(4) 合理评价经济活动，正确考核经营业绩；(5) 促使企业加强经济核算，完善经济责任制；(6) 促使企业正确贯彻执行国家的方针、政策、法令；(7) 挖掘和动员企业的内部潜力，不断提高经济效益。

（二）企业经济（活动）分析一般方法论

先生在其著述中，特别讲究和注重经济活动分析的一般方法论与具体分析方法，因为这是实现经济分析目标和任务的重要手段。

1. 经济（活动）分析的（方法论）原则

企业经济分析的一般方法论原则也是经济（活动）分析的一般原则，先生精心提炼和整合出经济活动分析的（方法论）原则体系。重点包括如下几个方面：(1) 全面分析与重点分析相结合；(2) 专业分析与群众分析相结合；(3) 经济分析与技术分析相结合；(4) 定性分析与定量分析相结合；(5) 纵向分析与横向分析相结合；(6) 事后分析与事前、事中分析相结合；(7) 利用核算数据与搞好调查研究相结合。

2. 经济（活动）分析的基本程序

从程序的观点看，经济（活动）分析一般方法也即分析的基本程序。就各种分析方法应用的共性而言，先生将经济（活动）分析基本程序归纳为以下五个步骤：（1）明确分析目的，制定分析计划；（2）储存分析信息，全面掌握情况；（3）进行定量分析，建立分析模型；（4）搞好定性分析，抓住关键因素；（5）作出综合评价，提出改进建议。

3. 经济（活动）分析方法的工具箱

这里指的是进行经济（活动）分析的应用方法，先生在其30年前的著作和主编教材中就对现代流行的经济分析方法进行了全面的描述、总结、评论和拓新，并给出具体的应用范式和例解，成为在现代经济分析中被普遍应用的工具箱。在先生提供的经济（活动）分析工具箱中，所包含的具体分析方法有以下种类：（1）水平分析法；（2）垂直分析法；（3）对标分析法；（4）趋势分析法；（5）比率分析法；（6）因素分析法；（7）图解法。

下文选取因素分析法和对标分析法加以介绍。

（三）因素分析法

经济活动分析不仅要解释现象，而且应分析原因。因素分析法就是这样一种十分重要和常用的分析方法。因素分析法依据分析指标与其影响因素之间的关系，按照一定的程序和方法，确定各因素对分析指标差异的影响程度。对一些主要经济指标的完成情况，应当从其影响因素角度，通过对解释变量的具体深入的分析，确定各解释变量（即影响因素）对被解释变量（即分析对象）的影响程度和影响方向，为企业正确进行分析评价提供最基本的数据支撑。

因素分析法根据其分析特点可分为连环替代法和差额计算法两种。其中连环替代法是因素分析法的基本形式，有人甚至将它与因素分析法看成同一概念，即连环替代法就是因素分析法，或因素分析法就是连环替代法。

连环替代法的程序由以下几个步骤组成：

（1）确定分析指标与其影响因素之间的关系。确定分析指标与其影响因素之间的关系，通常用指标分解法，即将经济指标在计算公式的基础上进行分解或扩展，从而得出各影响因素与分析指标之间的关系式。

（2）根据分析指标的报告期数值与基期数值列出两个关系式或指标体系，确定分析对象。

（3）连环顺序替代，计算替代结果。所谓连环顺序替代，就是以基期指标体系为计算基础，用实际指标体系中的每一因素的实际数顺序地替代其相应的基期数，每次替代一个因素，替代后的因素被保留下来。每次替代后，计算出替代后的结果。

（4）将每次替代所计算的结果与这一因素被替代前的结果进行对比，二者的差额就是替代因素对分析对象的影响程度。将各因素对分析指标的影响额汇总，其代数和应等于分析对象。

连环替代法，作为因素分析法的主要形式，在实践中应用比较广泛，实际运用过程中必须注意以下几个问题：

（1）经济指标体系的组成因素，应确认能够反映形成该项指标差异的内在构成原因，否则就失去其存在的价值。

（2）分析某一因素对经济指标差异的影响时，必须假定其他因素不变，否则就不能分清各单一因素对分析对象的影响程度。

（3）因素排列顺序不能交换，因为按不同顺序计算的结果是不同的。那么，如何确定正确的替代顺序呢？这是一个理论上和实践中都没有很好解决的问题。传统的方法是依据数量指标在前、质量指标在后的原则进行排列，也有人提出主要影响因素排在前面，次要因素排在后面等。这些都缺少坚实的理论基础。先生建议从诸因素相关依存关系出发，并使分析结果有助于分清经济责任。

（四）对标分析法

对标分析法，即指标对比分析法，或指标比较法，是用得最多、最广的分析方法。这种方法就是将分析对象的现有数据与比较基准（即评价标准、对标）进行比较，确定差异。比较基准的选择，因不同分析目的而有不同，不同的评价标准，会对同一分析对象得出不同的分析结论。正确确定或选择评价标准，对于发现问题、找出差距、正确评价有着十分重要的意义与作用。先生归纳出来的分析评价标准有经验标准、历史标准、行业标准、预算标准等。

1. 经验标准

经验标准是在财务比率分析中经常采用的一种标准。所谓经验标准，是指这个标准的形成依据大量实践经验的检验。也有人将这种经验标准称为绝对标准，是公认的标准，不论什么公司、什么行业、什么时间、什么环境，它都是适用的。实际上，经验标准只是对一般情况而言，并不是适用一切领域或一切情况的绝对标准。因此，在应用经验标准时，不能生搬硬套。

2. 历史标准

历史标准是指以企业过去某一时间的实际水平为标准。这种标准对于评价企业自身经营状况和财务状况是否改善是非常有益的。历史标准可选择企业上年实际水平、历史最好水平及正常经营条件下的水平。应用历史标准的优点：一是比较可靠，是企业曾达到的水平；二是具有较高的可比性。但历史标准也有其不足：一是历史标准比较保守，因为现实要求与历史要求可能不同；二是历史标准适用范围较窄，只能说明企业自身的发展变化，不能全面评价企业在同行业中的地位与水平。尤其对于外部分析，仅用历史标准是远远不够的。

3. 行业标准

行业标准是经济活动分析中广泛采用的标准，它是按行业制定的，反映了行业财务状况和经营状况的基本水平。行业标准也可指同行业某一比较先进企业的业绩水平。企业在经济活动分析中运用行业标准，可说明企业在行业中所处的地位与水平，还可用于判断企业的变动趋势。

应当指出，运用行业标准有三个限制条件：第一，同行业内的两个公司并不一定是可比的。第二，一些大的公司往往跨行业经营，公司的不同经营业务可能有着不同的盈利水平和风险程度，这时用行业统一标准进行评价显然是不合适的。解决这一问题的方法是将公司的不同经营业务的收入、收益、资产、费用等分项报告。第三，应用行业标准还受企业采用的会计方法的限制，同行业企业如果采用不同的会计方法，也会影响评价的准确性。因此，在采用行业标准时，也要注意这些限制条件。

4. 预算标准

预算标准是指企业根据自身经营条件或经营状况所制定的目标标准。预算标准通常在一些新的行业、新建企业，以及垄断性企业应用较多。对于其他行业和企业，运用预算标准也是有益的，因为预算标准可将行业标准与企业历史标准相结合，比较全面地反映企业的状况。尤其对于企业内部经济活动分析，预算标准更有其优越性，可考核评价企业各级、各部门经营者的经营业绩，以及对企业总体目标实现的影响。但是，预算标准对于外部经济活动分析作用不明显。另外，预算标准的确定也受人为因素影响，缺乏客观依据。

各种经济活动分析评价标准都有其优点与不足，在经济活动分析中不应孤立地选用某一种标准，而应综合应用各种标准，从不同角度对企业经营状况和财务状况进行评价，这样才有利于得出正确的结论。

五、成本的技术经济分析

先生不仅是我国成本会计研究的先行者和集大成者，还是技术经济分析研究的开拓者，特别是关于成本的技术经济分析更是独树一帜，在其出版的著作和主编的教材中基本留有技术经济分析的一席之位。

（一）技术经济指标对成本影响分析的意义

1. 技术经济指标对于成本的影响

每一个企业（特别指制造企业）都有一套与其生产技术特点相联系的技术经济指标。技术经济指标可以看成是从各种生产资源利用情况和产品质量等方面反映生产技术水平的各种指标的总称。

技术经济指标作为一个中间环节，把技术与经济有机联系起来。在工业企业产品成本分析过程中，主要表现为各项技术经济指标完成得好坏，直接或间接地影响产品成本的高低，其关系可以概括为：技术影响技术经济指标，技术经济指标影响单位成本。

技术经济指标按照其所反映的内容，可以分为如下几种主要类型：（1）反映劳动生产率的技术经济指标；（2）反映设备利用率的技术经济指标；（3）反映原材料利用程度的技术经济指标；（4）反映能源利用程度的技术经济指标；（5）反映产品质量的技术经济指标。

各项技术经济指标对单位成本影响的途径是不同的，通常可归纳为以下三种形式：（1）不直接影响单位成本，而是通过产量变动间接影响产品单位成本中固定费用的升降，如设备利用率指标；（2）通过耗用量的变动直接影响原材料、燃料和动力消耗水平的变动，如原材料利用率、单位产品生产工艺耗用标准煤量等指标；（3）既影响产品成本中的直接材料消耗，又通过产量变动间接影响单位成本中的固定费用，如矿石品位、焦比、成品率等指标。

2. 技术经济指标对成本影响分析的作用

工业企业对于成本的技术经济分析，即结合技术经济指标对产品单位成本进行分析，有利于提高成本分析工作的质量，使其更好地发挥积极作用。

（1）使成本分析深入到生产技术领域，能具体查明影响成本升降的生产技术因素。

（2）使成本分析具有更广泛的群众基础。技术经济指标同工人生产工艺操作质量和效果紧密相连，因此将技术分析结果与工人工艺操作的考评相结合，可以促使工人密切关注和积极参与成本控制，做到专业分析与群众分析相结合。

（3）使分析工作起到控制成本的作用。技术经济分析可以随时结合日常生产技术活动进行分析，及时掌握成本偏差，进而有预见地采取措施改进生产技术和经济管理，保证成本计划的顺利完成。

（二）成本技术经济指标分析的程序

对于如何有序展开成本的技术经济分析，先生对此进行了高度总结和概括：

第一，研究企业生产组织、技术设备和生产工艺等方面的特点，以及与其相适应的技术经济指标和成本之间的依存关系。

第二，制定各项技术经济指标变动对成本影响的经济计量模型，以及各项生产技术操作因素对技术经济指标影响的分析数据。

第三，根据各种经济计量模型，结合技术经济指标完成情况，测定技术经济指标变动对成本影响的程度。

第四，深入生产技术领域，测算各项生产技术操作因素对技术经济指标的影响，以便采取措施，促使产品成本水平的不断降低。

成本技术经济分析的内容，各行各业可能千差万别，具有多样性和灵活性特点。先生在研究中结合共性需求，着重从各主要生产资源利用情况和产品质量等重要方面对如何展开成本技术经济分析进行了系统性阐述。

（三）劳动生产率对成本影响的分析

在社会主义市场经济中，随着劳动生产率的提高，工人的平均工资水平也应当相应增加，而增加的幅度应低于劳动生产率的增长速度，从而在保证既增加企业工资水平，又提高企业的盈利水平，促进企业可持续增长。

关于劳动生产率增长速度与平均工资增长速度的对比关系变动对产品成本水平的影响程度，可以利用公式（略）进行测算。此外，为随时分析单位产品工时消耗和小时工资率的变动对单位产品工资成本的影响程度，依然可以通过数学公式进行测算。显而易见，单位产品的工时消耗量越少，说明劳动生产率越高，统计上把单位产品工时消耗量称为劳动生产率的逆指标，这和劳动生产率正指标（如单位工时的产量）从经济上看并没有实质上的区别。

（四）设备利用程度对成本影响的分析

由于各行业的生产技术特点和所用设备特性的不同，分属于不同行业部门的各类工业企业反映其生产设备能力利用情况的技术经济指标也是多种多样的。先生将其归纳为如下几种常见形式：

其一，用单位设备在单位时间内的产量来表示。如轧钢机生产效率、织布机单产等指标就属于这种形式。

其二，用主要设备的单位有效面积或容积在单位时间的产量来表示。这类设备生产能力取决于设备的主要作业部分的有效面积或有效容积，如平炉的生产能力主要取决于直接处理炉料的炉底面积大小。

其三，用设备的工具数在单位时间内的产量来表示。如一台纺纱机是由几百个纱锭组成的，其能力用每一千个纱锭在一个小时内的面纱产量来表示。

上述技术经济指标完成的好坏是同产量直接相关的，它们之间的变化呈正比例关系。尽管这些技术经济指标对产品成本不直接发生影响，但由于产品成本中包括一部分固定费用，当产量增加时，单位产品的固定费用自然降低，反之亦然。因此，这些与产量直接相关的技术经济指标计划完成情况，可以通过产量变化间接影响单位成本。为了分析此类技术经济指标对产品单位成本水平的影响，应当首先研究如何确定产量变动对产品单位成本的影响。先生在其著作和教材当中，对产量变动对产品单位成本影响进行了科学的量化分析，给工作实践提供了直接的指导。

在分析一些反映设备能力利用的技术经济指标时，只要能测算这些指标变动对产量的影响程度，就可以确定对单位产品成本的影响。

（五）原材料利用程度对成本影响的分析

在传统制造业，原材料消耗在产品成本中所占比重很大，其有效利用程度如何，对产品成本水平具有举足轻重的影响。因此，充分有效地利用原材料，努力提高原材料利用率，对节约生产耗费、降低产品成本具有重大意义。

原材料利用程度的指标可以用原材料利用率来表示，它是以原材料在生产中利用数量占生产该产品的原材料消耗总量的比率来表示。

生产中材料利用数量可以有两种表示方法：其一是以合格品的产量来表示；其二是以合格产品中所包含的原材料数量来表示。

原材料利用率变动对于产品单位成本的影响途径有三种形式：一是只对原材料成本发生影响，对其他成本项目不发生影响；二是除了影响原材料成本之外，还影响与加工原材料数量成正比例变动的变动费用；三是除了影响原材料成本和原材料相关变动费用之外，还通过产量的变动而影响单位产品的固定费用。

六、品种结构的成本效益分析

（一）品种结构的内涵界定

品种结构也称为品种构成因素。企业生产或销售两种或两种以上产品时，必然存在着产品品种构成问题。所谓产品品种构成，是指某种产品的产量（实物量、时间量、价值量）或销售量（价值量）在全部产品的产量或销售量中所占的比重。研究品种构成变动因素的影响机理，是成本分析和销售利润分析的难点和重点。

（二）品种结构对成本影响的作用机理

当企业生产两种或两种以上产品时，一般说来，各种产品的成本降低率总是不一样的，如果成本降低率比较高的产品的比重提高或成本降低率较低的产品的比重下降，必然引起全部可比产品成本降低率和降低额的提高，反之，则会使降低率和降低额的下降。

可比产品成本降低率是以各种产品成本降低率为基础，该种产品在全部可比产品中所占的比重（品种结构）为权数计算的加权平均数，所以即便是各种产品的成本降低率不变，品种构成的变化也会引起全部可比产品成本降低率的变化。比较特殊的两种情况是：

（1）各种产品的成本降低率都没有完成计划，如果提高成本降低率较高的产品的比重，同时降低成本降低率较低的产品的比重，全部可比产品成本降低率却超额完成计划。这就要求在分析时不仅要看全部可比产品成本降低任务的完成情况，而且还要考察各种产品降低任务的完成情况。

（2）各种产品的成本降低率都已完成计划，但由于降低率较大的产品的比重下降，而降低率较小的产品的比重上升，全部可比产品成本降低率却没有完成计划，这就应进一步查明企业的产品品种结构调整是否合理。

企业应该力求在各种产品的成本降低计划都已完成的基础上，全面完成可比产品成本的降低任务。如果各种产品成本降低计划没有完成，而且通过调整产品品种结构达到完成可比产品成本降低计划的目的，显然是不对的。品种构成因素变动会引起降低额和降低率发生各种形式的变化，在分析过程中必须认真对待，防止企业通过改变品种构成掩盖企业工作中存在的问题。

（三）品种结构对产品销售利润影响的分析

品种结构变动之所以会引起利润额变动，主要是因为每种产品的销售利润率不同并且与基期相比较每种产品销售量变动比例不同，二者缺一不可。如果本期每种产品的销售量变动比例都一样，即每种产品与基期相比较同比例变化，则品种结构不变，品种构成因素也就不会对销售利润（分析对象）产生影响。

如果本期每种产品销售量完成情况发生变化并且不同比例变化，这就存在品种结构的变动。那么品种结构变动是否一定会引起利润变动？还有一个至关重要的前提，就是每种产品的销售利润率高低不同。因为企业的综合（或平均）利润率是一个以每种产品销售利润率为基础，以其品种结构为权重的加权平均数。如果每种产品销售利润率均相同，即使品种结构发生了变动，也不会对企业利润率和利润额发生影响。

企业多营销利润率水平高的产品，少营销利润率水平低的产品，必然引起综合利润率或平均利润率的提高，进而使利润额增加；反之，则会使综合利润率和利润额下降。实践中的两种特例为：每种产品利润率都达到标准，但综合利润率不一定达到标准；每种产品利润率没有达到标准，但综合利润率可能超过标准。原因就在于品种结构的作用。

确定品种结构变动对利润额影响的方法较多，主要方法如下：

第一种方法：

品种构成变动对利润的影响 = Σ（产品本期销售量 × 产品基期单位利润） - 基期产品销售利润 × 产品销售量完成率

第二种方法：

品种构成变动对利润的影响 = Σ［Σ（产品本期销售量 × 产品基期单价） ×（本期品种构成 - 基期品种构成） × 基期销售利润率］

第三种方法：

品种构成变动对利润的影响 = Σ［Σ（产品本期销售量 × 产品基期单价） ×（本期品种构成 - 基期品种构成） ×（基期销售利润率 - 基期综合销售利润率）］

第一种方法是品种结构对利润影响的整体分析，第二种和第三种方法是分品种分析品种构成变动对销售利润的影响。第二种方法是用品种构成变动对销售收入的影响乘以基期利润率，第三种方法是用品种构成变动对销售收入的影响乘以基期利润率与基期平均利润率之差。

实质上利润率高低的判定主要是和平均利润率相比较，第二种方法没有与平均利润率相比较的过程，显然计算结果不符合常理。在品种构成 100% 的情况下，利润率低于平均利润率的产品少营销，势必使得利润率高于平均利润率的其他产品多营销，因此利润率低于平均利润率的产品销售比重下降是对利润的正贡献，显然第三种方法是正确的。

两种方法的比较见表 2 - 1。

表 2－1　分产品分析品种构成变动对销售利润的影响及其观点比较

产品	基期利润率	基期品种构成	按基期单价计算的本期销售收入		品种构成变动对销售收入的影响	品种构成变动对销售利润的影响	
			按本期品种构成计算	按基期品种构成计算		观点 1	观点 2
	(1)	(2)	(3)	(4)	(5) = (3) − (4)	(6) = (5) × (1)	(7) = [(1) − 18%] × (5)
甲	30%	20%	1 800	1 200	600	180	72
乙	15%	80%	4 200	4 800	−600	−90	18
合计	18%	100%	6 000	6 000	0	90	90

七、等级结构的成本效益分析

（一）等级结构的内涵界定

如果将某种产品产量（或者销售量）占总产量（或者总销售量）的比重定义为品种结构，那么，某种产品内部某等级产量（或者销售量）占该产品总产量（或者销售量）的比重可以定义为等级结构或者等级构成，亦可将等级构成或者等级构成定义为某产品等级品产量（或者销售量）之间的比例关系。当然，产量（或者销售量）的量化方式可以有三种形式：实物量、时间量、价值量。在经济活动分析中，由于企业产量（或者销售量）之间不能简单相加，所以多采用价值量度量。

（二）等级结构对成本影响的作用机理

在等级品生产的企业里，产品按质量特征分为不同等级。一级品的售价比二级品、三级品要高，而其成本通常是一样的，显然一级品的利润比二级品、三级品要高。因此，产品中一级品比重如超过计划，就会使产品平均单价提高而使利润增加；反之，将会使产品的平均单价降低而使利润减少。可见，当企业产品分等级时，则在销售价格差异中包括产品质量变动的影响。为此，必须采用一定的方法分离出产品等级构成和单价变动两个因素对产品销售利润的影响。

首先，计算等级品产品的平均单价，其具体计算公式如下：

$$(1)\ \begin{matrix}\text{计划等级构成的}\\\text{计划平均单价}\end{matrix}=\frac{\sum(\text{某等级品计划销售量}\times\text{该等级的计划单价})}{\text{各等级计划销售量之和}\ a}$$

$$(2)\ \begin{matrix}\text{实际等级构成的}\\\text{计划平均单价}\end{matrix}=\frac{\sum(\text{某等级品实际销售量}\times\text{该等级的计划单价})}{\text{各等级实际销售量之和}}$$

$$(3)\ \begin{matrix}\text{实际等级构成的}\\\text{实际平均单价}\end{matrix}=\frac{\sum(\text{某等级品实际销售量}\times\text{该等级的实际单价})}{\text{各等级实际销售量之和}}$$

其次，按产品别计算产品等级构成和单价两因素变动对平均单价的影响，进而确定对销售利润的影响：

$$(1)\ \begin{matrix}\text{等级构成变动对}\\\text{销售利润的影响}\end{matrix}=\sum\left[\begin{matrix}\text{某等级产品}\\\text{实际销售量}\end{matrix}\times\left(\begin{matrix}\text{实际等级构成的}\\\text{计划平均单价}\end{matrix}-\begin{matrix}\text{计划等级的}\\\text{计划平均单价}\end{matrix}\right)\right]\times(1-\text{计划税率}^{*})$$

$$(2)\ \begin{matrix}\text{产品单价变动对}\\\text{销售利润的影响}\end{matrix}=\sum\left[\begin{matrix}\text{某等级产品}\\\text{实际销售量}\end{matrix}\times\left(\begin{matrix}\text{实际等级构成的}\\\text{实际平均单价}\end{matrix}-\begin{matrix}\text{实际等级构成的}\\\text{计划平均单价}\end{matrix}\right)\right]\times(1-\text{计划税率}^{*})$$

计划税率*：适于从价定率计税产品，比如消费税率。

（三）等级结构变动对经济指标影响的分析思路

1. 等级结构变动对成本利润率影响的因素分析

用上述方法可以分析出等级结构变动对销售利润额的影响，如果涉及相对数比如成本利润率的影响，则可以利用上述的分析结果，用连环替代法进行具体分析，具体思路如表 2－2 所示。

表 2－2　　连环替代法下成本利润率的影响因素分析

步骤	影响因素						因素分析公式	结果
	销量	品种结构	等级结构	单价	税率	单位成本		
1	基期	基期	基期	基期	基期	基期	$\frac{\text{基期毛利}}{\text{基期营业成本}}\times100\%$	

续表

步骤	影响因素						因素分析公式	结果
	销量	品种结构	等级结构	单价	税率	单位成本		
2	本期	本期	基期	基期	基期	基期	$\frac{\Sigma（本期销售量\times 基期单位毛利）}{\Sigma（本期销量\times 基期单位成本）}\times 100\%$	2－1 品种结构影响
3	本期	本期	本期	基期	基期	基期	$\frac{上式分子+等级结构对毛利的影响}{\Sigma（本期销售量\times 基期单位成本）}$	3－2 等级结构影响
4	本期	本期	本期	本期	基期	基期	$\frac{上式分子\pm 单价变动对毛利的影响}{上式分母}\times 100\%$	4－3 单价影响
5	本期	本期	本期	本期	本期	基期	$\frac{上式分子\pm 税率变动对毛利的影响}{上式分母}\times 100\%$	5－4 税率影响
6	本期	本期	本期	本期	本期	本期	$\frac{本期毛利}{本期营业成本}\times 100\%$	单位成本影响

2. 等级结构变动对每百元商品产值成本影响的因素分析

产品成本是产品价值的重要组成，产品成本的降低会增加盈利。为了把生产耗费和生产成果联系起来，综合反映企业在生产经营中所取得的劳动耗费效益的大小，一个重要经济指标不容忽视，那就是每百元商品产值的成本。该指标的分子为商品产品制造成本，分母为商品产值。每百元商品产值成本越小，说明成本效益越大，反之则表明成本效益越小，运用这个指标的实际数与基准数相比较，可以确定完成基准的程度如何，并分析动态变化，从一定侧面反映出企业在同行业中的成本效益水平。

每百元商品产值成本指标的子项——商品产品成本，实际上可以分解为变动成本和固定成本两部分。固定成本从其性质来看，同产值变动没有联系而是相对固定的。当产值增加时，就会使百元商品产值的固定成本降低；反之，则会造成百元商品产值固定成本提高。此外，企业产品价格一般是实行优质优价的，如果企业产品按质量特征分为不同等级时，每件一等品出厂的价格比二等品或三等品要高，而其成本则与二、三等品相同。所以，产品中一等品比重超过计划时，就会使该种产品的平均价格提高，从而也影响每百元商品产值的成本减少；反之，就会使每百元商品产值的成本增加。在这种情况下，如果对每百元商品产值成本指标只进行产品品种构成、单位成本、出厂价格三因素分析，则产量和质量两个因素的影响数就包括在其他因素的影响数中，无法全面了解百元商品产值成本指标变动的真实原因。为此，在条件具备的企业，应分别确定产量、品种、质量、成本和价格等因素的变动对百元商品产值成本指标的影响程度，其分析思路见表 2－3。

表 2－3　　连环替代法下百元商品产值成本指标的因素分析

顺序	影响因素					百元商品产值成本指标计算	差异原因
	产量	品种结构	等级结构	单位成本	单价		
1	基期	基期	基期	基期	基期	$\frac{\text{计划商品产值成本}}{\text{计划商品产值}}\times 100$	
2	本期	基期	基期	基期	基期	$\frac{\text{计划商品产值的变动成本}\times\text{商品产值的计划完成\%}}{\sum(\text{产品计划单价}\times\text{该产品实际产量})}\times 100$	2－1 产量影响
3	本期	本期	基期	基期	基期	$\frac{\text{产品计划单位变动成本}\times\text{该产品的实际产量}+\text{计划固定成本}}{\sum(\text{产品计划单价}\times\text{该产品实际产量})}\times 100$	3－2 品种构成影响
4	本期	本期	本期	基期	基期	$\frac{\text{产品计划单位变动成本}\times\text{该产品的实际产量}}{\sum\left(\text{产品实际等级比重的计划平均单价}\times\text{该产品实际产量}\right)}\times 100$	4－3 等级比重影响
5	本期	本期	本期	本期	基期	$\frac{\text{实际商品产值的成本}}{\sum\left(\text{产品实际等级比重的计划平均单价}\times\text{该产品实际产量}\right)}\times 100$	5－4 成本影响
6	本期	本期	本期	本期	本期	$\frac{\text{实际商品产值的成本}}{\text{实际商品产值}}\times 100$	6－5 价格影响

基于等级结构对成本利润率和每百元商品产值成本指标影响的因素分析，可以得出结论，即等级结构（或产品质量）是通过影响产品售价进而影响利润指标。等级结构与品种结构不同之处在于，等级结构是企业可控因素，品种结构在市场经济环境中往往属于不可控因素。企业提高成本效益的重要途径是在可控因素上挖掘潜力。上述等级结构变动的因素分析原理，可用

于其他经济指标的因素分析，比如每百元收入成本费用指标、销售利润率指标等。

八、材料配比的成本效益分析

（一）材料配比的概念界定

纵观成本分析教材，梳理单位产品成本分析观点不难发现，关于单位产品成本分析中的材料成本分析，基本口径都是材料消耗量差异和单价差异，传统上称为量差和价差。但如果考虑到价差中的材料配比因素的影响，即不同材料配料比例不同会产生材料平均单价差异，那么直接材料成本的因素分析可以深化为直接材料成本三因素的分析，即单耗差异、材料配比差异和价格差异。

所谓材料配比（材料的配料比例），即某产品在加工过程中消耗两种或者两种以上材料，各种材料消耗量之间的比例关系即为材料配比。

（二）材料配比因素对成本效益影响的作用机理

由于生产某产品消耗的各种材料的单价（进价）不同，这样不同的材料配比就会通过影响消耗材料的平均单价进而影响材料成本。在生产某产品用两种或两种以上材料时，在保证该产品质量和用户需求的前提下，由于每种材料价格不同，多消耗价格低的材料，相对少消耗价格高的材料，就会使产品单位成本降低；否则多消耗价格高的材料，相对少消耗价格低的材料，就会使产品单位成本上升。由此产生的产品单位成本变动，既不是单耗因素也不是单价因素，而是材料配比因素。

（三）材料配比因素对成本效益影响的分析

材料配比因素的成本效益影响分析步骤为：

1. 计算材料配比的平均单价，其具体计算公式如下：

（1）$$\text{计划配比的计划平均单价} = \frac{\sum(\text{计划某种材料配料数量} \times \text{计划单价})}{\text{计划各种材料配料数量之和}\ a}$$

（2）$$\text{实际配比的计划平均单价} = \frac{\sum(\text{实际某种材料配料数量} \times \text{计划单价})}{\text{实际各种材料配料数量之和}}$$

$$（3）\frac{实际配比的}{实际平均单价}=\frac{\sum（实际某种材料配料数量\times 实际单价）}{实际各种材料配料数量之和}$$

2. 分析单耗、材料配比和单价各因素变动对直接材料成本的影响，分析公式如下：

（1）单位产品材料消耗总量差异的影响 =（单位产品材料实际消耗总量 - 单位产品材料计划消耗总量）×计划配比的计划平均单价

（2）单位产品材料配比差异的影响 =（实际配比的计划平均单价 - 计划配比的计划平均单价）×单位产品材料实际消耗总量

（3）单位产品材料价格差异的影响 =（实际配比的实际平均单价 - 实际配比的计划平均单价）×单位产品材料实际消耗总量

以上材料配比因素变动的分析方法，其分析计算结果是各种材料配比变动影响的综合结果，因此可以称为“综合法”。

（四）分材料分析配比变动对直接材料成本的影响及其观点比较

为了更清楚地了解各种材料配比变动的影响，可按配比中的每种材料来计算其配比变动对直接材料成本的影响，这种方法称为“分项法”。基于分项法，有两种分析思路亦可称之为传统方法和新方法，两种方法的对比见表2－4。

表2－4　材料配比分项法的传统方法与新方法的数据比较　单位：千克，元

材料名称	计划		实际消耗量		配比差异	对直接材料成本的影响	
	单价	配比	按实际配比计算	按计划配比计算		传统方法	新方法
	1	2	3	4＝3×2	5＝3－4	6＝5×1	7＝5×（1－6.6*）
甲	8	50%	40	50	－10	－10×8＝－80	－10×（8－6.6）＝－14
乙	4	40%	55	40	＋15	＋15×4＝＋60	＋15×（4－6.6）＝－39
丙	10	10%	5	10	－5	－5×10＝－50	－5×（10－6.6）＝－17
合计		100%	100	100		－70	－70

* 计划配比的平均计划单价为6.6元。

计算结果表明，无论哪种分项法，材料配比影响的综合结果都是 -70 元。但是配比变动对于每一种材料成本的影响，两种方法结果不尽相同，甚至出现相反的结论，比如乙材料。

首先，按照传统方法的计算，凡是配比差异使消耗量增加的材料，其成本也就相应增加，反之配比差异使消耗量减少的材料，其成本也就相应减少。这是长期以来中外广泛采用的分析方法。其实，它并没有真正反映配比差异对各种材料成本影响的特点。配比差异之所以会对材料成本发生影响，是由于各种材料单价不同而致，失去了这一前提，配比因素无论如何变动，都不会对直接材料成本发生影响。表 2-4 中，甲、乙、丙三种材料的计划价格是不同的，以该三种材料的计划单价为基础，以它们的计划配比为权数，计算出来的平均单价为 6.6 元，与此相比，甲、丙两种材料的计划单价分别比平均单价高 1.4 元和 3.4 元，乙种材料的计划单价比平均单价低 2.6 元。如果价格高（与平均单价比较）的甲、丙材料消耗比例较计划提高，就会使材料成本增加；反之，就会使材料成本减少。但是，价格较低的乙材料消耗比例较计划提高时，不仅不会使材料成本增加，还会使材料成本降低；反之，价格较低的乙材料消耗比例较计划减少时，则会使材料成本上升。显然，传统方法是不符合以上基本原理的。

其次，从计算方法上看，传统方法也是欠妥的。甲、丙两种材料消耗比例降低对直接材料成本的影响，不能以其消耗量差异数乘以其计划单价，因为材料配比差异使甲、丙两种材料消耗量减少也就意味着其他材料消耗量的增加。因而，只能乘以某种材料的计划单价与其计划平均单价的差额数。同理，乙种材料消耗增加对直接材料成本的影响数，也只能以其消耗量差异数乘以计划单价与计划平均单价的差额数。

鉴于以上两点，传统方法与新方法在研究每种材料配比变动对直接材料成本的影响时，有着实质性的区别，尽管两种方法总的结果是一致的，但是不难看出，只有新方法才能正确地按每种材料来计算配比差异对直接材料成本的影响。

必须指出，这种材料价格差异的计算方法，主要适用于材料按实际价格计价的企业。材料按计划价格计价时，对每种发出材料都按材料目录上预先规定的计划单位价格进行计价，月末根据材料价格的差异率将发出材料的计划价格调整为实际价格。为了便于分析材料成本变动原因，材料价格差异应单独反映。这样，就不必按上述公式计算材料价格差异，而应根据成本核算资料直接查明。但是，由于目前材料价格的差异率一般是按全部材料或材料大类进行计算的，因此，如要进一步了解材料价格差异究竟是哪些材料价格变动的结果，则须根据材料采购核算资料进行分析。

（五）降低材料成本的应对策略

分析关键性的材料成本，还要进一步了解单耗和单价变动的具体原因，借以查明降低成本的具体途径。

归纳起来，影响单耗和配比变动的原因有：产品设计的变化、材料材质的变化、下料和生产工艺的变化、材料加工方式的改变、利用废料或代用材料及材料的利用程度的变化、产品或零部件结构的变化、废品数量的变化等。此外，生产工人操作和技术水平，机器设备性能的良好程度，以及加工搬运中的损坏等等都会影响材料消耗的变化。对于以上种种原因的分析，如果仅仅根据会计资料是不够的，还必须深入生产实践，结合生产技术、生产组织及各种技术经济指标的变动情况，进行调查研究，把专业人员分析和群众分析结合起来，才能查明材料消耗量脱离计划的具体原因。

影响单价变动的原因有：材料买价、运费、运输途中合理损耗的变化，材料的整理加工及检验费的变化等。这些变动原因应根据材料采购业务的核算资料来进行分析，分析时应抓住主观原因，以便采取措施改进工作。当然，对客观原因也应该充分发挥主观能动性，积极创造条件，促使矛盾转化，为降低材料费用而努力。

九、流动资金周转的影响因素分析

由于流动资金和固定资金的性质和特点不同，决定了它们在资金周转过程中的作用也不同。在固定资金规模形成之后，企业经营成果的取得，主要依靠流动资金的形态转换。尽管固定资金的整体实物形态都处在企业营运过程之中，但从价值形态上讲，相当于折旧的那部分资金才参与企业当期的营运，它的价值实现（或者说是价值回收）要依赖于流动资金的价值实现。一旦流动资金的价值实现（或者说是形态转换）出现问题，不仅固定资金价值不能实现，企业所有的经营活动都会受到影响，因此，流动资金周转的影响因素分析是企业营运能力分析最重要的组成部分。

（一）流动资金周转率指标的精准界定

流动资金完成从货币到商品，再到货币这一循环过程，表明流动资金周转了一次，以产品实现销售为标志。表示销售实现的指标有两个，即营业收入和营业成本。一般说来，使用营业成本这一指标作为周转额是用来说明垫支的流动资金周转速度，反映出流动资金的纯粹周转速度。如果使用营业收入这一指标，由于营业收入中包括了垫支资金以外的部分，如税金和利润等，因此计算出来的流动资金周转速度是一种扩大形式的周转速度，既包括了流动资金的纯粹周转速度，也包括了流动资金利用的效益。实务中，在计算流动资金周转速度指标时，究竟是使用营业收入还是营业成本，应视分析的具体目的而定。流动资金周转速度指标有两种表现形式，即周转率与周转期，计算公式如下：

$$流动资金周转率=\frac{产品销售收入}{流动资金平均余额}$$

$$流动资金周转期=\frac{流动资金平均余额\times 计算期天数}{产品销售收入}$$

$$流动资金垫支周转率=\frac{营业成本}{流动资金平均余额}$$

$$流动资金垫支周转期=\frac{流动资金平均余额\times 计算期天数}{营业成本}$$

（二）流动资金周转率指标的因素分析

企业全部流动资金，包括定额流动资金和非定额流动资金两部分，定额流动资金又包括储备资金、生产资金和成品资金三部分。流动资金周转率的分析，首先考核全部流动资金和定额流动资金这两个指标完成情况，考核时可以采取对这两个指标的实际数进行多种比较的方法，例如，可以同企业历史水平比较，同上期水平比较，同其他先进企业比较，同行业平均水平比较，定额流动资金周转率还可以同计划水平比较。其次，为了进一步了解流动资金利用效果的变动原因和责任部门，寻找提高流动资金周转速度的途径，则须对这两个指标进行深入分析。最后，还要计算由于流动资金周转加速或延缓所造成的流动资金节约额或浪费额，以确定流动资金的利用效果。

1. 全部流动资金总周转率的因素分析

全部流动资金包括定额流动资金和非定额流动资金两部分，为了便于分析，根据全部流动资金总周转率指标的经济内容和内在联系，可分解如下：

$$\text{全部流动资金总周转率}=\frac{\left(\text{定额流动资金平均余额}+\text{非定额流动资金平均余额}\right)\times\text{计算期天数}}{\text{产品销售收入}}$$

$$=\text{定额流动资金周转率}\times\left(1+\frac{\text{非定额流动资金平均余额}}{\text{定额流动资金平均余额}}\right)$$

从上式可知，全部流动资金周转速度的快慢，主要是以定额流动资金的周转速度为主要因素，同时，也取决于非定额流动资金与定额流动资金的比例关系。如果非定额流动资金中不正常的发出商品和应收款增多，说明这一部分资金脱离正常周转，其结果必然导致全部流动资金周转速度的缓慢。由此可见，为了加速全部流动资金的周转，除了要提高直接作用于再生产过程中的定额流动资金的周转速度以外，还要降低非定额流动资金的占比，最大限度地将资金投入到正常的周转中去，只有这样才能发挥每一元流动资金的使用效益。

2. 定额流动资金周转率的因素分析

为了分析流动资金周转速度变动的原因，找出加速流动资金周转的途径，根据定额流动资金周转速度指标的经济内容和内在联系，可将流动资金周转速度指标作如下分解：

$$\text{定额流动资金周转率}=\frac{\text{营业收入}}{\text{定额流动资金平均余额}}$$

$$=\frac{\text{营业成本}}{\text{流动资金平均余额}}\times\frac{\text{营业收入}}{\text{营业成本}}$$

$$=\text{定额流动资金垫支周转率}\times\text{资金消耗收入率}$$

以上分解式表明，影响流动资金周转率的因素：一是定额流动资金垫支周转率；二是资金消耗收入率。定额流动资金垫支周转率反映了流动资金的内循环周转速度，资金消耗收入率说明所费与所得之间的关系，反映出流动资金的利用效果。加速定额流动资金垫支周转速度和提高资金消耗收入水平对提升定额流动资金周转率同等重要。当资金消耗收入率大于 1 时，定额流动资金垫支周转速度越快，定额流动资金营运能力越强；反之，如果资金消耗收入率小于 1，企业所得补偿不了所费，定额流动资金垫支周转速度越快，企业亏损越多。

根据上面的分解式，采用因素分析法，可以分别确定这两个因素变动对定额流动资金周转率的影响程度。分析公式是：

定额流动资金垫支周转率的影响 =（报告期定额流动资金垫支周转率 - 基期定额流动资金垫支周转率）× 基期资金消耗收入率

资金消耗收入率的影响 = 报告期定额流动资金垫支周转率 ×（报告期资金消耗收入率 - 基期资金消耗收入率）

（三）定额流动资金垫支周转率的因素分析

在定额流动资金周转速度分析的基础上，为进一步分析定额流动资金垫支周转速度的影响因素，可将定额流动资金垫支周转率作如下分解：

$$\begin{aligned}\begin{matrix}\text{定额流动资金}\\\text{垫支周转率}\end{matrix} &= \frac{\left(\begin{matrix}\text{储备资金}\\\text{平均余额}\end{matrix}+\begin{matrix}\text{生产资金}\\\text{平均余额}\end{matrix}+\begin{matrix}\text{成品资金}\\\text{平均余额}\end{matrix}\right)\times\text{计算期天数}}{\text{销售产品工厂成本}}\\ &= \left(\begin{matrix}\text{储备资金}\\\text{阶段周转率}\end{matrix}\times\frac{\text{当期材料费}}{\text{总产值生产费}}\times\frac{\text{总产值生产费}}{\text{商品产品工厂成本}}+\begin{matrix}\text{生产资金}\\\text{阶段周转率}\end{matrix}\right)\times\\ &\quad \frac{\text{商品产品工厂成本}}{\text{销售产品工厂成本}}+\text{成品资金阶段周转率}\end{aligned}$$

从以上公式可以看出，定额流动资金垫支周转率的变动受到六个因素影响，除了主要取决于三个定额流动资金的阶段周转率以外，还取决于三个比重，即材料费用占总产值生产费的比重、总产值生产费占商品产品工厂成本的比重和商品产品工厂成本占销售产品工厂成本的比重。

材料费占总产值生产费的比重：从上式可以看出材料费用比重提高时，就会使定额流动资金周转时间延长，反之就会使定额流动资金周转时间缩短。这是由于在产品成本中不同费用要素所经历的周转过程是不同的，材料费用经历的周转时间要比加工费用长，因此如果产品生产过程中材料费用比重提高时，即使其他条件不变，也会使定额流动资金周转时间缓慢，反之则加快。

商品产品工厂成本占销售产品工厂成本的比重：从上式也可以看出，当商品产品工厂成本占销售产品工厂成本的比重下降时，换句话说，当销售额超过生产额时，就会加速定额流动资金周转速度，反之就会使定额流动资金周转速度缓慢。这是由于销售额超过生产额，意味着期末产成品余额比期初减少，说明本期周转额（销售额）中有一部分在本期没有经过储备阶段、生产阶段，而是直接以产成品形态加入周转，这样必然会使定额动资金周转速度缩短；当销售额比生产额小时，就意味着本期期末产成品余额增加，这部分产成品在本期已经经历了储备、生产阶段，但是由于未销售出去，没有包括在本期周转额（销售额）中，从而使本期周转额额外负担了这部分产品所经历的周转时间，因而使定额流动资金周转速度缓慢。

基于同样原理，当商品产品二厂成本超过总产值生产费时，就会使定额流动资金周转加速，反之则使定额流动资金周转变慢。

上述分解公式不仅从计算上再次论述了定额流动资金周转率与各阶段周转率之间的关系，还把资金的周转时间和资金的扩大程度两方面因素区分开来，同时没有重叠因素的影响，分析结果准确。

（四）定额流动资金垫支周转率和各阶段周转率的关系论证

定额流动资金垫支周转率的快慢主要取决于流动资金从一个形态转变为另一个形态的周转速度的快慢，也就是随着资金各个周转阶段的周转速度的变动而变动，而资金周转各阶段的周转速度又是由企业资金归口管理部门运用资金的效率所决定。可见要了解定额流动资金垫支周转速度加快或减慢的原因，要衡量和考核各资金归口管理部门所掌握资金的使用情况，就必须计算与分析各阶段的定额流动资金的周转率，从而使资金周转状况的分析和流动资金归口管理密切结合，促使有关职能部门参与流动资金周转情况的管理和分析。

定额流动资金等于储备、生产、成品资金之和，但是为什么定额流动资金垫支周转率不等于三个阶段周转率之和，而往往小于三个阶段周转率之和呢？从理论上讲，二者之所以不相等，是由定额流动资金的结构特点所决定，在定额流动资金中并不是所有的资金要素都经历储备阶段，其中垫支在材料费用的资金从储备阶段投入周转，经历了储备、生产、成品三个阶段。而垫支在工资等加工费用要素的资金是从生产阶段开始投入周转，只经历了生产和销售两个阶段。因此储备资金阶段周转率的数值并不全部加入定额流动资金垫支周转率的数值中。也正是由于这一原因，流动资金各阶段周转率之和往往不等于定额流动资金垫支周转率，在一般情况下，定额流动资金垫支周转率比各个阶段周转率之和要小。

（五）加速周转形成流动资金节约的意义

流动资金由于加速周转而形成的节约额，可以区分为绝对节约和相对节约两种形式。所谓流动资金绝对节约，是指企业由于加速流动资金周转，因而可以从周转中腾出一部分资金上交国家或还给银行，用于支援新企业或扩大其他企业的生产规模。所谓流动资金相对节约是指企业由于加速流动资金周转，可以在不增资或少增资的条件下扩大本企业的生产规模，因而有可能不需要或减少由银行对企业的流动资金贷款。可见，流动资金绝对节约和相对节约的区别只在于运用情况的不同，后者是以所节约的资金提供本企业扩大再生产之用，而前者则是将所节约的资金上交国家或偿还银行，以供再分配给其他企业生产之用。

应当指出，企业流动资金的节约形式是属于绝对节约还是相对节约，主要决定于资金周转加快的速度是否超过商品产品销售额增长的速度，而不反映资金管理的水平。流动资金的绝对节约和相对节约具有同等重要意义，都是为国民经济节约流动资金，反映出企业加速流动资金周转的经济结果。

第四节　道山学海——先生学术成果简介[①]

一、学术著作与教材

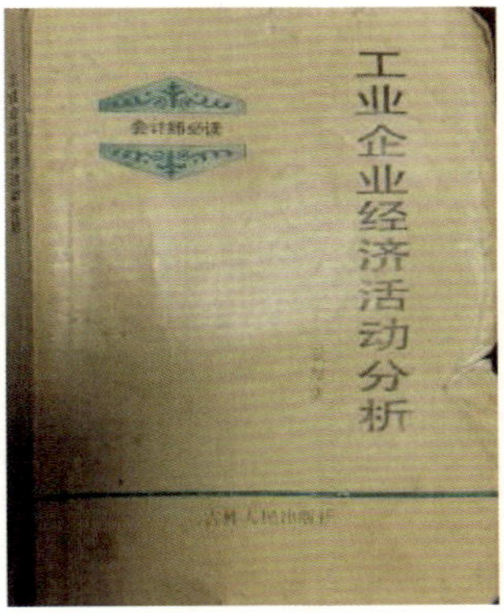

1. 欧阳清：《工业企业经济活动分析》，1984年1月由吉林人民出版社出版，吉林省新华书店发行。

本书是根据国务院《关于晋升会计师条例》的要求编写的，是会计从业人员自学丛书，丛书包括《会计原理》《工业企业会计》《工业企业财务管理》《工业企业经济活动分析》等十余分册。《工业企业经济活动分析》紧密结合实际，专业性强，适用于大学财会专业教学用书。

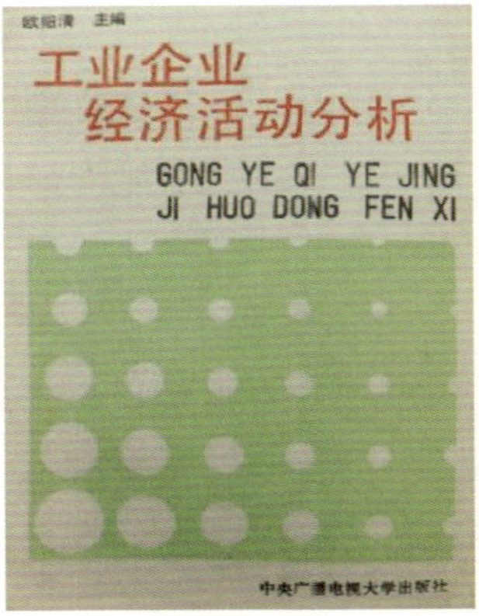

2. 欧阳清主编：《工业企业经济活动分析》，1990年3月由中央广播电视大学出版社出版，新华书店全国发行。

本书是为了满足中央广播电视大学开放教学的需要，在东北财经大学自学函授教材《工业企业经济活动分析》（欧阳清、毛岩亮、张振斌和张先治编写）的基础上，吸收了近几年来科研和教学成果以及其他院校教材的优点，并经调查研究，重点结合了广播电视大学教学的特点，由欧阳清、张先治、陈友邦、毛岩亮和王卫平编写而成，欧阳清负责修改、补充和总纂。

① 本节由刘继伟撰稿，王玉红校审。

3. 欧阳清主编：《工业企业经济活动分析》，1991 年 8 月由东北财经大学出版社出版，新华书店全国发行。

本书是为了满足财经院校和社会自学的教学需要而编写。本书的编写，坚持以马列主义、毛泽东思想为指导；力求合理安排教材体系，增加预测分析和决策分析内容，强调技术与经济、定性分析与定量分析相结合；尽可能反映经济体制改革的新变化，贯彻理论联系实际的原则；结合国情，批判地借鉴和有选择地吸收国外经济分析的科学部分；在内容上注意深入浅出，通俗易懂，便于自学。

本书由欧阳清、刘明辉、陈友邦、张先治和秦志敏五位同志编写，最后由先生对全书进行修改、补充和总纂。

4. 欧阳清 张先治编著：《企业经济活动分析》，1995 年 8 月由中国经济出版社出版，新华书店全国发行。

本书是中国人民银行总行教育司为中央广播电视大学金融专业编写的教材。本书吸收了近几年来科研和教学的成果，以及其他学校教材的优点。本书可供普通高等财经院校有关专业教学使用，也适用于银行在职干部培训和自学，本书由欧阳清、张先治编著。

5. 欧阳清著：《成本管理理论与方法研究》，1998 年 6 月由东北财经大学出版社出版。

1998 年，东北财经大学出版社经过长期策划，精心运作，隆重推出“东北财经大学教授文库”（以下简称“教授文库”）。该文库以总结科研成果、促进学术交流、繁荣经济建设为宗旨，以高品位、高质量为原则，经过极其严格的遴选，分期分批推出具有极高学术价值和实践意义的佳作。这些佳作

是长期执教于东北财经大学、德高望重、著述浩瀚的教授们对经济理论和实践问题潜心研究的成果，是他们几十年心血和智慧的结晶，也是东北财经大学众多优秀著作的代表。

"教授文库"的作者，以严谨的学风、渊博的知识、一丝不苟的敬业精神、入木三分的独到见解闻名于海内外，得到同仁的高度评价，可谓学术之泰斗、文人之英杰。

《成本管理理论与方法研究》集汇先生自 1980 年以来发表的部分文章和所作报告。本书内容涉及成本管理改革综述、成本决策和成本控制、成本核算、成本分析及责任会计等。

本书的出版得到毛岩亮副教授（博士）、刘永泽教授（博士）、张先治教授（博士）的帮助；鞍钢集团、沈阳水泵厂、沈阳重型机器厂、沈阳中捷友谊机床厂、大连机床厂、大连冷冻机厂、大连钢厂、抚顺水泥厂和朝阳工程机械公司财会部门同志提供了有关资料。

6. 欧阳清 杨雄胜主编：《成本会计学》，2003 年由首都经济贸易大学出版社出版（第 1 版），2008 年再版（第 2 版）。

《成本会计学》是普通高等教育"十一五"国家级规划教材，是 21 世纪高等院校会计学专业精品系列（案例）教材。这套会计学专业精品系列丛书由首都经济贸易大学出版社牵头，邀请了中国人民大学、复旦大学、厦门大学、南京大学、中南财经政法大学、上海财经大学、东北财经大学、西南财经大学、天津财经学院（现为天津财经大学）、首都经济贸易大学、国家会计学院等著名院校以及财政部财政科学研究所的学者、教授参与。《成本会计学》是这套丛书的一个分册。

为适应新形势下会计环境的变化，满足会计教学的现实需要，2008 年在广泛征求理论界和实务界意见与建议的基础上出版了第 2 版。《成本会计学》由欧阳清教授、杨雄胜教授、傅荣教授、张明明教授、牛彦秀教授、李连军副教授和孔庆春编写，欧阳清教授、杨雄胜教授负责总纂和定稿。

7. 欧阳清主编：《成本会计学》，1999 年 6 月由东北财经大学出版社出版，2001 年 6 月再版。

本书是在 1982 年、1993 年、1994 年撰写的三本成本会计教材的基础上编写的，这三本成本会计教材分别作为东北财经大学研究生成本会计研究课程参考书、中央电视大学教材和东北财经大学本科生教材。本书是在过去撰写成本会计教材的基础上，吸收近几年来科研和教学的成果以及其他学校教材的优点，经调查研究后编写而成的。在编写过程中，注重理论联系实际原则、认真总结我国四十多年来成本会计工作的成功经验，尽可能反映经济体制改革以来我国成本会计的新变化以及未来发展方向的内容，使教材具有现实性、趋向性和前瞻性的特征，以发挥理论指导实践的作用。

本书由欧阳清教授主编，万寿义教授、张先治教授任副主编，傅荣教授、秦志敏教授等参编。万寿义教授、张先治教授对本书的初稿作了审阅，提出了修改意见。最后，先生对全书作了修改、补充和总纂。本书适用于会计学专业本科生教学，同时也适合其他相关专业教学使用，或供企业经济管理人员，尤其是会计人员培训和自学之用。

8. 欧阳清主编：《会计大典第四卷——成本会计》，1999 年 6 月由中国财政经济出版社出版，新华书店全国发行。

《会计大典》是按会计科学的自身体系及其可能的发展，划分为十个分卷：会计理论、会计史、财务会计、成本会计、管理会计、非企业单位会计、国际会计、电算化会计、理财学、审计学。每卷的原理原则都密切联系会计工作实际，作明确而详尽的阐述；对于每个名词、术语，都是在综合分析了现有中外工具书的最新定义之后，作出比较准确、周全的解释。

按照《会计大典》撰稿要求，由欧阳清、黄金琳、杨雄胜、栾甫贵共同编写，最后由欧阳清总纂、定稿。

本书既是综合性专著，又是专业类辞书。可作为研究生、总会计师和高级会计师、企事业单位财会负责人及财经院校教师的参考读物。本书获第12届中国图书奖。

9. 王盛祥 欧阳清：《成本会计》，1982年4月由吉林人民出版社出版，全国发行，本书被中央广播电视大学采用。

10. 王盛祥 欧阳清编著：《成本会计》，1993年6月由吉林科学技术出版社出版，全国发行。

二、学术论文

1. 《关于工业企业班组经济核算问题的探讨》（会计研究）1980.01期，欧阳清 韩殿文

2. 《关于工业企业班组经济核算问题的探讨》（财经问题研究）1980.02期，欧阳清 韩殿文

3. 《利用价值规律进行班组经济核算》（成本论文集）1981.01期，欧阳清

4. 《谈谈成本决策分析》（财经问题研究）1981.04期，欧阳清

5. 《工业企业成本管理基础知识讲座 第三讲 成本控制》（财经问题研究）1982.02期，欧阳清

6. 《成本核算改革方向的探讨——兼论目标成本会计在我国的应用》（会计学论文选）1982 年，欧阳清

7. 《产品成本控制》（财经问题研究）1982. 04 期，欧阳清

8. 《目标成本会计（上篇）》（大连财会）1982. 03 期，欧阳清

9. 《目标成本会计（下篇）》（大连财会）1982. 07 期，欧阳清

10. 《工业企业成本管理基础知识讲座 第四讲 成本分析（上）》（财经问题研究）1983. 01 期，欧阳清

11. 《工业企业成本管理基础知识讲座 第五讲 成本分析（下）》（财经问题研究）1983. 02 期，欧阳清

12. 《对教学内容更新的几点浅见》（高等教学财经研究）1983. 04 期，欧阳清

13. 《目标成本会计在我国的应用》（财会通讯）1983. 08 期，欧阳清

14. 《论利润分析》（财会通讯）1983. 12 期，欧阳清

15. 《关于产品销售利润分析中几个问题的探讨》（财经问题研究）1984. 01 期，欧阳清 陈福义

16. 《关于成本核算与考核改革方向的探讨》（经济研究参考资料）1984，17 期，欧阳清

17. 《成本目标管理的理论和实践》（会计研究）1985. 01 期，欧阳清

18. 《成本核算改革新探》（福建会计）1985. 04 期，欧阳清 陈福义

19. 《成本核算改革探讨》（财经问题研究）1985. 06 期，欧阳清

20. 《成本目标管理的理论与实践》（福建财政与会计）1985. 11 期，欧阳清

21. 《成本核算改革新探的实践》（机电工业财会）1963. 03 期，欧阳清 刘永泽

22. 《关于建立中国式标准成本会计的探讨》（抚顺财会）1986. 08 期，欧阳清 刘永泽

23. 《我国成本核算改革方向的探讨》（发展战略报）1986. 11. 19，欧阳清 刘永泽

24. 《关于建立中国式标准成本会计的探讨》（经济研究参考资料）1987，98 期，欧阳清 刘永泽

25.《论建立中国式标准成本会计》（财经问题研究）1988.01 期，欧阳清 刘永泽

26.《关于成本管理几个问题的探讨》（辽宁会计）1988.01 期，欧阳清

27.《成本技术经济分析中几个问题的研究》（辽宁会计）1988.01－02 期，欧阳清

28.《成本技术经济决策分析》（辽宁会计）1988.04－05 期，欧阳清 毛岩亮

29.《影响技术经济指标诸因素分析》（辽宁会计）1988.12 期，欧阳清 毛岩亮

30.《关于"成本差异即期处理"几个理论问题的探讨》（成本与价格资料）1988.12 期，欧阳清 刘明辉

31.《成本技术经济分析的组织工作》（辽宁会计）1989.01－02 期，欧阳清 毛岩亮

32.《变动成本计算模式下产品销售利润分析》（辽宁会计）1989.03－04，12 期，欧阳清

33.《成本管理改革原则的探讨》（财经问题研究）1989.04 期，欧阳清 邵爱琴

34.《关于成本管理几个问题的探讨》（辽宁省会计学会一等奖）1990 年度，欧阳清

35.《关于强化成本管理对策的探讨》（辽宁会计）1991.02 期，欧阳清

36.《我国成本管理的现状与改革思路》（会计文萃）1992.04 期，欧阳清 张先治

37.《我国成本管理的现状与改革思路》（会计研究）1993.01 期，欧阳清 张先治

38.《责任会计的产生与发展》（辽宁会计）1993.01 期，欧阳清 张先治

39.《实行会计实践教学——完善会计教学改革》（财经问题研究）1993.02 期，欧阳清 陈国辉

40.《我国责任会计的理论体系》（辽宁会计）1993.02 期，欧阳清 张先治

41.《我国责任会计的方法体系》（辽宁会计）1993.03 期，欧阳清 张先治

42. 《我国责任会计的主要模式》（辽宁会计）1993.04 期，欧阳清 张先治

43. 《责任单位与责任指标》（辽宁会计）1993.05 期，欧阳清 张先治

44. 《责任预算的编制》（辽宁会计）1993.06 期，欧阳清 张先治

45. 《内部结算》（辽宁会计）1993.07 期，欧阳清 张先治

46. 《责任利润的核算与控制》（辽宁会计）1993.08 期，欧阳清 张先治

47. 《责任成本的核算与控制》（辽宁会计）1993.09 期，欧阳清 张先治

48. 《责任资金的核算与控制》（辽宁会计）1993.10 期，欧阳清 张先治

49. 《责任考核与评价》（辽宁会计）1993.11 期，欧阳清 张先治

50. 《我国责任会计应用的条件与基础工作》（辽宁会计）1993.12 期，欧阳清 张先治

51. 《成本核算改革新探》（财经问题研究）1995.06 期，欧阳清 陈福义

52. 《浅谈企业改制中的人力资源投资》（辽宁财税）1997.01 期，欧阳清 孔繁国

53. 《经济效益研究的一部开拓性著作——评张先治新著〈经济效益研究〉》（财经政法咨讯）1998.03 期，欧阳清

54. 《我国成本管理改革的回顾和展望》（会计研究）1998.05 期，欧阳清

55. 《现代化成本管理理论在我国企业中应用的探讨》（东北财经大学学报）1999.02 期，欧阳清 马自勤

56. 《邯郸制造费用核算》（中国财经报）1998.08.25，欧阳清 宁燕

57. 《产品成本核算原则的探讨》（辽宁财税）1999.09 期，欧阳清 陈岩

58. 《关于标准成本修改差异的核算》（财务与会计）1999.09 期，欧阳清 刘杰

59. 《成本会计的发展趋势及我们的对策》（财务与会计）1999.11 期，欧阳清

60. 《现代成本管理研究——兼论我国成本管理深化改革的思路》（福建会计）2001.03 期，欧阳清

61. 《会计理论基础与时俱进——评侯文铿教授新著〈马克思会计学说研究〉》（会计研究）2003 年，欧阳清

第三部分

穆如清风：缅怀先生

第一节　师者典范——同行同事悼念先生[①]

一、丹心赤胆大师情——在欧阳清教授追思会上的致辞

尊敬的欧阳先生的家属，尊敬的红星校长，永泽、明辉、先治教授，各位老师、各位同学：

今天，我们怀着无比沉痛和十分崇敬的心情相聚于此，寄托我们的哀思，缅怀我国著名会计学家欧阳清教授的卓越贡献，继承先生之学术思想和高尚品格。在此，我代表西南财经大学、西南财经大学会计学院并以我个人的名义，向敬爱的欧阳清教授的逝世表示深切哀悼，向先生的家属表示亲切慰问！

欧阳清先生的一生，是忠诚党的教育事业，为党育人、为国育才的一生；是徜徉于中国会计领域，不断探索、孜孜以求的一生；也是为东北财经大学会计学科发展呕心沥血、奋斗奉献的一生。

九十二年前的七月，先生诞生在历史文化名城——福建福州，受书香门第的熏陶，经南下北上的辗转，秉持强烈的爱国热情，求学复旦、兴业东财，上下求索、孜孜耕耘，成就了欧阳先生在中国会计学界的卓著声誉。

循着先生奋斗一生的足迹，我们看到一名对党忠诚的人民教师，始终坚守教学第一线，教书育人、桃李芬芳；看到一位著作等身的会计学家，始终深入厂矿第一线，蕴涵思想、锐意创新；看到一个乐观豁达的优秀管理者，始终站在管理第一线，夯基筑台、行稳致远。

——欧阳清教授是我们心目中的“大先生”。他先后讲授工业企业经济活动分析、成本管理会计、成本会计研究等多门课程，编著《成本会计学》等财政部、教育部重点规划教材。先生的教学注重培养思维方式、拓宽学术视野、挖掘发展潜力，经常带领学生深入工厂、矿区调查研究，提出值得研究

① 本节由牛彦秀整理，刘继伟校审。

的真问题。他提出“在教书中育人、在育人中教书”的重要思想，引导学生树立正确的世界观、人生观和价值观，关爱学生，深受学生的爱戴。人们尊敬先生，不仅因为他学识渊博、孜孜不倦，更因为他爱生如子、言传身教。他以自己的人格魅力和学识风范教育感染学生，是学生心中最明亮的灯塔！在他的教导下，一批栋梁精英从东财走出，在祖国建设中担当重任，也成就了东北财大在大众心目中的地位和声誉。先生几十年始终如一，默默奉献心智，孜孜耕耘心田，为党和人民的教育事业付出满腔热血，奉献毕生精力，用行动诠释了“大先生”的责任与担当。

——欧阳清教授是会计学界的旗帜人物。他经年累月深耕成本会计领域，研究重大理论和实践问题，产出了“班组经济核算”“我国成本管理改革的回顾与展望”“我国成本管理的现状与改革思路”等系列高质量研究成果，并将研究成果运用在沈阳中捷友谊厂、抚顺水泥厂等实体经济中，取得良好经济效益。让我们钦佩的是，先生一直倡导从实践中找问题，研究真问题，真研究问题，把论文写在工厂里、车间里。他常说：“我不搞纸上谈兵，论文登出来就完了，我一般要把理论转化为实践的生产力，直到看到企业推行以后增加利润的结果。”先生之学术研究，始终紧密结合我国经济改革发展实际，坚持从中国实践中来、到中国实践中去，在调查研究中不断解决会计实践问题，不断丰富会计理论和思想，对培育形成中国会计学研究的扎实学风、构建具有中国特色的会计学体系具有重要意义。

——欧阳清教授是优秀的教育管理者。先生先后担任东北财大会计系领导职务以及中国成本研究会、中国中青年财务成本研究会顾问等学术职务，以先进理念加强会计学教材建设、专业建设和学科建设，作为东北财经大学会计学科的重要开创者、主要谋划者和积极推动者，带领会计学科取得了一个又一个的重要突破，为东北财经大学会计学科的创立、发展和腾飞作出了巨大贡献。因卓著贡献，先生先后荣获全国劳动模范、全国优秀教师、全国五一劳动奖章获得者、国务院政府特殊津贴专家等荣誉称号。面对荣誉，先生总是谦虚和低调，他把所有的荣誉归结为党对他的培养和“人生机遇”。他也常说：“现在是知识分子生活工作最好的时候，心情非常舒畅，这样就越发感到时间的宝贵，现在就是想要尽最大的能力，多做一些工作。”先生这份担当、这份情怀，让我们深深感动，是我们永远的榜样。

九十二年的风华岁月，就像一部厚重的书。阅读先生这部大书，唯真所求、唯真所是，潜心育人、潜心问学，无私忘我，不懈奋斗，字里墨间都闪烁着先生的精神追求和崇高境界，先生之学养、之建树、之品格、之声望，反映了一代名师大家的特质与情怀，这是一所大学之精神最深刻最动人的展示。

今天，我们在这里追思先生，不仅仅是为了表达我们的崇敬和怀念，更是为了弘扬一种名师文化、一种大师精神。造诣深厚、受人尊崇的大师是大学的灵魂，体现了这所大学最核心的文化理念与精神。我想，东北财经大学之所以令人向往，正是因为拥有一批像欧阳清先生这样的名师大家。

党的二十大擘画了以中国式现代化全面推进中华民族伟大复兴的宏伟蓝图。我国高等教育进入了加快推进高等教育现代化、建设高等教育强国、办好人民满意高等教育的历史新阶段，我们要大力传承弘扬名师文化和大师精神，着力培养担当民族复兴大任的时代新人，造就更多的名师大家。这是我们教育的使命、大学的使命，也是我们这个时代的责任！

各位老师，各位同学：

回望新中国成立初期，国家按大区布局了东北、华东、中南和西南四所本科综合性财经院校，从此天然形成了西南财经大学与东北财经大学共同服务“国之大者”的缘分，这种缘分，更因欧阳清、毛柏林等老一辈会计学家的密切交往和提携后进而历久弥新。

财经科学是经世济民的致用之学，会计是一个面向现代化、面向世界、面向未来的学科。今天，我们在这里追思先生的伟绩，更感肩上的责任更重，加快构建中国特色哲学社会科学、建构中国自主的知识体系，需要我们倍加努力；加快建设中国特色世界一流大学和一流学科，以高等财经教育现代化服务支持中国式现代化发展，需要我们倍加努力。还记得，先生在 89 岁高龄时曾写下“夕阳未必逊晨曦，耄耋之年奋蹄飞；矢志引驹驰千里，丹心赤胆献科教”来勉励自己，这是先生对教育事业最深情的诉说。在这个“实施科教兴国战略，强化现代化建设人才支撑”的伟大时代，就让我们以实际行动继承先生的事业与精神，做好我们这代人该做好的事情，以慰先生的在天之灵吧！

欧阳先生立下的光辉榜样，将永远激励着我们后来者踔厉奋发、勇毅前行！

欧阳清先生千古！

2022年11月19日写于成都

赵德武：教授、博士、博士生导师，西南财经大学党委书记。“百千万人才工程”国家级人选，享受“国务院政府特殊津贴”专家，国家首批会计名家培养工程人选。四川省社科联副主席，中国会计学会副会长。主要从事资本市场与公司财务、高等教育理论与实践研究，先后发表论文90余篇，独著或参著出版专著6部，主编、副主编及参编教材20余部，主持国家自然科学基金项目及其他省部级项目5项，获得国家优秀教学成果奖及其他省部级教学科研奖6项。

二、我与欧阳清老师共同经历的两件小事

2022年11月8日，欧阳清老师永远离开了我们。自他老人家退休后去上海定居，二十几年未曾见过他，可突然听到噩耗，他的音容在我的脑海中却无比清晰起来。有几件我们共同经历的小事儿浮现在眼前，我愿把它写下来，供大家了解与品鉴他老人家的为人与崇高品格。

1999年1月初学校放寒假，会计学院组织教师去港澳新马泰旅游，我与欧阳老师、罗先和老师、裴树田老师等还有一些家属及小孩子共三十二人一个团。出发前，全体团员推举我为团长，我们在一起同吃同住同行十八天，期间遇到了很多事儿，至今记忆犹新。

1. 小费风波

这次旅行，泰国是重点游目的地，在那里玩了七夜八天，导游小姐是一个已有三个小孩的台湾女士，她非常干练，也特别敬业。为了照顾好这个比较大的有老人又有小孩（六七岁）的旅游团，她费尽心思，不但七八天和我们同吃同住形影不离，还特意请来了她在台湾读大学的表弟假期过来一起帮

忙带团。关怀之备至、服务之周全每个团员都能感受得到。临离开泰国的前一天晚上，旅行社的总经理来到我们团住地，召开了一个团员代表座谈会，主要内容有两个：一是收集团员们对导游服务工作的意见和评价，二是告诉我们在泰国导游是没有工资的，其报酬来自团员奉献的小费，团长免交小费其他人不论年龄大小每人至少要交50元人民币，多者不限。随后，我们召开了全体团员会议，传达了座谈会内容。对于导游的服务大家给予了高度的一致好评，对于征收小费，尽管大家都来自中国大陆不习惯缴小费，认为缴了旅游团费就该包括各项服务，但大部分人还是比较理解，表示不论从报酬的角度还是奖励的角度给50元也应该。可是却有两位家长不愿为其孩子缴那份小费，理由是没有得到那么多的服务，最终收到的小费还缺两份。在与会代表再议怎么解决这个问题时，欧阳老师提议说我们老两口岁数最大受照顾较多，我们每人交两份吧。欧阳老师的提议感动了在场的所有人，这时裴老师说他也愿意缴两份。原因是有一天我们团去一个小岛上钓鱼、冲浪、喝酒，当时裴老师喝了好几种泰国的酒，酒劲儿一上来醉倒了。这时导游小姐寸步不离，组织大家搀扶甚至抬着裴老师上船、下船，一再嘱咐要护好头，在船上醉酒的人最怕碰到头，这样一直护送裴老师安全回到住地。而且晚上的最有名的泰式按摩也错过了。没想到第二天晚上导游小姐又专门请了一位泰式按摩师来到裴老师房间，给他做了按摩弥补了损失，导游的所作所为感动了裴老师。听到这里我说：欧阳老师及夫人虽然年龄最大，可并未需要特殊照顾，我本人作为团长为团里服务的初衷也不是要得到费用减免，这样吧我照样缴一份小费，加上裴老师多缴一份就够了，不用欧阳老师多缴了。大家表示赞同，问题得到圆满解决。

2. 海关遇阻

旅游团游完泰国、马来西亚，一天中午由马来西亚旅行社的导游把我们送到新加坡海关。全团一行人拉着旅行箱、手持护照进入新加坡海关，一进大厅就看到了地接导游。可是，麻烦也从此开始了，地接导游和我们说：你们团注册的大连旅行社还没有将我们新加坡地接社的费用打给我们，收不到钱，我们不能带你们入关游玩。简直是晴天霹雳，我们在新加坡的旅行时间总共才一天一夜，第二天下午必须返程，如果不能及时入关游览，势必给我们带来损失。于是，我们就与地接导游交涉，强调旅行社之间的问题不该将危机转移到无辜的游客身上，如果不能按计划实现旅游项目损失谁来弥补？他们说那不管，除非你们每人拿 500 元人民币垫付，不然你们和大连旅行社交涉。当时团员中有手机者不过两三人，且国际话费极贵，信号时断时续，联系颇为不易。时间不断流逝，问题还在僵持……作为团长我不得不召集团员骨干商量对策，大家意见纷纭：有的为了尽快入关同意垫钱，有的不同意垫钱，说若形成损失回国后找旅行社算账。这时欧阳老师分析说：如果大家不垫钱这么僵持下去预定的旅游项目肯定完成不了，对我们形成损失是必然的，就是回去与旅行社打官司恐怕也得不偿失；若大连旅行社同意我们垫钱并保证回国后还给我们，且这里的地接导游给我们出具收款手续那就没什么风险。现在正处金融危机之后东南亚旅游业强力复苏，各旅行社可能会偷工减料打一些擦边球，但绝不敢公然坑害游客钱财，断送他们的行业信誉，所以我同意大家垫钱解决僵局。听了欧阳老师的分析，大部分人终于同意暂垫游资。于是我带几个人完成了上述操作：征得了大连旅行社的承诺、收齐了钱、做了手续、还作了相关录音、拍照了相关证据。在海关滞留了两个多小时后终于入关坐上了去往圣陶沙旅游景区的大巴……该玩的景点也都去了，只是时间略有压缩，新加坡之旅总算不虚此行。当我们返回到深圳时，大连旅行社也将我们垫付的游资打给了我们。是欧阳老师当时的正确分析、准确判断和高瞻远瞩为我们打破了僵局，化解了危机。

欧阳老师离我们远去了，可他的为人、他的见地、他的品格永远是我的楷模，我们怀念他并争取做他那样的人。

2023 年 1 月 9 日写于澳大利亚珀斯

王振武：1954 年生，内蒙古突泉县人。1982 年 1 月毕业于辽宁财经学院基建财务与信用专业，一直留校任教，先后任助教、讲师、副教授、教授。2014 年 1 月于会计学院退休。

三、深切缅怀欧阳清教授

欧阳清教授不幸在上海逝世，我心中万分悲痛。几天以来，欧阳清教授的音容笑貌，工作中的点点滴滴不时浮现在我的眼前，心中久久不能平静。

痛惜我们学校会计学院失去了一位优秀的专家、学者，痛惜我们失去了一位资深的、诲人不倦的、可亲可敬的老师。欧阳清教授他热爱党，热爱社会主义祖国，立场坚定，一生追求进步、努力工作、谦虚谨慎、默默奉献，真正地实现了为共产主义奋斗终身的誓言。

欧阳清教授忠诚党的教育事业，不为名不为利，为教育事业奋斗一生。他治学严谨、为人师表、师德高尚，从教52年始终坚持在教育第一线。资深的欧阳清教授不因名气而怠慢学生，在他年事已高的时候，他不但给博士生、硕士生上专业课程，而且坚持给本科生上课，直至退休，几十年如一日。卸任前，在他给学生上完最后一堂课的时候，他的眼睛里闪动着泪花向学生告别。他恋恋不舍地离开他所热爱的教育事业，恋恋不舍地离开他上惯了的三尺讲台，恋恋不舍地离开他朝夕相处的可爱的学生们，这种敬业精神和对学生的感情感人至深！

欧阳清教授学术造诣深厚，他一生不仅致力于教学研究，还致力于科学研究。他擅长成本会计与成本管理领域的学术研究，他在《会计研究》等刊物上发表学术论文50多篇，撰写教材25部，多次获得省、市的科研奖励，成绩卓著。欧阳清教授始终坚持教学与科学研究相结合，发现问题并能带着问题走向社会，走进工厂第一线，作深入的调查研究。欧阳教授始终坚持理论联系实际，用理论创新实践，欧阳清教授科学研究务实，态度端正，影响着他的学生们。他退休后不顾年事已高，仍然坚持做调查研究，为修改教材而继续奔波，欧阳清教授是教师的典范！

欧阳清教授始终坚持教书育人、诲人不倦。关爱学生胜似亲人，他不仅是学生知识的传授者，而且还是学生的知心朋友。他关心他带的和熟悉的学生的学习思想生活情况，同时也关注不是他带的其他同学的学习生活状况，并经常对有困难的同学提供无私的帮助。欧阳清教授是我们公认的良师益友！

欧阳清教授关注会计学院师资队伍的建设和培养，他善于在教学中发现可做师资的苗子，在教学中关注和培养这些学生。欧阳清教授是伯乐，他推荐和指导的学生留校后都是教学骨干与中坚力量。欧阳清教授知人善任，在业务上毫无保留地传帮带，让青年教师尽快成长。为了稳定师资队伍，欧阳教授花费了不少心血，他是当之无愧的园丁！

欧阳清教授担任会计系副主任工作期间，主管教学管理工作。工作积极认真负责、任劳任怨、敢于担当，他重视发挥教研室一级教学组织的积极性，充分调动全系教师工作热情，在会计系师资人员少、教学任务繁重的情况下，圆满完成全校各系多学科、多层次学生的会计学教学任务。他积极推动教学改革，在我们学校会计系率先创建实验室，从配备师资、编写教材到如何上实验课等各教学环节，无不渗透出欧阳清教授的心血，为会计教学改革作出了卓越贡献！欧阳清教授以身作则，在管理工作繁忙的情况下身先士卒，坚持完成自己担负的教学任务，坚持调查研究，坚持科学研究，他的敬业精神令人佩服。当时我有幸与欧阳老师共同在会计系主任室共事，欧阳清教授平易近人，实事求是的工作作风和团结协作的工作胸怀让我轻松上阵、印象深刻。我留恋与欧阳清老师在一起工作时会计系呈现的那种团结奋斗的和谐氛围和积极向上的工作作风。

（2002 年 1 月 11 日，周金珍与先生一起参加工会 77 班毕业 30 年聚会）

欧阳清教授退休后在上海生活，但他照样关心会计学院的发展和建设，心系会计学院。他每次回大连探亲时都要来到学校，来到会计学院看看，为会计学院发展献计献策。

欧阳清教授培养的学生千千万，一届又一届，他们都奋战在祖国的各条战线上，他们都是精英，是国家栋梁之材。他的学生遍天下！

欧阳清教授不愧是全国优秀的教育工作者，不愧是全国五一劳动奖章获得者，不愧是中国会计学界名家，不愧是优秀的共产党员！

所谓师者，传道授业解惑也，欧阳清教授做到了，而且做到了极致。作为一个20世纪60年代一直聆听欧阳清教授谆谆教导，70年代又与欧阳清教授共事的学生，作为一个得到欧阳清教授悉心培养和教育一生的学生，我终生难忘！欧阳清教授的高尚师德和默默奉献的敬业精神，永远激励着我，是我永远学习的榜样！

欧阳清教授德高望重，师恩难忘。深切缅怀，以寄哀思。

欧阳清教授千古！

2022年12月31日写于大连

（1987年7月在学校办公楼前。左起：刘书卓、周金珍、刘沛相、贾春香、先生）

周金珍：1944年生，1968年本科毕业于辽宁财经学院财政系工业会计专业，高级会计师。退休前一直在东北财经大学从事教学单位的教学、教学管理、行政管理、党务、学生思想教育工作，曾任会计系副主任、会计系党总支副书记、东北财经大学光华会计师事务所常务所长等。

第二节　人生楷模——先生弟子怀念先生[①]

一、深切怀念欧阳清教授

欧阳清教授过世，我很难过，几天来萦绕于哀伤思念之中，不能自拔。去年欧阳老师摔倒后，我一直想去上海探望，但由于北京与上海疫情此起彼伏，终未成行。如今恩师已去，天人永隔，再无相见之机。每念及此，无不唏嘘怆然，扼腕抱憾。目前进出北京政策控制仍较严，无法赴上海参加追悼会和赴大连参加追思会，我以前亦未使用过线上视频会议程序，恐存在技术操作障碍影响效果，只好采用书面发言方式，以寄托哀思。

欧阳老师是我进入财经领域学习的领路人，更是终生的导师。无论我是在他身边学习和工作期间，还是到其他学校、单位学习或工作，欧阳老师都给我以悉心的教育培养，给我以一以贯之的无微不至的帮助指导。欧阳老师留给我印象最深的，有这样几个方面。

第一，欧阳老师热爱财经教育事业。他的这种热爱，是发自内心的，并完美地落实在行动上。新中国成立之初他响应党的号召，从繁华的大上海来到冰天雪地的东北，从事教学工作几十年，为国家培养了大批建设人才。我们在校学习期间，正值“文革”，欧阳老师顶住压力，排除干扰，尽可能维持正常的教学秩序，保证教学质量。他和其他教师一起，编著了会计专业“四大本”教材，基本上涵盖了当时会计学科的主要内容。那时他刚做过胃局部切除大手术，讲课期间要吃几块饼干保持体力，就是在这样的情况下，他坚持讲课，坚持和我们一起到工厂、农村实习等。通过课堂教学和组织学生到工厂实践，使我们能够掌握了一定的会计学科知识，为今后进一步的学习和工作打下基础。“文革”结束后，欧阳老师以更大的热情投入工作，特别是

---

① 本节由牛彦秀整理，张先治校审。

在成本会计、工业企业经济活动分析等领域成就斐然，成为一代会计学科大师。

（2005 年 6 月，董大胜与爱人王卫平到上海家中看望先生时的合影）

第二，欧阳老师热爱学术研究。他的这种热爱，是持之以恒的，并完美体现在行动上。欧阳老师学术研究的特点：一是以马克思主义基本原理为指导。例如，他用马克思社会资本总周转的原理，揭示了定额流动资金周转率的有关问题。二是注意理论联系实际。他开展财经会计问题研究，非常注重到企业调查，了解实际工作中存在的问题，用二十大报告的话说就是“问题导向”。同时，他还注意把他的研究成果推介到实践中加以应用。例如，他对班组经济核算问题的研究，对成本控制问题的研究等，都突出地反映出这个特点。三是中西结合，兼收并蓄。欧阳老师注意吸收人类文明的有关最新成果，充实到自己的教学和研究之中。我记得在 20 世纪 70 年代末期，他就拿给我一些英文原版的管理会计教科书让我学习和翻译，我就是在那时，接触到了标准成本、机会成本、沉入成本等概念。四是终身学习，终身研究。在他退休回上海后，已是八十多岁高龄，他还坚持下厂调研，著书立说。欧阳老师真是活到老、学到老、研究到老的楷模。

第三，欧阳老师热爱自己的学生。这种热爱，是严师慈父般的，对各个时期的学生是无差别的。我从毕业后基本上就离开了欧阳老师，转到其他学校、部门学习和工作。但我觉得我始终没有离开过欧阳老师，我们一直保持着密切的联系。除了生活上、身体上的关心以外，他同我说得最多的是如何做好工作，特别是要求我鼓励我加强学习和研究。在我退休后，他更是要求我，有更多空余时间了，要多研究一些问题，要写书写文章。他还现身说法以他的做法来激励我。可惜我做得不够好，惰性较重，虽小有成果，但距离欧阳老师的期望差得太远，只能请老师原谅了。

欧阳老师虽然离去了，但他树立的人生丰碑，高山仰止，景行行止。他的音容笑貌，他的治学精神，他对我们的谆谆教导和殷切期望，已经深深地印在我们脑海里，融化在我们的血液中。我们永远怀念敬爱的欧阳清教授！

2022 年 11 月 12 日写于北京

董大胜：1974 级辽宁财经学院工业会计专业学生，毕业后至 1978 年 7 月在辽宁大学政治经济学教师进修班学习。1978 年 8 月至 1985 年 2 月先后在辽宁财经学院马列教研室、财政系任教。1980 年 11 月至 1983 年 10 月在财政部财政科学研究所攻读硕士学位。1985 年 3 月至 1987 年 11 月在厦门大学攻读博士学位。1987 年 12 月至 1995 年 11 月在审计署工作，1995 年 12 月至 1997 年 8 月在上海浦东新区管委会工作。1997 年至 2014 年 9 月在审计署工作。曾任审计署副审计长、党组副书记；十二届全国政协经济委员会副主任。已退休。

二、学业的导师，做人的榜样

当听到欧阳老师离世的消息时，心情非常沉痛，犹如失去父亲之感。但偶尔又不相信这是事实，总觉得欧阳老师还在上海，明年暑假还会回到大连来相聚……

最近在整理编辑纪念欧阳老师的文章时，与欧阳老师初次相识，一起学习、工作、生活的场景一幕一幕地又浮现在眼前。

我是 1974 年 9 月作为工农兵学员进入了辽宁财经学院工业会计专业学习。那时“文革”还没有结束，极“左”思潮笼罩着整个学校。我们特别珍惜上大学的机会，对学习如饥似渴，但是又不知道学什么，怎么去学，应不应该学习专业知识？非常迷茫，每天起得很早，去读一些像共产党宣言、国家与革命等这类的革命书籍。就在这时，我认识了欧阳老师。在我一生当中，最幸运的事就是遇到了欧阳老师。当时学校对学生的管理是采取“包车组”的形式，即从入学到毕业都由 1 至 2 位老师专门来负责。当时欧阳老师和沈其煜老师负责我们1974 级的两个班，欧阳老师负责我们班，即 74 – 2 班。当时，由于极“左”思潮的影响，一切要政治挂帅，老师不敢倡导学习专业，老师不敢讲专业，学生也不敢去学专业。欧阳老师顶住压力，排除干扰，尽可能维持正常的教学秩序，让学生多学点专业知识。他和其他教师一起，将所有会计专业课程缩减为四个分册（会计基础、工业会计核算、成本核算、资金管理），即著名的“四分册”，基本上涵盖了当时会计专业课的主要内容。欧阳老师为了让我们多学一些专业知识，发挥了他的那种政治睿智，在政治挂帅的前提下，为了让我们多学一些专业课，他利用宣讲鞍钢宪法，介绍鞍山的班组经济核算，融入一些会计核算和财务管理的知识。其实，班组经济核算就是管理会计中的责任会计。我记得国外有一位专家写了一篇文章，说管理会计在中国，指的就是中国的班组经济核算。另外，欧阳老师利用开门办学的机会，弥补我们的专业知识。他把我们安排在省内的五六个城市的二十几个企业去进行实习。他每天奔波于五六个城市之间。记得有一次他从沈阳去铁岭的路上，由于当时交通不便，路面颠簸，结果胃病犯了，晕倒了被送进了医院，恢复后又到企业去指导实习。欧阳老师在指导实习过程中，又补充了一些专业理论。应该说，尽管当时受到许多极“左”思潮的干扰，但我们工会 1974 级两个班专业课学得非常扎实。记得有一次实习是四个月，我在沈阳重型机械厂，我们把所有的会计业务都轮换了一遍，而且我们还到车间参加劳动，熟悉工艺和流程，和炼钢工人一起炼钢。所以我们对成本核算方法的理解非常深。当时因为不让考试，欧阳老师就利用布置大作业和开卷的这种方式进行考核，以此来督促我们进行学习。

那个年代，欧阳老师不仅在教室和我们一起学习，还经常带领我们去社会调查，去企业实习，去参加一些社会活动，同学习、同吃、同住，与同学建立了深厚的感情。他经常对我说，我和你们工会 1974 级的同学感情最深。

1977 年毕业时，又是我人生的转折点，欧阳老师动员我留在学校。当时虽不很情愿，还是听了欧阳老师的话。现在回想起来，这是一个最佳选择。是欧阳老师引领我走上了会计教育这条路，转眼就是 45 年。欧阳老师既是我的会计启蒙老师，也是我人生的领路人。从 1977 年到现在已经 45 年了，我一直都在从事会计教育工作。我能有今天，在会计教育方面取得了一些成绩、获得了一些荣誉（国家级教学名师、国务院学位办工商管理学科评议组成员、中国会计学会副会长、会计教育专业委员会主任等），方向比努力更重要，是欧阳老师帮我选对了方向。是欧阳老师的精心培养、言传身教，让我爱上了教育事业，我虽然已经退休十多年了，但是至今仍然参与会计教育改革工作，利用中国会计学会会计教育专业委员会这个平台，参与会计教育的改革。

1977 年留校后，在与欧阳老师共事的过程中，他的学风、教风、对工作和对人生的态度，对我的教学、科研、工作和为人处世都形成了潜移默化的影响。

我留校后和欧阳老师一起做的第一件事，就是去沈阳辽宁出版社校对由欧阳老师等编写的《工业会计》教材书稿。欧阳老师严谨的治学精神给我留下深刻的印象。他负责文字部分，我负责数字部分。我们是一个字一个字校对，一个数一个数核对。校对质量非常高，后来那本书出版之后，几乎没有错误。当时，欧阳老师每天都工作到深夜，有时他看到我有点困，他就让我先睡一会儿，等我醒的时候，看到欧阳老师还在那工作。连续一周，一直连轴转。那时我才二十多岁，欧阳老师近五十岁，之前还做过手术，但精神饱满、精力充沛。校稿的最后一天，因为第二天早上第一节有课，晚上十一点多还赶去火车站，乘夜车回学校。

欧阳老师理论联系实际的学风对我影响深刻，阅读欧阳老师的科研文章，篇篇如此，始终扎根于实践。他经常教导我们，要从实践中找问题，研究成果要为政府和企业服务。科研要为教学服务，科研可以更新教学内容、提高教学质量。科研并不是为了发论文，是为了帮政府和企业解决问题。我始终按照欧阳老师的教导，扎根于实践，从实践找问题，始终坚持理论联系实际的科研方向。在我的科研成果中也体现了这一点。如参与了鞍山化纺厂责任

（2016 年 8 月，刘永泽、韩岩夫妇与先生及师母的合影）

会计制度的研究和设计、参与了财政部行政事业单位内部控制重大课题研究，为我国行政事业单位内部控制规范的制定提供了重要依据。参与了深圳市交通运输委内控制度的研究与制定等。

欧阳老师的启发式教学、互动式教学、理论联系实际的教学方法对我影响深远，受益匪浅。在我的教学工作中，一直在尝试欧阳老师的以学生为中心，互动式教学方法，将其运用到会计的教学改革当中。我在日常的教学工作中，也学习欧阳老师互动式教学，让学生动起来，收到非常好的效果，现在我作为中国会计学会会计教育专业委员会主任，在 5 年前就在全国开始推行线上线下混合式教学，并在嘉兴学院等学校进行了试点，取得了非常好的效果，得到教育部的认可。

欧阳老师为人处世和对人生的态度是我一生学习的榜样。我们要向欧阳老师学做人，尤其是如何做老实人。他对人包容、乐于助人、乐观上进。我们大家都有一个共同的感觉，欧阳老师对国家、学校、同事朋友和学生从不埋怨、抱怨。在他身上充满了满满的正能量。大家有话都愿意和他说，不管是遇到好事还是坏事都愿意和他倾诉。欧阳老师虽然已退休 20 多年了，每年还经常有学生到他家看他，向他汇报工作和生活情况。每次学生走时，欧阳老师都要送出很远，有的送到地铁站。我们要学习欧阳老师对待人生的态度，保持旺盛的革命热情，面对各种困难和挑战。

欧阳老师既是严师又是慈父，他不仅教学生知识，而且教学生如何做人。他对待学生像自己的孩子一样。欧阳老师经常给我们打电话问寒问暖，询问工作和生活情况。在这方面说起来很惭愧，按理说学生应该主动给老师打电话问候。有一次欧阳老师在上海用座机给我打电话，因这个号码不熟，以为是骚扰电话，我就没接，等过了一会，又打过来了，我马上意识到可能是欧阳老师的电话，一接果然如此，我马上给欧阳老师解释，但他并没有生气。我还想讲一件我经历的一件事，去年我睡眠不好，欧阳老师听说之后，就给我打电话，介绍他的一些经验，而且给我买了一个天猫精灵，从上海寄过来。这个天猫精灵既能放音乐，又能讲故事，睡前听一听有助于睡眠。现在我每次打开听音乐的时候，仿佛欧阳老师就在我身边。

欧阳老师活到老学到老，他 1990 年 7 月退休，辞去会计系副主任。虽然已经退休，但科研工作并没有停止，继续进行成本管理改革的研究，1993 年在《会计研究》第 1 期发表论文“我国成本管理的现状与改革思路”。在《辽宁会计》第 1 期发表论文“我国责任会计的几个理论问题”。1995 年在《财经问题研究》第 6 期发表论文“成本核算改革新探”。欧阳老师 80 多岁了还去企业调研，修订他主编的成本管理。先后去武汉汽车座椅厂、大连美罗医药公司和辉瑞制药公司、沈阳机床厂等企业调研。欧阳老师是活到老、学到老、研究到老的楷模。

他的为人、学风、教风不仅一直影响着我，也一直影响着东北财经大学的会计学科，东北财经大学的会计学科能有今天的地位，比如说国家级重点学科、国家特色专业，国家级一流专业等，都离不开欧阳老师等老一辈打下的坚实基础。我们要把欧阳老师的这种精神传承下去，让我们的会计学科更加辉煌。

欧阳老师虽然离开了我们，但是他的精神永存。他的治学精神、他对待人生的态度、他的思想、成果，都会一代一代地传承下去。

学业的导师，做人的榜样。欧阳老师千古！

2022 年 11 月 20 日写于大连

（2019 年 9 月刘永泽家中，先生与刘永泽和爱人韩岩合影）

刘永泽：1974 级辽宁财经学院财政系工业会计专业学生。东北财经大学博士生导师，国家级教学名师（2007 年），东财跨世纪学科带头人和财政部跨世纪学科带头人（1997 年），辽宁省优秀教师（2001 年），大连市劳动模范（2001 年），荣获辽宁省政府特殊津贴（2001 年）。现任中国内部控制研究中心主任，中国会计学会副会长，中国会计学会会计教育专业委员会主任。曾任东财会计学院院长、辽宁省会计学会副会长、辽宁省审计学会副会长、国务院学位办学科评议组成员、全国 MPAcc 教学指导委员会委员。已退休。

三、一则追忆恩师教学魅力的小故事

我是 40 年前欧阳清老师教过的辽宁财经学院财政 77 班学生。这里追忆一个小故事，以表达我对欧阳清老师的深切缅怀与思念。

时间回到 1980 年，当时我们在读大三；会计系也刚刚从财政系独立出来，但却给我们班安排了最好的老师授课。其中，诸葛其润老师讲《工业会计》，夏乐书老师讲《工业企业财务》，欧阳清老师则给我们讲授《工业企业经济活动分析》。

欧阳清老师用他特有的福建普通话上课，不紧不慢，有板有眼，张弛有致，听了非常过瘾。当时是改革开放初期，欧阳清老师就给我们讲授了“机会成本”“边际利润”“盈亏平衡点”这些新理念新方法，极大地激发了同学们的学习积极性。我时常与鲁昕等同学议论：“听欧阳老师讲课就是一种享受!”

说句心里话，上欧阳老师的课，虽然很振奋很新鲜，却一点儿也不轻松。欧阳老师从来都是一丝不苟，高标准严要求，鼓励探索，倡导创新。时间很快来到期中考试，记得那天，给欧阳老师助课的乔世震老师在黑板上只抄写了两行字，就是考试题了。很简单：要求每个同学为某工厂设计一个成本最低、利润最大的财务方案，前提是生产两种产品，还有几个附加约束条件。考题看似简单，但做好却不容易。我一开始很懵，心想：还从没遇到过老师让学生自己出题，自己考自己的。这正是欧阳老师教学的魅力所在!

时间很快过了大半，我还一个字都没写出来，感觉是不是要交“白卷”呀！还好，灵机一动，算是急中生智，我把其中一种产品设计为“零”，这样就把两种产品变成了一种产品，很快就做了出来，交了卷。但这次欧阳老师给了我一个“5 -”！乔老师说：“零不能算产量吧!”说得对，这显然不是最佳答案，必须再思考重新做！在欧阳老师的指导和启发下，我利用星期天在革镇堡家里的土炕上思考研究了一整天，终于拿出了一套解决此类问题的通用方法和计算公式，写成了文章，第二天交给了欧阳老师。过了两天，欧阳老师把我叫到了办公室，对我的文章给予了肯定，并在上面批了“很好”两个字，给出了“5 +”的成绩。

这是欧阳老师给予我的最大鼓励，也是一个学生的最高荣耀!

虽然 40 多年过去了，但这个小故事却让我记忆犹新，历历在目；每每想起，激动不已！如今欧阳老师离开了我们，但他老人家的音容笑貌永存心中，他永远都是那种授人玫瑰手有余香的慈爱长者和教而不厌诲人不倦的领航智者。欧阳清老师的一生，像火炬如灯塔，燃烧着自己，照亮了别人!

最后奉上小诗一首，以资永久怀念：

恩师德劭媲圣贤，伟业丰碑耸云天。

群星璀璨桃李盛，清风抚琴暖人间。

2022 年 11 月 19 日写于澳大利亚阿德莱德

（2018 年 8 月 1 日金宗项到大连科学家公寓探望先生）

金宗项：1977 级辽宁财经学院财政系工业会计专业本科。毕业留校任教，后在保险、证券、风险投资等机构任职。高级经济师、东北财大客座教授。

四、学界翘楚　良师益友

11 月 8 日晚上 7 点半左右有同事告诉我欧阳老师去世的消息，当时还不敢相信，后来通过几个不同的信息源得到确认老师离世后，眼泪控制不住地流了下来，好长时间我都不能接受我最尊敬的欧阳老师离开我们的现实。由于疫情的原因，不能亲自去上海送老师最后一程，留下了深深的遗憾。和欧阳老师过往的一幕幕情景，他对学术的执着和对学生的热爱，他的音容笑貌像过电影一样在我的脑海里不断浮现出来。

我是 1978 年 3 月到东北财经大学（当时的辽宁财经学院）工业会计专业学习的，在 1980 年下半年欧阳老师为我们开设了《工业企业经济活动分析》课程，拉开了我和欧阳老师四十多年的师生情谊。欧阳老师讲授的课程深入浅出，非常受同学们的欢迎。课程的内容有许多在其他教材上都是找不到的，都是欧阳老师自己的科研成果，需要大家仔细地记笔记才行，所以，大家学得都非常认真。当时我们是有固定教室的，每次欧阳老师讲完课后的当天晚上，他总会准时出现在教室里为同学们答疑，风雨不误，与同学们结下了深厚的感情。他带有浓厚上海口音的普通话，一开始还不习惯，后来听着还感觉到非常的亲切。在我们毕业二十周年举行纪念活动时，我们邀请欧阳老师参加，他居然能叫出每位参加聚会学生的名字。

1981 年 9 月开始的那个学期是我们 4 年大学学习的最后一个学期，进入了毕业论文写作阶段，非常幸运的是欧阳老师成为我论文的指导老师。在 2020 年 9 月 10 日学校举行的当年退休教工荣休仪式上，我代表当年退休的教职工发言时，还深情地回忆了那段温情岁月与点滴过往，那时没有电脑，都是方格稿纸手写的，经过十几稿的修改，老师在稿纸上留下的密密麻麻的修改字迹，至今记忆犹新，他对学生的要求达到了严苛的程度。当我将这段讲话的剪辑视频通过他的家人发给欧阳老师看时，欧阳老师的家人后来告诉我，老师看了视频后非常高兴。他指导我写作论文的方式，也成为我后来指导我的学生写论文的方式。欧阳老师是我硕士学位论文答辩委员会的主席，他看论文是非常认真的，指出了许多错误和需要修改的地方。在我博士论文答辩前，我还特意去找了欧阳老师，当面听取了他对论文的修改意见。可以这样说，在我撰写本科毕业论文、硕士研究生和博士研究生学位论文时，都得到了欧阳老师亲自指点。他用自己的实际行动诠释了“一日为师，终身为父”的中华民族的传统美德。在欧阳老师过世后，在我们工会七七级的班级群里，同学们怀念欧阳老师时都有同感。一致认为，欧阳老师不仅是学界翘楚，还是学生们的良师益友。

大学毕业后，我留校任教，欧阳老师在工作、学习和生活上给予了我更多的关照，使我终生难忘。我和我爱人是大学同班同学，也都是欧阳老师的学生。我爱人留校时也是按教师留下的，当学校征求我们的意见时，出于多种考虑，我爱人希望能做行政管理工作。当欧阳老师得知这个消息后，反复向我们动员，希望我爱人从事教学和科研工作，并且多次找学校有关部门希望让她转回教学岗位。最后我爱人向欧阳老师进行了多方面的解释，还是选择了做行政管理工作，欧阳老师对我们说，那我就尊重你们的选择吧。每当提起这件事，欧阳老师还是觉得非常惋惜。直到他退休回上海定居后，回到大连，我们上他家看他时，他还提起。他对学生的方方面面都非常关注，当你工作取得一点成绩时，欧阳老师会联系你，与你分享喜悦；当你遇到困难和挫折时，欧阳老师也会联系你，给予多方面的安慰和鼓励。欧阳老师退休后回上海定居，每次他回大连我去看他时，他总是详细地询问我的工作、生活等各方面的情况，给予各方面的指导和鼓励。在我们交流期间，师母送上来的美味可口的上海小吃也是必不可少的项目，让你感受到了家庭的温馨。

（1995 年 12 月 9 日，万寿义与先生一起参加硕士论文答辩。
左起：李桂媛、先生、万寿义）

欧阳老师是我国著名的成本会计学家，我留校工作后与欧阳老师讲授相同的课程，即本科阶段的“成本会计”和研究生阶段的“成本会计研究”，能在大师的指导下工作是我的荣幸，在这个过程中得到了欧阳老师的亲传和多方面的提携。欧阳老师德高望重，学界泰斗，但他从不以长辈、著名教授自居，一直把我当作学生和同事看待。在讨论讲课内容时，他会毫不保留地将自己的科研成果拿出来，指导我应当讲哪些内容，应当怎样讲；在编写教材过程中出现的问题，他总是以商量的口吻与我进行交流。欧阳老师主编的《成本会计》教材在国内属于首创，这本《成本会计》的体系仍然是目前国内各种版本《成本会计》的模式。欧阳老师特意安排我做东北财经大学会计系列教材中《成本会计》的第二主编，其实大量工作都是欧阳老师做的。在这本书中，成本会计发展的历史、班组经济核算、将标准成本制度引入成本会计学科体系、成本分析的方法等，都是欧阳老师多年科研成果的结晶，为国内学术界普遍认可，当时这本书获得财政部教材唯一的一等奖。欧阳老师在教学科研中始终坚持理论联系实际，坚持到企业进行调研，他带领我们深入企业调查研究，了解企业成本核算和成本管理的实际情况、存在的问题，进而研究解决的方案，受到企业的欢迎和好评。在教学过程中，欧阳老师还坚持学习和借鉴国外的最新科研成果和先进的成本管理经验，将其纳入教材和讲稿中，传授给学生。欧阳老师参与主持编写的《成本会计大典》，在当时引起了强烈的反响，每出版一本，他都会送我一本。这套书出版周期大约是两年多，全套十本书他全部送齐了。这套书现在仍然整齐地存放在我的书架上。

欧阳老师是东北财经大学会计学科的奠基人之一，东北财经大学会计学科的发展壮大，是我亲身经历的。当我在 1978 年 3 月来到辽宁财经学院（现东北财经大学）学习时，会计专业还称为”工业会计专业”，是设在财政系下面的一个专业，我们那届只招了一个班 43 人。经过欧阳老师等老一辈会计学家的不懈努力，东北财经大学的会计学科不断发展壮大，在全国第一个成立了会计学院，会计学科成为第一批国家级重点学科，是东北财经大学招生分数最高的专业，已经成为东北财经大学一张靓丽的名片。可以告慰欧阳老师的是，他终其一生开创的东北财经大学会计学科目前正处于发展的最好时期，在国内享有很高的声誉。欧阳老师始终将把自己所从事的教书育人、科学研究工作视为一种无比神圣和崇高的职业，把关爱学生的成长视为一种职业的内在要求，他在教学、科研等各方面取得的卓越成就、在教书育人方面的先进事迹，感人肺腑，催人奋进。他的学术思想、为人处世，深刻地诠释了中国老一辈知识分子高尚的精神品格和东北财经大学博学济世的校训。

欧阳老师是全国五一劳动奖章获得者，享受国务院政府特殊津贴，获得的荣誉很多。我们缅怀与欧阳老师之间的真诚师生情谊，回顾他卓越的学术贡献，传承他的学术思想和高尚的品格，就是对欧阳老师最好的纪念。

（2000 年 12 月，参加 1998 级硕士生答辩。第一排左起：陈立军、万寿义、先生、苏辉、傅荣）

师恩浩荡，教泽流芳。尖山星海不会忘记欧阳老师对东北财经大学作出的杰出贡献，一代又一代的东北财经大学会计学科师生，不会辜负欧阳老师等老一辈会计学家的殷切期望，会更加努力地工作，不断前行，使东北财经大学会计学科的学术思想和优良传统得到不间断的传承，走向更加辉煌的明天。斯人虽逝，但精神永存。恩师一路走好，我们永远怀念您！

2023 年 1 月 2 日写于大连

万寿义：1977 级辽宁财经学院财政系工业会计专业本科。教授，博士生导师。1989 年 7 月东北财经大学会计学专业硕士研究生毕业，获硕士学位；2000 年 12 月东北财经大学会计学专业博士研究生毕业，获博士学位。曾任东北财经大学会计学院副院长，2020 年 9 月退休。

五、功垂青史，风范永存——深切怀念欧阳清教授

我把记忆中的几个最深刻的情景和感受与大家分享，以此缅怀欧阳清教授的丰功伟绩和崇高风范。

1. 欧阳教授是我国成本会计学科的创立者之一，这一丰功伟绩将永垂青史

中国的成本会计学科是在新中国刚刚成立，中国还没有成本会计土壤的条件下创立的。由于中国没有经历过工业革命和工场制度，没有什么制造业，

在那些手工作坊里，是没有成本会计的。人们对成本的认知只是停留在商品的买价上。美国的成本会计还无法传到中国，欧阳教授和前辈们只能通过借鉴苏联的经验，夜以继日地探索创建中国成本会计的理论方法体系。这一创造性的劳动，开创了中国成本会计的先河，引领了成千上万个你、我、他，走进了成本会计领域里，学习成才，并成为终身的从业者和受益者。今天的我们，有的已经在成本会计领域里成名成家，有的已经成为实务界或学术界的领军人。饮水思源，我们将永远铭记欧阳清教授和前辈们这一大恩大德。我们不会也不应该苟且于自我庆幸，而感叹命运的造化。

2. 欧阳教授学识广远，博大精深

欧阳教授是一直站在教师当中的塔尖上，是真正能做到给学生一碗水，自己就有一桶水的典范。记得有一次，我在课堂上讲授流动资金周转加速率指标时，突然发现，用天数计算和用次数计算，求得的两个周转加速率是不相等的。这并不是像财政部和统计局下发的通知所说的那样：这个指标可以用天数算，也可以用次数算，结果是相等的。这让我顿时懵圈了。课后我又经过多方求证，一直找不到问题的症结所在。一个多月后，终于见到了欧阳老师，欧阳老师几句话就让我醍醐灌顶。欧阳教授满脸笑容地一语道破天机。为了让我真正理解其中的奥妙，他还当场设计了几个数据，验证结果，我五体投地，连连称奇，由衷感叹，欧阳老师您真是知识的大海，终生的老师。因为，那一个多月来，我讨教过十几位德高望重的，甚至与欧阳老师齐名的前辈、专家。然而，很不幸，我始终没有得到答案。我由此感受到，欧阳教授的水平要比跟他齐名的学者高出很多很多。

3. 欧阳教授求真务实，不务空名

欧阳教授的学术风格一直是紧密跟踪国际成本学科最前沿的新动向，紧密围绕企业成本管理实际中遇到的难题，默默无闻，勤奋奉献。

他是国内最早全面移植美国标准成本制度、责任成本制度、变动成本制度研究成果的，针对我国单纯计算产品实际成本会计制度的缺陷，第一个在大型国有企业里开展成本核算改革试点，创建了既吸取国内外成本会计优点，又克服其缺点，浑然一体的成本核算方法体系，并获得了国内外会计学界、企业成本工作者的高度评价和一致好评。

我今生最幸运的是欧阳教授指导我的毕业论文，论文题目是“成本核算改革方向的探讨”。欧阳老师不遗余力，几十次推敲修改，论文获得了优秀成绩。毕业后又和欧阳教授合作的“成本核算改革新探”获得中国机械工业会计学会优秀论文一等奖。欧阳教授是我成本会计学科的领路人，我在专业上的每一个进步都凝结了欧阳老师的心血。

我在美国辉瑞制药、唐纳利和诺基亚公司等企业里无一例外地大力推行了欧阳教授的这些研究成果，这些成果在实际工作中显现成效，使跨国公司总部高管们赞叹为“Incredible!”。这些实践中的结果反复证明，欧阳教授绝不仅仅是学术界泰斗，更是面对企业实际工作中的许多难题，具备强大的认识问题和解决问题的能力，是业界里极为罕见的理论与实践相结合的大师。

4. 欧阳教授谦虚谨慎，与世无争

欧阳教授在业界久负盛名，我们作为欧阳老师的学生，也经常会得到“名师出高徒”的溢美之词。但是欧阳老师非常谦虚。他并不喜欢外界的更多的赞美。他还对名师出高徒的说法，给出了相反的回应。他说，哪有什么“名师出高徒”，只有“高徒出名师”，没有成功的学生，哪有成名的老师？他把所有的桂冠，毫不吝啬地戴在了学生的头上。这种大师风范，谦虚谨慎，奖掖后学的崇高境界，让很多人不能望其项背。

5. 欧阳教授心如慈父，爱生如子

我是山里娃，家境贫寒。大四那年，脚上穿的凉鞋早就坏得该扔了。那天去老师家修改毕业论文。欧阳老师说，他给儿子买了一双凉鞋，儿子不能穿，让我试试看。我一试，还真巧了，竟然那么合适。于是，这双凉鞋就归我了。我出了门才想起，这哪里是偶然的巧合啊，老师上次问过我的，脚穿多大鞋码。我还告诉过老师，是 42 码。原来在这偶然巧合的背后，是老师慈父般的爱怜。

6. 欧阳教授有坚强的品格和良好的生活方式

欧阳老师退休前的身体并不是很好。退休后，他每天坚持走路一万步，以顽强的意志与疾病抗争，经过长期坚持锻炼，他的健康指标多年保持了年轻态。他每天午睡，从不喝酒，不吸烟，这种坚持锻炼与注重养生的良好的生活方式，也许就是欧阳教授长寿的秘诀，也是留给即将老去的我们，一个最值得汲取的宝贵经验。

斯人已去，风范犹存。我们将永远铭记欧阳教授的丰功伟绩和崇高风范。祝愿欧阳老师在那个神秘的四维空间里，在西去天堂的路上顺利平安！

2023 年 2 月 13 日写于上海

（2015 年陈福义到上海家中探望先生及师母）

陈福义：1978 级辽宁财经学院工业会计专业本科，毕业后先在哈尔滨工业大学任教，副教授。1990 年加入辉瑞制药有限公司任总会计师，中方代表。1994 年加入诺基亚公司任亚太区 CFO。2000 年加入 Donnelly Auto Mirror ITD，外方代表，财务总监，副总经理，2005 年加入学尔森国际教育集团，董事，学尔森学院副院长，教授。2018 年 4 月退休。

六、永远的榜样

2022 年 11 月 8 日，一个令我心碎的日子。惊闻恩师于上海仙逝，悲痛万分，不敢相信，情感上也不愿接受。因疫情原因，不能去上海送别恩师最后一程，深感遗憾。

我于 1978 年考入辽宁财经学院，当时在财政系工业会计专业学习。1981 年欧阳老师（我一直习惯这样称呼他老人家）为我们工会 78 班讲授“工业企业经济活动分析”，我作为课代表，有机会经常向欧阳老师当面请教，从此开始在欧阳老师身边学习、工作四十余载。往事历历在目，恩师的谆谆教诲犹在耳边，仅将其中难以忘却的几件往事，记录下来，追忆恩师，以表达学生的怀念之情。

1982 年夏大学毕业留校，被分到财务教研室。我在校学习期间是个默默无闻的人，连会计系的办公室都没去过，除几位任课老师外，系里的各位领导、其他老师都不认识，所以对被留校一事感到不可理解。后来一位老师告诉我，是欧阳老师力主推荐我留校的。当时我想欧阳老师推荐我留校，可能出于以下几方面原因：第一，我的学习成绩还算不错，曾因此被评为学校三好学生。第二，大三的下学期，看到汪家祐、曹冈一篇关于变动成本法的文章，也就此问题投了一篇稿。大概一个月后，欧阳老师拿着稿件找到我，向我转达了编辑部的意见。编辑部认为我的一些观点是对的，但出于某些原因还不能发表，希望我能理解。同时欧阳老师鼓励我不要因此灰心，要继续努力学习，为今后的学习和工作打下坚实的基础。第三，大四下学期写毕业论文，宫桤教授是我的论文指导老师。在宫桤教授的悉心指导下，我顺利地完成了毕业论文的写作，成绩评定为优。在毕业论文写作过程中，也得到了欧阳老师的精心指导，从论文选题、写作大纲、初稿、修改稿到最后定稿，欧阳老师都给我提出了许多宝贵的意见，并给我提供了许多相关的参考资料。当时我并不理解欧阳老师为何这样做，他有自己的指导学生，还要额外抽出大量时间指导我。直到被留校后我才明白，这可能是欧阳老师有意识地在考察我掌握专业知识和相关理论的程度。后来在一次交谈时，就此事问欧阳老师，欧阳老师告诉我正是基于以上考虑才推荐我的。教师是一个神圣的职业，但我的心中一直有“家有五斗粮，不当孩子王”的想法，不愿当老师，加之一些其他个人原因，总想找机会离开学校。1984 年春季开学后，一位老师告诉我，学校对青年教师去留的政策有些变化，可以根据具体情况允许个别青年教师离校。听此消息后，我立刻去找时任会计系主任的王盛祥教授，王主任并不同意我走，在我的软磨硬泡之下，最后答应，只要教研室同意我走，系里就放人。当时财务教研室主任是夏乐书教授，副主任是欧阳老师。我首先去找夏教授，夏教授不愿放我，几番谈话后才有所松动，告诉我，你去找欧阳老师吧，他同意我没意见。于是我就去找欧阳老师，无论我怎么说，欧阳老师就是不同意放我走。在此后近三个月的时间里，每天晚饭后六点钟左右，欧阳老师就会来到我当时宿舍（前红楼二楼集体宿舍）的楼下，喊我下楼，和我边走边谈，几乎风雨无误。欧阳老师并不是简单地拒绝放我走，而是从培养青年教师、加强师资队伍建设、教育事业的发展、国家建设对培养会计人才的需求、会计系今后的发展以及个人未来的前途等诸多方面，和我推心置腹地交谈，对我提到的个人具体情况和困难表示理解（当时我两地分居、父母年龄大在农村），希望我能克服困难，个人利益服从整体利益，要顾全大局。可谓用心良苦，情深意切，语重心长。当时我只是一个留校一年多的青年教师，我的去留对于会计系来说无足轻重，与欧阳老师个人也没太大关系，但欧阳老师却能牺牲大量个人时间，反复地做我的思想工作，这是很少有人能做到的。欧阳老师这种不计个人得失、一切出于公心的精神，深深地感动了我，为我树立了榜样，也使得我在后来的工作中尽力地像他那样做。

1984 年秋季开学后，我开始准备报考研究生。其实读大四时，欧阳老师就多次鼓励我报考研究生，当时我知道研究生毕业后肯定留校，而我又不想当老师，所以就没报名。1984 年秋季开学后欧阳老师又找我，跟我讲教育部关于今后评定职称对学历的要求，以及通过读研提升自身专业知识和理论水平对未来发展的影响。在欧阳老师的多次鼓励下，加之春季欧阳老师三个多月的思想工作，我终于下决心报考研究生，开始一边给学生上课一边复习。在研究生考试的前一天晚上，我去拜访欧阳老师并辞行。其实我根本没有向欧阳老师打探考试信息的想法，因为我知道恩师的为人，所以平时和恩师交谈时从没问过这方面的问题，只是恩师经常过问我的复习情况。之所以在考试前去欧阳老师家，是因为我急于在考试后马上回北镇老家。那一年的考试是 1985 年的年前腊月二十六和二十七，这个时点我记得特别清楚，马上就要过年了，我儿子是腊月初一出生，年初一满月，我还没见到他什么样，只是我父亲给我写了一封信，告诉我儿子出生的消息，不像现在通信这样发达发个照片什么的，儿子出生我不在身边，到现在我也感到遗憾。因为急于回老家，就提前托人买了腊月二十八的火车票。由于考试后时间紧，才提前在腊月二十五晚去看望欧阳老师。临离开之前，我随口问了一句，这次考试主要是哪些方面的，话一出口我就后悔了，我真不该问，不该给恩师出难题，只是当时我想第二天就考试了，即使透漏点信息，对我也无所谓了，我也不能告诉其他人，那个时候的条件也不允许。欧阳老师沉思了一下说，还能难住你吗？凭你的实力一定能取得好成绩。回来的路上，我一直在想怎么脑袋一热问了这个问题，这不是难为他老人家吗。我深知，公平对待，一视同仁，不徇私情，是欧阳老师的一贯原则。欧阳老师不仅自己这样做，也这样要求我们。研究生毕业论文答辩时，我所在的答辩委员会由王盛祥教授、欧阳老师、沈其煜教授和外请的当时天津财经学院的张柱中教授组成。答辩前欧阳老师把我叫到家里，指定我接送张教授，负责安排食宿，嘱咐我安排好接待工作，借此机会多向张教授请教，并特意强调不要问涉及有关答辩的问题。我非常理解欧阳老师的用心，不能因欧阳老师与张教授的私人交情，让我提前得悉答辩的相关问题，使我在答辩时占有优势，这对其他同学不公平。当时我就暗下决心，一定要尽最大的努力发挥好，顺利通过答辩，不给欧阳老师丢脸。在我的教学经历中，能够对学生严格要求、一视同仁，也是深受欧阳老师的影响。

（1989 年 7 月，陈友邦硕士毕业答辩后与先生的合影）

因为工作需要，也因为我是欧阳老师的学生，所以常去欧阳老师家。每次去看到的都是欧阳老师坐在书桌前写论文、讲稿和书稿，或者是看学术期刊及相关专业书籍。他的书桌上总是放着正在写作的稿纸，摆满各种打开的学术期刊或有关书籍。仅有一次我刚一进门，就看见欧阳老师坐在沙发上在听歌曲，我不由一愣。顺着这个话题聊下去，欧阳老师讲起港台歌星、内地歌星及国外歌星，包括其代表作品，如邓丽君、谭咏麟、毛阿敏及迈克尔·杰克逊等，如数家珍，我感到十分惊讶。在我的以往心目中，欧阳老师就是那种只知工作、只知科研，其他事一概不闻不问的“老学究”形象，眼前一幕，颠覆了欧阳老师在我心目中的固有形象，原来生活中的欧阳老师那么有情趣，内心世界那么丰富多彩。后来我知道欧阳老师回上海后竟然学会了跳舞和打麻将，这哪是我原来心目中的欧阳老师！两件生活中感动我的小事，使欧阳老师在我心目中的形象更加丰满。1992 年我被评为副教授，是欧阳老师第一时间告诉我。欧阳老师参加完评审会，直接从学校步行到我家，登了六层楼梯，进到屋内已是气喘吁吁，毕竟是 62 岁高龄的老人，我真是过意不去。欧阳老师的喜悦心情难以言表，他的表情用眉开眼笑来形容并不为过，好像是他自己评上了教授，我知道这是在为我高兴。在欧阳老师的眼中，总是希望看到他的学生在成长和进步，在欧阳老师的心中，总是期望他的学生能够取得更大的成就。1995 年暑假，我和欧阳老师去北京，为中国人民银行总行录制“工业企业经济活动分析”。因为是假期，欧阳老师就让我顺便带我爱人和儿子到北京玩玩。我们被安排住在大栅栏的一个四合院宾馆，欧阳老师为了照顾我们，让我儿子住在他房间。我和欧阳老师白天录一天像，北京夏季气温那么高，为了保证录像的效果，录像厅不能开空调，厅里又热又闷，辛苦可知。为了让欧阳老师休息好，以保证第二天能正常录像，我不想让我儿子住在欧阳老师房间，但欧阳老师坚持一定让我儿子住在他房间。晚饭后，一有时间，欧阳老师就领着我儿子在宾馆院子里玩，给他讲故事，还时常辅导他写暑假作业。每当我看到这一情景，心中十分感慨，没想到欧阳老师还会带小孩，还那么有耐心。我私下里问我儿子，欧阳爷爷的学生都怕他，说他厉害，你怕不怕，我儿子童言无忌，说欧阳爷爷挺可爱的，我才不怕呢。当我把欧阳老师去世的消息告诉我爱人和儿子时，他们都不敢相信，感到太突然了，一直在说这么好的人怎么就走了呢。

（2016 年 10 月，陈友邦在大连看望先生时合影）

追随欧阳老师四十余载，其间的点点滴滴，犹如发生在昨天，深深地印在我的脑海中。恩师，真的好想你！

师恩浩荡，铭记于心，恩师仙逝，悲痛万分。

追忆往事，音容犹在，先生千古，精神永存。

2022 年 12 月 3 日写于大连

陈友邦：东北财经大学会计学院教授，1978 年考入辽宁财经学院（现更名为东北财经大学）财政系工业会计专业，1982 年毕业留校，在会计学院任教。1985 年攻读会计专业研究生，师从欧阳清教授。在省级以上刊物发表学术论文 40 余篇，主编教材 26 部，主持省部级课题 3 项，获得国家级教学成果二等奖 1 次，辽宁省教学成果一等奖 1 次，多次获得优秀教材奖。已退休。

七、缅怀我的恩师欧阳清老师

我和欧阳老师相识相知已有四十多年，他是我人生衷心爱戴，尊敬的恩师。

我是 1978 年考入辽宁财经学院（现东北财经大学）财政系工业会计专业的，欧阳老师曾教授我们工业企业经济活动分析课程。欧阳老师深厚的理论功底，一丝不苟，严格要求的教学风格，有口皆碑，令人难忘。我在班上还算学习比较好的，这门课程是 80 多分，90 分以上的寥寥无几，记得有张先治，还有 60 分以下的，得补考。欧阳老师说：“不及格就是不及格”（福建口音）。

1982 年我本科毕业后，考入东财会计系研究生，欧阳老师是我的硕士研究生导师。在他的精心指导下，我完成了研究生课程。在研究生论文写作期间，欧阳老师更是花费了很多精力。他主张理论联系实际，站在学术研究的前沿。我带着他的亲笔信，到鞍钢、本钢等企业调研，到厦大、中财、天财、上海社科院请教拜访余绪缨、魏振雄等著名学者教授，最终如期通过了论文答辩。后来，毕业论文《工业企业成本技术经济分析》由东财出版社出版。

毕业后，我留校任教，我的教学工作和实践得到了欧阳老师的极大帮助和提升，在这期间，我也积极参与了欧阳老师主持的科研项目和著作等编写。

我 1993 年离校到政府工作后，长期和欧阳老师保持联系和学习交流，倾听他对政府工作和社会事务的意见。直到他去世前，我们还电话交流。他习惯说：“哪位啊，毛岩亮啊，”他的音容笑貌，仿佛昨天。

这些日子，我在思考，为什么欧阳老师去世后，在社会不同层面、在会计界、在校内校外，会引起众多的追忆和思念？我感到，是在欧阳老师的身上，体现了中国传统知识分子的特征和欧阳老师的个人品格，包括对祖国的热爱，对社会的责任，对事业的追求，以及他个人的修养，对他人的豁达和关爱，等等。这些都是我应当向欧阳老师学习的。

（1988 年 4 月，毛岩亮与先生去天津财经学院参加《工业会计词典》编审会途中）

我将永远怀念尊敬的欧阳老师。

2022 年 12 月 30 日写于大连

毛岩亮：1978 级辽宁财经学院财政系工业会计专业本科，之后攻读东北财经大学会计系硕士和博士、经济学博士。1975 年 6 月参加工作，先在东财任教，之后进入政府部门。曾任大连市财政局局长，金普新区党工委副书记、管委会副主任、保税区党工委书记、管委会主任。已退休。

八、职业生涯领路人——怀念恩师欧阳清先生

今天是 2023 年元旦，每逢佳节倍思亲。往年在这个日子里，只要欧阳清先生（以下简称先生）在大连，我们全家都会到先生家拜年，其乐融融的场景还常常浮现在眼前。先生退休后在上海生活，新年也必定与先生通话很久，聆听先生的叮嘱，向先生表达祝福。而今天，我凝望着写字台上先生自传《会计教育人生——欧阳清回忆录》封面上他慈祥的面容，一时茫然，许多话不知再向谁诉说 ……

自 2022 年 11 月 8 日至今的 55 天里，我们一直沉浸在对先生的送别、追思、缅怀的悲痛之中，送别会上的止不住的泪水，追思会上回忆往事的深情，撰写先生学术贡献和学术思想过程中的仰望，一篇篇情真意切的缅怀文章，一幅幅先生和蔼可亲的照片，一件件先生的奖状和奖章……这恰似一场精神的沐浴和灵魂的洗礼。

案头，摆放着先生的著作；心头，涌动着汩汩的思念。现在先生虽已离去，但他的身影却清晰地浮现在眼前；与先生相遇、相知并结为师生之情缘，受益先生多年教诲之幸事，已成为我生命中最难忘的画面。在 2017 年我写的"一生的导师"这篇感恩文章中，回顾了近 40 年自己与先生相遇、相知并结为师生之情缘，从"荣入师门、指明方向""良师益友、引领前行""严师慈父、犹如家人"三个方面介绍了先生在学习上、工作上和生活上对我的教诲和指导。这篇稿件有幸被先生收录到《会计教育人生——欧阳清回忆录》的序中（全文附本文后）。

（2010 年 8 月 25 日，张先治看望先生）

今天，看着学长、同事、同学们对先生的缅怀文章，每一个故事，每一堂授课，每一次见面的场景似乎都是我所亲身经历的。是啊，40 多年与先生的相随相伴，有多少故事留在记忆中，一篇短文如何能倾诉学生全部的哀思与追念。这里我仅从自己如何成为一名大学教师的过程来缅怀先生的恩情。

我于 2022 年 3 月正式从东北财经大学教师岗位退休。在一次学生为我举行的荣休聚会上，我回顾了自己的职业生涯，感觉最幸运的是选择了教师这一职业，而这一幸运正是来自欧阳清先生不懈推荐与教导。由于我所经历的中小学时代的教育状况和教师地位，以及个人身体上的缺陷，我从没想过要做一名教师。中学毕业下乡后，理想的职业就是能回城工作；高考时理想的专业是医学和会计；大学毕业后到政府机关工作，自己及家人也都很满足。是先生改变了我的职业和命运。听说在我大学毕业时，先生就推荐我留校，因我身体原因自然受到阻力。先生同时鼓励我报考研究生，又因身体原因，从不准报考到允许考试，从考试后辽财无法录取到推荐去财政部财科所，虽然最终经历种种波折没有如愿，但每个过程都是先生在为我努力争取（这些都是后来听其他教授和领导告诉我的）。

我在大连市交通局和大连市经委工作的两年里，先生也一直关心我的工

（2014 年 7 月，先生在大连小平岛张先治家中时留影）

作与生活。记得 1984 年夏突然接到先生的电话，他兴奋地告诉我，“现在国家的体检政策改变了，你攻读硕士研究生没有障碍了”。由于我 1982 年毕业时考研究生的成绩远远超出录取线，先生又向有关部门申请，希望我能直接免试攻读 1985 级的研究生。更重要的是，先生希望我回学校任教，告诉我学校方面的工作由他来协调。说心里话，我当时很犹豫。读研是我一直以来的愿望，但离开政府机关到学校任教，我并不觉得很适合我的状况。先生看出我的顾虑，用华罗庚、王庆成等身有残疾的名人来鼓励我，教导我要有自信心，将来一定会在教师岗位上取得成就。在先生的感召和多方努力下，我于 1984 年 11 月从大连经委回到辽宁财经学院会计系，成为一名大学教师，自此，一直跟随着先生开始了近 40 年大学的教学与科研生活，先生也一直是我事业与生活上学习的榜样。

（2019 年 9 月，张先治在大连拜访先生时合影）

记得我为学生上的第一门课是“工业企业经济活动分析”，所用的教案，实际上就是我当年读书时听先生讲授“工业企业经济活动分析”课程的笔记。先生的教学理念、教学方法、教学风格都深深地融化在我的授课中。我在《会计研究》上发表的第一篇论文，也是先生带着我、指导我，一字一句修改完成的“我国成本管理的现状与改革思路”。先生还带着我编写了第一本教材《企业经济活动分析》。在先生的培养指导下，我从助教、讲师、副教授到教授、博士生导师，成长为一名自我感觉称职的人民教师。

我很幸运、很自豪，在我的职业生涯和人生道路上遇到这样一位恩师，无论是过去还是将来，恩师精神和思想将永远指引我前行。

敬爱的老师，永远怀念您！希望下辈子我们还是师生，做您永远的学生。

2023 年元旦写于海南

附文：

一生的导师

喜闻盼望已久的我的导师欧阳清教授的传记即将出版，非常高兴与激动。导师希望我在书中写点什么，无论作为先生的弟子，先生团队的一员，还是先生的“家人”，我确实觉得有许多话要说，也十分愿意借此机会分享我与导师的情缘。

时间过得真快，想想自己与先生相识已经近 40 年了。从与先生相遇、相知并结为师生之情缘，受益恩师多年教诲之幸事，已成为我生命中永远的画面。

一、荣入师门、指明方向

1978 年我考入辽宁财经学院财金系工业会计专业，来校后我们就听说会计专业有几位全国会计学界著名的教授，如王盛祥教授、谷祺教授、欧阳清教授、邓延芳教授、夏乐书教授等。我们一直渴望能聆听这些教授们的授课，幸运的是欧阳清教授正是我们专业课“工业企业经济活动分析”的主讲教师。“工业企业经济活动分析”是我国 20 世纪 80 年代会计专业的四大主干专业课（会计学原理、工业会计、财务管理和工业企业经济活动分析）之一。欧阳清教授是我国“工业企业经济活动分析”学科领域的奠基人和带头人。我们所用的教材是欧阳清教授主编的《工业企业经济活动分析》。这门课程因涉猎学科基础宽泛（不仅涉及财务活动过程分析、财务状况分析和财务成果分析，而且涉及供产销等生产经营活动分析），经济活动分析指标数量多、内涵复杂，再加上欧阳老师创立的三阶段考试、期末综合评分的教学考核机制，是学生们公认的学习难度大，考试难过关的课程。正是在这门课程的学习中，因我是全班唯一三阶段考试都及格并最终考试成绩第一的学生，得到了先生的偏爱，这一方面为先生后来希望我留校并成为他的研究生奠定了基础，另一方面也为我热爱并从事经济活动分析教学与研究工作奠定了基础。

1982 年在我本科毕业前，欧阳老师鼓励我报考研究生并留校任教。虽然在当年的研究生考试中我取得专业第一名的成绩，但终因身体原因未被录取，也没有留校。我毕业后在大连市交通局和大连市经委工作的两年中，欧阳老师时时关注着我的成长，当他知道国家体检政策有变化，再加上我在大连市经委正在进行机构改革时，就与汪祥春教授一起动员我回校工作，并努力向有关部门争取让我免试攻读 1985 年的硕士研究生。后虽因制度等原因没有如愿，但在两位教授的感召和帮助下，我还是回到了母校任教并再次以专业第一名的成绩考取了 1986 年会计学专业硕士研究生，荣幸地成为欧阳清教授的弟子，跟随先生开始了在“企业经济活动分析”和“成本会计与管理”等领域的学习与研究。先生引领学科前沿的研究导向，理论联系实际的研究风格，一丝不苟的研究态度，立德树人的教育理念，都深深地影响着我，成为我一生的财富。

二、良师益友、引领前行

我是在职攻读学术型研究生的，当时既是欧阳教授的硕士研究生，也是先生教学与研究团队的一名教师，毕业后也一直追随先生从事教学与研究工作。无论在学术研究领域，还是在教书育人方面，先生都是我的良师益友，引领着我不断前行。

先生的研究始终紧密结合我国经济发展和体制改革的实践，“经济活动分析”和“成本会计与管理”是先生在我国处于领先地位的两大研究领域。在经济活动分析领域著有《工业企业经济活动分析》《企业经济分析》《工业企业经济活动分析图解与题解》等。先生主讲的“企业经济活动分析”课程成为中央电大会计学专业和金融学专业的主修课程，《企业经济分析》教材是中央电大指定教材和全国自学考试指定教材，在全国都有着重要的影响，培养了数以万计的经济活动分析人才和经济管理人才。在成本会计和成本管理领域著有《成本会计学》《成本管理研究》《会计大典——成本会计卷》《成本目标管理的理论与实践》《工业企业成本技术经济分析》《成本管理理论与方法研究》等。论文“关于工业企业班组经济核算问题的探讨”在《会计研究》创刊号发表，并入选中国会计学会新中国成立以来有代表性的四十篇论文。改革开放后在《会计研究》上发表的“我国成本管理现状与改革思路”等论文在成本管理理论界和实务界都产生了重要影响。

在先生的指引和培养下，我有幸参与了先生的多部著作和论文的写作。如在经济活动分析领域，编写了《工业企业经济活动分析》《企业经济分析》《工业企业经济活动分析图解与题解》等；在成本管理领域，编写了《成本会计学》《会计大典——成本会计卷》《我国成本管理现状与改革思路》等。特别是先生注重对年轻人的培养，与先生共同编著《企业经济分析》，作为副主编撰写《成本会计学》，合写“我国成本管理现状与改革思路”等论文，提升了自己的自信心和同行影响力。目前东北财经大学在财务分析学科和成本会计学科仍然处于全国领先地位。我们主编的《财务分析》主教材、《财务分析习题与案例》一直是国家级规划教材，财务分析课程是国家级精品课和国家级精品资源共享课，财务分析教学成果获国家级教学成果二等奖，等等。这些都是先生培养的教研团队取得的成就。

先生是中国会计界教书育人的楷模，获得全国五一劳动奖章、全国财税系统、辽宁省、大连市劳动模范等诸多荣誉称号。他的“全方位”教书育人理念，即“在教书中育人，在育人中教书”“理论联系实际，在实战中培养人才”等，对我未来的成长与发展都有着深刻的影响。当我荣获全国师德先进个人、全国自强模范、国家级教学名师及辽宁省劳动模范等称号时，首先想到的是先生的言传身教和精心培养。没有先生的栽培，就没有我今天的成就。

三、严师慈父、犹如家人

与先生结识近40年，从当初面对严师的“怕”到如今面对慈父的爱，有说不尽的恩，道不完的谢。我早年丧父，先生对我事业发展和生活方面的关爱，早已超越了师生情怀。

记得硕士毕业后的最初阶段自己非常迷惘。20世纪80年代末期，在计划经济观念与市场经济观念交织在一起、自己的事业压力与生活压力也交织在一起的时候，我曾想到过离开学校，想到过离开大连，甚至想到过离开中国。在我矛盾彷徨的时候，是先生的教诲给了我力量，给了我方向。在先生的鼓励下，我决定继续攻读博士学位。当时，我面临着几种读博的选择，是到外校读会计学专业（当时东财没有会计博士点），还是在本校跨专业学习等。先生又亲自向我国著名经济学家、东北财经大学汪祥春教授推荐，使我如愿成为汪祥春先生的第十位弟子，开始了向更高、更宽的学术领域探索。当我在事业上取得进步时，是先生为我高兴，告诫我要谦虚；当我在事业上遇到困难与委屈时，是先生为我不平，鼓励我要努力。我两次破格晋升职称，多次获得荣誉称号，都凝结着先生对我的培养和关爱。

在生活上，先生更像父亲一样处处关心我们的生活。我刚回校时住在青年教师宿命，结婚后条件十分艰苦，欧阳老师看到后，将自己家里的煤油炉等生活必需品都拿过来给我们用。我爱人当时在市自来水公司工作，离家较远，为了让她照顾家庭支持我的工作，欧阳老师亲自找相关部门沟通，先将她调到离家较近的单位，后来又调回到学校工作。每逢节日我们全家都到老师家做客，师母总是做上美食款待我们。我儿子每年六一收到的最好的礼物一定是欧阳爷爷的礼物。随着我年龄的增长和工作强度的增加，一度我的身体不太好。先生十分关心我的健康，每次电话必叮嘱我注意身体，从外地回来还给学生带一些保健品。

虽然自己早已为人父、为人师，但先生永远是我事业与生活的靠山，每当生活与事业上有什么新的进展我都要跟先生汇报，每个节日也都不会忘记去向先生请安，这都源于先生的师德魅力。仍记得当年在学校首届师德经验交流会上我的发言："如果说我今天取得一些成绩，那是我导师的高尚品德一直在影响着我，使我受益终身。欧阳清教授虽然已经退休，但他还坚持到第一线调查研究，著书立说，指导企业实践，他勇于探索、爱生如子的品德时时在激励着我；汪老近九十高龄还在认真备课、指导学生，他辛勤耕耘、无私奉献、鞠躬尽瘁的敬业精神时时在鞭策着我、鼓舞着我。""人生可能会遇到一些不幸，但我幸运的是，在我的求学道路和人生道路上遇到了具有崇高师德的老师，是他们改变着我的人生。”

欧阳老师——我一生的导师，谢谢您！

2017 年 12 月 26 日写于东财晨光园

张先治：1978 级辽宁财经学院财政系工业会计专业本科，1986 级硕士研究生，经济学博士，博士生导师，国家专业技术二级教授。财政部跨世纪学科带头人、国家级财务管理专业教学团队带头人。荣获国务院政府特殊津贴专家、国家级教学名师、全国自强模范、全国师德先进个人、全国先进会计工作者、辽宁劳动模范、辽宁省五一奖章、大连市有突出贡献专家等称号。曾任东北财经大学教授，会计学院副院长，内部控制与风险管理研究中心主任，中德管理控制研究中心主任。2022 年 2 月退休。

九、矢志引驹驰千里，丹心赤胆献科教——缅怀我的老师欧阳清教授

欧阳清教授是我的大学老师，是东北财经大学会计学科的奠基人之一，也是新中国成本管理学科的开拓者和创立者。他著有多本国内权威的成本会计学方面的著作，指导和影响着中国成本会计学的教学与科研，为我国企业成本核算与管理改革作出了巨大贡献。欧阳老师 1952 年毕业于复旦大学工商管理系。他曾告诉我，他是和李岚清同志乘坐同一列车奔赴东北的，这时抗美援朝还没有结束，对于南方人，东北意味着前线。他们这批新中国成立不久毕业的上海大学生，为了国家，满怀激情地投入社会主义建设事业最需要的地方。

2022 年 11 月 9 日早上我打开手机，看到了欧阳清老师的女儿发给我的微信，我看了三遍，一下有点懵：这是一个讣告！老师已于昨天 17 时 55 分离世！这个微信是昨天 19 时 53 分发给我的，昨晚我竟然没有看手机！我感到难以置信，而且无法接受！因为我是于 10 月 15 日上午去看望他的，他一切都好，我的突然到来，让他很高兴，和我谈了近 2 个小时，送了我几篇文章还有一本杂志，他思维敏捷，思想深邃，我们谈得也很深，一般 90 多岁的老人很难达到这种水平。11 月 5 日，我还把杨雄胜被《中国社会科学文摘》转

载的文章发给了他。这样，我就成了欧阳老师见到和谈话的最后一个学生！

（2022年10月15日，张明明到先生家中看望先生）

1982年夏从东财大毕业后，我与母校联系最多的是邓延芳老师，与欧阳老师的联系始于1998年春节后，我驻扎在邯钢，从事会计信息化领域的科研。深入邯钢，开始是为了推动邯钢的会计电算化从核算向管理的发展，后来有幸领导了国家“863”重大项目“邯钢CIMS重点应用示范工程”。我们的研究工作从系统分析设计、软件开发到系统上线运行的全过程，是扎扎实实、艰苦细致而富有挑战的工作。一直到2001年12月，我所负责的8个子系统全部上线运行后才离开，前后在这里工作近4年。这期间欧阳老师由学生周守华陪同到邯钢调研，由于他不知道我在邯钢，就没有联系我，事后我感到非常的遗憾，如果我知道老师来了，一定会帮助把调研安排得更细致。后来欧阳老师仔细地了解了我在邯钢的科研工作情况，2001年，让我参编了他主编的《成本会计》教材（列入21世纪高等院校会计学专业精品系列（案例）的教材），我把“邯钢经验”以案例的方式总结出来，写进了教材。在这本书里，他亲自撰写了“班组经济核算”，这些都是中国特色的成本管理经验。后来欧阳老师与我的联系越来越密切，尤其是近年来我一直扎根在企业，从事“价值链成本管理信息系统”的运行研究。欧阳老师一直力主科学研究要理论联系实际，所以他给了我极大的鼓励和支持。

2008 年 3 月 30 日，欧阳老师在祝贺中国会计学会财务成本分会成立 20 周年时特别题词：“坚持理论联系实际，为提高企业管理水平作新贡献。”这是他一贯坚持的工作作风。

欧阳老师在口述历史中曾说“我有一个学生已经是教授了，但是他还想念博士，怎么办？最后我把他介绍给余绪缨，余绪缨一看是我介绍的，就收他念博士。”这个人就是我。为什么成为东北大学的教授后还要读博士呢？源于我离开邯钢前，邯钢副总经理、总会计师李华甫（厦门大学 1952 年毕业分配到钢铁企业，是余绪缨老师的学生，“邯钢经验”的创建者）问我：张老师，你在邯钢工作这么久，很多系统都运行了，能不能告诉我，哪个产品赚钱，哪个产品不赚钱？这个问题真把我问住了！我认真地思考后，老实地回答：我没有解决这个问题！我负责的系统中，包括成本核算系统，我用计算机解决了钢铁企业最大的核算难题，即如何把实际成本和目标成本的差异在集团财务部和 14 个分厂之间进行复杂的分配，大大提高了财务人员的工作效率。但核算出的成本信息支持不了决策！这个问题深深震撼了我，为了解决这个问题，我一直探索到现在，也是我一直深入企业，仍在继续坚持研究的原因。这也是我要读博士的原因，因为我认识到我对成本管理的知识和认识还远远不够！2003 年，我开始申报厦门大学余绪缨老师的在职博士（也叫论文博士），厦大的招收条件很严格，我现在还记得的硬指标有：获得省部级以上的教学或科研成果奖（奖状上要印有国徽）；同一方向公开发表的论文 10 篇；博士论文的初稿等。我还有一个重要的科研成果是刚结束的主持国家“863”重大项目。我的成果通过了厦大研究生院的审核，但余绪缨老师给我打电话却说：现在读在职博士，有钱、有权的都能读，我要保持晚节，所以研究生院通过了对你的审核还不够，我还要对你进行单独审核。他提出了两个要求：一是要有人推荐；二是提交四篇代表性的论文，他另组织一个评审委员会再进行评审。这样我就去找欧阳老师为我推荐，是欧阳老师最后把我送进了余绪缨老师那个高高的在职博士的门槛，成为他唯一的在职博士，我深深地感恩老师。后来欧阳老师跟我说到对我的推荐主要是我能深入企业近 4 年，进行理论联系实际的研究。2004 年春，我的申请通过，余老师把他签名的新作《余绪缨综合文集》第一个寄给了我，我感到余老师对学生的严格、宽厚与关爱。

（2007 年 2 月 5 日，张明明到家中拜访先生及师母）

欧阳老师与余绪缨老师有着深厚的情谊，他在口述历史中回忆说：“余教授是管理会计的泰斗。他为人正派，坚持原则，不阿谀奉承，有一是一，有二是二，不唯上，我非常敬佩他。”因为“文革”中，辽宁财经学院是全国没有“下马”而且要继续办好的一所财经学院，“厦门大学余绪缨教授也来访问了。他带着几位年轻教师来到我们学校。我负责接待他，跟他交流，我也把我写的文章给他看，这样就打下了友谊的基础。这种‘文化大革命’时期结下的情谊一直延续了下来。后来我回访厦门大学，他知道我到了，骑着自行车来接我。”这里，欧阳老师没有讲的是，“文革”结束后，余绪缨老师任厦大会计系主任期间，他曾商调欧阳老师去厦门大学任教，东财没有放人。余绪缨老师曾说，人生得一知己足矣，这一知己就是欧阳清教授。

欧阳老师的晚年还有一个未了的心愿，去年，他跟我认真谈过此事，就是为余绪缨老师补记“口述历史”。他很重视上海国家会计学院的这项工作，因为余绪缨老师去世早，没有留下影像资料，他认为应该由学生弥补上。还有一个就是人民大学的王庆成老师，他说，王庆成老师是我国财务管理领域的奠基人之一，口述历史中要有。为此，2021 年夏，他去找过上海国家会计学院的相关人员，提出过建议。今年 9 月 24 日我去厦门大学参加纪念余绪缨老师诞辰100周年纪念会，26日下午，在回来的火车上，欧阳老师打电话给我，详细问了会议召开的情况，虽然事前我并没有告诉他我去厦门开会。我知道去年夏天看望他之后，他摔了一跤，所以在电话中的口齿发音不是很清楚，我听着他的讲话，眼泪都快掉下来，我介绍了情况，又发了一些资料和照片给他，让他了解更全面的信息。10月15日，我去他家里看望过他时，又谈了纪念会的这个事。可见，他对有关余老师的事情一直是心心念念。

欧阳老师无论是在教学还是科研中，十分重视理论与实际相结合。他认为“会计学是一门应用性强、紧密联系实际的经济学科”。他说“教学、科研、实践本质上是一脉相通的，不能纸上谈兵，要真刀真枪，最终要把理论认识转化成生产力”。他认为“科研路径是从实践中发现有价值的研究方向，然后把研究成果应用到实践，最后体现在教材上，通过各种方式推而广之，让理论在实践中产生更大的经济价值”。他说“我一直研究成本会计，具有代表性的研究成果都经历了从实践中来到实践中去的淬炼。比如，收录在《会计研究》创刊号的‘关于工业企业班组经济核算问题的探讨’‘成本目标管理的理论与实践’等”。他说“我在教材里面增加了班组经济核算的内容。一般的教材都没有这部分内容，但是我觉得这是很好的中国经验，国外对我们的这方面都很钦佩，这是中国群众性会计，算到班组这个程度在国外是没有的。但是在我国却忽视这个，认为它很简单，不能登大雅之堂，实际上它能解决问题”。

1996年9月5日，他给老同学李岚清同志写信，特别反映他所担忧的在科研中如何处理理论与实践的关系问题，以及当前教学中已经出现的不正确倾向，他是这样写的：

“当前，有些学校无视我国实际情况，教学改革中的学科设置、教学内容等全盘西化倾向严重。学习西方是非常必要的，从企业科学管理看，西方有些较好的经验、课程设置等也有值得我们学习的地方，但也存在一些问题。

1. 学习西方不应该全盘照搬，应考虑我国国情。有些学校的青年教师去国外学习后归来，编的教材主要由西方教材编译而来，这些教师往往只懂西方，而对我国传统管理的正、反两方面经验和教训一无所知，开口闭口都是西方这一套。

2. 一些理论工作者忽视到实践中去调查研究，这是值得深思的问题。产生这些现象的原因，一是思想认识问题，完全否定我国企业管理的一些经验与方法；二是感到在实践中调查研究费时费力，机会成本太高，不如看看外国文章和资料，在短暂时间内即可撰写出文章。我认为现在是强调理论联系实际的重要时刻，理论工作者应该到生产第一线调查研究，从中吸收营养，并把自己的理论研究成果转化为生产力，帮助企业改善经营管理，提高经济效益。

3. 怎样对待我国传统管理方法与经验。从会计学角度讲，由于从计划经济体制转变为市场经济体制，的确在某些方面尤其是宏观经济管理方面，一些传统管理方法与经验已不适用。但是我们多年来形成的一些成功的微观管理方法与经验，对强化企业经营管理，提高企业经济效益还是适用的。例如，厂内经济核算，成本、资金指标归口分级管理，特别是班组经济核算都是一些行之有效的成功经验，已经得到专家的肯定。其实，四十多年来，我国实际工作者结合实际，创造的行之有效的管理方法与经验，又何止班组经济核算一例呢?”

这些观点就是中国有良知、有见地的知识分子在有关学术研究，教学发展方向的大是大非问题前的秉笔直书、直言进谏！

（2021 年 7 月，张明明到先生家中看望先生）

近年来，受考评体制的驱使，在会计学术界、教育界，唯论文至上；论文水平唯发表在美国的论文至上；论文方法中唯实证研究至上。为论文而论文，影响了一代会计人，这些发表在国外顶级刊物上的论文，究竟水平如何？对中国的实践有多大的影响呢？能否推动中国生产力的发展呢？也应该做个实证研究，就会清楚了。这些现象的实质是中美博弈中，美国对中国渗透的结果。相信中共二十大召开后，这些问题会逐渐得到解决。

一代宗师走了，用他的一生，给我们留下了做人的榜样，做学问的榜样，做教师的榜样，做有良知的知识分子的榜样。给我们指明了学术研究的真正方向，尤其是在这方向偏离迷茫的回首之际，看到老师站立船头，毅然屹立在那里，如定海神针！

（2022 年 10 月 5 日，张明明与先生及其女儿欧阳宁合影）

他一直特别希望他的学生能深入实践，调查研究。科研一定要变为生产力才有意义，不要纸上谈兵，纸上谈兵没有意义，没有贡献。他特别强调“理论研究者应深入实践，将理论研究成果转化为生产力”。

我会按老师的教诲，身体力行，努力工作，争取为老师交上一份满意的答卷，告慰老师的在天之灵！

2022 年 11 月 16 日写于浙江横店东磁大厦

（该文已经刊发在会计之友公众号，2022. 11. 18. ）

张明明：1982年6月本科毕业于辽宁财经学院工业会计专业（东北财经大学），厦门大学经济学硕士（国际会计方向）导师常勋教授，管理学博士（现代管理会计与财务管理方向）导师余绪缨教授。东北大学教授，2002年作为人才引进，调到杭州电子科技大学。中国会计学会会计信息化专业委员会委员。

十、恩师欧阳清，我人生路上的提灯人！

2022年11月8日17时55分，恩师欧阳清教授因病医治无效，在上海医院寿终，享年92岁。

恩师的离世，让我心特别痛！恩师不只是我的导师，是我的学术领路人，也是我人生路上的提灯人，是我心目中的一座丰碑！

我认识欧阳老师是1984年春夏之交的一个晚上。那年，我和周守华双双考上了辽宁财经学院（现东北财经大学）的研究生。当时，学校对招收研究生十分重视，要求也十分严格。对于通过全国统考的学生，还派老师去考生所在学校给学生面试。

代表辽财到长沙去给我们复试的是会计系副主任欧阳清老师和科研处的舒玉琴老师。两位老师到达长沙时已是深夜，我和守华举着一块自己设计制作的牌子“欧阳老师，欢迎您！”守候在长沙火车站的出口处。平生第一次见到教授，激动之情可想而知，握着老师的手久久不愿松开。面试是从第二天早上九点钟开始的，一直到下午快两点才结束。欧阳老师问了我很多问题，内容涉及定额流动资金管理、定额成本差异结转、承包制、利税分流、“三来一补”、连环替代法等多个方面，涉及多门课程。最后欧阳老师问了我一个问题，他说，你今天复试问题回答得都很出色，说明你知识面广、了解学科动态前沿，为什么研究生统考时你的专业课不及格呢？我说，这怎么可能？我就是财务分析课程学得好，对这个有兴趣才报名考的这个专业，我认为我的专业课应该是一百分呢。欧阳老师告诉我，我的总分全校第二，数学满分120分，全校第一，专业课57分，不及格。周守华总分全校第一，专业课好像也不及格。直到入学后听了欧阳老师的“经济活动分析研究”课程，我才知道为什么专业课不及格。事实上，那年的分析考题有三道，一道是可比产品成本分析，一道是成本配比分析，还有一道是产品质量（等级结构）对利润的影响分析。欧阳老师在这几个方面的学术观点独树一帜。只有他的教材会将数量影响和结构影响（产品结构、等级结构、配比结构）严格区分开来。

我们那时候的导师是系里统一分配的，很荣幸，我的导师是欧阳老师。欧阳老师时任会计系副主任，主要从事成本管理与经济分析的研究，当时他主编的《工业企业经济活动分析》《成本会计学》《工业企业财务管理》等教材已影响广泛。他在“连环替代法”“品种结构对可比产品成本的影响分析”“材料配比对成本影响分析”“产品等级结构对利润影响分析”等方面的研究可以说达到了登峰造极的境界，对很多学术问题都有自己独到的见解，有多部著作获财政部、国家教委、中国会计学会等部门或组织的奖励。老师的为人一向为人所称颂，先后多次被评为大连市和辽宁省优秀党员；多次被评为大连市、辽宁省和财政部优秀教师及全国优秀教育工作者；多次被评为大连市、辽宁省和财政部劳动模范；荣获大连市优秀专家称号、全国五一劳动奖章，并获得国务院政府特殊津贴。

（1986 年，刘明辉读研期间与先生合影）

（1987 年，刘明辉硕士论文答辩后与答辩委员会老师合影。
左起：刘明辉、王苹、沈其煜、先生）

欧阳老师讲课循循善诱，每次上课都会让我受益良多。老师不仅给我们讲授、与我们讨论、让我们一起查询资料，还带领我们到大连、沈阳、鞍山、抚顺、青岛、天津、北京等地进行调研，帮助企业进行内部核算制度改革和内部管理制度设计。读研期间，我还多次随同老师到沈阳、天津、青岛等地参加相关的理论研讨会、学术交流会、经验交流会及管理研讨班等。1987 年，欧阳老师承接了纺织工业部“全国纺织工业经济效益分析”课题，我作为课题组的成员，曾两次随老师去纺织工业部汇报，并与张先治等参加了纺织工业部在杭州举行的“全国纺织工业经济效益分析”会议。作为老师的助手，我带领本科生到大连服装机械厂进行调查，根据工厂实际情况设计标准成本制度，帮助工厂开展成本管理改革。

硕士学位论文写作期间，通过欧阳老师的介绍，我有幸登门拜访了阎达五老师、阎金锷老师、王庆成老师、马英麟老师、李天民老师、魏振雄老师、王又庄老师、张以宽老师、李宝震老师、张柱中老师、管锦康老师、王文元老师。通过欧阳老师，我还结识了杨继良、史学昌、章一梁、梁家梁、莫遵奎、崔羽白等一大批会计实务界的专家学者。正是由于与这些专家学者的交

（1995 年，刘明辉与先生在一起）

谈、沟通，让我对会计，尤其是经济活动分析有了更为深刻的理解；也正是由于这些前辈的鼓励，才让我在学术研究的道路上一直保持着一份激情和坚守。

（2004 年，刘明辉离开东财时先生在刘明辉家中合影）

我参编的第一本教材是欧阳老师主编的《工业企业经济活动分析》。欧阳老师是我在教材编写方面的启蒙老师，老师的教导让我至今不忘的有以下几点：第一，教材不同于学术专著。学术专著应该写个人独到的观点、写自己的见解和最新发现，学术专著贵在观点创新、观点独特。但教材不同，不能唯我独尊，不能夹带“私货”。教材要海纳百川，要介绍主流观点，着重讲述那些学术界公认的、已经实践证明有效的理论和方法，适当介绍本学科最前沿、最新的研究成果。一本好的教材，个别内容可以修订，可以有增减，但不可颠覆性地被推翻。因此，在主体框架设计好后，选择哪些理论（观点）进教材，哪些不能进，编者不仅要有学问，而且要有鉴别力。第二，教材编写一定要“一手托两家”。教材是教学双方共同依照的蓝本，教师要按教材讲，学生也得按教材学，教材内容的安排要以学生为本、为教学服务。难易程度要符合学生的实际，要符合人们认知世界的规律，不要偏离学生学习知识的一般路径。第三，教材不是拼盘，框架体系要完整，要有内在逻辑。框架设计的一个重要原则就是突出主线，章节之间要有内在逻辑。从第一章到最末一章，都应紧密围绕主线，由表及里，由浅入深，由易到难，步步深入，逻辑井然。

1987 年，听说我毕业后想去北京，欧阳老师多次找我谈话，希望我能留校任教。为了能将我留在大连，留在东财，欧阳老师动员他认识的女学生帮我介绍女朋友，让我在研究生毕业那年成功脱单。我结婚后，欧阳老师每次见到我夫人，也总是问寒问暖、夸赞有加。

1988 年，我和刘永泽、夏博辉、李敬辉等人倡议召开全国首届中青年财务会计研讨会并发起成立中国中青年财务成本研究会，整个过程中欧阳老师给予了极大支持、鼓励和悉心指导，欧阳老师亲任研究会顾问，为研讨会作学术报告，并自掏腰包资助 200 元，补充研讨会的经费不足。筹备过程中，还亲自给我们联系辽宁人民出版社的领导，给他们介绍我们办会的意义，对方承诺给会议赞助 2000 元经费，并承诺出版会议论文集。2008 年，中国中青年财务成本研究会成立 20 周年，欧阳老师热情为研究会题词“坚持理论联系实际 为提高企业管理水平作新贡献”。

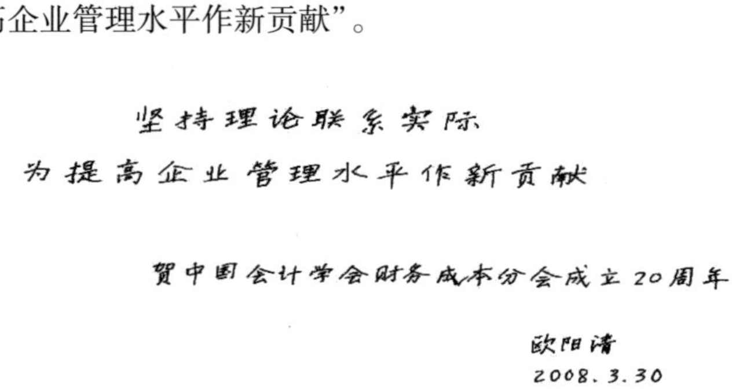
坚持理论联系实际
为提高企业管理水平作新贡献

贺中国会计学会财务成本分会成立20周年

欧阳清
2008.3.30

1989 年，在欧阳老师的支持下，我转入自己的本行——财务与分析教研室，跟随欧阳老师讲授“工业企业经济活动分析”等课程。受欧阳老师的影响，平时上课管得较多、喜欢提问、检查作业、监考严格，和欧阳老师一道被学生评为“四大杀手”之一。

欧阳老师十分重视理论与实际相结合。那些年，欧阳老师带着我深入沈阳重型机器厂、中捷友谊厂、抚顺电瓷厂、抚顺挖掘机总厂、大连纺织工业总厂等企业开展企业调查、管理咨询与制度设计，让我学会了如何理论联系实际，如何写出接地气的文章。正是这些经历，为我此后承接“沈阳重型机器厂划小核算单位”“大连粮食工业总厂内部银行制度建设”“大连绳网厂责任会计制度建设”“鞍山化纤毛纺织总厂责任会计与内部银行建设”“齐洛瓦电冰箱厂标准成本管理”“中捷友谊厂标准成本管理”等项目打下了良好基础。

1990 年前后，中国会计理论界开始提出会计教育改革的问题，欧阳老师让我关注一下这方面的研究动态并提出一些建议。通过对一些研究成果的跟踪，我提出实行实验室教学，缓解理论与实际脱节的问题。我的建议得到了系主任谷祺教授和分管教学工作的副主任欧阳教授的支持。东财会计系很快建起了东北地区第一家会计实验室，一举解决了学生实践能力提升和青年教师案例开发等多方面的难题。

（2017 年 8 月 11 日，先生在刘明辉办公室）

1993 年，东北财经大学进行干部改革制度试点，首次在全校范围内公开选聘东北财经大学出版社社长。欧阳清老师动员我报名参选，让我有机会成功竞聘东北财经大学出版社社长。

2001 年，东北财经大学开发区分校（后改名津桥商学院）公开招聘校长，欧阳老师认为我具备各方面的条件，最具竞争力，极力动员我报名参选，让我有机会成为津桥商学院的创始院长。

2004 年，我临危受命，出任大连出版社社长兼总编辑。欧阳老师十分不舍，极力挽留。在欧阳老师看来，我离开东财，是东财的一大损失，是会计学界的一大损失，反复劝我不能放弃教学、不能放弃学术研究。

欧阳老师十分关心学生的成长和生活。谈恋爱、结婚、评职称、工作调动，只要有大事发生，老师在得知信息的第一时间都会送来关怀和希望。老师离开大连去上海定居前还专门到我家辞行，每次回大连都会电话联系，再见上几面。老师几次到我家里、到我单位和我聊天，给我指点。平时电话联系也很勤，几乎不到一个月就会电话联系——在媒体上看到我工作取得成绩、获得奖项，老师会打电话；看到出版社出了好书，老师会打电话；知道我出席学术活动，老师会打电话；听到我的学生晋职晋级的消息，老师会打电话；

（2018 年，先生与《会计教育人生》编辑团队到大连出版社考察）

听到大连出现疫情，老师会打电话；听到图书订货会在上海召开，老师会打电话；我女儿去他家中看他，老师会打电话；我的学生去家中看他，老师会打电话……从 1984 年担任我的指导老师开始，欧阳清老师一天也未卸下过“导师”的担子，怕我摔跟头、怕我走弯路、怕我受委屈、怕我进步慢。

遗憾的是，疫情防控期间，我没到上海，老师也没回过大连。10 月 3 日，我接到老师给我的最后一个电话。这次电话，老师没有像往常一样一聊几十分钟，只是问候、提醒我注意身体。通话结束时，老师还叮嘱我到上海的话，一定要去看他。

[2019 年，刘明辉携妻（胡英春）女（刘雅芳）到上海看望先生和师母]

11 月 8 日，恩师永远离开了我们。从此，我们再听不到您在节日打来的电话，我再也听不到您在关键时候给我的指点，说好的疫情后重逢也成了永远的遗憾！

幸好，我还留着 1989 年我以笔名“珊晖”写的《记全国财税系统劳动模范欧阳清教授》，留着您给我们留下的《会计教育人生——欧阳清回忆录》。

师恩浩荡！恩师永恒！！！

2022 年 12 月 30 日写于大连

（该文被财务与会计，大连晚报，大连云，新闻大连等刊载）

刘明辉：1984 年湖南财经学院获学学士学位，同年考入东北财经大学会计系，师从欧阳清教授，攻读会计学硕士学位，1987 年毕业后留校任教。1997 年师从谷祺教授，获经济学博士学位。曾任东北财经大学会计学院教授、博士生导师、东财出版社社长、津桥商学院院长、杂志社社长，大连出版社社长兼总编，大连报业集团副社长，大家出版传媒（大连）股份有限公司总经理，兼任财政部中国注册会计师审计准则委员会委员，财政部会计准则委员会咨询专家，审计署国家审计准则委员会咨询专家，中国会计学会常务理事、审计专业委员会主任委员等学术职务。多次获评大连市优秀教师、优秀科技干部、劳动模范。1995 年获霍英东基金会高等学校青年教师三等奖。1997 年被评为财政部跨世纪学科带头人。2000 年获霍英东基金会高等学校青年教师一等奖。2008 年被评为首批全国新闻出版系统领军人才。2014 年入选财政部“会计名家培养工程”并于 2018 年获颁《会计名家证书》，2015 年获首批“全国企业财务管理领军人才”称号。2016 年被评为中国十大出版人物。2019 年获出版行业最高荣誉第十三届韬奋出版奖。2020 年入选财政部财政人才库。2020 年《中国哲学社会科学最有影响力学者排行榜：基于中文学术成果的评价》中位列审计学排名第一名。现已退休。

十一、当好欧阳老师精神财富的传承者与守护者

2022 年 11 月 8 日，一直呵护着我们的欧阳老师，永远离开了我们！

此时此刻，再悲伤的语言，难以表达我们失去导师的万分悲痛；再悲愤的哭声，难以道出我们失去导师的万般彷徨；再悲情的文字，难以描述我们失去导师的万箭攒心。

老师一生，为我们创造了不朽的精神财富。

老师的眼睛，那充满仁慈、睿智、关爱、亲切的目光，让我们对母校、对会计事业、对国家与民族，无可置疑地产生强烈的归属感与使命感。

老师的课堂，那磁性、深沉、幽雅、言之有物、充满感染力的声音，启蒙召唤了新中国数代会计人的实干敬业精神。

（2019 年 5 月，杨雄胜与财政部邵敏一起看望先生）

老师的手，那温暖、厚重、勤勉、有力、充满节奏感的动作，充分体现了欧阳老师与国家民族兴亡同呼吸共命运的会计情结，向整个社会真实展现着中国会计学者的良知与价值。

老师的腿，那踏实、矫健、坚定、充满冲击力的步伐，形成了光芒四射的中国会计理论与实践血肉相连的会计学术风景线，引领了中国会计学术发展。

（2019 年 5 月，杨雄胜在先生家中）

老师的论著，那一行行、一码码、一篇篇、一本本隽永、清秀、工整、严谨、充满着智慧与理性的文字，向社会充分展示了会计理论之美。

从今往后，当好欧阳清老师这份宝贵精神财富的守护者与传承者，是我们弟子也是整个东财会计师生，应该向欧阳老师公开作出的庄严承诺。

敬爱的欧阳老师，我亲爱的导师，您远去了天国，但您的精神将永远激励着我们更努力做好会计研究，以无愧于您学生的称号。学生更愿在天国的您，有机会见到并当面求教革命导师马克思，继续会计事业的辉煌。

我是一名共产党员，但更愿相信欧阳老师也还能在天国，听到尚在凡间的我们这些弟子悲痛至极的声音，感受学生们的缅怀之情。最后，允许我再次倾情呼喊：欧阳老师，一路走好！

2022 年 11 月 19 日写于南京

杨雄胜：2000 年 5 月至 2004 年 7 月在东北财经大学攻读会计学博士。财政部首批会计名家，2008 年被财政部授予改革开放三十年全国先进会计工作者。1981 年 1 月至 1986 年 12 月在江苏连云港财经学校任教研室主任；1987 年 1 月至 1994 年 11 月在江苏连云港审计局任学会秘书长；1994 年 12 月至今在南京大学会计系任教，教授、博士生导师，现任南京大学会计与财务研究院院长，南京师范大学金陵女子学院特聘院长。现兼任中国会计学会常务理事、内部控制专业委员会主任委员，财政部企业内部控制标准委员会委员，中国总会计师协会副会长。

十二、师恩绵长润心扉

1984 年 9 月 22 日到东北财经大学报到，有幸入读东北财经大学会计学硕士，开始了为期三年的研究生学习。读研的三年是我人生的重要转折时期，为我后来的教学、科研、社会服务等工作奠定了关键性的思维基础、知识基础、做人基础，有幸亲耳聆听了欧阳老师的教诲，从入学的专业学习到毕业后的工作、生活，均得到了欧阳老师的各种帮助、提携、指点，恩师充满爱的为人处世、教书育人、科研精神，深深影响了我、感染了我，在近 40 年的时光里持续沁润着我并将不断地持续下去。

（一）点燃好奇

1985 年 9 月 4 日开始，我们开始了“经济活动分析”课程的学习，由欧阳清老师主讲，分列“经济活动分析发展史”“经济活动分析对象、内容、方法研究”“利润分析的研究”“成本分析的研究”和“资金分析的研究”等五个专题，分别围绕“当前学术界的争论”“国外分析方法”及“今后改革方向”三个层面进行古今中外的思考、讨论，其中自然讲到连环替代法，讲到基期、报告期、数量指标、质量指标，讲到替代顺序，老师提出如下问题：替代原理是什么？为什么是这样的替代顺序？不这样会怎样？其中的难点疑点是什么？讲到苏联经济活动分析的对象、内容、苏联利润分析方法时，老师通过中苏利润分析方法的差异比较，提出了下列问题：在实际数量、计划品种、计划利润等分析方法及结果方面有哪些差异？为什么会有这样的差异？各自的优劣有哪些？如此等等。这样的启发式、思辨式教学方法，极大地点燃了我的好奇心，于是我撰写了“因素分解法原理刍议”“中苏利润分析方法之比较与评价”两篇文章，发表于《大连财会》1986 年第 7 期、《会计之友》1986 年第 3 期，由此逐渐养成了思考、思辨的习惯，直到现在我也坚持这样的教学方法，收到了非常好的教学效果。

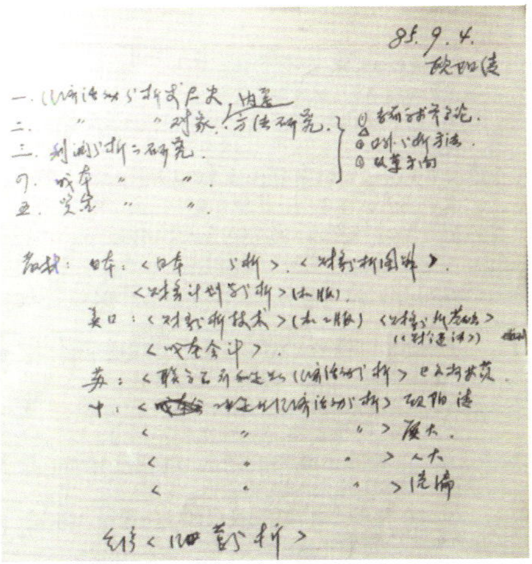
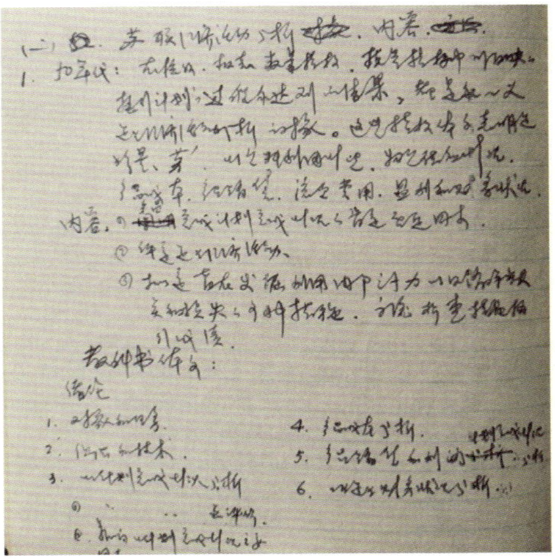

（二）提携科研

科研是大学教师的重要职责之一。欧阳老师知道我一直在高校工作，非常关注我的科研进步。1994 年 10 月，我从本科学习及毕业留校工作的黑龙江八一农垦大学调到天津商学院（今天的天津商业大学）会计系工作。1996 年末，收到欧阳老师的一封信，谈及葛家澍等老师主编一套《会计大典》，其中包括欧阳老师主持的《会计大典——成本会计》，问我是否有意参加，如果想参加，可以将其中的“商品流通企业与运输企业的成本核算”“施工企业的成本核算”“农业生产的成本核算”“成本报表”及“成本考核”部分的写作任务交给我。看完信，思索良久，既内疚、惊恐又忐忑。内疚的是，老师直接给我写信，而我很少给老师写信，深感内疚、惭愧；惊恐的是，老师那么多优秀的学生，居然让我来承担这一艰巨而光荣的任务，实在没想到；忐忑的是，由诸多老一辈著名、仰慕的会计学家主持编写的这套专著，我能否胜任？冷静下来后，深刻体会到老师对我的信任与期待，试着给老师回了信，除了感谢老师的厚爱以外，也说明了非常荣幸参与该书的写作、又担心达不到写作要求的矛盾心理。老师在后来的回信中，说明我本科毕业于农业会计专业，了解相关行业的成本核算特点，经济活动分析学得也不错，给了我各种鼓励、支持，更给了我充分的信心，于是愉快地接受了这一任务。记得 1996 年第一次买电脑，用的 WPS 中文录入系统，初稿完成后打印邮寄给欧阳老师审阅，老师从基本思路及相关理论、制度、方法、文字等诸多方面给了我详尽的指导，经过三轮的修改完善，该书于 1999 年 6 月由中国财政经济出版社出版。通过参与该书的写作，老师在科研的求真务实、严谨创新等方面给了我极大的帮助，大大提升了我的科研热情，改进了科研方法，促进了科研与教学的融合。

（2008 年 6 月 21 日，栾甫贵在大连与先生合影）

（三）关爱学生

除了日常学习、生活的关爱以外，欧阳老师在学生遇到特殊情况时更是关怀备至。读研期间，我所在工作单位（黑龙江八一农垦大学）地处黑龙江省密山县，1986 年 4 月末密山县发出地震预警，学校停课，教职员工投奔亲友“避难”，随即我回去将爱人及不到半岁的女儿接到了东北财大，学校、会计系及宿舍同学给予了极大的帮助、照顾和关爱，期间带着妻女去拜访欧阳老师。老师及师母的热情、关心令我极为感动，除了问寒问暖以外，还关注有关吃住、用品、照顾孩子等一系列问题，还将一个紫色的线毯送给孩子，仿佛我的父母一样地关怀照顾。当年 7 月中旬放暑假前，我去欧阳老师家辞行，老师又问起我爱人及孩子的情况，问到什么时候回去，车票买了没有。当老师听说由于暑期购票难、尚未买票时，主动和我说，他帮着想想办法，结果第二天就通知我说买到了 7 月 19 日的火车票（两张卧铺），让我激动、感动得不得了（当年 5 月 1 日去大连只买到了硬座票），老师却平静地说，孩子太小，需要更好的照顾，直到今天，我爱人仍然不时念叨欧阳老师的关心帮助，对欧阳老师表示深深的怀念和感激。

2022 年 10 月 3 日，与敬爱的欧阳清老师通话了 27 分钟 41 秒，没想到这是与恩师的最后一次通话，没想到一个月之后恩师便驾鹤西去……回望近 40 年的路程，深切感受到老师的关心关爱，感受到老师的求真务实，更感受到老师的高山仰止，老师的慈爱、真诚、奋进、包容等珍贵品格永远印刻在心里，永远激励着我、指引着我……

2023 年 4 月写于北京

栾甫贵：东北财经大学会计系 1984 级硕士研究生，1961 年 4 月出生于黑龙江省宝清县，现为首都经济贸易大学会计学院教授，从事会计学专业的教学与科研工作，主要讲授“会计理论”“高级财务会计”等课程，研究方向为企业破产会计、会计理论、会计教育。曾获得国内贸易部“有突出贡献的科学、技术、管理专家”（1997 年）、中国会计学会财务成本分会“中洲光华杯学术创新奖”（2004 年）、财政部全国会计名家（2019 年）等荣誉。

十三、师恩如海，父爱如山——追思我的恩师欧阳清教授

2022 年 11 月 8 日晚，得知欧阳教授仙逝的不幸消息，心情无比沉重，万

分不愿面对。因为，在此半月前，我们还有微信，导师告诉我上一次脑梗后已经有所恢复，已经能在客厅一天走上十几个来回，他老人家思路清晰，谈笑风生；而今，导师驾鹤西去，浩荡恩情与音容笑貌却永存人间。

1. 初识

我于1980年9月考入辽宁财经学院，在会计系工业会计专业读本科，大三时专业必修课之一是欧阳清教授讲授的“工业企业经济活动分析”，依稀记得是72学时，上课地点在劝学楼（4号楼）210教室。从学长那里听说欧阳教授对这门课程要求很严，得高分很难，是平时测试、阶段考试、期中成绩和期末成绩的加权平均数，因此，我们工业会计1980级的同学在未接触此课程之前就不明觉厉。

第一堂课，欧阳清教授衣着庄重手持教案步履稳健走上讲台，老师当时52岁，给我的第一印象是执着、坚定、慈祥、和蔼，但之前学长们的言传使得我们心中还存有敬畏。随着每一课的教学实施，我越发感到这位大师对授课的认真程度超乎寻常，“工业企业经济活动分析”课程指标多、公式多、连环替代法分析步骤多，当时是粉笔教学时代，老师总是提前到课堂，将本次课程的教学表格和数据清晰呈现在黑板上，以不占用正常授课时间；开课10分钟的时间，是对上一次课程内容回顾与提问，以温故知新，这个环节太重要了（我留校后教学中也薪火相传了老师的真经），老师每次提问后都有点评，并将每位同学的平时成绩记录在册，是期末总成绩的重要原始凭证。一个学期中，同学们被提问多次，有位“桑”姓同学被提问频繁，操着福建口音的欧阳老师经常提问点名道：“孙”……略有停顿，班级近十几位孙姓同学面面相觑，紧张万分。老师的教学方法灵活多样，有自设实例数据求证，有文献检索，有统编、人大、辽财三本教材观点的比较评价，有作业和案例点评，等等。

欧阳教授在传授品种构成因素对成本和销售利润的因素影响的观点时，以鞍钢、抚顺水泥厂为例理论联系实际，授课形象生动；在传授等级构成（产品质量）因素对平均单价进而对经济效益影响的观点时，以红双喜压力锅、钢筋水泥为分析对象，区分主观与客观，萃取因素精准；在传授材料配料比例因素的成本效益分析的观点时，对人大与统编教材的观点敢于探讨质疑，个人观点鲜明；在传授流动资金垫支总周转率的影响因素知识点时，运用供产销流程特征与公式推导，对垫支周转天数为什么不能简单等于供产销三个阶段周转期之和的原因，论证以理服人，推演科学合理。同学们对欧阳老师的分析课越发感兴趣，也越发热爱这位学风严谨，治学有道的大师，每次课前，分析课前占座蔚然成风，能坐到前三排分享欧阳大师的授课内容和分析智慧，快乐无比。

毕业后同学们的相聚中，欧阳教授分析课是一大话题，同学们反映，虽然老师要求严格，工业企业经济活动分析课程考试成绩没得高分，但这门课在毕业后经得起实务工作检验，堪称“低分高能”、学以致用的好课程！

2. 恩师

1984 年 7 月我于东北财经大学本科毕业，留校任教，分到会计系“分析与审计”教研室，当时欧阳清教授是教研室主任，我荣幸地成为欧阳老师的助教，先后为会计学院工业会计专业 1981 级和 1982 级“工业企业经济活动分析”专业必修课助课。我作为老师的助教，有天然优势聆听大师教诲，本科阶段练就的童子功，加之两年的助课锻造和同期的全国自学考试《企业经济活动分析》辅导培训铸就，《工业企业经济活动分析》从体系框架到各章知识点与精华浸透了我年轻的记忆，欧阳教授的崇高师德、以智育人、以德树人的师者风范令我刻骨铭心，终身受益。

（1984 年 11 月，先生课间指导秦志敏完善教案）

我讲授的第一门课程，是跟随欧阳老师口传心授的“工业企业经济活动分析”，大学的学习笔记和助教两年的工作笔记是我授课最好的教案，我耳濡目染了师传真经，提问多、作业多、监考严、评分严，荣幸成为学生命名的“四大杀手”之一。

我参编的第一本教材，是欧阳老师主编的《工业企业经济活动分析》，欧阳老师是我在教材编写方面的启蒙恩师和领航者，老师常说，教学中发现的教材问题一定要及时纠正，要以学生为本，要对知识敬畏，严格把握住教材与复习题、练习题之间的逻辑主线一致性。

我发表的第一篇论文是在欧阳老师学术观点启发下的成果，发表于《财务与会计》1992 年第 3 期的论文，题为“中、美、日关于销售利润分析方法的比较”，老师说发表论文并不难，教学与科研可以相互促进，我遵循老师的教诲，将科研成果用于教学，研究生课程的相关专题都是论文成果的再现与延展。

我作为青年教师第一次去外校进修提升是欧阳老师亲自联系的，1985 年 4 月 29 日—6 月 14 日我在厦门大学经济学院的“审计学”培训班学习，聆听了林志军、李超山学者的学术研究思想，开阔了知识视野，重新认识了审计与分析学科之间的相互渗透与叠加关系。当时董大胜师兄在厦大读博士，他受欧阳老师的嘱托，不辞学业压力时常抽时间关心本人，我很感激师兄。欧阳老师十分注重对青年教师培养，还记得进修之际欧阳老师的嘱托，一是海纳百川，虚心向同行汲取学养，二是特立独行，绝不人云亦云，培养独立思考能力，老师的教导在我三十八年的教学生涯中受益良多，在我准退休之际也将财务分析的教学理念、授课思路与技巧继续传授给青年教师，使欧阳老师呕心沥血开拓的分析课程后继有人。

（2003 年 7 月，秦志敏与先生在会计学院资料室）

1986年冬，我如愿考取了东北财经大学会计学专业硕士研究生，并且成为欧阳教授的弟子。研究生学习期间，欧阳老师的授课课程是“经济活动分析研究”，授课内容是经济活动分析研究的中外前沿思想、观点与评析，老师从不间断提高自己的专业知识和教学水平，从不间断对国内、国外最新学术动态的学习与研究。为了上好课，他曾在北京图书馆待上十几天，查阅各方面的资料与书籍。老师常说：讲一懂十，的确，尽管我已经聆听老师授课多遍，但每一遍都有新意不落俗套。

一次，我去欧阳老师家取学生试卷，走在老师家楼梯上我嗅到了一股煳锅味，而且味道越来越重，当欧阳老师给我开门的一刹那，他不好意思地说：烧煳锅了，正在收拾。当时身为大型国企总会计师的师母出差，不会做饭的欧阳老师以方便面应对，备课聚精会神结果锅煳了不说，午饭也没有按时吃。老师告诉我，这是他烧煳的第八只锅，并说得赶快去买只新锅好瞒过师母。老师就是这样惜时敬业，很多课程老师已经讲了数十遍，许多教材也都是他自己编写的，内容都能背诵，但每次上课前，老师仍然坚持精心备课，从不马虎，从不发生教案以旧替新的情况。

惜时如金，已经成为欧阳老师的习惯和原则。为了节省时间，外出回校，老师往往坐夜车，节假日也从不休息，师母常常很心疼地和我说。但欧阳老师常说，教师只有严于律己，才能严格要求学生，才能使学生信服。

3. 慈父

研究生在读及毕业后，我仍然从事会计学院专业教学与科研，先后讲述“工业企业经济活动分析”“财务管理”“管理会计”“财务分析”“财务分析与评价”“上市公司财务报表识别”等课程，在所有课程的讲述中，自己都秉承恩师的教导严谨治学，认真备课，欧阳老师说过，要想讲课形象生动，柔韧有余，必须充分备课。是欧阳老师的厚德引领使我一步步成长，每当我有一点点进步时，老师总是及时电话问候，并鼓励我继续前行。

欧阳老师业务上是一位良师严师，生活上则是青年教师的知心朋友，他尊重青年教师，理解青年教师，关心青年教师，和蔼可亲，平易近人，很多青年教师都得到老师的事无巨细的关怀与雪中送炭的支持，在老师关爱下成长起来的一代又一代优秀学子，提起欧阳老师对学子的关心无一不夸赞感佩。

（2017 年夏天，秦志敏到大连科学家公寓探望先生）

做助教时我经常去老师家，师母邵老师从不拿我当外人，经常跟我说心里话，抱怨欧阳老师不注意身体，写书开夜车很晚，家务活从来不沾，孩子学习很少辅导，把白天写书的时间放置到深夜，白天很多时间是和学生谈心。每当此时欧阳老师总是在我面前赞美邵老师，说自己有福气，找了一位贤内助，我内心由衷地敬佩欧阳老师的睿智，老师和师母你一言我一语，我在旁边如同孩子般享受着家庭的温暖与民主气氛。

还记得那是研究生毕业期末考试，由于当时本人怀有身孕，三个小时的考试进行到一半左右，欧阳老师监考，他走到我课桌边看我答得差不多，慈父般关怀地说：小秦，到走廊透透气吧。我出去十分钟后觉得还有题没答完整，又折回考场继续答题，向老师提交了满意的答卷，欧阳老师用赞许的目光示意我赶快回去休息。我女儿的胎教，充满了经济活动分析的元素，在她 3 岁的时候幼儿园老师问她：妈妈讲什么课？等我去接女儿时老师说，你女儿太厉害了，你讲的课程名字好长她都说下来了，我们都记不住，叫什么分析来着。

在刚留校作欧阳老师助教的时候，我发现欧阳老师经常把教学、科研、会议、调研等事项严谨记录在教学日历上，以便在繁忙中有条不紊工作、合理筹划时间。老师这样做一定有道理，因此在欧阳老师的潜移默化下，我将学校教务处下发的教学日历作为工作日历，在上面记录学期内讲授课程、授课对象、授课学时、时间地点、指导的学生以及重要工作时间节点，每每一个学期结束，做个总结回顾，在呈报工作量（在无纸化办公之前）等工作中也有据可查。行为坚守便成了习惯，这个习惯贯穿了我整个教学生涯。如今我虽已退休，三十八年的教学生涯按下暂停键，但教学日历会印刻春华秋实、夏蝉冬雪，我从心底感激欧阳导师润物无声的影响，让我在退休之际有一份美好的回忆。

（各学期的教学日历）

欧阳老师晚年经常与我通电话，他老人家知道我和母亲住在一起，在工作之余照护母亲，老师经常夸赞我，说老人晚年和孩子一起生活会得到无微不至的照顾，是老人的福分。老师经常把他的处世之道、为人之道、养生之道与我传授，就像当初传授经济活动分析的真经一样。当老师知道我母亲也有糖尿病时，就和我分享他的用药方案，在视频的另一端，老师让保姆拿来药盒向我介绍这个药的特点，我母亲至今用的降糖药仍是老师的药方：瑞格列汀，在此之前，她的用药是糖脉康颗粒。

2018 年我和王玉红老师在上海国家会计学院开研讨会，会议期间郭永清副校长驱车，哈工大常颖老师（我大学同班同寝）、王玉红老师和我去看望欧阳老师。记得是那年冬至的晚上，老师让家人精心准备了丰盛的晚餐，考究的上海菜和玉米汁热饮，我坐在老人家身旁，享受着家的和谐氛围和慈父的大爱，老师很高兴，告诉我们在忙工作的同时一定要兼顾身体，老师那年每天还能去公园散步。欧阳老师打印并赠给我的“园丁随笔”的诗作一直摆放在我的工作室，她既是恩师对事业的孜孜以求，也是慈父对晚辈的殷切嘱托：孜孜耕耘大半生，桃李芬芳九州地，耄耋之年归去也，科教自有后来人。

欧阳清教授是我国成本会计学科的创立者之一，为我国成本核算管理改革作出了巨大贡献；他是全国五一劳动奖章获得者，全国财税系统、辽宁省、大连市劳动模范；他的一生光明磊落，心怀坦荡，师德崇高、桃李芬芳，半个多世纪的会计教育人生体现了中国老一辈学者的责任与风范，值得敬佩，更值得学习！

师恩浩荡，英名永存！

2023 年 1 月 21 日写于大连

秦志敏，1980 级辽宁财经学院会计系工业会计专业本科，1984 级东北财经大学会计学硕士，2003 级会计学博士。教授，中国注册会计师，中国注册税务师，教育部学位中心论文评审专家，辽宁省普通高校本科教学名师（2015 年）。在《会计研究》《宏观经济研究》《财经问题研究》《财务与会计》《中国注册会计师》《中国财经报》《会计与控制评论》等知名期刊发表论文四十余篇，主编教材十余部。曾任会计学院财务管理系主任。2022 年 7 月退休。

十四、师恩浩瀚如海，泣泪感念恩师

2022 年 11 月 8 日晚上我正和刘永泽老师一起研究点事情，19 点 38 分的时候我的手机微信铃声响了一下，我下意识地看了下手机，欧阳宁大姐在“欧阳老师学生群”里发布的讣告映入眼帘，得知恩师因病医治无效，于 2022 年 11 月 8 日 17 时 55 分在上海医院寿终，享年 92 周岁。真不敢也不愿相信这是真的，群里前一条微信内容还是祝老师中秋、教师节快乐，突然间下一条变成了噩耗，令人无法接受，心中的痛无以言表，此前我还时常期盼着明年的夏天疫情如果结束，恩师该来大连与众多弟子相聚了——三年没有来了，恩师，我们想您啊！

回顾与恩师情同父子的38年岁月，往事清晰再现，不禁将我的思绪拉回到从前的时光。

我于1981年考入辽宁财经学院会计系工业会计专业，对于一个出生在海岛的祖祖辈辈以打鱼为生的渔家孩子来说，能够上大学真是上天的眷顾，所以我特别珍惜这个来之不易的学习机会，各门课程我都尽自己所能努力学好，特别是在大四上学期，我们开设了“工业企业经济活动分析”课程，在开课前就听上一届的学长们说这门课“课程难、老师严，要得高分可不容易”，所以，在开课伊始我就加了一份“小心”，依稀记得第一次课，恩师带着厚厚的教案，步履稳健地来到课堂，开启了我们的“工业企业经济活动分析”课程。由于开始的“小心”，我学习这门课程格外用功。在课堂上，恩师对课程内容的讲解总是循循善诱，由浅及深，理论联系实际；在课堂上，恩师总是想方设法激发我们学习的主动性和兴趣，从而引导我们主动学习、灵活学习、勤奋学习；在课堂上，恩师总是能够结合我们目见耳闻的例子，将专业知识融入其中，引导我们主动发问，主动思考，再结合教材查缺补漏。在课下，恩师与系里给我们这门课配备的助课秦志敏老师，共同解答我们课程学习的问题，布置、批改作业等，正是得益于两位老师的辛苦付出，我的这门课程最终的成绩比较理想，这也奠定了我后来读研期间研究生论文的写作方向。恩师那个时候采用的就是“课堂提问、分段考试，两者按权数计总分”的成绩确定方式，每次恩师的提问我基本上能够回答出来，每次的阶段考试我的成绩也不错，所以，课程开始不久，在恩师的安排下我就成了我们班（工会81－1）“工业企业经济活动分析”课程的课代表，尽管当时不知老师会是我后期读研的导师，但通过“工业企业经济活动分析”课程我与恩师结缘，在本科学习期间我无比荣幸地遇见了欧阳清教授这样的恩师是老天对我的恩赐，在我的人生中，恩师永远是我面前的灯、路上的光，从这个意义上说，由此开启了我和恩师的长达38年的“父子情缘”。

1985年本科毕业后，我继续在会计系攻读硕士研究生（此时学校已更名为东北财经大学），这次的读研让我真正成为恩师的弟子，当年老师带了三名学生：刘继伟、郑海英和我。在读研期间，恩师真的把我们当作自己的孩子，视如己出，不仅教授我们学业，更是我们人生的导师，三年的研究生学习期间，恩师时常叮嘱我们一定要把学业学好，为自己的将来打好专业基础；恩师时常关心我们，询问我们生活中是否有困难，那种关爱可谓细致入微；恩师时常召集我们探讨毕业论文的写作方向，告诫我们要为毕业论文早做准备，多看书、多看报刊上的相关文章。在读研最后一年的论文写作过程中，恩师帮助我们分别确定了各自的选题方向后，对论文写作的每个环节包括大纲、初稿、定稿等都细细地审阅、批改，看着恩师在每一份稿件上给出的密密麻麻的批阅意见，自己暗暗下决心：一定要把论文写好，要对得起恩师的辛苦付出！恩师还特别强调“会计学是一门应用性强、紧密联系实际的经济学科”，要写好论文，不能闭门造车，一定要走出去，搞调查研究，做到理论和实践相结合，为此，恩师亲自写信推荐我和刘继伟去拜见厦门大学的余绪缨教授、暨南大学的李金秀教授和辽宁大学的王文元教授等，亲耳聆听会计名家对我们论文观点的指导与修正，使我与刘继伟受益匪浅，为研究生毕业论文的顺利完成提供了强大的支持。在调研出行前，恩师一一嘱咐刘继伟和我此次调研的内容、面见几位大师应注意的礼节、路上的安全等，特别令我感动又迄今记忆犹新的是恩师临行前对刘继伟的叮嘱：“陈文铭身体不好，在路上你要多照顾他。”让我这个10岁就失去父亲的孩子重拾慈父对儿女的关爱！

研究生毕业后，我留在东北财经大学任教。1988年，我和爱人结婚，婚后我和爱人去恩师家拜访，恩师和师母专门送给我们一套厨房用具，叮嘱我们“要好好经营自己的家庭，只有家庭经营好了，事业才能做好，夫妻恩爱，家庭和睦，家和万事兴！（现在我们一家三口的微信群名就叫‘家和万事兴’）”当时，我爱人刚从沈阳调来大连，工作还没有着落，恩师得知这一情况后，首先安抚我不要着急，爱人工作的事一定会解决，让我安心工作，千万不要因此影响了学校的教学安排，同时，恩师又积极联系相关单位，甚至动用了恩师的各种关系包括老师的学生，帮助安排我爱人的工作，在恩师的努力下，终于联系到黑石礁街道的工作，但恰在这时，别人此前帮我爱人联系的大连财政干部培训疗养中心也传来接收信息，经与恩师商量，最终我爱人选择了大连财政干部培训疗养中心的工作。尽管我爱人没有到恩师联系的单位上班，但恩师的爱让我感动，恩师的情让我感念。此后每次与恩师见面，除了我工作相关事宜的交流和叮嘱外，更多的是询问我爱人工作得好不好，上班路途远不远，身体吃不吃得消，家庭生活有没有困难等，待我们有了女儿后，与恩师见面时的话题又多了一个内容：关心我女儿的成长，指导我们如何教育孩子。可以说，我们一家三口都得到了恩师细致入微的关爱，恩师，我们家让您操心了！

20 世纪 90 年代初，为了完善系里的实验教学工作，作为主管会计系教学工作的恩师安排我和会计系的李日昱老师下厂收集、整理实验教学案例，我当时尽管已是研究生毕业，毕业论文写作期间也做过实地调研，但对实验教学案例的内容还是处于懵懂状态，恩师就亲自帮我们联系厂家，记得恩师给我们联系的是大连氯酸钾厂，当时氯酸钾厂是一个规模较大、业务复杂、核算比较规范的单位，恩师嘱咐我和李日昱进厂后如何与财务人员取得联系，如何收集资料，如何将该厂一个完整会计期间的业务、凭证收集齐全，回来后恩师一一验收，分类处理，手把手地指导我们整理这些资料，形成完整的实验室使用的会计实验教学案例。通过这次的实验教学案例收集、整理工作，使我对实验教学有了一个全新的认识，对实验教学案例的撰写有了感悟，为我后来的课堂实验教学、实验教材的编写奠定了扎实的基础。

2004 年，74 岁高龄的恩师辞去了繁忙的教学、科研工作，从东北财经大学会计学院退休，与师母一同回到上海定居。尽管恩师人是退休了，但生活内容却是“退而不休”，继续忙碌着恩师一生钟爱的事业：著书立说——修改、完善自己的著作；实地调研——到各地走访考察。当然恩师也有忙里偷闲的时候：参加母校的校庆、参加劳模联谊会、跟团旅游等。尽管恩师在上海的退休生活内容丰富多彩，但恩师在大连生活、在东财工作了一辈子，即便人在上海，也时刻牵挂大连、牵挂东财，所以，恩师退休定居上海后，依然每年的夏秋季总会回到大连，待一段时间，这也是我们这些弟子最盼望、最幸福的时光，每次恩师来大连，我们的大师兄、二师兄们都会张罗着将大连的欧门弟子聚拢在恩师身边，再次聆听恩师的教诲，分享各自近期的成长与进步，每每听到弟子取得的新成绩，恩师就会满脸充溢着幸福的喜悦——孩子又有进步了！在恩师的眼中，总是希望看到他的学生在成长和进步，在恩师的心中，总是期望他的学生能够取得更大的成就。当然，我们也会在恩师跟前耍耍娇——孩子见到了父亲就该如此。只恨每次相聚的时光短暂，恩师在，欧门的“家”就在！恩师驾鹤西去，带走了我们心中的云彩。

（2006 年 12 月 3 日，先生回大连度假时与陈文铭的合影）

自我走上教学岗位始，恩师就反复叮嘱我一定要热爱自己的本职工作，为人师表，率先垂范，“千教万教，教人求真”；恩师叮嘱我作为一名大学老师，既要用专业知识装点同学们的行囊，也要以正身立人赋予其根本，多给同学们一句指点，就意味着同学们可以少走一些弯路，不仅要做学生的良师，更要与学生成为益友；恩师叮嘱我在教学过程中必须充分传递给学生求变、发展、诚信的信息，做到谨言慎行、行必有方、言必有物，用爱心去温暖每个学生，用耐心去启迪每个学生，用恒心去坚守自己的职业；恩师叮嘱我在教学过程中要做到会计理论与实践并重，要在实践中提升学生独立分析、解决问题的能力，鼓励学生大胆实践、学以致用，大学老师应该做到“在教书中育人，在育人中教书”。恩师的谆谆教导影响了我迄今为止的教学生涯，也成为我孜孜追求的目标。在恩师言传身教的影响下，我在教学过程中也取得了一点点成绩，2013 年主持的“基础会计”课程获评国家资源共享课立项，2013 年被评为辽宁省教学名师，2019 年主持的“基础会计”课程被评为国家级线上一流课程，2019 年获得东北财经大学卓越教学成就奖。这点滴成绩都得益于恩师的用心、用情培养和教育，我从不敢忘记恩师的大恩，谢谢恩师！

2010 年 4 月，我和孙光国去上海参加中注协组织的一次会议，会后我和孙光国去恩师家中拜访恩师和师母，同去的还有胡仁昱师弟和曹利师妹，恩师和师母热情地接待了我们，看到恩师身体很健朗，我们真的打心眼里高兴。中午师母还亲自下厨为我们做了满满一大桌丰盛的菜肴，我也是第一次在上海吃到了家宴，品尝了师母亲手烹制的上海美食，师母的手艺真不赖，不亚于酒店的大厨。席间，恩师、师母与我们边吃边聊，从上海聊到大连，从过去聊到当时，特别是对于上海的风土人情，恩师如数家珍，侃侃而谈，风趣幽默，让我这个大连人对上海大都市又有了进一步的了解。当然，恩师与我们聊的更多的还是东财的事情，我们每个人自己的工作情况，恩师仔仔细细地询问着我们的教学、科研工作的进展，这一年又取得了哪些成绩等等，时间过得好快，在恩师家待到下午 3 点多钟，我和孙光国才依依不舍地离开恩师家回到了住地，恩师还一直把我们送到了车站。

（2010 年 4 月 23 日，陈文铭到上海去先生家中探望）

2019 年 11 月，我们一行数人前往无锡参加由中国会计学会会计教育委员会主办、东北财经大学会计学院和东北财经大学出版社共同承办的“中国会计学会会计教育委员会财务与会计类课程教学研讨会”，会后我和刘永泽老师、邵良志师弟、胡仁昱师弟等人专程从无锡转道上海探望恩师，在恩师家与恩师聊了很长时间，恩师还是一如既往地关心每一个学生的成长，挨个问着我们各自的情况，我们也都一一地向恩师做了详细的汇报，期间，恩师还拿出自己的 Ipad，分别与我们合影留念，过后恩师亲自整理我们的合影并通过微信发给我们，我们都直夸恩师对现代化的工具运用自如。当晚，由恩师的学生郭永清师弟在恩师家附近的饭店招待我们与恩师一起用餐，大家继续与恩师交流畅谈，学生与恩师见面，总有说不完的话、唠不完的嗑，直到很晚我们才与恩师恋恋不舍地分手、道别。谁承想，此后的三年因疫情关系，恩师再没能来大连度假，我们也没能去上海探望恩师，此别竟成了我们和恩师的永别！

（2019 年 11 月 9 日，陈文铭、郭凤英夫妇到上海探望先生）

恩师仙逝之后，师门的师兄师姐、师弟师妹们张罗着出一本恩师的纪念册，我也在尽着自己对恩师的一份孝心，为此，我时常翻开恩师的回忆录——会计教育人生，从前到后看了多遍，每看一次，都会越发地觉得：恩师可谓一生从事自己热爱的会计教育事业，自1952年入行到2004年退休，从教50多年——半个多世纪啊！退休后还继续“退而不休”，真正做到了活到老、工作到老！恩师一生爱着自己的学生，时刻关注学生们的成长，时刻关心着学生们的需求，随时随地的电话、微信为证，对每个学生恩师做到了关爱有加！恩师一生充满了正能量，每一次与恩师的交流沟通——无论是“线上”抑或是“线下”，恩师都会给我们带来豁然开朗的指导，而且绝对是满满的正能量，从未见恩师对任何事情、任何人的一句抱怨！恩师是我们永远的楷模！

师恩浩瀚，泣泪感念，恩师千古，精神永存！

2023年2月17日写于大连

陈文铭：1981级辽宁财经学院工业会计专业本科，1985级东北财经大学会计研究生，东北财经大学教授，硕士生导师，国家级线上一流课程“基础会计”课程负责人，辽宁省教学名师（2013年），东北财经大学卓越教学成就奖（2019年），2019年退休。

十五、缅怀恩师欧阳清教授

欧阳老师是我读研时的恩师！也是我永远的恩师！每每想起老师，总有无尽的怀念！

我是东财会院1985级硕士研究生。说起我读研的经历，就会想到欧阳老师。在本科快毕业的时候，大部分同学都有了自己的规划，或是就业或是考研，我当时觉得自己的成绩并不理想，且我们毕业的时候基本上是国家包分配，工作去向大都不错，所以并没有明确的考研打算，是欧阳老师特意找到我，说他教了几十年的企业经济活动分析课程，还很少有人像我答得这么好，说我不考研太可惜了（我得了90多分，算是班里的高分，但离老师的要求肯定是有差距）。老师语重心长的一席话，给了我莫大的信心，让我下定了考研的决心。

读研期间不论是调研、实习（说起实习经历，老师还特意帮我联系到当年在湖北襄樊财局挂职的邵敏学妹，在学妹的挂职单位实习了一个多月，借此也对邵敏学妹表示感谢），还是毕业论文的写作，都离不开老师的关心和帮助。参加工作的前些年，经常在外奔波，和老师联系得不够，现在想来很是惭愧。有一次我在出差途中接到老师的电话，老师问起我的工作情况，我很惭愧地告诉老师，自己还没有评上正高级职称，老师却非常和蔼地对我说，在他的心里我早就是正高职称了，还特别嘱咐我要注意身体，照顾好家人，工作上只要尽力就行了，由此我深深地体会到，欧阳老师对学生不仅仅是严格要求，而且非常善解人意；后来我把评上正高职的消息汇报给老师的时候，感觉老师比我自己还要高兴。

（1990 年 10 月，先生在北京开会时与郑海英合影）

回想我的学习与工作经历，每一步都离不开老师的指点与开导。老师的追悼会上，刘明辉师兄说欧阳老师是他人生路上的提灯人，对我而言，老师不仅是提灯人，更是引路者。

欧阳老师，学生永远怀念您！

2023 年 1 月 19 日写于北京

郑海英：1981 级辽宁财经学院工业会计专业本科，1985 级东北财经大学硕士，2003 级中央财经大学博士，教授，硕士生导师，中国注册会计师（CICPA），资深特许公认会计师（ACCA，FCCA）。硕士毕业后先在中央财政管理干部学院会计系任教，其间在香港李文彬会计师事务进行国际人才交流两年，1999 年 4 月至今，中央财经大学会计学院任教。有内地及香港审计、会计实务、企业并购经历并具有丰富的实务经验。

十六、一片光明心　善育万千果

2022 年 11 月 8 日，欧阳清教授于上海仙逝。消息传来，同学们悲伤悼念，班群中充满了大家追忆老师的文字。

欧阳老师是我们班的亲老师之一。在学校里，大家把给自己上过课的老师称为亲老师。在同学们的眼里，欧阳老师不仅是我们的亲老师，更是学识渊博、成果丰硕、品行高洁、循循善诱、关爱弟子、热心公益和桃李满天下的大先生。欧阳老师无论是做学问，还是教书育人和服务社会，都可谓是师者之范。欧阳老师的教育家风范，不仅仅体现在学校的各项工作中，还体现在校外的点点滴滴中。我们回忆起欧阳老师和我们班最后一次的集体活动，回忆当时老师对我们的教诲和厚望，以缅怀我们敬爱的老师。

时间是 2001 年 10 月 2 日，为了纪念入学 20 周年，我们班同学从四面八方汇聚在大连三寰酒店。下午 2 点，老师们光临我们的聚会，欧阳老师除了向同学们表达问候之意和再次见面的欣喜之情，还满面笑容地向我们朗诵了老人家自己撰述的“长寿歌”，字里行间，体现了老师对我们的教诲、期待和祝福，体现了老师对弟子们深深的爱。诗的具体内容如下：

一生常笑不要哭，
两口相敬犹如宾，
三餐温饱要知足，
四季平安就是福，
五体康泰心情乐，
六神有主应庆幸，
七情六欲皆持平，
八方好友常相聚，
九十九岁不算老，
十全十美百寿图。

（会上朗读《长寿歌》。左起：邵东鸿、刘琪瑶、先生、俞机先老师）

“一生常笑不要哭”，与“士不可以不弘毅，任重而道远”之意相合。当时同学们大多不到四十岁，过了而立之年，正处于人生和事业的黄金时期，老师是要我们用勇毅担当人生风雨，用行动回馈国家和社会。

“两口相敬犹如宾”，当时同学们都已组建家庭，也过了七年之痒。老师是要我们学习梁鸿和孟光，无论贫富，都要相敬如宾，和睦如初，共同承担家庭之责，沐浴家庭之爱。

“三餐温饱要知足”，当时处于世纪之交，经过二十多年的改革开放，人民的生活水平有了极大的提高。但一些侈靡现象，也开始在社会上抬头，贫富差距也开始显现。老师是在告诫我们，无论是居庙堂之高，还是处江湖之远，都要厚德载物，取舍有度。

“四季平安就是福”，子曰：防祸于先而不至于后伤情，知而慎行，君子不立于危墙之下，焉可等闲视之。同学们学的是会计学专业，不是在学校做教师，从事会计专业教育，就是在实务部门从事财务工作。老师这是要我们谨守各自的职业操守，不做会导致自身危祸之事。

“五体康泰心情乐”，根据中医的说法，筋、脉、肉、皮、骨为五体，且肝主筋、心主血、肺主皮、肾主骨、脾主肉。五体康泰，才能心情愉悦。同学们当时正值盛年，工作热情高，工作强度也不小。老师这是要我们注重身体健康，劳逸结合，不要劳碌过度。

“六神有主应庆幸”，道家认为人的心、肺、肝、肾、脾、胆各有神灵主宰，称为六神。俗语“六神无主”，形容意识惊慌，举止失措。当时大学生稀少，社会上称之为天之骄子。老师反俗语而言“六神有主”，这是隐喻同学们学业不错，能进高等学府深造，毕业后也取得了很好的工作业绩。同时，劝诫同学们应珍惜当时社会上大部分人都没有的机会，学为所用，知行合一。

“七情六欲皆持平”，七情六欲乃人之常情，但能持平七情六欲，却是阳明先生所谓“致良知”的结果。孟子曰：“人之所不学而能者，其良能也；所不虑而知者，其良知也。孩提之童，无不知爱其亲者；及其长也，无不知敬其兄也。亲亲，仁也；敬长，义也。无他，达之天下也。”老师视同学们为社会栋梁，希望大家能持平七情六欲，在律己的前提下，达到“修身、齐家、平治天下”的境地。

“八方好友常相聚”，是老师期望同学们要经常沟通、往来，互相帮助，尽同学之谊，享同学之情。老师也期望同学们广结善缘，能建立良好、健康的社会关系，既为工作，也为美好的人生。

“九十九岁不算老，十全十美百寿图”，是老师对同学们的美好祝愿。

（2001 年 10 月 2 日班级聚会时师生同乐照。第一排教师，左起：吴大军、周金珍、诸葛其润、先生、夏乐书、俞机先、王孝忠、陈艳；第 2 排左起：陶萍、邢雪梅、韩春、李瑛、张彤、韦颖慧、刘美英、何宏华、黎莉、刘琪瑶、赵芳、刘小玲、李京红；第 3 排左起：王慧砾、邵东鸿、王莉华、任月君、傅丹、宋军玲、孙虬、孙晓华、陈志坚、王觉、牛彦秀；后排左起：陈刚、李永顺、尹志海、陈继壮、郝毅、郝彬、马占春、孟凡生、孙继瑞、于彬）

欧阳老师用一首诗的形式，从人生责任、家庭伦理、职业操守、养生之道、社会关系等方面，用隐喻的方式，给弟子们再上了一堂宝雨缤纷之课，对弟子们寄予了无限的希望，表达了老师对弟子的大爱之情。

欧阳老师的精神，在弟子们身上传承发扬，并将通过弟子们的弟子们一代一代延续下去。先生以九十二岁高寿弃世，尽了人事，顺了天道，可谓此心光明，和欣交融。先生之精神不朽，先生之人格千古！

写于 2022 年 12 月 10 日

工会 81－2 班全体同学

十七、人生向导，学业恩师

2022 年 11 月 8 日晚，看到欧阳宁在欧阳清老师学生群发的讣告，得知欧阳清先生因病医治无效在上海逝世。噩耗传来，深感悲痛。回顾与先生三十七年的交往，承蒙先生眷顾与教诲，往事浮想联翩，历历在目。我不是一个热衷于怀旧的人，但人生一路走过，总有许多美丽的风景值得留恋，过往的生活中总有些缘分甜美值得回味，辛勤的工作中有感激的恩情值得怀念，这些留恋、回味、怀念都不及先生对我的师生情谊。

先生，我从不曾忘却我们的初识。我是 1980 年 9 月考入沈阳工业大学（原沈阳机电学院）电子工程系半导体专业，在大学期间学习成绩优异，在大学三年结束时，学校成立管理工程系，由于缺少经济管理专业的师资，学校决定从电子工程系选调三名学生送到外校进修学习企业经济管理方面的课程，学成后回校任教。1983 年 8 月底，学校送我到辽宁大学经济管理系学习工业经济管理，进修 14 门课程，1984 年 7 月回校参加毕业典礼，然后到学校管理工程系报到参加工作。1984 年 8 月底管理工程系主任找到我说，我们系现在每个专业都缺老师，但最缺的是会计专业老师，系里决定让我和另外一个老师到辽宁财经学院（东北财经大学前身）会计系进修，主要学习“会计学原理”课程、“工业会计”课程、“工业企业财务管理”课程和“工业企业经济活动分析”课程，其他课程你们自己看情况，上述四门课必须学好，明年回来上课。1984 年 9 月初来到辽宁财经学院会计系进修学习，当时在会计系选了三门课，一门是李桂媛老师的“会计学原理”课程，一门是裴树田老师的“工业会计”课程，还有一门就是先生的“工业企业经济活动分析”课程。在上“工业企业经济活动分析”课课间休息时，我走到先生的面前，做了自我介绍，并表示自己从来未学习过会计专业的任何课程，学校给我的任务是明年回学校上这门课程。先生您微微一笑，和颜悦色地说，“这对你来说太难了……”由于课间休息有限，匆忙寥寥几语，也只能匆匆地离开，后一节课我几乎没有听先生的课，耳旁一直回萦着先生的话。下课时我又走到先生的面前，先生说：尽管这门课程很难，但你也不用害怕，过几天我们约个时间，到会计系资料室详谈。望着先生的背影，我充满了感激，瞬间增添了信心和动力。两周后，先生在会计系资料室详细介绍了“工业企业经济活动分析”这门课的内容、难点和重点，介绍了会计学科课程之间的逻辑关系，并推荐我还需要学习“管理会计”等10门课程。正是先生这一下午的耳提面命，使我对会计专业有了更清楚的了解，同时对部分课程又有了一定认知，为我后续的职业发展提供了巨大的帮助。

先生，我从不曾忘却投师于您门下研究生三年的学习时光。1984年10月我就想报考会计系研究生，由于我是沈阳工业大学有计划培养的师资，学校不同意我报考。是先生您告诉我，未来要从事会计学教学工作，没有经过系统的会计专业学习，未来也很难胜任教学工作，更不可能成为一名优秀的教师。后来经过多次努力争取，最后沈阳工业大学管理工程系领导同意，给我一次报考会计系研究生考试的机会，同时要求我进修课程必须学好，为明年回校上课做好准备。接到学校的通知后，我直接找到先生您，向您全面汇报我的情况，在研究生考试五门课程中，除了数学有极大优势外，外语与政治能达到平均水平，专业课和专业综合课基本没有学过，即使正在学的“工业会计”和“工业企业经济活动分析”也就是学习一个多月，包括专业课和专业综合课还有7门课都没有学过。先生您鼓励我说：能争取到这样报考机会很不容易，一定要好好把握，把剩余7门课程给你列出来，先把考试书目弄全，然后做一个学习计划，做到进修学习与研究生考试两不误，对于在学的两门课程必须积极听课，剩下7门课坚持自学，多吃一些苦，在应考前一定要把这些课程学会弄懂。正是在先生您的鼓励和帮助之下，经过三个多月的艰辛努力，使我在研究生考试中成功入围，投师于先生的门下。1985年9月进入到会计系攻读硕士研究生，在研究生开学的一个月后，我向先生汇报了关于读研后的一些想法，您直接告诉我，这些事先不要想，你现在需要做好两件事，一是研究生课程要学好，特别是老师要求查阅的资料必须收集和整理好；二是你和其他研究生不一样，没有经过会计学专业本科系统学习，你还需要把会计大部分专业课重新系统地学习，为你未来研究生学习和工作打下基础。按照先生您的要求，我基本做到了把大部分专业课都较为全面地学习一遍，正是先生您的这些要求，为我后续工作提供了很好的铺垫。三年的研究生学习，您言传身教，育人有方，提灯指路，甘为人梯，令人难忘。在研究生毕业论文撰写过程中，您多次修改论文大纲，对论文的撰写提出修订意见和建议，并写信推荐我和陈文铭去厦门大学面见余绪缨教授、暨南大学李金秀教授和辽宁大学王文元教授，聆听会计名家的教诲与论文的斧正，使我与陈文铭受益颇丰，为毕业论文顺利完成提供了强大的支持。在论文答辩之前，您告诫我们，毕业论文是你三年研究生学习成果的展现，对答辩委员会成员提的问题，积极准备，谦虚礼貌地回答，在准备答辩委员会委员的问题时，你们可以互相帮助，并预祝我们答辩顺利。

（1988 年 7 月毕业时，刘继伟与陈文铭一起赠予先生的条幅）

先生，我从不曾忘却我们在沈阳多次相见的时刻。1989 年初冬，您到沈阳辽宁大厦参加辽宁省表彰劳动模范大会，会间您把电话打到沈阳工业大学管理工程系，临近中午下课时，系办工作人员告诉我，你在东北财经大学的研究生导师让你下午三点到辽宁大厦找他，我三点之前准时到了您的房间，您详细问了我的工作情况，上几门课？课时多少？学生反映情况？科研搞得怎么样？身体能不能吃得消？爱人工作怎么样？等等。您的一番问话，真正让我体会到“一日为师，终身为父”的感觉，临近傍晚，我要请您吃饭，您说：不用请了，你现在刚刚开始工作，又刚刚成家，收入也不高，等你将来收入比较好的时候再请我，况且大会安排得非常好。在回校的路上，先生您慈父般的问话，一直在我耳边萦绕，学生感谢您。感谢先生对学生的关心和关怀。1994 年 9 月，辽宁省财政厅、东北财经大学和沈阳财经学院联合举办在职人员硕士研究生班，由东北财经大学会计系和沈阳财经学院教务处承办，我作为沈阳财经学院教务处副处长，具体负责硕士研究生班在沈阳的一切事宜，1995 年 7 月中旬，先生到沈阳财经学院为研究生班授课，我事先电话联系告诉您，沈阳财经学院可以派车到大连接送所有到这个班来授课的老师，我想到大连接您，您坚决不同意，还明确告诉我不要那么辛苦，不要那么浪费，在沈阳北站接就可以。当周末晚六点您乘坐辽东半岛号到沈阳北站时，天空突降暴雨，雨水湍急，根本无法出站，一个半小时后雨量渐渐变小，但马路已成河，车和人都无法行进，由于先生还没有吃晚饭，我非常着急，让司机想办法把车开到北站出站口，接上先生去饭店，尽管司机小心翼翼慢行，最后在北陵大街桥下还是被水淹熄火，等我把救援车找过来，已经是晚上 10 点了，把先生送到酒店已是 11 点多，尽管我坚持去吃饭，先生说太晚了，明天还要上课，我早点休息。在返回学院的路上，我和司机说没能安排好先生的休息与晚饭，我深深地自责。

先生，我从不曾忘却在东北财经大学工作期间，您对我的指导和教诲。我 2002 年 10 月从沈阳调入东北财经大学会计学院工作，与先生同在财务管理系，主要讲授“财务分析”课程。2003 年“非典”时期，学院要求教师下到学生班级，您告诉我，你属于年轻教师，在学校和学院需要你们的时候，要积极冲上去，帮助学院把学生安抚工作做好，我按照您的要求为学院抗击“非典”尽一份自己的力量。2003 年底，学校调我担任东北财经大学津桥商学院副院长，负责教学管理工作，在我们相聚的时候，您告诫我，津桥商学院教学必须办出特色，可以轻理论重实践，要强调学生动手能力的培养，这样学院才能持续地发展下去。2008 年底学校急调我担任学校财务处处长，我还没有来得及和您报告，您就给我打来电话，嘱咐我一定把这项工作干好，我清楚地记得先生告诉我，财务工作是一个单位里最重要的工作，学校也是如此，财务负责人必须遵纪守法，学校里教学活动、科研活动、学生活动、后勤保障和教辅部门背后都有资金运动，没有强大的资金流，一个单位不可能有发展，更不可能走上良性循环。按照您的教导，我用近两年时间，规范和统一学校的财务制度，开源增收，完善二级学院财务收支范围，在不影响创收单位积极性的前提下，做到了使学院和学校都步入财务良性循环的轨道。2014 年 10 月因我在校外兼职，不符合组织部门颁布的《党员领导干部任职的有关规定》，我向学校提出辞去东北财经大学总会计师兼财务处处长职务，我向您汇报此事时，您非常理解我，告诉我从此沉下心来安心任教，注意身体保护，把课上好，把研究生指导好，在我职业生涯最后几年，先生的要求我做到了。

（2006年12月3日，刘继伟、陈文铭与先生在星海广场合影）

先生，我从不曾忘却您每年回大连避暑我们相聚的时刻。在新冠疫情之前，先生和师母每年5月1日左右回大连，10月1日左右返回上海，在您每年回大连时我们至少见一面或更多，众多弟子的宴请，看到先生您精神矍铄，容光焕发，还有诙谐幽默地讲话，每次都感到相聚时间很短，都希望和您多多相聚。2019年8月与先生两次相聚，一次是陈友邦召集的，您详细给我们介绍了上海生活情况，看到您高兴和幸福的状态，我们在座的各位学生都非常羡慕，都为先生高兴；另一次是8月30日我请先生与同门师兄妹在星海湾相聚，先生告诉我，上海养老的一些政策，65岁后投奔子女，可以把户口迁移到上海，上海的养老福利多等等。先生在耄耋之年，还在微信圈发视频发照片，看到先生发的作品，我们无不为之赞叹。

饮其流者怀其源，学其成时念吾师。先生逝世一个多月，几次动笔，又几次修改，都觉得难以全面表达出先生与我的师生情，先生德高望重，让人景仰；先生恩重如山，使人崇敬；先生犹如春雨，润育桃李。先生的音容笑貌，时刻闪现在我的眼前；先生的品行人格，永远值得我深深地缅怀。在东

（2010 年 8 月，刘继伟与先生合影）

北财经大学追思会和同门弟子群里，看到许多怀念先生的文章，这不禁使我想起在 1988 年 7 月研究生毕业时，我和陈文铭一起送先生一副条幅，条幅上写的“人生向导，学业恩师”，师恩永世不忘，向先生学习。

师恩浩荡，先生千古！

2022 年 12 月 27 日写于大连

刘继伟，1985 级东北财经大学会计学硕士研究生，东北财经大学教授、博士、硕士生导师。硕士毕业后先后在沈阳工业大学、沈阳财经学院、沈阳大学和东北财经大学工作，曾任沈阳财经学院教务处副处长，沈阳大学教务处副处长、高等职业技术学院院长，东北财经大学津桥商学院副院长、高等职业技术学院院长、财务处处长、总会计师兼财务处处长。出版《管理会计》等著作十余部，发表论文 30 余篇。2021 年退休。

十八、深深怀念欧阳老师

那天，2022 年 11 月 8 日晚上，欧阳宁姐姐发来她父亲讣告，顿感失去依怙，我还没来得及再去上海看望亲近如父般的老师啊！

还记得 1987 年，当年老师意气风发教我们经济分析，我们班几个同学约着去欧阳老师家看考试成绩。记得当时我穿了一双高跟鞋，老师家里是木地板，我正要脱鞋，老师说，“不用脱，进来吧”，然后老师拿出试卷给每个人看成绩，我记得当时我考了九十几分，心里胆子就大了一点，不再往后躲，坐在了老师前面。一起去的几个同学本科也在东财读的，老师都很熟悉，而我从南方考研过去，老师就问起了我老家在哪，我当时对自己的家乡还真是很不自信，回说：浙江义乌上溪里面的溪华村，一个山沟沟里的山沟沟村。然后，老师就说了一句我心里记了一辈子鼓励我一辈子的话语“山沟沟里飞出了金凤凰”。

老师总是这么鼓励学生，老师的爱是无私的，给予学生的关怀总是那么温暖而细微入心。我先在大学从事会计教学工作，后来辞职与人一起合伙创办会计师事务所，当时各方面社会经验都不足，遇到了前所未有的挑战，信心开始不足了，颇有点看破红尘放下万缘思绪。这时机缘巧合见到了在上海的老师，老师鼓励我重拾信心，教育我端正工作生活态度，鼓励我要好好工作，说：“我 70 多岁了还在工作，还感觉工作没干够，干不厌。”

（2019 年 3 月，余俊仙到上海家中探望先生）

记得老师来杭州那年，都八十多了。老师受邀去浙江金融职业技术学院讲学。我得知后跟老师联系说一起去西湖边走走？老师说：“不用，你能否联系一家企业，我想去企业做成本调研。”后来我和老师一起去了浙江省机电集团，老师跟机电集团财务总经理俞乐平交流了很长时间，俞总说：至今还记得那场景，历历在目。后来老师出书并送我一本《成本会计》，我捧着书才真正领悟到，老师为人真是谦虚，治学真是严谨啊！老师的生命不息奋斗不止的精神，值得我一辈子学习！

出差上海，我会千方百计挤出时间去看望老师。每次老师都是嘘寒问暖，关心学生的工作和家庭、身体和生活。记得有一次，晚饭时间到了，老师留我吃晚饭。我当时就是没有想起来请老师和师母出外吃饭，师母那么大年纪了，亲自做饭，现在想起来，那是多么珍贵多么温暖的晚餐啊，至今不能忘怀。我要回来了，老师一定要送我，我说老师回去吧，不要送了，可是老师就是一定要送，还一直送到地铁口。至今，我还记得老师站在地铁口送我的身影。从此，每年，每一年的三八妇女节，老师都打电话问候我“余俊仙啊，今天是三八妇女节，祝你节日快乐”，然后就开始问我“还在工作吗？工作怎么样？”最后再叮咛一句“要工作啊，起码可以工作到七十岁”，然后又举例说“张明明教授差不多七十了，还在调研写书”。这份苦口婆心，不是老师，谁能给我呢？我有现在这个积极阳光的工作生活状态，我无比感恩老师！

疫情三年，真是给人带来很多的不便，心想不能去看望老师，就给老师寄点茶叶吧，今年因为上海疫情封控，连茶叶也寄不出，好久好久，终于寄出了，寄到了，老师打来了电话，然后告诉我，他摔了一跤，只能在家里走走。我就想着什么时候再去看看老师，亲近老师，聆听老师的教诲，但以为总是有时间的，不急的，总在找合适时间，哪曾想老师这么快会离我们而去，这么快就离我们而去了。

“棠梨花映白杨树，尽是生死别离处”，老师，学生永远怀念您！

2022 年 11 月 23 日写于杭州

余俊仙：1986 级东北财经大学会计学硕士研究生。正高级会计师，注册会计师，中国注册会计师协会资深会员、中国造价协会资深会员。荣获浙江省第五届中国特色社会主义优秀建设者荣誉称号。杭州市原拱墅区政协第四、第五届常委。1988—1998 年在浙江财经大学从事会计教学工作。1999 年辞职与人合伙创办浙江天平会计师事务所首任主任会计师。先后成立了浙江天平资产房地产评估有限公司、杭州天平税务师事务所和浙江天平投资咨询有限公司，并成立了浙江天平审计集团，其中会所、评估、投资咨询三家公司分别名列全国行业百强。现任集团董事长。

十九、孜孜诲学子，丹心报家国——写给老师

呕心沥血是您——您毕生致力会计理论研究和教学，以创新引领学术，以科研服务发展。一生无怨无悔，热血丹心。

专业报国是您——您作为我国成本会计学科的创立者之一，先后出版专著、教材数十部，为实现降本增效、推进国企改革、服务国家经济发展作出突出贡献。一生家国情怀，孜孜以求。

辛勤园丁是您——您坚持立德树人，诲人不倦，用大爱浇灌桃李满园。还记得 1999 年 4 月您的来信，信中除了鼓励我们，就是谈工作谈教材，每每回想起来犹如回到校园，在您身边聆听教诲。

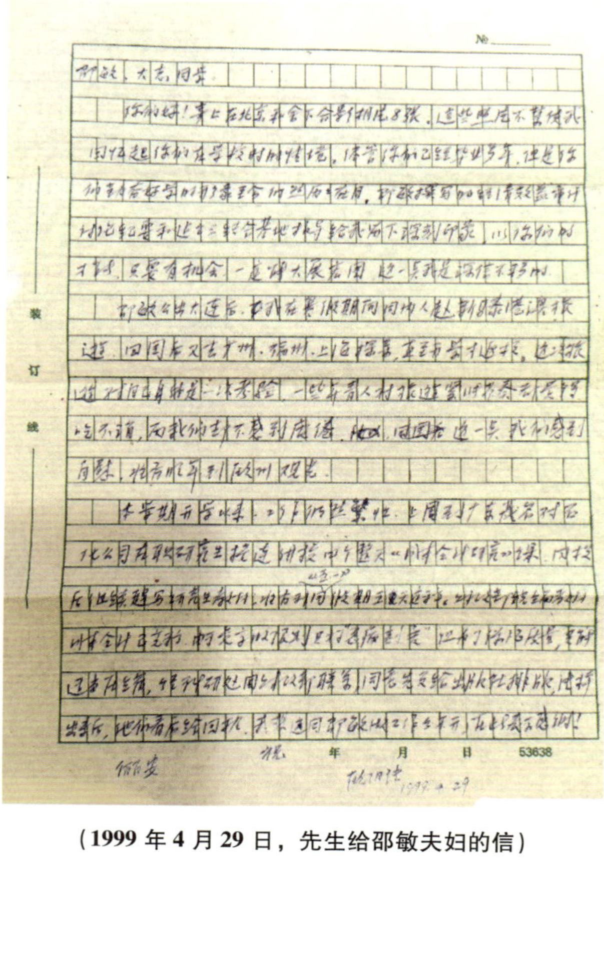
№
装
订
线
年 月 日 53638

（1999 年 4 月 29 日，先生给邵敏夫妇的信）

严师慈父是您——您教学严谨，对学生要求严，是出了名的。曾记得班级经济效益审计课第一次课堂讨论，当我把讨论纪要交到您手上时，心情是那样忐忑，一天、一周、一个月过去了，您却没有给我们退回来。说明过关了？还是老师那么忙根本就没顾上看？这个萦绕心头多年的困惑，直到几十年后，收到您的来信才有了答案。您信中说对这个纪要印象很深。更令我想不到的是，2018 年，我出差去上海到家里看您时，您郑重地交给我一样东西，原来正是这份课堂讨论纪要！每一页都用塑封袋保存，30 多年了，您一直保存着，几次搬家都带在身边。手捧这份笔记，我热泪盈眶，这就是父亲一样的您！读这份笔记，更体会到您 40 年前的学术观点就那么超前，也印证了当前的实践发展。

（1990 年 10 月，先生到北京开会时与邵敏的合影）

谦谦君子是您，拼命三郎也是您。您几十年如一日身体力行，始终保持着对科研教学工作的热情和激情。曾得知您到广东茂名石化公司为在职研究生接连讲四个整天的财务会计研究课，回校后又连续五天假日不休赶写研究生教材，我们不禁为您的身体担忧，您却不以为意，且乐在其中。

老师，您的音容犹在，一直活在我们心中。您的家国情怀、高风亮节是我们永远的典范，您的大爱无私、言传身教我们永远铭记在心，您坚韧不拔、报国为民的精神我们将永远传承下去。

2022 年 11 月 15 日写于北京

邵敏：1983级辽宁财经学院会计本科，1987年毕业后先后在财政部工业交通财务司等单位工作，历任财政部监督检查局副局长，财政部会计司副司长，财政部监督评价局一级巡视员。长期从事国有企业财务制度研究、财政监督和会计监管工作。参与创立财政部会计信息质量检查及公告制度、连续多年负责组织实施，参与深化财税体制改革减税降费等财政政策执行监督、《会计法》修订、CEPA等高级别磋商及国际交流。曾兼任美国COSO委员会观察员、中央财经大学研究生客座导师。主持或参编《会计信息质量与会计监督检查》等6部著作。

二十、我与欧阳教授

与欧阳教授相识是在1991年3月，欧阳教授给我们1990级研究生上“经济活动分析”这门课，讲得特别好，特别是对已经在企业从事了一段时间会计的我，非常实用，我经常和欧阳教授请教有关班组经济核算的具体问题。

记得在1991年5月份的一天，欧阳教授上完课后，要我等一下，说要带我参加辽宁省工业厅/（财政厅）举办的全省范围的“班组经济活动分析”研究会。欧阳教授说他的火车票主办单位已经买好了，出发前一天晚上，特意嘱咐我早上6点到家与他一起乘坐出租车去火车站，因为欧阳教授已经提前安排好并预订了出租车。到了火车站，欧阳教授让我跟他一起走贵宾通道（教授才有这个待遇），我兴奋，这是我人生中第一次走进了贵宾通道。

在辽东半岛号的火车上，放眼望去，大多数的乘客都在聊天，打牌消磨时间，而欧阳教授却拿出了准备在研讨会上演讲的稿子全神贯注地阅读起来。向来辽东半岛号很少晚点，都很准时，但那一天不知什么原因晚了两个多小时，绝大多数乘客开始抱怨，唯有欧阳教授不为所动，还是专心致志地研究着演讲稿，中间和我说，在沈阳接站的两个师姐今天可要辛苦等我们了。

到了沈阳后，要乘坐一个晚上的火车才能到凌源，欧阳教授的票是软卧，我是硬座，我送欧阳教授到软卧车厢后，刚好那个包厢只有欧阳教授一个人，其他三个位置乘客还没有来，还空着，欧阳教授和我说，别去硬座车厢了，在这边先坐一下，如果有人来了再回去，中间检票员来过几次，欧阳教授向他们解释后就默许我在软卧车厢陪着欧阳教授，教授一直在看书，直到很晚才休息。

（1993 年 3 月，张生叹毕业答辩时与先生的合影）

到了凌源钢铁厂的招待所后，我和欧阳教授住一个标准间，就有了和欧阳教授朝夕相处的机会，第二天欧阳教授做研讨会主题演讲，演讲非常成功，博得台下阵阵掌声。演讲后，多个企业的财务领导到欧阳教授的房间请教并探讨企业在实施班组经济活动中存在的问题和下一步发展方向，同时诚意邀请教授到他们的企业去做讲座，这期间，欧阳教授把我介绍给了鞍山钢铁公司总会计师等其他领导们，这个机会给我到鞍钢研究生实习和毕业后在鞍钢财务部工作打下了坚实的基础。

1992 年欧阳教授搬家到了东财西门，我和几位研究生同学来帮忙，搬家那天，我负责在卡车上装车，由于箱子太多，分不清哪些怕压、哪些不怕压，非常遗憾的是，把欧阳教授祖传的清代瓷碗打破了。但是欧阳教授和师母没有一句埋怨，并且晚上一定让我们几个学生吃完晚饭才能走，欧阳师母给我们煮了热腾腾的面条，看我们吃完后，才让我们回去。

我在鞍钢财会部工作 8 个月后，在 1993 年 11 月，鞍钢派我到澳大利亚的合资企业做财务经理，与澳方财务经理一起负责管理两个铁矿项目的财务，在 1994 年我有了移民澳大利亚的想法，移民需要做会计专业的职业评估，其中一个最重要的材料就是研究生所学课程的课程简介，我打电话给欧阳教授。

（2013 年 9 月 2 日，张生权到大连科学家公寓看望先生时合影）

欧阳教授亲笔书写的十几门研究生课程简介使得我的会计专业评估顺利过关，并顺利移民澳大利亚，电话中欧阳教授嘱咐我，可以移民，但一定不可以做有损中国利益的事情，要记住自己是中国人。

最后一次看望欧阳教授和师母是在 2014 年 5 月，之后有很多机会去上海和大连看望老师和师母，但由于种种原因都未能前往，留下了终生遗憾。

回顾我的工作经历，可以说，没有欧阳教授带我参加研讨会，没有引荐我认识鞍钢财会部的主要领导，我是不可能到鞍钢财会部实习和工作的，也不可能到澳大利亚合资企业工作，移民澳大利亚，虽然我没有跟随欧阳教授钻研学术，但欧阳教授严谨的学术风格，对我的关爱和教诲让我受益终身，始终不忘欧阳教授的嘱咐自己是中国人。

2023 年 2 月 1 日写于澳大利亚珀斯

张生权：1990 级东北财经大学会计学院硕士研究生。毕业后在鞍山财务部工作 8 个月后，被派到澳大利亚的合资企业做财务经理。现为澳大利亚资深移民律师，澳华投资集团董事长，于 1999 年创立澳华投资集团，包括澳华移民、澳华国际教育、澳华国际人力资源公司和澳华矿业公司。曾荣获“促进西澳和中国交流突出贡献奖”和“西澳中小企业年度风云人物奖”。

二十一、永远的导师——缅怀恩师欧阳清教授

11 月 8 日晚，当我完成线上教学打开手机后，看到两个小时前来自恩师大女儿欧阳宁的微信，告诉我恩师仙逝的消息。这一刻，我不愿相信，恩师一个多月前还和我通过电话，还在电话中勉励我，怎么就突然离我们而去呢。这一刻，我悲痛万分，再也无法聆听恩师的谆谆教导，再去上海看老师的愿望已经成为了永远的遗憾。这一刻，我思绪万千，追忆着与恩师在一起的时时刻刻，恩师的音容笑貌犹在眼前，恩师的教诲我将永远铭记。

我和夫人潘秀丽于 1991 年考入东北财经大学会计系，攻读硕士学位。读研期间，我们的硕士生导师都不是欧阳老师，但欧阳老师在我们身上倾注了大量心血，视我们为他的亲传弟子。我们经常到欧阳老师家，恩师给我们悉心介绍经济活动分析、成本核算、成本管理等方面的理论知识和实务问题，引领着我们从工科院校毕业背景向会计专业学习转换，让我们的专业学习更加系统、更加深入，为我们日后走上工作岗位从事会计教学和实务工作打下了坚实的基础。恩师时刻关心我们的成长，毕业离校的前一天，也就是 1994 年 4 月 14 日，恩师还特意让我们，还有王玉红、陆建桥一起去他家就餐，再三叮嘱我们如何适应工作环境，如何做好今后的会计教学科研工作，那场景至今历历在目，欧阳老师不仅是我们的授业老师，更是我们的人生导师。

（1994 年 1 月 3 日，王鹏程和夫人潘秀丽与先生合影）

读研期间，欧阳老师带着几位年轻教师，还有陆建桥和我，深入沈阳、辽阳、鞍山、大连的很多企业进行调研，由此我不仅接触到实务，更深深理解到会计研究的严谨态度。通过这些调研，让我感受到，理论研究要走出象牙塔，方能体现理论的价值，而实务工作需要总结与提炼，方能推动理论的发展。这些年，当我离开教育战线投身实务工作时，恩师给予我鼓励与支持，当我离开工作 24 年的注册会计师行业重回校园时，恩师又为此感到欣慰。恩师理论与实务相结合的理念一直指引着我的会计人生，欧阳老师是我人生路上永远的导师。

（1992 年 5 月，王鹏程到校学习期间与先生在家中合影）

毕业这么多年，欧阳老师一直关心我们一家三口，从职称评定到工作变动，从孩子出生到孩子成长，恩师经常问起。当我从助教破格晋升副教授时，当我夫人评为博士生导师时，当孩子到名校上学时，当孩子走上工作岗位时，恩师都特别高兴。恩师对我们的关怀，让我们深深感受到那父亲般的慈爱和温暖。

2019 年 5 月，欧阳老师曾决定来北京看看，来看看北京的老朋友，来看看北京的弟子，火车票已经买好，酒店已经预订，北京弟子的欢迎晚宴也已安排。遗憾的是，恩师临行前感冒，只得取消北京之行。没想到，接下来就是疫情，恩师的北京之行只能成为永久的遗憾了。

（2017 年 7 月，王鹏程到先生大连家中探望先生）

恩师已经离开我们，但永远活在我们心中！您是我们永远的导师！我们永远怀念您！

2022 年 12 月 31 日写于北京

王鹏程：1991 级东北财经大学会计学院研究生，原安永大中华区审计服务主管合伙人，现任北京工商大学商学院教授，博士生导师，安永研究院顾问。

二十二、永远缅怀我的恩师欧阳清教授

在我的学生生涯中，我是幸运的，因为每一阶段我都遇到了特别难忘的老师，而在这些老师中，对我影响最大、最深，交往最密切的，就是我的硕士生导师欧阳清教授。打开记忆的闸门，和先生有缘相识，并持续交往三十多年的点点滴滴情不自禁涌上心头，先生的音容笑貌历历在目。

1. 缘起：求学苦

我和先生结缘于 1990 年秋。当时学校推荐保研，先生是我的推荐人，但推荐过程一波三折，期间出乎预料地取消了我的推荐资格。正当我六神无主之时，先生知道消息后第一时间就把我叫到家里耐心安慰，劝我别上火，告诉我还可以通过考试读研。在我临走时又特意精心用纸包好两片安眠药，

（2011 年 9 月，王玉红陪同先生在校园）

并千叮咛万嘱咐让我一旦睡不着觉时再吃。那时，先生和我彼此并不熟悉，他那样做完全出于作为教师的职业习惯，和几十年来对学生始终如一无微不至的关怀。这次他是担忧我不能承受此事的巨大打击而千方百计地保护我。从此，先生对我学业的指导和生活、工作全方位的关照关怀就拉开了序幕。不久之后，先生又成为我本科毕业论文的指导老师。印象中，当时大部分同学都是参考期刊完成的本科毕业论文。而先生要求我必须去企业调研，并亲自写了一封介绍信，推荐我在大连纺织厂调研一个月后，才完成了题为“经济技术指标分析”的本科毕业论文。通过调研，使我有机会在实践中亲身体验纺纱织布的全过程，真正理解了成本核算分步法的原理，明确了因素分解的相关性，以及经济技术指标在不同企业如何根据经济活动实质进行灵活分解。这是先生对我最早的学术启蒙，让我懂得无论学术成果大小都应有理有据，实事求是，而不是照搬照抄，胡拼乱凑。

正是因为先生作为推荐人协调，我得到好运的眷顾。不久，学校又给了学院一个免试推荐名额，学院立即就给了我，使我最终如愿获得免试攻读硕士研究生的资格，由此改变了我的人生和命运。读研以后，我毫不犹豫地选择先生作为我的硕士论文指导老师，继续跟随他学习深造。期间先生带我去本溪钢铁厂调研，在毕业前夕把王鹏程夫妇和我叫到家里一起聚餐。我的硕士论文题目是“财务报表分析中几个问题研究”，先生推荐我参与大连商场股份有限公司的上市审计工作，主要负责财务报表分析部分。在他的严格要求和精心指导下，我在硕士论文答辩中获得优秀成绩。

（1993 年，王玉红在硕士论文答辩后与先生合影）

2. 缘续：从教路

记得当年我研究生毕业打算留校时，有好几位同学都想留校。先生知道我的想法后，告诉我投资系一直想要一位会计专业科班出身的老师，并推荐我去投资系任教，还联系投资系马秀岩主任给我面试机会，让我顺利留校，圆了我的教师梦，从此开启教师的职业生涯。前几日，我的老领导投资系马主任惊闻恩师仙逝，给我发来微信：

“上午好！昨晚惊悉，欧阳老师已仙逝！对此深感悲痛！我和欧阳老师虽不在一个院系工作，但他多次的劳模事迹让我深受教育与感动！每当看到他的先进事迹，自己就暗下决心，以老师为榜样，做一名合格的教师！

欧阳老师对学生的关爱也堪称楷模，特别是正如你所说，待你如女！记得当年他不辞辛苦当面向我推荐你，并催促我给你安排面试，我坚信，好老师推荐的一定是好学生。实践证明，你没有辜负他的希望，无论教学、科研都相当出色！

欧阳老师与世长辞了，但他的音容笑貌还时常出现在脑海中，他留给我的精神财富永远激励我们踔厉前行！

让我们深深缅怀老师！永远向他学习！”

此时此刻我如梦方醒，才知道当年先生为我毕业就业操心奔波的真实经历，不禁泪如雨下。

从研究生毕业到2002年，我一直在投资系从事会计教学工作，后因专业调整，我又重新回到会计学院。这一年正是先生荣休前最后一次给研究生上课，我有幸跟研究生们一起又全程做了一回学生。不仅全面学习了课程内容，也学习了先生的教学方法和教学经验。再次亲身体会做先生的学生有多幸福，聆听先生的教诲有多幸运。

在我读研期间以及工作之后，先生多次安排我校对书稿，每当先生找到我，我都会欣然接受。我认为这是难得的学习和锻炼的机会，因此，自始至终都非常珍惜。最初，每次校稿我只能挑点错别字和格式方面的小问题，后来，在有一次校稿后，我小心翼翼地将自己的想法表达出来，先生听后立刻笑逐颜开，拍了我一下，大声说：“王玉红你进步了！”我这才恍然大悟，原来先生是通过校稿来提高我的学术水平。在这一过程中，我也深刻感受到了先生的治学严谨，孜孜不倦和精益求精。那时，都是手写书稿，先生的字开始并不容易完全认懂，反复阅读后，慢慢熟悉先生的字体。先生自己也是反反复复一遍遍校对，他的作品在出版社都是免检。先生的言传身教对我影响至深，我始终铭记编写教材、专著要有独立思考和见解，绝对不能直接照搬别人的观点和内容。在先生耳濡目染下，我自己在后来无论是出书，还是教学，总是谨记他的教诲，严谨认真、踏踏实实，不敢有丝毫的懈怠。我于2000年首次独立编写了《房地产开发企业会计》，出版后社会反映较好。2003年再版之际，先生为我写了“一本值得推荐的会计书——评王玉红编著的《房地产开发企业会计》”书评，并勉励我“会计科学的发展，是永无止境的，教材建设也不应有止境。巴甫洛夫有过警世名言：科学需要一个人贡献毕生的精力，科学要求每个人有极紧张的工作状态和伟大的热情。我衷心希望作者汲取以上至理名言，以极大热情，辛勤工作，使自己著作与会计理论和实践的新发展永葆同步！”

（2014 年教师节，王玉红陪同先生去学校）

3. 缘未尽：一生情

在我刚刚从教之际，先生就告诉我要想讲好一门课，除了有一本教材，还要至少准备两本参考书，避免照本宣科。先生还一直鼓励我积极上进，在我没有信心坚持备考注会期间，先生勉励我绝不能放弃。最终我克服重重困难，考过所有科目，也有不小的成就感，同时也对先生充满了无限的感激之情。后来我在考博、评职称等各阶段都得到先生的推荐和支持。最近几年先生还总是鼓励我去企业调研，鼓励我评博导，我自己做的距离先生的期望还差得很远很远。每一次出版新书我都会第一时间向先生汇报，他总是欣喜之情溢于言表，对学生给予肯定夸赞，并让我给他寄书。2022 年春，得知我在中国人民大学出版社出版了一本《财务报表分析》，先生又特意嘱咐给他快递两本。自从成为先生的学生，就一直享受着他无尽的关怀、关爱和终身指导。

（2018 年 12 月，王玉红去上海看望先生）

在和先生的交往中，得知了他有位特别孝顺的女儿。记得师母曾和我说起女儿每个月都给她们不菲的零花钱，让她特别开心。我就问师母："您和老师不是不缺钱吗?"师母当即说："越有保障越安心，没有后顾之忧啊。"先生良好的家风使我深受感召并影响了我。当时我爸妈已经从哈尔滨搬到大连决定和我一起安度晚年，从那时起我就再没让爸妈花过他们自己的钱，逢年过节以及平时找各种理由给爸妈钱，这真是最让他们满足和开心的事。从小受苦的爸妈，老有所养，衣食无忧，精神充实，长寿且健康。

先生退休后经常往返于上海和大连，而我只要有出差的机会必定是首选去上海，我最大的心愿就是去看望先生。每年和先生欢聚的日子是最温暖的，陪先生看电影，去校园走走，欣赏民俗文化，星海湾畔寻找先生的足印；先生领我逛豫园，先生送我到机场……想想都是满满的温馨回忆。退休后的先生身体格外健康，他经常自称健步如飞；先生心态平和与我分享"三乐"感悟，即知足常乐、自得其乐、助人为乐。先生一生乐善好施，帮助学生、他人不计其数，我曾陪同先生去大连市总工会捐款，先生晚年更是把退休金的绝大部分随时随地捐赠他人。先生以他人快乐为乐，为他人所需无私奉献，用他那慈悲仁爱善良的心，默默地不求回报地给无数人带来希望、光明和温暖，让人世间充满爱和正能量。我为有这样的先生而感到无比的幸运、骄傲和自豪。我曾经发自肺腑地和先生说，在我眼里您就是大慈大悲的菩萨。

（2000 年，王玉红陪先生去大连市总工会捐款）

先生从教 52 年，桃李满天下，在学生心目中德高望重，人人敬仰，获得无数学生的爱戴。先生因材施教，培养并提拔了一批批德才兼备、出类拔萃的青年才俊，又从不冷落和嫌弃如我一般资质平平的学生。先生充分挖掘学生的潜能，给予每一位学生机会，对每一位学生都那么好，使我们都骄傲地感受到自己就是“老师对我最好”的那位学生。先生不仅爱生如子，而且时时刻刻牵挂他的每一位学生。先生平等对待所有学生的高贵品质，是何等的

（2012 年 9 月，王玉红与 2001 级会计学专业研究生张秀烨看望先生及师母）

弥足珍贵啊！先生不仅传道授业解惑，而且把教师这一崇高的职业做成了伟大的事业。高山仰止，景行行止，虽不能至，我心向往之。我的博士师妹张秀烨并不是先生带的研究生，出于对先生的敬仰和尊重，曾约我一起去探访先生。回来的路上，师妹感慨道："生子当如孙仲谋，为师宜做欧阳清"。是的，我心中深深地共鸣着这句话"为师宜做欧阳清"。我在今后的为师之路上，会由衷地将先生作为行为标杆、人生榜样和前进的方向。

恩师千古，深深缅怀！愿先生的师风师德世代永存，渊源传承。先生的崇高精神和高尚品格将永远激励鼓舞着我们。恩师您永远活在我们心中！

2023 年 1 月 11 日写于大连

王玉红：1987 级东北财经大学会计系本科，1991 级东北财经大学会计学硕士，2003 级会计学博士。东北财经大学会计学院教授，硕士生导师，中国注册会计师。教育部学位中心论文评审专家，MPAcc 教指委优秀案例及论文评审专家。目前主要从事财务分析相关教学与研究。辽宁省一流本科课程《财务分析》负责人（2020 年），第三届中国 MPAcc 学生案例大赛优秀指导教师（2015 年）。

二十三、怀念恩师欧阳清教授

2022 年 11 月 8 日晚上，当我收到欧阳老师去世的消息时，一个人静静的待了很久，不愿相信这是真的。最近一年因为上海疫情的原因，我有好长时间没有去看望老师了，总觉得来日方长，可谁想却成永诀，再也没有机会聆听老师的谆谆教诲了。

欧阳老师是我人生的导师，生命中的贵人。

1993 年夏季，在我本科毕业前夕，通过我的同学陆建桥的引荐，我有幸认识了欧阳清教授。当时只是知道欧阳老师是位学术造诣深、对学生学习要求严格的知名教授。后来我在读硕士研究生的时候，有一次为老师整理资料，发现老师还保留着五六十年代的备课笔记，一本本，字迹工整、条分缕析，非常受触动，想着日后我要是能够成为一名教师的话，也要像欧阳老师这样真诚地对待工作，认真负责地对待事业。后来和老师熟识以后，才逐渐了解了老师对待教育事业、对待学生，不仅有治学严谨、认真负责的一面，更具有知识分子正直、无私的高尚品格和人格魅力，对待学生如父亲般慈爱，让人感到温暖。

研究生快毕业的时候，我和同学一起去拜访欧阳老师，老师知道我准备去上海找工作，根据我的学业和性格特点，主动推荐我到复旦大学面试，正是有了欧阳老师的推荐，我才有机会获得复旦大学管理学院会计系的试讲机会，最后面试成功。欧阳老师是我生命中的贵人，进入复旦大学工作，开启了我人生的新篇章。

（2016 年 1 月 17 日，曹利到家中看望先生及师母）

1996 年我进入复旦大学工作，欧阳老师退休前，有时会和师母回上海，再后来退休以后常住上海，我得以每年都有机会去拜访老师和师母，聆听老师的教诲。每次到老师家，老师都特别关心我的工作和生活，老师经常给我讲他过去的教学经历，通过言传身教，指导我如何做好一名老师，如何帮助学生理解问题，解决问题。有几次去拜访老师，老师告诉我们，他最近又去了哪个工厂进行了实地调研，有哪些感受，老师讲得很兴奋，我们听得也都非常感动，老师那时已经年届八旬，还在深入工厂调研，精神矍铄，兴趣盎然，这种理论联系实际的治学态度和乐观精神深深地感染了我们。

我们每次去看老师，师母都会给我们准备各式精美点心，还烧好多菜，留我们一起吃饭，师母烧的菜，美味且精致。师母经常说，谢谢你们来看老师，老师非常高兴。其实我们每次来老师家，我们也都非常高兴，老师和师母待我们就像待自己的孩子，给了我们无私的爱，在我们遇到困难时，老师总是提供尽可能地帮助。老师的家，就像一个温暖的港湾，给了我们这些离家在外的游子一个温暖的依靠，我们在老师的家里，总是欢声笑语。

如今恩师已仙逝，恩师对我们的关心和爱，我们永远不会忘记！师生群里一篇篇情真意切的缅怀文章，仿佛又带我们回到老师的书房和客厅，听老师娓娓道来那些过去的时光。看着恩师和我们在一起时的一张张温馨合影，欢声笑语仿佛就在昨日。斯人已逝，但那份爱和温暖的感觉会一直留在我的记忆里。

敬爱的恩师千古！

2023 年 1 月 6 日写于上海

曹利：1989 级东北财经大学审计学专业本科，本科毕业后继续在东财攻读硕士学位，2004 年获复旦大学管理学博士学位。现为复旦大学管理学院会计学系讲师，研究方向为中国资本市场中的财务会计问题。

二十四、欧阳清老师，我人生的楷模和学习的榜样

2022 年 11 月 8 日，突然闻悉欧阳清老师仙逝，顿时泪流满面，心里十分悲痛。国家失去了一位著名的会计学家、教育家，我失去了一位敬爱慈祥、十分敬重的老师。回想过去 30 多年里，欧阳老师关心指导我的点点滴滴，都历历在目，宛如昨日。欧阳老师严谨治学的态度、精益求精的精神、教书育人的方法、宽厚待人的风范为我们树立了一个人生的高峰，对我影响深远。

1989 年 9 月，我考入东北财经大学会计系审计学专业学习，当时欧阳老师是系副主任，分管教学科研工作，尽管当时欧阳老师已不再给我们这届本科生授课，但他仍然与我们学生有着密切的联系。特别是东北财经大学当时学生科研气氛较为浓厚，我也斗胆加入科研行列中，写了几篇肤浅的研究论文，还筹建了系大学生经济学会，从而与欧阳老师有较多的接触机会。

但与欧阳老师有深度接触并得到欧阳老师言传身教的是 1991 年在我大学二年级的时候。记得是在 1991 年春，学校让我来帮助整理、撰写欧阳老师参选全国劳动模范、全国五一劳动奖章的相关材料和事迹。之后，大连市教工委拟组织编写一本《教书育人文集》，专门收录欧阳老师的教书育人经验和方法，由校工会负责牵头组织，当时亦指定让我来执笔起草这一材料。随后，《财会通讯》杂志社"国内著名硕士生导师"专栏拟介绍欧阳清老师，欧阳老师亦推荐我来撰写相关介绍材料。

接到上述撰写任务，对我一个大学二年级的本科生来讲，既感受到这是欧阳老师对我的信任，同时也感到了能否把欧阳老师的学术思想和成果、教书育人的经验和方法、为人做人的风范完整展现出来的压力。为此，当时我在完成白天课业之余，就经常傍晚或者晚上往欧阳老师家里跑，阅读了大量欧阳老师的经典论文、著作、书信和调研报告等，聆听了欧阳老师的主要学术观点、研究成果和实践价值，了解了欧阳老师许多关心、爱护、提携学生的事迹。当时，经常是我先起草一稿，欧阳老师修改一稿，我再誊清一稿。到饭点了，就吃师母做的南方风味的可口饭菜，晚上写作晚了就睡在欧阳老师家里。这段与欧阳老师及其家人朝夕相处的经历，至今想来仍然是一段弥足珍贵的经历。比如，通过阅读欧阳老师的"目标成本会计""成本目标管理的理论与实践""成本核算改革新探""关于建立中国式标准成本会计的探索""关于工业企业班组经济核算问题的探讨"等论文，它让我了解了教科书中没有学到的目标成本管理、标准成本会计、班组经济核算等前沿知识以及欧阳老师在这些领域所作出的重要贡献，对拓宽我的知识领域、提升我的会计学理论水平有很大帮助；通过学习欧阳老师深入实际、将理论研究成果应用到实践、实现降本增效成果的案例，它更新了我传统的会计即核算的概念，使我理解到会计可以向管理延伸，通过改进成本管理和会计管理来提高企业经济效益，体现会计专业的价值，激发了我对学好用好会计知识的兴趣；通过梳理总结欧阳老师教书育人的事迹和经验，使我对欧阳老师探索并实践的"在教书中育人、在育人中教书"的独特教学新路有了全新的认识，对其高风亮节、开展全方位教育、着力培养社会有用人才钦佩之至。

欧阳老师非常重视理论联系实际，并将其贯穿到教学科研中，使得我们这些学生深受教益。《财务与会计》2019 年第 17 期曾经刊发一篇对欧阳老师的专访——“‘身入心至’搞调查研究 让思想光芒照亮实践——访会计教育改革的探索者欧阳清”，欧阳老师在专访中提到，回首半个多世纪的执教生涯，他有三件令自己比较满意的事情：一是探索会计实验教学；二是改革实习方式；三是开展企业诊断。欧阳老师的这些教学改革探索，我深有体会，也是他教学改革的重要受益者。

记得 1991 年 6 月，我们上完《工业会计》课程后即进入实习阶段，那年的实习不是直接进企业，而是先在会计实验室进行模拟会计核算和编制报表，我们基于老师为我们准备的企业实际交易和数据，从登记原始凭证、记账凭证、明细账、总账到最后编制出财务报表，全会计流程走一遍，尤其是对其中的产品成本分配和核算进行了系统的模拟操作，留下了十分深刻的印象，巩固了课堂教学的成果，并为下一步进工厂实习打下了扎实基础。可以说那次会计模拟实习和工厂实地实习相结合的实习把我所学的书本知识落了地，带我进入了会计实践之门，对我后来从事会计准则的研究与制定工作非常有帮助。欧阳老师、陈国辉老师和杨立颖老师为介绍会计实验教学而完成的“会计教学改革的心路”也于 1993 年获得了全国普通高等学校国家级优秀教学成果二等奖，我想这是实至名归。应该讲，如果没有欧阳老师在教学上的上述改革探索，我和同学们的会计学基础可能就不会那么牢固。而令我感到十分惊讶和惊喜的是，欧阳老师还把我当年撰写的实习体会报告一直保留至今，还在上面作了批注。

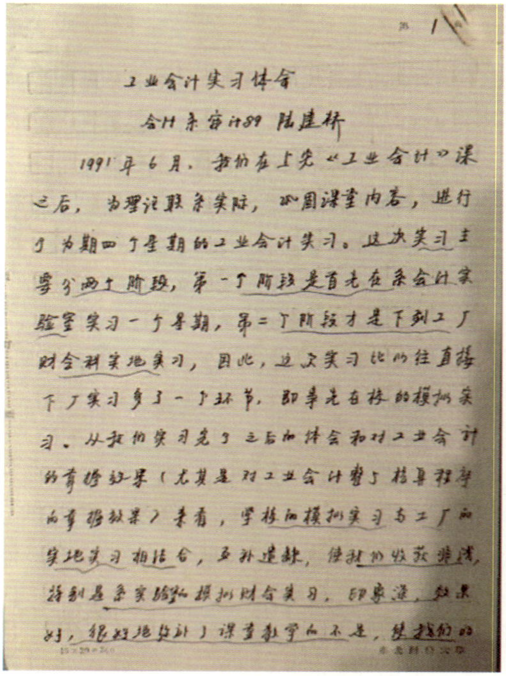
工业会计实习体会

会计系审计89 陆建桥

1991年6月，我们在上完《工业会计》课之后，为理论联系实际，巩固课堂内容，进行了为期四个星期的工业会计实习。这次实习主要分两个阶段，第一个阶段是首先在系会计实验室实习一个星期，第二个阶段才是下到工厂财会科实地实习，因此，这次实习比以往直接下厂实习多了一个环节，即事先在校的模拟实习。从我们实习完了之后的体会和对工业会计的考核结果（尤其是对工业会计中成本核算程序的考核结果）来看，学校的模拟实习与工厂的实地实习相结合，互补短缺，使我们收获非浅，特别是系实验室模拟财会实习，印象深，效果好，很好地弥补了课堂教学的不足，使我们的

（1991 年 6 月，进行两阶段实习体会）

1993 年暑假，我刚刚本科毕业，准备进入研究生阶段学习，欧阳老师带队去沈阳搞实地调研，当时调研组成员包括会计系张先治老师、陈友邦老师和正在读硕士研究生的王鹏程学长，欧阳老师让我也参加了调研组，这使我倍感荣幸。记得当时，欧阳老师精心谋划调研提纲和调研重点，精选调研单位，我们一起走访了沈阳开关厂等多家国有企业，由于这些企业的总会计师或者财务负责人大多和欧阳老师很熟悉，因此在调研过程中都推心置腹，直面问题，所以调研收获很大。它使我对当时国有企业所面临的成本负担问题、内部管理问题、人员安置问题、市场竞争问题、政企关系问题等有了些基本的直观的了解，对老工业基地国有企业所面临的困难和国企改革的艰巨性、复杂性有了切身的体会。而作为一个刚刚本科毕业的学生，能够借欧阳老师提供的调研机会，了解到那么多第一手的国有企业发展和管理相关的资料与信息，实在是难能可贵。它也促使我在后来的学术研究和工作实践中，屡屡提醒自己，要理论联系实际，要结合中国国情，要以解决实际问题为己任。后来在研究生阶段我还多次到北京、上海开展调研活动，每次欧阳老师都会把我推荐给他认识的老师、朋友、学生等，为我开展调研活动提供方便和支持。

（2018 年 7 月，陆建桥到上海看望先生）

欧阳老师关心爱护学生是出了名的，这一点对我也不例外。1995 年底我考上了上海财经大学博士研究生，寒假离校从大连坐船先到上海，并计划在上海停留几天去拜访一下上财的老师后再回家。欧阳老师当时也坐同一艘船回上海准备与其大女儿一家一起过春节。欧阳老师得知我到达上海后拟在上海停留几天并且尚未解决住宿时，立刻邀请我住到他在上海购买的刚刚装修布置完毕的、本来他自己拟居住的一套一居室房子，而他自己则住到女儿家，令我十分感动。在上海停留的几天里，欧阳老师还细心照顾我一日三餐，并专门抽出一天的时间带我去拜访了上海财政局会计处老处长徐治怀先生，并一起共进午餐。徐先生早年毕业于上海圣约翰大学，在会计制度建设和会计实务方面颇有建树，且为人谦和，那次交流使我再次领略了老一辈会计学家们的学识、专业和情怀，印象深刻，受益匪浅。后来我在读博士研究生期间以及走上工作岗位后，无论在北京、大连或者上海和老师再次见面时，还是逢年过节和老师通电话时，欧阳老师对我总是问寒问暖，时时关心我的学习、工作、家庭、健康，每次聊天或者见面都如沐春风，给我以莫大的鼓励和宽慰。

2017 年我到伦敦工作后，虽然距离遥远，但十分思念欧阳老师。2018 年 7 月 2 日，我到上海出差，去欧阳老师家里看望老师，向老师汇报我的工作情况，看到老师精神很好，记性也好，许多事情如数家珍，感到非常高兴和欣慰，老师一如既往关心我的方方面面，特别要我注意随着年龄的增长要保重好身体。那天上午由于路上交通拥堵，赶到欧阳老师家里已临近中午，欧阳老师已早早候在家里，而且明显早有准备，一定要请我在家里附近的餐馆吃饭，由于我下午两点钟前还需要赶回上海国家会计学院，时间匆忙，但那顿和老师一起吃的午饭仍令我终生难忘。我答应欧阳老师，下次回上海时再来看望老师，并一定留出足够的充裕时间。没有想到之后由于疫情，这个愿望没有实现，而随着老师的离去，想再和老师聊聊天，吃个饭，亦再也无法实现，一想至此，心里总有无尽的惆怅和遗憾。

欧阳老师的学术思想和理论、教学改革的探索、严谨治学的态度、教书育人的风范给我们留下了宝贵的财富，欧阳老师是我们学习的榜样，是我心中的丰碑，欧阳老师的为人为学为师将永远激励我前进。

（2018 年 7 月 2 日，陆建桥拜访先生时合影）

欧阳老师，师恩难忘，您永远活在我们心中！

2022 年 12 月 31 日写于英国伦敦

陆建桥：1989 级东北财经大学会计系审计学专业本科，之后攻读硕士和博士，毕业后进入财政部会计准则委员会、财政部会计司工作，负责中国会计准则制度的研究、制定、国际趋同及其对外交流工作，曾任国际会计准则理事会会计准则咨询论坛（ASAF）委员，兼任财政部财政科学研究所硕士生导师、东北财经大学博士生导师、中国会计学会财务成本分会副会长等职。现任国际会计准则理事会（IASB）理事，兼任中小主体实施工作组（SMEIG）主席。

二十五、巍巍如山 温润如玉——忆欧阳清老师

欧阳老师驾鹤仙去已一个月，这段日子里我时常想起认识欧阳老师以来的点点滴滴，许多往事在心头萦绕。

我是 1991 年入学东财会计系会计专业，当时学校只对福建招生了十个人，会计、投资、统计、贸经、税务系各两个人，其中福州一个、莆田一个、

南平四个、龙岩四个，这也是四年来头一届对福建招生，全校只有我们这十个从福建考出来的学生。

对于我们这些刚刚十七八岁的小年轻来说，从福建远离家乡北上大连，来到了一个人生地不熟的，内心里对这个完全陌生的地方有着既新鲜好奇又略有不安的感觉，“福建老乡”现在提起来已是略有年代感的名词，在当时让我们很快地亲近了起来，心中有了依靠和安全感。

军训后不久，一天会计91（1）班的福州老乡郑季恒很高兴地告诉我：“咱们系的欧阳清教授是福建老乡！”当时真的是欣喜不已，感觉我们这十个福建游子在东财、在大连有了一个可以依靠的亲人、长辈。

第一次见到欧阳老师的时候，欧阳老师亲切的乡音和温和关怀的话让我至今想起时都发自内心地感到温暖。

在欧阳老师回忆录的46页中提到过一个男同学，因为打麻将被学校处分，那个男同学就是我。当时我还是学生干部，这个处分确实让我心里感到很懊悔和沉重，担心对今后的学业和就业造成负面影响。欧阳老师知道后找到了我，推心置腹的一番谈话让我放下了思想包袱，坚定了“而今迈步重头越”的决心。

在大学四年里，因为有了欧阳老师，我们的心里总是很踏实。我们大学毕业后，欧阳老师依然关心着我们。我们1991级的学生已毕业近30年，这些年来欧阳老师经常了解我们的生活、工作、思想动态。一位同学毕业以来事业发展道路比较曲折，欧阳老师这些年来多次出面帮这位同学协调新的发展机会，在这位同学近年来碰到了一些坎坷的时候，欧阳老师不顾年事已高还在为他操心、张罗。欧阳老师对学生的关怀呵护能够做到如此程度，让我心中充满了深深的敬意。

在我们心中，欧阳老师就像是一座巍巍的山，不仅是因为欧阳老师在中国会计学界的泰斗地位和诸多的重大成就，更是因为欧阳老师在我们从少年成长为青年以及人到中年的人生各个重要阶段，一直让我们感觉和蔼可亲、可以依靠。

欧阳老师的学术成就堪称汗牛充栋、著作等身，教学水平更是在学生中广为称颂。

我们 1991 级的学生没有机会由欧阳老师亲自给我们上课，但是让我印象深刻的是有一次会计系团委组织活动，活动之余大家在聊天，1989 级的陆建桥当时是系团委书记，1990 级的崔威，还有 1991 级的我和龚成刚等几个人，话题谈到了会计系有这么多重量级的教授。陕西汉子崔威眉飞色舞地描述欧阳老师上课时的盛况，福建口音、娓娓道来、精彩、生动，同学们的笔刷刷刷地写个不停，精彩的内容记得满满的。当时听得我心中颇为神往，感叹自己怎么没有这样的机缘能够一睹欧阳老师的课堂风采。

不知道会计系的学长们现在是否都还记得欧阳老师上课时的情景？

欧阳老师 2018 年 10 月底回到福建省亲，我从厦门赶到福州和会计 91（1）班的郑季恒同学及其他在福州工作的师弟师妹们汇合迎接欧阳老师。欧阳老师当时已 88 岁高龄，依然是轻声细语地操着乡音跟我们亲切交流，在后续几天的景点观光游览中，步伐矫健之程度让我出乎意料！

（2019 年 11 月 4 日先生到厦门，胡建雄陪同游览）

11 月 4 日欧阳老师和欧阳宁大姐终于安排了厦门之行，我陪同欧阳老师父女一同在环岛路海边漫步，青山碧水、蓝天白云、柔风拂面、鼓浪听涛，欧阳老师开心得像个孩子。当晚在厦门海鲜天花板海鼎荟请欧阳老师和欧阳宁大姐体验厦门海鲜风味，餐后欧阳老师点评了一句：这是我吃过品种齐全、最好吃的海鲜。我说：欧阳老师，学生现在就向您发出邀请，您明年再安排时间来厦门度假，学生还陪您逛海景、吃海鲜大餐。欧阳老师很认真地说：我一定会再来厦门的。

疫情三年，耽搁了太多事。多次计划前往上海看望欧阳老师，一直未能成行。欧阳老师的厦门之行，也一延再延。这三年来，只能通过电话跟欧阳老师交流。欧阳老师记性非常好，会记得我孩子今年高考，在我孩子成绩出来后还在电话里问考了多少分。

最后一次跟欧阳老师通电话，是今年的国庆节。

本想给欧阳老师打电话问候一下身体情况，也向欧阳老师汇报一下我孩子高考录取情况。没想到早上九点多欧阳老师先给我打来了电话，我至今想起来都觉得羞愧和感动。

羞愧的是我没有先跟欧阳老师请安，反倒让欧阳老师先给我打电话。让我感动的是欧阳老师在电话里依旧是轻声细语亲切地问我孩子的录取院校，让我转告我孩子要把本科四年的时间好好规划，打好基础，争取考研；也让我一并代问我的父母家人好。以欧阳老师这样的身份、成就和年纪，能够在自己身体不适的情况下，还在关心我家里的老老少少，这样的胸襟和为人处世之风范，犹如温润美玉一样，值得我永远追随和学习。

我和郑季恒私下里都称呼欧阳老师为老爷子，这个称呼里包含着对欧阳老师深深的亲近和敬爱，欧阳老师在我们心中的形象，不仅巍巍如山，更是温润如玉。

（2019 年 11 月 4 日，胡建雄与先生在厦门）

欧阳老师永远地离开了我们，但是欧阳老师给我们留下了无数宝贵的精神财富，我们会永远怀念您，欧阳老师千古！

2022 年 12 月 8 日写于厦门

胡建雄：福建莆田人，1991 年考入东北财经大学会计系会计专业，1995 年毕业，进入厦门象屿集团从事财务工作。1998 年进入荆州恒隆企业集团，担任总经理助理。2010 年担任厦门象形进出口贸易有限公司总经理。2015 年起担任厦门联恒久隆新能源科技有限公司董事长。

二十六、榜样的力量：一心为教育、一生爱学生

欧阳老师的离世，对我们这些从事教育工作的晚辈们来说，最大的遗憾是没有机会再与他面对面交流，感受他“一心为教育、一生爱学生”的情怀与精神。我也从事高等教育工作快 25 年了。二十多年来，我不仅把教好书、教好学生作为自己最大的使命和责任，很大程度上是受欧阳老师的影响。

欧阳老师是一心为教育的榜样。欧阳老师给我们这一级研究生上成本会计研究课程时已经 66 岁了。他和蔼可亲，询问了每个同学的学习与考研情况，估计是为了因材施教，也为了调整授课内容与方式。他思维敏捷、思路清晰，不仅将要学的理论知识讲授得明明白白，而且充分结合他所掌握的实务资料，引导我们要将理论与实际相互结合起来。他从来都是按时甚至早到教室准备上课，即使因公出差调课也及时补课。他的很多讲课思想、思考与思路不仅影响到当时作为一个也经常出去讲课的研究生这个阶段的我，更是

（2021 年，孙光国到先生上海家中看望先生）

一直影响到现在以至未来的我。从他的自传、各种报道、他的学生们所写的文章里都可以看出，他是热爱教育事业的，一辈子都在为教育事业奉献和奋斗。我从教二十多年来，一直把以欧阳老师为代表的老一辈会计教授作为榜样，传承与发扬他们在教育工作中所体现出来的那种无私奉献、无微不至、无坚不摧的精神。

欧阳老师也是爱生如子的榜样。我们那个年级的研究生班级只有 21 人，欧阳老师不仅在教课期间，对我们每个人的情况比较了解和熟悉，更是在毕业后他还一直关心着我们每个人的发展。我们班毕业后至少有六人从事教育工作，其中四人留在本校，他经常询问并且指导我们几个教学情况。我们班是比较团结的，在班长樊子君大哥的带领下，大家都很齐心，在毕业十周年、二十周年都召集大家回来聚会，聚会时必须邀请欧阳老师等老一辈教授参加。欧阳老师在退休后，每年夏天都回大连避暑，我们会和他见面聚餐，听他讲更多教书育人的故事。我们出差到上海也会去拜访他，面对面交流各种见闻和体会。从他的言行中，我们深切感受到的是一位长者对晚辈的厚爱、关心与爱护，而这些也是我们作为教师一直在学习的高尚品质。

欧阳老师一心为教育精神不朽，一生爱学生典范长存，是我们学习的榜样，榜样的力量是无穷的，写此短文纪念欧阳老师，欧阳老师爱生如子泽被学林，吾辈当努力报答培育之恩。

2023 年 2 月 3 日写于大连

孙光国：1995 级东北财经大学会计学专业硕士研究生，毕业后留校任教。东北财经大学会计学院教授、博士、博士生导师。现任东北财经大学研究生院院长，曾任会计学院院长、网络教育学院院长等。入选财政部会计名家培养工程项目、全国会计高端人才（学术类）支持计划、教育部新世纪优秀人才支持计划、辽宁特聘教授支持计划等。

二十七、呕心沥血育桃李，大爱无言济苍生——缅怀我的恩师欧阳清教授

欧阳清教授是我 1995 年至 1997 年在东北财经大学攻读成本会计管理的

研究生导师，也是对我一生影响最大的恩师。承蒙恩师的厚爱，在我人生每个重要节点引导我成长、帮助我进步，给予我终生难忘的教诲和关爱。

恩师是东北财经大学会计学科的奠基人之一，也是新中国成本管理学科的开拓者和创立者，著有多部国内权威的成本会计学方面的著作，指导和影响着中国成本会计学的教学与科研，为我国企业成本核算与管理改革作出了巨大贡献。恩师桃李满天下，以德馨、学博、才高成为世间少有的师者楷模！

当我突然得知恩师溘然离世的消息，我感到心痛万分，难以接受。一个月前，恩师还在身体极度虚弱的情况下，用刚学会的手机聊天软件与我视频通话，关心我的工作，并再三叮嘱我要注意身体健康，不要过度操劳。恩师的音容笑貌仿佛就在眼前，往日无微不至的朝夕相处、语重心长的谆谆教导、慷慨诚善的相助提携……历历在目，回想起来，不禁潸然泪下，悲痛不已。恩师虽已驾鹤西去，但恩师与我27年来的师生情、父子情让我终生难忘；恩师的人间大爱、高尚品德让我终身受教；恩师理论联系实际和一丝不苟的治学态度成为影响我一生的宝贵财富。

一日为师终身为父。恩师就像我的父亲一样，在我求学生涯期间，恩师与我师生情深、情同父子。得知我是自费从农村考出来的寒门学子，家庭条件艰苦，就在生活上对我格外地关心照顾，经常邀请我和同学们一起到家里改善伙食，让师母给我们烹饪丰盛的饭菜，增加营养，让我这个独自一人在外地求学的学子充分感受到家的温暖。当寒冬腊月看到我衣衫单薄，恩师就把自己的一件皮棉袄送我御寒，让我感受到慈父般的温暖；当知道我家境贫寒，就积极为我争取批改试卷、誊抄资料、外出讲课等各种兼职工作赚取学费，这不仅极大地缓解了我求学期间的经济压力，还让我增加了社会阅历与经验。当我毕业求职期间，恩师也多方奔走、极力推荐为我在上海联系工作单位；当我离开学校走向社会，恩师一直关心惦记我的工作和生活。

岁月流淌，不但没有冲淡与恩师的这份情感，反倒像陈年佳酿，日渐醇厚。我非常信赖、爱戴、敬重我的恩师，每年逢年过节我都会带着家人上门探望，我们在血缘上虽不是一家人，但感情却胜似一家人。尤其是我的一双儿女，恩师是看着他们长大的，孩子们也都特别喜欢欧阳爷爷，并建立了深厚的祖孙情谊。恩师的离世，对我的儿女来说，失去了爷爷的疼爱，对我而言，自此少了一份言传身教的父爱，我们全家都深表痛惜。

（2010年“十一”，孔繁国全家人到上海家中看望先生）

恩师不仅对学生关爱有加，还对身边的每个需要帮助的人乐善好施。一次我太太在上海的一辆公交车上与恩师偶遇，当时有位打工模样的老人正因为差一元钱的车费而被公交车司机驱赶下车，恩师二话不说，走上前去帮这位老人交纳了车费，让老人感激不尽。尽管只是区区一元钱的一件小事，但是却体现了恩师对弱者的同情与博爱。

恩师温文尔雅，德高望重；胸怀宽广，为人谦和；积极乐观，有着强烈的责任感和使命感，恩师始终以一种创新的品格、开放的心态来对待教学和学问，毫无保留地向后辈传授毕生总结归纳的实践经验和学术精华。恩师作为全国著名的会计学教授，在会计教学和科研领域耕耘了50多个春秋，著述丰厚，不仅在科研方面成果累累，公开出版专著和教材20余部，不仅理论积淀深厚，学术视野开阔，而且一直坚持在教学和科研的第一线，注重教学与实践相结合。恩师生前经常教导我们，无论是做人还是做学术研究都要保持好奇心，好奇心是社会和人类进步的驱动力，要在研究中主动探索新知识、新事物，发现新现象，提出新理论、新观点，揭示事物发展的内在规律，这让我受益无穷。

恩师无论是教学还是科研，都十分重视理论与实际相结合。恩师认为“会计学是一门应用性强、紧密联系实际的经济学科”。1997年在我上海担任财务经理工作期间，恩师就曾去实地调研，把收集了解到的运营标准成本制定、成本差异及分配方式等成本管理的实际情况进行分析总结，纳入成本会计管理案例，并作为理论创作的研究依据。在我2007年到湖北十堰接任中美合资的东风李尔汽车座椅有限公司任总经理时，企业经营举步维艰，濒临倒闭。恩师不仅为我加油鼓劲，还为我出谋划策，排忧解难，帮助我走过了职业生涯最为艰难的时刻。2010 年 5 月，恩师不顾 80 岁高龄，不远千里对东风李尔的武汉、襄阳、十堰分公司进行调研，对如何推行企业目标成本管理、预算管理及企业规划给出了非常宝贵的建议和对策，特别是恩师提出的要重视班组建设，推行班组经济核算让我醍醐灌顶，深受启发。调研期间，恩师还对东风李尔的财务管理团队进行了专业系统的培训，并为每人赠予其亲手签名的著作《成本会计学》，至今这本书还被大家视若珍宝及操作宝典。恩师一直特别希望恩师的学生能深入实践，调查研究，强调科研一定要变为生产力才有意义，不要纸上谈兵，纸上谈兵没有意义，没有贡献。东风李尔能够从一个偏安一隅、年销售收入不足 6000 万元的作坊式工厂，成为年销售收入超 50 亿元的国内领先的集团化公司，这与恩师一直以来传经送宝、指导帮助、鼓励支持密不可分。

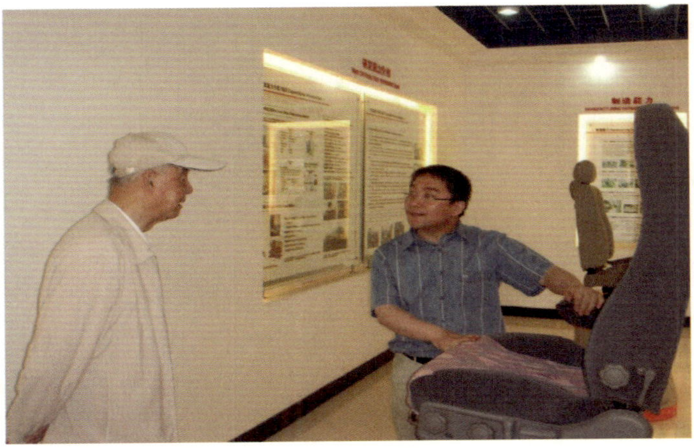

（2010 年 5 月，先生到湖北十堰调查时与孔繁国在交谈）

恩师一生致力于成本管理与经济分析的研究，从概念到推理，从理论到实践，再从实践到理论，深入浅出，丝丝入扣。其生前编撰的《标准成本会计核算制度》一书的手稿在旅行途中遗失，未能出版发行成为恩师的终身遗憾。作为恩师的学生，我们将和会计学术界的前辈及同仁一起合作研究，接续恩师的梦想与奋斗，尽其所能将恩师的学术研究成果发扬光大。

（2010 年 5 月，先生到湖北襄阳调查）

恩师一生淡泊名利，诲人不倦，严于律己，宽以待人；恩师旷达乐观，助人为乐，胸怀坦荡，正直无私。恩师常常教导弟子：“种瓜得瓜，种豆得豆，做任何事情必须付出努力，只有通过自己的努力所得到的收获才最具有成就感的。恩师始终以一颗感恩平和的心态去面对工作和生活，从来不计较个人的得失，心中只装着国家民族的责任与使命；恩师从来不谈个人成绩，只庆幸自己生逢盛世，才有机遇能够为社会作点贡献。27 年来，我从来没有听到恩师对任何人、任何事情有任何的抱怨与不满，只有满满正能量的家国情怀和人间大爱。恩师这种只讲付出，不求回报的淡定与从容值得尊重与敬仰。恩师就像是我生命中的一缕阳光，恩师的一言一行如春风化雨，恩师的人格魅力时刻影响着我，恩师为人处世的优秀品德和严谨治学的良好风范激励着我脚踏实地，不畏艰辛，勇往直前。

（2018 年 5 月，孔繁国与先生在家中的书房）

宗师风范，万世流芳。恩师的为人师表德泽后人、学术精神永垂不朽！恩师，我永远怀念您，我将铭记您的教诲，牢记您的嘱托，常怀感恩，肩负应尽的使命与担当，努力工作，为国家和社会贡献自己的智慧和力量，以告慰恩师的在天之灵！

2022 年 12 月 31 日写于湖北武汉

孔繁国：1995 级东北财经大学会计学院硕士研究生，1998 年 3 月获得经济学硕士学位，2014 年 6 月获得武汉理工大学管理学博士学位。现任湖北省政协委员，民盟湖北省委常委，李尔（中国）投资有限公司副总裁兼东风李尔汽车座椅有限公司总经理。

二十八、往事就在眼前，音容笑貌难忘

欧阳老师是老一辈会计学家、教育家。对于我们晚辈而言，在东北财经大学本来就是祖师爷级的高不可攀的大人物。不过，从 1994 年下半年开始，欧阳老师对我这个晚辈的照顾、关怀、提携就不曾间断。在欧阳老师仙逝后，屡屡想起往事，仿佛昨天未曾远去。

我是 1992 级国际会计专门化的学生。1994 年下半年学期，我们开始学习“成本会计”课程。欧阳老师是该课程的任课老师。当时这门课程我们与一九九二审计班合班上课。“成本会计”课程是专业课中比较重要同时比较难学的一门课程，我的课程成绩在中上，并不是特别优秀。这门课程学得比较好的是审计班的党英同学。在课堂上，我除了认真听讲之外，并没有什么特别可以引起欧阳老师对我的关注。刚开始上成本会计课程的时候，欧阳老师有几点给我留下深刻印象：一是课程前准备很充分，从会计学院行政管理人员处借阅了学生档案，了解了每一个学生的基本情况，正因如此，可以做到因材施教，实属难得；二是每次课堂教学都特别认真，包括备课、课堂教学、课后作业批改，都是非常细致认真，这一点现在很多晚辈老师，包括我自己，与欧阳老师相比，都感到汗颜；三是有仪式感，每次上课都是西服、领带，一进教室，就让人感觉不认真听讲就对不起欧阳老师、对不起同学、对不起自己；四是略微带一点南方口音，欧阳老师经常在讲完一段内容后会问同学们“对不对”，以确认大家是否理解，听起来的音有点近似“对对”。

本以为随着“成本会计”课程的结束，我和欧阳老师可能就没有交集了。也许是冥冥之中自有缘分。课程结束后过了一段时间，欧阳老师找到我，非常高兴地说《会计研究》编辑部的田志心老师在电话中告诉他东北财经大学的张先治老师的论文和我的论文获得了“珠海远方杯”征文二等奖。当时编辑部与作者之间的通讯往来是通过信件，速度比较慢，欧阳老师在获知信息后便第一时间来告诉我。我是一个小小的本科生，欧阳老师找我的时候，我真是受宠若惊。

这之后，欧阳老师经常提携和照顾我，让我参与他的一些课题研究、教材编写工作。当然，我自以为整理和拟写的还不错的很多文字，欧阳老师都从头到尾认真审阅修改，有一些甚至逐字逐句地修改。我拿回来以后，仔细理解，从中学到了很多东西。

本科毕业后，我保送了硕士研究生（1996 级）。在研究生阶段，我的指导老师是刘永泽教授，欧阳老师指导的学生是李连军（现南京财经大学会计学院院长）。欧阳老师召集学生聚会的时候，我也去蹭吃蹭喝，师母熬的皮蛋瘦肉粥唇齿留香，是我喝过的最好喝的粥了。那时候，我一个穷学生，也不太懂人情，经常空着手去，欧阳老师和师母总是热情真诚待我们这些学生，现在想想真是难为情。1995 级的孔繁国师兄，是欧阳老师的学生，在孔繁国师兄响应学校号召献血的时候，师母邵老师熬了很多汤给孔师兄补身体，欧阳老师和师母真是把我们学生当成了家人。

硕士毕业后，经过陆建桥师兄（1989 级审计本科、1993 级硕士）的推荐，我到上海财经大学攻读博士。那时候通信不像现在这么发达，我和欧阳老师保持着偶尔的电话联系。我那时候知道欧阳老师的女儿欧阳宁在上海，但是从未联系也从未见过面。大概在 2000 年夏天，欧阳老师到了上海，给我打电话，问我有没有女朋友、是不是愿意认识一下他表弟的女儿等等。我那时候还没有女朋友，非常感谢欧阳老师的一番好意，欧阳老师对我的关心真是无以复加。到了约定的时间，我带了一本当时自己刚刚翻译出版的《公司财务报告与分析》，到大上海国际花园欧阳宁家中去拜访欧阳老师和欧阳老师的亲戚。我跟欧阳老师介绍的女孩子在小区花园里兜了一圈，介绍了一下自己的情况。过了几天后，欧阳老师给我电话说，本来他希望能在老师学生的关系上再亲上加亲，想促成亲戚女儿和我的婚事，不过很遗憾，亲戚觉得不合适。我对那个女孩子已经没有印象了，而欧阳老师前前后后给我介绍对象的经过和一番良苦用心，在电话里跟我说的每一句话，我都记得清清楚楚。

2002 年冬天，欧阳老师到上海，住在桂林路上海师范大学招待所，下班后我跟我爱人去看望欧阳老师，一起吃了晚饭。我爱人是第一次见欧阳老师。欧阳老师作为长辈给我们送上了最大、最真、最深的祝福。吃饭的时候，欧阳老师不停地跟我爱人夸奖我、表扬我，话里话外都是我爱人眼光好选中了我。那顿饭的每个细节，每句话，刻在我的脑子里，是那么美好。

2003 年春节，王鹏程师兄刚好与家人在上海，约了陆建桥师兄和我，一起到欧阳老师家拜年。那时候，欧阳老师和师母与欧阳宁姐姐一家已经住在徐家汇衡园了。那天，我们拍了挺多照片。欧阳老师给我们每个人都寄送了当天聚会的照片。

再后来，欧阳老师和师母住到了徐家汇万体馆附近的小区。我带爱人和儿子去叨扰了欧阳老师好多次。那房子视野很好，在阳台上远眺可以看到陆家嘴的高楼，俯瞰可以看到万体馆里面的球场。每次去，欧阳老师和师母都准备了很多好吃的。上海人一般不留人在家里用餐，但是欧阳老师和师母每次都要我们吃好了再回去。前几次去的时候，欧阳老师还在为再版《成本会计》不停写稿，实在是“活到老，学到老，干到老”。后来去，发现多了一个麻将室，闲暇之余，欧阳老师多了点消遣。听欧阳老师和师母说，陈玲经常过去陪他们打麻将。陈玲是 1991 级国际会计专门化的师姐，原来会计学院的文艺部部长，因为同系同专业，所以我对她有印象。

有一次，我约了 1997 级会计硕士研究生班的邹版纳和高前善一起去看望欧阳老师和师母。聊天过程中，邹版纳是会计学院 1993 级学生，欧阳老师给他们上了“成本会计”课程，然后欧阳老师就到书房里找出了他们那个班的成绩单，上面有邹版纳的名字和成绩。欧阳老师从教 60 年，把自己上过的每一堂课、带过的每一个班级、指导过的每一个优秀学生，都牢牢地印刻了下来。

还有一次，应该是 2018 年冬天，东北财经大学会计学院的秦志敏老师和王玉红老师到上海国家会计学院开会出差，跟欧阳老师约好了时间。那天会

（2011 年 4 月，郭永清到先生上海徐家汇家中探望）

议结束后，我开车送秦志敏老师和王玉红老师到欧阳老师家。欧阳老师精神很好，欧阳宁姐姐在家里设宴招待我们。欧阳老师还跟我说，欧阳宁姐姐装了很多屏幕，在研究和投资股票。

我的导师刘永泽教授每次到上海，必定会去看望欧阳老师。我也陪同刘老师，和欧阳老师一起见面、吃饭。东北财经大学会计学院尊老爱老，是通过言传身教，一代代传承下来的。

2022 年，新冠疫情防控期间，上海封城。我在此期间核酸检测阳性，为无症状感染者，此后很长一段时间就没有社会活动了。

2022 年 10 月 20 日，欧阳老师微信视频给我。视频中，没有看到欧阳老师，只听到欧阳老师的声音，我当时没有在意也没有往其他地方想，这个视频电话的通话时长为 25 分 57 秒，这是我们之间最后一次谈话，很遗憾没有录音留存。在电话中，欧阳老师先是问我杭州电子科技大学张明明教授到上海国家会计学院来，我见到她了吗？她是东北财经大学毕业的校友，余绪缨的学生……接下来，欧阳老师关心我在学校里的教学情况，回忆了当年给我介绍他表弟的女儿，我送了一本书给她，可惜最后没成……欧阳老师一直讲，我一直听，就像以前每次谈话一样。

（2016 年 11 月，郭永清与 1997 级研究生一同拜访先生和师母。
左起：邹版纳、郭永清、先生、师母、高前善）

谁知，这个电话就是永别电话。2022 年 11 月 8 日 19 点 56 分，欧阳宁姐姐通知我欧阳老师仙逝。眼泪瞬间打湿了我的眼眶，从此世间少了一个关心我、鼓励我的长者。

往事就在眼前，音容笑貌难忘。恩师的成就，我辈难以企及，但恩师是我辈楷模，恩师的鼓励和恩师的精神将伴我前行。

2022 年 12 月 8 日写于上海

郭永清：1992 级东北财经大学国际会计专门化本科、1996 级会计硕士研究生，上海国家会计学院教授，上海财经大学兼职博士生导师，财政部企业会计准则咨询委员会委员，上海成本研究会副会长。

二十九、缅怀欧阳老师——我从事高教工作的引路人

（一）研究生期间对我言传身教（1996—1999 年）

1996 年 9 月我到东北财经大学会计学院攻读会计学硕士研究生。在进行研究生与导师互选时，欧阳清教授是名师也是严师，同学们都有点惧怕他太严格不敢选。我当面向他申请，他听说我在复旦大学读过书，是他的大学校

友，非常高兴接收我作为他的学生，因缘际会有幸成为欧阳老师指导的研究生。1995 级的同门师兄孔繁国也成了我一辈子的好朋友。

我读研究生时已经 28 岁，工作了 7 年并已经结婚。在读书的第二年 1997 年，我的孩子出生，是男孩子。1997 年，在欧阳老师的指导下，我撰写了人生第一篇小论文，“介绍一种新的成本计算方法——将逐步结转和平行结转结合起来的方法”发表在《兵工会计》1997 年第 5 期上。

1998 年，我有幸加入了中国共产党。在这一年，我撰写的第二篇论文“论成本与费用——兼论损失与支出”发表在《兵工会计》1998 年第 4 期上。

（1996 年 12 月 29 日，在先生大连科学家公寓家中。

左起：樊子君、孔繁国、先生、郭永清、李连军）

1999 年，发生了几件事，都与欧阳老师有关：

一是我的硕士毕业论文。我还记得论文题目是“论成本管理会计的新发展”，主要撰写了作业成本法（ABC 法）以及基于作业基础上的成本管理新发展。当时认为作业成本法是对我国特有的班组经济核算的进一步细化与发展。欧阳老师对于班组经济核算情有独钟，颇有研究心得。他指导我撰写这个题目。我印象深刻的地方是欧阳老师对我的硕士论文几乎一字一句进行了修改，欧阳老师认真负责的态度令我终生难忘。后来我也成了高校教师，也指导了会计学研究生，我总是想起欧阳老师对我的认真细致指导，我也尽力而为。但是我同期毕业的学生最少时是 4 位研究生，有时候甚至是 8 位以上研究生，难免心有余而力不足。但欧阳老师伏在书桌上一句一字修改我硕士论文的形象，成为鞭策我尽责工作的不竭动力。

二是我报考会计学博士研究生。欧阳老师先后给我推荐了中国人民大学的阎达五教授（通过王庆成教授引荐）和上海财经大学的徐政旦教授。他当时跟我说他还有一位好朋友余绪缨教授在厦门大学作博导，因为我那时候只想报考北京或者上海的高校，所以放弃了报考厦门大学。后来我在上海财经大学攻读博士学位时，孙铮教授有一次见到我，对我说欧阳老师见到他，希望他关心我的成长。欧阳老师总是在不经意间让人感动。

三是我毕业找工作。由于我天资愚钝，报考博士之路走得不顺利，欧阳老师先后推荐我到南京大学和南京理工大学应聘会计学教师岗位。后来为了能有机会解决我爱人的工作，我选择了南京财经大学会计学院，从 2000 年 1 月工作至今。

（二）毕业之后的温馨回忆（2000—2022 年）

我 1999 年毕业之后，到了南京高校工作，和欧阳老师一样，从事教书育人的工作。和欧阳老师断断续续又交往了 20 多年，直到他去世。

欧阳老师喜欢吃南京产的三鸿牌台湾风味肉松，我几乎每年到南京市集庆门的三鸿肉松门市部去买一些新鲜肉松给欧阳老师邮寄过去，但是每次欧阳老师都坚持把钱汇给我。欧阳老师到上海养老，大约在 2016 年前后，欧阳宁大姐和我说从网上购买很方便，不需要我再快递肉松到上海了。

（2014 年 10 月 18 日，李连军到上海看望先生）

从2001年起我先在上海财经大学攻读会计学博士研究生，后来又到复旦大学工商管理博士后流动站工作，这期间欧阳老师已经在上海颐养天年，我有机会常去看望欧阳老师和师母二人，当面聆听欧阳老师的教诲，每次去，老师和师母都很开心，师母还烧饭给我吃。当时在大连读研究生时，时常到欧阳老师在家中吃饭，改善伙食，非常怀念师母做的烤鸡翅。

我在南京工作期间，欧阳老师和师母邵爱琴女士三次来南京看我，我开车陪他们到南京玄武湖和将军山等地游玩。我在南京搬了新家，欧阳老师不辞辛苦带了一份礼物给我。我也多次和爱人孩子到上海老师家中看望老师，点点滴滴都成了温馨的回忆。

（2009年5月12日，李连军和先生在南京将军山）

（三）欧阳老师对我的影响

欧阳老师对我一生影响很大。我主要从学术研究以及从事教育工作两个方面进行总结。

1. 从成本角度观察世界。大家都知道欧阳老师是成本研究方面的知名专家，我早期的论文研究都涉及成本会计与成本管理方面，我后来的博士论文也是从会计师事务所收费的角度选题的。对于阅读中外历史以及观察企业发展现状，我都从成本角度思考问题。我个人对于中国前途的信心，来自中国做人做事的低成本优势。任何高端工业品，技术一经中国企业掌握，立马变为“白菜价”，从而造福世界，这背后体现出的成本优势，是实现中华民族伟大复兴、建设中国特色社会主义现代化强国的关键所在。无论是国家治理的制度成本还是实体企业的制造成本，放眼世界，中国都有明显的成本优势。我认为中国的“四个自信”背后是基于中国的成本优势以及进而引发的竞争优势。

2. 开展实地调研。欧阳老师这一代人从事的都是接地气的学术研究，他们发表论文往往到实体企业调研，在调研基础上进行归纳总结。我年轻时不懂事，曾经认为基于实地调研的学术研究没有跟上世界学术前沿，基于大样本的实证研究才是科学研究。经过多年的思考，我终于回到欧阳老师这一代人坚持的“没有调查就没有发言权”，这是中国共产党人的传家宝，我们要世世代代传下去。受到欧阳老师的影响，我多次到孔繁国师兄所在的企业调研，他在上海工作，我就去上海企业调研，他在江西南昌工作，我就去南昌调研，他到湖北襄樊工作，我就去襄樊调研，他最后到武汉工作，我就去武汉调研。我的孩子长大成人后，我送他到孔繁国师兄在重庆和武汉的工厂实习，学习孔师伯深入一线的工作方法与做工作的拼搏奋斗不服输的精神。我每次到孔繁国师兄所在的企业调研，都受到他的热情接待，对于企业管理心得畅所欲言，同时还包吃包住，每次回忆都是愉快的人生经历。这一切的背后都是欧阳老师的潜移默化影响。

3. 站着授课。我研究生毕业后就到了高校从事高等教育工作，欧阳老师教书育人的方式方法始终是我学习实践的榜样，欧阳老师是我从事高等教育工作的指路明灯。在课堂上讲课，我从不坐着授课，这也是受到欧阳老师的影响，他一生坚持站着讲课，我作为学生，当然也要向他看齐。他告诉我，只有站着讲课，才能打起精气神，才能感染学生。

4. 要有仁爱之心。自从跟着欧阳老师读书学习，以及我毕业后和欧阳老师的交往，我充分感受欧阳老师身上体现了中华传统文化的仁爱之心。同门师兄师姐师弟师妹的纪念文章处处展现欧阳老师无微不至地关心关爱学生，不求回报的动人事迹。在我个人的成长过程中，欧阳老师始终关心我帮助我。欧阳老师现在离我们远去，我们痛失良师，但是他的精神始终感染我、激励我，自觉要求自己也要关心关爱学生，脚踏实地，把理论与实践相结合，做好自己的本职工作。

欧阳老师的高风亮节，虽不能至，心向往之。有生之年，力争不辜负欧阳老师的言传身教，做一位合格的、让学生满意的高校教师。

2023 年 1 月 3 日写于南京

李连军：复旦大学会计学专业（专科），1989 年 8 月江苏省新沂市财政局工作，1996 年 9 月东北财经大学会计学院，师从欧阳清教授。2000 年 1 月南京财经大学会计学院工作至今。博士（上海财经大学），博士后流动站工作（2004—2007 年复旦大学），教授，中国注册会计师，中国注册资产评估师，江苏省“青蓝工程”中青年学术带头人（2006 年）。现任南京财经大学红山学院院长，曾任南财会计学院副院长（主持工作）。

三十、我记忆中的导师欧阳清教授

我的导师欧阳清教授于 2022 年 11 月 8 日永远离开了我们，享年 92 岁。在他离开的一周里，我的情绪一直非常低落，每每想起以前和老师相处的点点滴滴就忍不住落泪，老师留给我的记忆充满了温暖和美好。

我是在大学二年级即 1996 年结识的欧阳清老师，那时欧阳老师 66 周岁，教我们成本会计学。之前就听说过欧阳老师人特别好，对他带的学生尤其好，但具体怎样好，我还不了解。

欧阳老师个子很高，平时站立身板很直，走路上身略向前倾。他慈眉善目，永远给人一种和蔼可亲的感觉，他非常爱笑，眼睛总是弯弯的。欧阳老师的穿着永远是非常干净、精致而讲究的。天儿暖和的时候，他经常穿着烫得非常平整的浅色衬衫和西裤；天儿略冷一些，衬衫外面会套上 V 字领羊绒衫或西装外套。冬天他会穿上厚厚的呢子大衣。脚上经常是一双擦得亮亮的黑皮鞋。他喜欢戴帽子，夏天会戴棒球帽遮阳，天儿冷的时候会戴贝雷帽保暖。欧阳老师看起来总是那么精神饱满，即便上了年纪，仍然风度翩翩。

欧阳老师特别爱干净，在本科给我们上课时，每次进教室后都会用自带的小毛巾很仔细地擦拭讲台，然后从包里取出水杯和教案放在讲台上。知道了欧阳老师有这个习惯，我们班班委经过开会讨论决定买一块桌布，在每次欧阳老师来上课前，先把讲台擦干净，铺上桌布，这样他就不用自己去擦拭讲台了。这个买桌布、上课前铺桌布的建议是我提出的，之后也是由我来落实和承担。每次课前欧阳老师看到讲台上铺好了干净的桌布，他很开心，不止一次口头感谢我们班的同学。在后来上成本会计课的时间里，我一直为欧阳老师课前铺桌布。这件事情对于我，其实是让我感到非常开心和荣幸的。

记得欧阳老师第一次给我们上课，准备在黑板上写板书之前微笑又有点不好意思地说："我写字没有那么好看，你们可千万别学我啊，你们要好好练字，字是一个人的门面，字写得好，会给别人留下好印象。"后来看到欧阳老师在黑板上写下的板书，虽说没有很好看，但也是非常整齐而可爱的。

欧阳老师是福建人，给我们上课讲的是福建口音的普通话，刚开始我还不太适应，老师说的个别字我会听不懂，不过觉得欧阳老师讲话很有特点、也非常可爱。欧阳老师说喜欢什么，经常会说"我欢喜什么"；说"对不对?"，经常会省略中间的"不"，说成"对对?"。成本会计这门学科其实课程本身有点枯燥，但欧阳老师给我们讲课时经常会带入一些有趣的案例，每次上课我都特别期待他给我们讲这些有趣的案例，感觉是听着故事就把枯燥的知识学懂了。他在讲案例时，经常会提到很多知名、优秀大人物的名字，大部分都是他带过的学生，当时就特别崇拜欧阳老师，羡慕那些人能成为他的学生，能够有机会得到他亲自指点。

大学本科毕业后我考取了本校本专业的研究生，关于研究生导师的选择，我心里早就有了答案。成为欧阳老师的研究生，我才深深体会到欧阳老师对学生是怎样的好，他对学生真的是比对自己的儿女还要关心和爱护，无论是在学习上还是生活上的方方面面。自从成了欧阳老师的研究生，我感觉就像多了一个疼爱自己的长辈，无论你在什么时候，总有这样一个人在背后关心着你，帮助着你，爱护着你。准确地说不只是欧阳老师一个人疼爱着他的学生，而是两个人：欧阳老师和师母。

师母是上海人，说着一口地道的上海话，人干练随和，曾任大型国企的总会计师，事业上成功，家里也打理得井井有条。欧阳老师把精力一心扑在教学和学生身上，师母不但没有抱怨反而非常支持老师，家里的一切都是她在照管。

师母做得一手好菜，欧阳老师经常招呼他带的我们几届在校生到家里吃饭，给我们改善生活，每次都是师母一人做出一桌子丰盛的菜肴。每次去老师家聚餐都是我们最快乐的时光，因为既有吃还有玩。师母做饭特别好吃，对于当时总吃食堂、肚子里没啥油水的我们来说，到欧阳老师家吃饭就是来解馋的。师母做的糖醋小排和红烧鸡翅的美味让我一直难忘，还有师母煲的汤，里面总有非常丰富的食材，汤里会放鲜肉和她自己做的蛋饺，对于出生和一直生活在北方的我来说，很少喝到这样鲜美的南方煲汤。每次吃饭，我总是表现得很斯文、很客气的样子，其实内心和表现得截然相反，只想把每一样好吃的都吃个够！欧阳老师和师母其实是了解我们的，每次吃饭自己都吃很少，生怕我们不够吃。

欧阳老师是个原则性强、自律性强的人，从他吃饭和其他生活习惯就能看得出来，我想这也是欧阳老师长寿的秘诀。他每顿饭只吃七八分饱，米饭永远都是一小碗，每顿吃蔬菜，肉定量吃，比如老师喜欢吃红烧肉，一般一次只吃两三块。夏天他喜欢吃西瓜，每次只吃两小片儿。他说他喜欢吃花生酱，涂在面包上或馒头上，每次只能解解馋，不敢多吃。欧阳老师每天都有定时午睡的习惯，我们了解他的学生都知道，因此给欧阳老师打电话，一般都会避开他午睡的时间。他也有每天定期吃保健品的习惯，记得有一次我去上海看望老师，吃过饭后老师把我叫进他的书房，给我展示他的小药盒，很多小格子，每个小格子装着一天他要吃的药和保健品。欧阳老师着重给我介绍了他吃的保健品，名字我记不住了，主要是各种维生素和葡萄籽之类。欧阳老师说感觉吃保健品还是对身体有好处，他看我当时有些憔悴，估计是比较担心我的身体，建议我也补充一些保健品。特意让我用手机拍了几样保健品的盒子，建议我回北京后也买来定期吃。还记得当时欧阳老师认真而可爱的样子，他如数家珍似的给我看了他买的很多不同保健品，有的放在抽屉里，有的放在小柜子里，当时他说话声音不大，说怕师母听见，师母不愿意让他买这些保健品，怕他受骗上当，这些都是他自己偷偷买的，师母不知道。

在研究生期间，同学们都特别羡慕我，因为我们就像欧阳老师的孩子一样被对待、被关心和温暖着。遇到节假日，我们经常会被叫去欧阳老师家吃饭或去学校附近的餐厅聚餐，期间欧阳老师会介绍我们认识一些同门师兄师姐，老师会告诉我们他们如何如何优秀，希望我们向他们学习。那时候的端午节还不是法定假期，欧阳老师曾特意来到学校给我和另一位师兄送来师母亲手包的肉粽子，一根绳上系了五六个，那是我作为北方人第一次吃传说中的肉粽子，真的好吃。

研究生毕业前，欧阳老师安排我去一家公司实习，在这个公司我实习了半年，跟着公司项目组常驻一家生产型企业实地调研。因为当时的这个项目比较大，我实习的这家公司没有能力独立完成，外聘了北京的一家咨询公司派出的专家项目组一同完成。在实习期间，我认识了我现在的爱人。我们在一起连续工作了四个多月，从陌生到熟悉，从相识到相知。原本欧阳老师一心想安排我去上海工作，我原本也做好了去上海工作的准备，结果因为这段时间的实习，改变了我生命的轨迹，毕业后我选择来了北京。后来我向欧阳老师汇报了这个决定。欧阳老师退休后长居上海，他希望我们这些学生能够在他身边，他也能时常照顾我们。欧阳老师问了我爱人当时还是恋爱对象的家庭、身体、学业和工作情况，真的是比我爸妈问得还仔细。我知道他是怕我一个女孩子，在北京无亲无故，别因为处于恋爱中不冷静做出了错误的决定。当时欧阳老师听了我的描述，看我的想法很坚决，没再说什么，他让我回去好好考虑，一周后再告诉他最后的决定。一周后我还是决定了毕业后要到北京工作，我知道欧阳老师是失望的，特别是我现在做了父母之后，我更能理解他当时的心情。

在我向欧阳老师汇报谈恋爱和准备毕业后去北京的决定前，欧阳老师曾经安排我到上海几个企业调研，主要是为毕业论文再收集些数据，同时给我安排了到上海一家上市公司面试。后来我才知道，欧阳老师通过他的人脉希望我毕业后能进入上海这家上市公司。我去面试后，这家公司没有很及时回复欧阳老师是否可以录用我。但当他收到可以录用我的通知后，我已经向欧阳老师汇报决定来北京了。

欧阳老师知道我毕业后执意要来北京工作，他马上又联系在北京工作的师兄师姐看有没有合适工作机会介绍给我。在研究生正式毕业前两个月我在北京找到了工作，在一家网络通讯公司做成本会计，解决了北京市户口，给的工资待遇也不错。我把这个好消息告诉了欧阳老师，他非常高兴，告诉我以后要努力工作，向优秀的师兄师姐们学习。

记得是在2004年夏天的一个午后，欧阳老师来北京办事，我请了假与欧阳老师见面，我们在王府井步行街转了转，在王府井百货我给欧阳老师买了一件浅色短袖衬衫，那次是我刚工作后第一次挣了钱给老师买礼物，欧阳老师欣然接受了，脸上一直挂着微笑。欧阳老师当然不缺衬衫，他知道这是我的一片心意。欧阳老师知道我们在北京买了房，当时的房子还在通州，他提出要看一看。我们一路打车来到我家，带欧阳老师参观了我的房子，虽然位置偏了点，但面积还比较大，老师看到我住的地方很舒适，比较满意。虽然欧阳老师一直记着我爱人的名字，但还未见过本人。我和我爱人决定要一起请老师在他住的宾馆附近吃饭。在我家小坐了一会后，我和欧阳老师再次打车回到市里，在西单附近一家陕西菜餐厅吃晚饭，欧阳老师第一次和我爱人见面，他又笑着讲起当年本来给我安排了上海的工作，没想到让我先在咨询公司实习，结果就被我爱人带到了北京的故事。欧阳老师说看到我爱人、看到我现在的一切，他也放心了。欧阳老师一直把我当成自己的孩子一样，总是惦念我，让我特别感动。

研究生毕业后我一直与欧阳老师保持着电话联系，因为不在一个城市，见面的次数屈指可数。刚开始经常是我主动给老师打电话，后来有了孩子，加上工作比较忙，更多的时候都是欧阳老师主动打电话给我。每次打电话都会面面俱到问我的身体和工作情况，孩子、爱人还有我父母的情况。然后他会告诉我他最近和哪些学生见了面或通了电话，告诉我他和师母最近的身体和生活情况，最后会提醒我保重身体，好好工作，加强学习。每次和老师通过电话后，心里都是暖暖的，那种被人关心的感觉真好，同时也有些自责，自己应该主动给老师打电话汇报，反而还让老师打电话给我。欧阳老师的学生都是那么努力而优秀，自己很惭愧，挂了电话告诉自己要好好努力加油，否则愧为欧阳老师的学生。

回想起来，除了欧阳老师来北京办事见过一面，毕业后我主动去看过欧阳老师只有三次，一次是2014年8月10日，我回大连东财参加大学本科班级组织的入学20周年活动，当时欧阳老师在大连避暑。下午我去老师住的科学家公寓看望欧阳老师和师母，师母说欧阳老师知道我下午要来，午觉都没有睡，老师特别高兴，我们畅快地聊了几个小时。师母知道我晚上赶飞机回北京，早早就做了晚饭。八十多岁的师母还是亲自下厨，做了一桌子丰盛可口的饭菜，还是记忆中的美味。欧阳老师看我特别喜欢吃师母做的红烧排骨，和我说这个红烧排骨做起来非常简单，让我和师母学，回家可以自己做。师母详细告诉我做法，果然非常简单，而且很健康，不需要放油。欧阳老师接下来总结了师母红烧排骨的做法，告诉我只要记住四样调料比例是 1（1 汤匙料酒）∶2（2 汤匙醋）∶3（3 汤匙糖）∶4（4 汤匙酱油）就可以了。师母笑着说：你们的欧阳老师不会做饭，但怎么做都知道。欧阳老师也笑了，说：我自己虽然不会游泳，但师母的游泳是我教会的！欧阳老师和师母恩爱一辈子，互相陪伴互相扶持，看着就让人羡慕。我赶晚上的飞机回北京，欧阳老师说他要一个人送我去机场。这怎么可以？他一个人回家我也担心啊！在我的一再坚持下，他同意送我到楼下，看我坐上出租车他就回家。当我坐上出租车向欧阳老师挥手告别的一刹那，我的眼泪已经止不住地往下流。

（2014 年 8 月 10 日，刁志波到大连家中看望先生及师母）

第二次看望老师是 2016 年 12 月 31 日于上海。当时欧阳老师和师母住在上海徐家汇附近他们自己的房子里，这次见到师母感觉到了她的憔悴，老师说师母最近身体不好，不在家做饭了，午饭带我出去吃。欧阳老师和师母两个人互相搀扶着领我走了一段路来到一家看着很火的上海餐厅苏小柳，我们等了几分钟才有座位，欧阳老师说这里的点心很有特色、很好吃。欧阳老师点了很多店里的特色点心，我吃了很多，老师还是不停地建议我再吃些。虽然现在已经记不清吃了什么，但觉得每一样都好吃。饭后我要结账，欧阳老师说什么都不同意，还是坚持要请我吃饭。我要坐下午的火车去南京，欧阳老师告诉我坐地铁怎么去高铁站，他还执意要送我去地铁站。我想拒绝，因为老师从地铁站一个人走回家我也担心，毕竟是快90岁的老人了。师母劝我不用担心，说欧阳老师经常自己下楼去散步，有学生来，他经常去地铁站送的。盛情难却，我只好答应。欧阳老师一路陪我走到地铁站，路上还笑着和我说：你看我走路还可以吧？走得也不慢！到了地铁站，我打算和老师告别。他又说：我陪你坐几站到换乘站。然后从衣兜里掏出一张卡，接着说：在上海，70岁以上老人都可以办这个卡，坐公交地铁不需要花钱的。看着老师可爱的样子，我真是舍不得离开。欧阳老师陪我到了换乘站，告诉我坐哪个方向的地铁，需要坐几站到达高铁站，一直看我上了换乘的地铁才离开。我挥手和老师告别，心里五味杂陈。

最后一次见欧阳老师是2019年6月7日端午节于上海。原本欧阳老师计划5月中旬来北京，但因出发前一晚突然发烧临时取消了行程，非常遗憾。端午小长假我爱人带着儿子自驾去内蒙古玩，我到上海看望老师。当时师母已经走了，欧阳老师被大姐接来一同住。我6月7日下午2点多到达欧阳老师住处，一直和老师聊了几个小时，欧阳老师气色红润，精神饱满，滔滔不绝地给我讲他最近的生活。介绍了大姐每天给她做如何丰富又有营养的一日三餐，大姐还特意去厨师学校进修了厨艺，考取了三级厨师证。每天大姐监督他运动，绕客厅至少小步跑三圈。每周大姐会带他去听音乐会，每周还会在家看一次电影，老师带我参观了他“家庭影院”的房间，里面有很专业的投影仪和幕布。又带我参观了他的卧室，给我看在他床头放置的“老人呼叫器”，老师说这个房子比较大，大姐怕老师有事叫他听不见特意买来这个，轻触按键就能发出门铃一样的响声，大姐听到就会过来。紧接着老师还给我推荐了一个他卧室正在用的灭蚊灯，他说这个灭蚊灯很好用，使用的是物理灭蚊原理，没有烟和味，十分健康，也是大姐给买的。还特意示意我打开灭蚊灯检查效果，我打开灭蚊灯，果然发现里面被封了几只死蚊子。听欧阳老师兴致勃勃地给我讲他丰富而充实的生活，看到大姐对老师无微不至照顾得这么好，真为老师开心。

当天晚上我住在欧阳老师住处附近的酒店，第二天上午我又来陪老师聊天，大姐提了一大包东西说是给我的，欧阳老师前一天晚上就让她准备好了，这是欧阳老师的心意，千万不能拒绝。里面有送给我儿子的巧克力、送给我老公的茶叶和送给我的保健品。看着欧阳老师这面面俱到的心意让我感动得说不出话来，不好拒绝只能不停地说谢谢。欧阳老师说我特意从北京到上海来看他，让他很感动，即兴写了一首小诗送我，非常认真地读给我听：

"悠悠阔别已数年，今日申城来相聚，

师生情谊数不尽，天长地久长相思。

刁志波端午节特从京都来申城看望我，有感作诗一首。"2019 年端午节老师让大姐将诗通过微信发到了我的手机上。欧阳老师就是这样一个人，总是一心主动为别人付出，作为学生，其实我并未为老师做什么，只是过来看望他，他就如此感动，这反过来让我心里非常过意不去。自己为老师做得太少了，一直在接受老师的恩，却对老师没有任何回报。

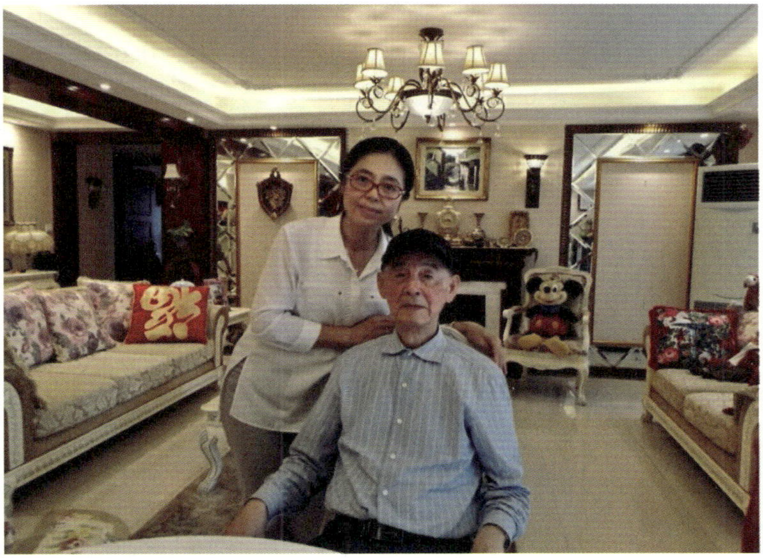

（2019 年 6 月 7 日，刁志波于先生上海家中）

后来多次和欧阳老师通电话，老师都非常遗憾 2019 年 5 月北京之行没能实现，希望以后还有机会再来北京。2020 年初新冠疫情暴发，之后的这三年一直很想再去看望老师，但又怕万一携带了病毒对老师的身体有影响，又不敢去看。这期间每次打电话最后一句都是：欧阳老师，等疫情过去了，我去看您。可是这个疫情此起彼伏，一直没有过去，欧阳老师也未等到疫情结束就永远地离开了我们。由于北京疫情防控政策，我未能赶到上海参加老师的追悼会，没能送老师最后一程，无比遗憾！

我的同学、我的家人包括我的同事都知道我的老师欧阳清教授，因为他们经常会看到我在接欧阳老师打来的电话，看到我开心而恭敬地向欧阳老师汇报我的情况，经常听到我向他们介绍欧阳老师的种种好。欧阳老师对于我，不是亲人、胜似亲人。

欧阳老师不只是对我一人这样好，他是对每一个学生都是一样的好。欧阳老师给我的人生留下了许多美好的故事和回忆，相信给其他的学生也一样留下了很多丰富多彩、值得追忆的故事。欧阳老师把他毕生的精力奉献给了教育事业，奉献给了他的学生们。他是一位值得我们永远尊敬和崇拜的恩师，我们永远怀念欧阳老师！

2023 年 1 月 12 日写于北京

刁志波：1995 级东北财经大学国际会计专业本科，1999—2002 年东北财经大学会计专业攻读研究生，师从欧阳清教授，硕士学位，CPA 和 ACCA 会员，现任北京大潮资本有限公司财务及运营总监。

三十一、追忆和缅怀与欧阳老师的点点滴滴

2022 年十一的时候，和欧阳老师通电话，说他一切都好，大女儿照顾得特别周到，过问我工作、家庭、爱人、孩子，带着满满的爱，老师表达清晰，还嘱托我们由于疫情，暂时不要过来看他，没想到的是，这是我最后一次和老师通电话……

我是 1998 年 9 月在东北财经大学会计学院攻读会计学研究生时有幸师从欧阳清教授。我还是他特殊申请才得以成为他的学生，本来那一年，他已经带了一个研究生（杨云飞），当时我亲自去他那申请，他看到我的经历，由大学英语老师改行读会计学研究生，老师当时很认真地对我说，你是一个比较

特殊的学生，我向院里申请一下。三年的求学生涯，在和导师的朝夕相处中，深感导师既是严师又是慈父，给我留下深刻印象。他治学严谨，兢兢业业，对我的专业学习严格要求，一丝不苟。他对我问寒问暖，在生活方面给了我很多关心和帮助。使我深受感动，深感慈父般的温暖。欧阳老师虽然离开了我们，他的音容笑貌还不时回荡在我的脑海，鞭策我不断前进，给予我动力。

老师在教学上严谨、幽默，讲课娓娓道来，下课耐心解答同学疑问，让人印象深刻。本着教学和实践相结合的理念，老师的课总是讲很多案例，都是他深入实践的亲身经历和考察得来的，因此把本来枯燥的课程讲得轻松愉快。老师讲的标准成本，邯钢经验，解剖麻雀都还历历在目。记得最清楚的是成本差异分析。各种差异，包括材料成本差异、人工费用差异和制造费用差异，尤其是分析方法中的量差、价差和混合差异，老师讲得井井有条，到工作岗位上还一直应用。

毕业后，老师推荐我到上海工作，到师兄陈福义在职的一家中美合资汽车后视镜企业工作，并得到了很好的待遇，成为我事业成长的起点。在此，我收获了人生第一历练，一路走来，导师的治学品格和工作品德一直激励和鞭策着我，成为我工作中克服困难的精神力量。每每谈到工作，导师总能看到积极阳光的一面，切入主题，给予鼓励，让我得到收获。他教导我们，无论从事什么职业，有多少付出，就会得到多少回报，专心并努力工作必定会有好的收获。他经常给我们说的一句话“种瓜得瓜，种豆得豆”，激励着我，一路向前，他在成本会计管理与实践领域的经验及成果，引领、指导、影响了我们新一代财务人。得知我爱人来上海找工作，老师又让他的大女儿欧阳宁把我爱人推荐到上海的一家新加坡外企公司工作，结果，我爱人就拥有了上海市人才引进工作证，并顺利以人才引进的方式，户口转入上海，不但解决了我爱人的工作，同时也解决了我爱人的户口，解决了我们夫妻两地分居问题。让我和我爱人工作没有了后顾之忧。老师既是师长，也更像长辈一样关心着我们！

2002 年在上海买了房子，当时房价不高（记得是 3300 元每平方米），由于刚开始工作，大部分也是贷款。杨云飞买的是我的隔壁。老师还坐车从闵行区的大上海国际花园过来看我们，给我们还带了礼物，记得是印有小花的纯棉床上四件套，当时感到非常温暖！

由于在上海的优势，逢年过节去老师家。老师和师母总是准备了水果和茶，师母做一些小吃，如银耳莲子羹，师母还教我太太怎么做。还让我们品尝导师大女婿从加拿大带回来的加拿大年糕。导师为孩子们包好压岁红包，他把我们的孩子当自己的孩子一样关爱，我们体验着回到了父母身边一样的温暖（后来我们不带孩子去看导师，但红包依然给，师母说一定收下，导师高兴）。另外师母的聪慧、贤德是我们心中永远的楷模，这种潜移默化的影响也在不自觉中感染了我的太太并得以传承。每每想到导师，他的叮嘱，爱护身体，夫妻关爱，家和万事兴！前些年老师和师母身体好的时候，还会在家里准备饭菜，留我们一起吃饭。后来也会叫我们到家周边的饭店吃饭。基本上每年元旦春节，老师就会召集在上海的学生来家里聚会，感觉就像回家了一样。大家坐到一起，听老师回忆一些往事，每个人讲一讲工作生活得怎么样，大家一起其乐融融，更像一个大家庭。每次老师都会合影留念，下次来时会印出来给我们，并分享和其他学生的照片。感觉就像父母深深为有出息的孩子津津乐道！

老师在退休后，来到上海养老，前几年老师还不停地研究和编写著作。由老师和杨雄胜主编的21世纪高等院校会计学专业精品系列案例教材《成本会计学》（2001年，首都经济贸易大学出版社），目前还有很多高校作为教科书。当时老师还让我编写了综合案例。老师到我所在公司考察，并指导完成了这个综合案例。老师即使退休了，研究上还在不断收集材料，写文章。去老师家，师母就告了老师好多次状，不让他再做了，老师就是不听。真是春蚕到死丝方尽，蜡炬成灰泪始干！到了近几年，老师才彻底不再做研究。老师也学会了打麻将，和一些老朋友和社区的老同志度过快乐时光。晚年过得非常幸福。

老师的一生是伟大的一生，幸福的一生。他的子女也都非常出色。家庭氛围非常好，父慈子孝。很多同学都和老师的家人子女结下了深厚的友谊。欧阳老师的小女儿欧阳静由于和我们年龄相仿，来往较多。她移民到加拿大后还时常联系。

（2017 年 12 月 30 日，孔庆春、温水清夫妇到先生家中看望先生）

欧阳老师，不仅是我的学业导师，更是我的人生导师，老师的严谨治学，注重实践，以德树人，言传身教，追求进步，严于律己，生活俭朴，关爱他人，家庭和睦等一系列高尚品格会一直作为我学习的榜样，让我终身受益。

欧阳老师千古！

2023 年 1 月 17 日写于大连

孔庆春：1998 级东北财经大学会计学研究生，毕业后在上海从事外企财务工作，先后在上海朗讯科技光纤有限公司、麦格纳唐纳利（上海）汽车系统有限公司、维蒙特工业公司和威蒙积泰汽车销售（中国）有限公司工作。2016 年加入东风李尔汽车座椅有限公司，先后在其子公司柳州东风李尔方盛汽车座椅有限公司和武汉东实李尔泰极爱思汽车座椅有限公司做运营管理，目前在大连东风李尔泰极爱思汽车座椅有限公司任总经理。

三十二、追忆欧阳清老师

“年轻时我总是想：等到退休那一天，我就终于可以放下工作，先把金庸的小说都读完，再学学怎样打麻将”，欧阳老师一边翻着书稿，一边笑着自嘲，“可是现在退休 5 年了，我还是一样都没做”……

十五年后，当我得到欧阳老师仙逝的消息时，脑海里首先闪现出的就是这个场景，伴随着他缓慢的语调和永远温和的笑容。

一

那是在 2007 年，年近八旬、还没有从眼科手术中完全恢复过来的欧阳老师，又接受教育部委托，主持编写成本会计学精品教材。正好我在上海学习，可以过来协助审稿，于是有幸住在老师家里，近距离领受他的言传身教。

第一天，我早早起床走到书房门口，却看到他已经把二十几章打印稿整整齐齐分摞摆好，正抽出几页贴近脸前、眯着眼睛一字字地慢慢审读。整个房间里，除了他微微转动的头颈和手中轻轻颤抖的书页，一切都进入了静滞。等到他的目光终于停在一个句号上时，我赶快轻声问好，欧阳老师这才放下书稿，转过身来开心地招呼我坐下。

我为自己没能像他一样早起而道歉，但老师却笑着说：“你们年轻人就该多睡一会，对身体好。其实我也想多睡，但好像是天生的——从上学到现在，很少能睡满 5 小时，只好把剩下的时间都拿来读书搞研究。”然后他停顿了一下，目光转向窗外，自言自语地补充道：“而且我睡觉很轻。以前在复旦读书时，我上铺的同学（李岚清同志）是学生会骨干，经常开会到深夜才回来。但是不管他回来多么晚、多么静悄悄，我全都知道”，说完又呵呵地笑起来。

笑过之后，欧阳老师又轻轻叹了口气：“可是就这样工作了一辈子，我发现自己的时间还是不够用。”

接下来的几天工作，让我明白了为什么老师的时间总是不够用：几十万字书稿，尽管是由知名教授分工撰写，但对其中每个关键词甚至概念中的每一个标点，他都要反复斟酌、判断是否达意；全部几百个例题，他坚持把每道题亲自演算一遍，不放过任何细节上的疏忽。

看着一位刚刚做完眼睛手术的老人如此辛苦，作为学生心里自然非常心疼。倒是师母已经习以为常，一边笑着埋怨道：“总说自己退休就休息，结果哪天也没闲着”，一边招呼我们来吃她亲手制作的福建鱼丸。

偶尔，老师也会在师母的催促下离开书房去休息。但是往往没过一刻钟，他又拿着一杯新泡好的咖啡回来塞在我手中，笑吟吟地坐在一边看我在电脑上整理文稿。

“现在条件好多了，工作有电脑，冬天有取暖”，某次喝咖啡的时候，欧阳老师跟我聊起来，“以前我读书时，所有教材都是英文，每天都要读到深夜。到了冬天，手指冻得又僵又麻，想翻书页都做不到。所以每次读到快翻页时，我就把手指放在旁边蜡烛上烤一烤，结果有一次看入了神，手指上烫出泡才想起从蜡烛上移开”。接下来又是一阵笑声，然后他很认真地询问我：“宿舍冷不冷？上海的冬天不好过，冷了一定要告诉我，可以到我家来写论文。”

我相信，这就是所有学生心目中的欧阳老师——对待工作勤勉不懈，对待学术严谨不苟，对待学生无微不至。

二

说到“严谨不苟”，每次接触欧阳老师，他都会加深我对这几个字的认识。

读本科时，年近七旬的欧阳老师亲自为我们班讲授“成本会计”课程，而当时教育部指定的最权威的教材，就是他编著的《成本会计学》。可以想象，能当面接受这位开山巨擘的指导，同学们是多么兴奋。所以尽管我们班只有三十几人，学院却安排了足以容纳二百人的214教室，结果还是有很多旁听的学生和青年教师不得不站在过道上听课。

欧阳老师在课堂上的风范自不必说，而让我受益最大的，就是他“对每一个概念、每一个公式都要严谨对待”的作风。记得某次讲到一个概念时，欧阳老师让我们停下来仔细体会其中的几个字的措辞，然后很认真地告诉我们，在五十年代“是否全面改用苏联会计体系”的辩论中，他和另一位知名教授因为这几个字的措辞之争，互相连发了很多篇论文以反驳商榷，似乎最终也没能达成一致。

听讲时我还年轻，对这种为一字之争而耗时耗力的辩论，心里还有些不以为然。然而随着后来“会计史”等其他课程的学习，我渐渐明白了欧阳老师和另一位教授的苦心——在核心概念上，一字之差代表的可能是理论基础甚至立场原则的不同。不严谨，就会出大问题。古人要读《春秋》去领会“微言大义”，欧阳老师却是用亲身经历一次次在我们脑海中培养这个觉悟，进而影响了我们一生的科研态度。每忆及此，不胜感激。

回到那堂课上，当大家还在为这件公案惊讶时，欧阳老师停了停又笑着告诉我们："其实我和他（另一位教授）是非常好的朋友，每次去那里出差，他只要不上课就会全程陪我。当然，回来后我们还是继续发论文互相争论。"

这句话对我的触动同样强烈。小时候从书里读过很多类似的科学家轶事，但这一次当事人就站在面前，言传身教地向我们展示了学者们的纯真、执着与坦荡。这种魅力，或许就是吸引我后来投身科研的因素之一。

三

说到"纯真坦荡"，欧阳老师称得上"至真至纯"。只要是学术上的争论，无论对方身份、无论语气轻重，他都只是客观理性地分析探讨；如果分析结论与自己的观点相悖，他就会毫无保留地接受下来，并反思之前的错误所在，从不会因为自己的"身份"和"面子"影响学术讨论。

也是本科那次课程中，大概讲到工资的计件和计时结算方法时，我发现教材中一道例题与自己的计算结果不符，似乎是引错了公式。也是因为年轻，我没有等到课后私下请教，而是直接在课堂上起立提问。当着教室里上百人的面，欧阳老师很认真的听我讲完，然后站在那里对着书本静静思考了很久，教室里异常安静。看着老师因为全神思考而有些涨红的脸，我站在下面非常尴尬，十分后悔自己的冒失，让德高望重的老教授在这么多同学面前冷场。

终于，欧阳老师很认真地示意我坐下，然后对大家说："这个问题我确实要想一想，但是今天课上还有内容没讲完，下次课我会给大家一个答复。"我长出了一口气，只期望老师再也不要讨论这个问题，或者只轻描淡写把它盖过去就好。

然而下次课一开始，欧阳老师就在讲台上郑重其事地道歉："上次同学们发现例题中有一个错误，我回去重新验算后，得到的结果确实与同学们一样。这是我们编写教材中审核不严，我已经给出版社写信，再版的时候会改过来。这里向大家道歉。"

我坐在下面，浑身是汗，心里多少有点担忧老师会对自己"有意见"。但是恰恰相反，此后每次在校园里遇到欧阳老师，他都会很开心地回应我的问好，有时还会停下来跟我聊两句天，让我受宠若惊。

后来我追随欧阳老师的得意弟子张先治教授攻读硕士，欧阳老师也成了我的“师公”，于是我有了更多的机会向他请教。2001 年，我写了一篇使用计算机程序、通过蒙特卡洛方法研究制造费用联合分配的论文，经张老师推荐拿给欧阳老师过目。

由于时代原因，当时甚少有人把计算机直接用到会计学理论研究之中，我这篇论文最后也被省级刊物拒稿，拒稿原因居然是程序运行后生成的图表和模型“无法排版”。不过让我倍感欣慰的是，尽管欧阳老师也不了解计算机技术，但却抱着极大的兴趣，耐心地与我探讨了每一个关键环节，很多时候我甚至觉得他是在跟我“请教”计算机的知识。最终，他对这篇论文给予了充分认可，并且与张老师一起强烈建议我投稿到省刊。在我心中，他和张老师的肯定，分量远远超过那本杂志的拒绝，也从此坚定了我使用计算机工具研究经管类问题的决心。

后来在同济的入学典礼上，向新生致辞的汪品先院士对我们说（大意）：“我们这些老人，必须时刻向你们年轻人学习新的知识。如果我们做不到这一点，就应该把位置让给你们”。那时我坐在台下，很自然地想到了欧阳老师，因为他就是这样一位虽已德高望重、仍旧虚怀若谷的纯真的学者。

四

做学问、教学生，欧阳老师把一生的聪明才智和旺盛精力，全都投入这两件事情中，倾尽全力、一丝不苟。但有时候我也会猜想：如果一定要把这两件事分个轻重，哪一件在欧阳老师心中更重一点呢？

按我自己的感受，“学生”在他的心中更重要。他或许能够容忍学术上的疏忽，但绝不会容忍对待学生时的失误。因为，做学术是自己的选择，而教学生，却是受人所托。

2003 年，我和崔刚两位留校任教的学生，一起去刚刚退休的欧阳老师家里拜访。老师跟往常一样，一看到学生就满心欢喜，端完水果又拿饮料，像照顾小孩子一样接待我们。

不过聊到工作话题之后，他逐渐严肃起来。我猜想他也要像其他师长一样，叮嘱我们趁年轻多做科研多发论文、一定争取尽快解决职称问题。

然而欧阳老师并没有提到科研和职称。他沉默了一会，一字一句地对我说："杨洋，我认识你很久，也知道你们都很聪明。但是聪明的人最容易浮躁。所以，你一定要认真备课，千万不能误人子弟啊！"

那一刻，我的手心里全是汗。事实上现在写这篇文章时，回想到那一刻，我的手心也会觉得有点发潮。尽管欧阳老师语气平静，但这句话却是我成年后收到的最严厉的警告，直接刺在我一直引以为傲、实则隐患无穷的痛点上。

（2021 年 9 月 28 日，杨洋在上海拜访先生）

感谢欧阳老师的警示，二十年来无论开设高校课程还是社会课程，我都一改年轻时的浮躁心态，反复思考课程方案，生怕稍有疏忽竟至"误人子弟"。

而身为楷模，欧阳老师确实一生都在时刻关心着所有学生。以我自己为例，在上海时经常接到老师的电话叫我们这些同学去他家里做客，还特别嘱咐要带上妻子和孩子，一起品尝师母的绝佳厨艺。每次饭后，他都会拿出一摞相册，里面全是各届学生的新老照片，然后细致地把最新的照片一张张讲给我们听。

看他陶醉的神情，就像是在品味一坛酝酿多年、终于启封的醇酒。

欧阳老师一生勤勉，做学问则坚守初心、教学生则不负所托。九十二年生涯里，每一天都值得我辈崇敬效仿。想起 2021 年 9 月还在老师上海的家中喝茶，2022 年中秋还在为电话那边老师清晰的谈吐而安心，没想到一个多月之后，竟突然得到仙逝的消息，一时间百感交集，无语凝噎。脑海中随之浮现出那天早晨，他谈起年轻时幻想退休生活的场景，于是在心里默默地祝福欧阳老师：若有天堂，您也许可以好好歇息几天，陪师母看看金庸、打打麻将了吧？

然而心里却有另一个声音告诉自己：更有可能的是，那里已经有一方新的讲台在等着他……

欧阳清老师千古！

2022 年 12 月 31 日写于加拿大多伦多

杨洋：1996 级东北财经大学会计学院本科，2000 级东北财经大学会计学院硕士研究生，获硕士学位，毕业后任教于东北财经大学电子商务学院，并赴上海同济大学攻读管理学博士学位，随后在同济大学电信学院从事博士后（计算机网络安全）研究工作，出站后于同济大学经管学院任教（副教授）。2015 年移居加拿大并于 TD Bank Group 担任高级 IT 审计经理，后辞职创办深圳一得教育科技有限公司（www. ukoedu. com），目前致力于制作各类精品在线教育课程。

三十三、怀念恩师——欧阳老师

我最敬爱的恩师走了，眼泪一直在流。

因为一直没有什么高光时刻，几乎不主动给他打电话，每次接到老师电话都要好好汇报一下，每次听他说不要毛躁，我就仿佛看到他坐我对面，笑眯眯地说：“你头发怎么又翘了，老是毛毛躁躁，不好呀。”研究生期间，每次到老师家，师母都做好多好吃的，吃饭的时候，一边吃美食，一边听师母说说发生在老师身上的事情，老师要是觉得不好意思了就笑眯眯说，你师母做饭特别好吃，多吃点。在老师那里吃饭，吃少了是不可以的。他牙不好，早早地就做了假牙，将口腔里牙拔掉之后，脸比较瘦削，他还风趣说，哎呀，不好看了呀。

（2017 年 8 月，杨海英到大连科学家公寓探望先生及师母）

他教学五十年了，每次给我们研究生讲课，他都要备课，将成本会计改了又改，写论文我东挪西凑，他说你要这样不认真就不能毕业了。后来将我安排到上海实习，安排师兄们照顾我，安排吃住。那时候觉得老师好严厉，每次改论文都觉得受一次打击。我的论文从头改到尾，还是不满意，说你就不要当老师祸害学生了。后来，耗了无数脑细胞，也给老师增加了不知多少根白发，总算同意答辩了。

研究生毕业他给我安排到师兄所在的央企，我想到四大，他听后，什么也没说。第二天却有些上火，对我却说多尝试些也好。工作后，他总是很多不放心，知道我性格急躁，电话里一直说慢慢来。后来我到北京工作，他也定居上海了，见面机会就少了。有一次他说暑假回大连，我安排了工作，带着我老公，跑回大连去看他，他开心极了，还让我带孩子去。我说孩子有点吵，他就笑笑。其实他也不会带孩子，都是师母带。那次我们照了照片，后来在他出版的回忆录专门将这张照片放进去。其实师哥师姐们好多都毕业了也专门去看他，谁没吃过师母的美食呀。每一个学生他都惦记着，可能我的性格有点孩子气，一直不让他放心。后来工作没有起色，我就不好意思给他打电话，其实特别喜欢听他叫我的名字，第一个字咬得重，最后一个字尾音总是平平地拖长。每次电话里都跟他说你要好好保重，我到上海去看你。结果每次都各种原因没成行。后来送他最后一面，只有我自己在心里说，老师我来了。可是没有那个人笑眯眯地对我说，来了呀。也没有人在我出门后还叮咛要注意安全了。

老师思路一直特别清晰，我上一份工作做大数据分析，数据量太大，我跟他说，在数据整理方面花费好多时间，真正的业务分析反而时间不够。他说有个师兄专门做这方面研究，让我给他电话说一下，临挂电话还叮嘱记得打电话去问啊。单位上马一个项目、不怎么容易，我人微言轻，觉得再等等，就一直没打。一周后，他给我电话追问你打电话了没有啊？我说我还没想好。他知道我不好意思，就跟我讲不要不好意思，好多时候有个人给你指导就能少走好多弯路。尽早打，不要将问题拖延。工作上有困难的时候我随口跟他说说，他就开始帮忙梳理，是哪方面的问题，实务中症结到底是哪方面，细节一定要清晰，回复一定要严谨。在跟老师的沟通中，自己慢慢也就出了思路。有时候我自己表达不清晰，他会着急，也会一再确认。

（2006 年 12 月，杨海英与先生在大连星海广场）

可是，今天替我着急那个人去了，之前好长一段时间没有给他打电话，我真的很不孝，现在就是我想听那个声音，也再也听不到了！

一个多月过去了，有时候坐在地铁上，看到精神矍铄的老人，恍惚觉得就是他，刚想走过去，一晃神，发现不是。原来他真的走远了。

恩师，很想您！来生，还想做您的学生。我不知道天堂路远不远，我知道您一定是微笑着，因为您要见师母去了。恳请您给我一个梦，告诉我您平安如意！

2023年1月2日写于北京

杨海英：2000级硕士研究生，毕业后在普华永道律所工作6年，之后在企业从事财务管理工作。

三十四、永远的怀念

清晰地记得，我正不知为何有些心神不宁，便胡乱地翻看着手机，就见单位微信群传来一个“讣告”信息。气氛变得有些凝重，懵懵地点开信息链接，眼睛一下子被刺痛：“东北财经大学会计学科的奠基人之一、著名成本会计学家欧阳清教授，因病医治无效，于2022年11月8日17时55分在上海逝世……”怔立良久，实在不愿意相信这是真的，几经犹豫想向牛彦秀老师求证的信息一直未敢发出去。

时空凝滞，江河静默，唯有欧阳老师的音容徐徐浮现，栩栩如生……

我是东北财经大学2000级的会计专业研究生，欧阳老师也是我在东北财经大学认识的第一位老师。在决定报考研究生时，经熟人的熟人介绍，我与欧阳老师取得了联系。电话那头，欧阳老师跟我这个素昧平生的后生温和地打招呼，亲切地鼓励我，让我感动不已。2000年春季，我第一次前往向往已久的海滨城市大连参加复试。怀着景仰之情，还怀有一点小心思，我先去拜访了欧阳老师。这是我有生以来第一次和大师近距离接触，在此以前，我从未认识过任何教授和硕士生导师。欧阳老师就像一位和蔼可亲的大家长，与我一场春风化雨的座谈，很快就消除了我的局促不安。虽然我那个有关复试的小心思最终未能吐出口，智慧通达的欧阳老师岂能察觉不到，他只是嘱托我按照复试要求认真加以准备，不要有什么精神负担，并安排他的在读研究生杨云飞师兄，让我住进他们的宿舍，一方面有什么问题方便向学长请教，另一方面更是这位成本会计大师居然能想着为我这个穷学生节约些成本！

在攻读硕士学位阶段，欧阳老师给我们讲授成本会计专题。整个学期，一看到成本数字就头大的我坚持坐在前几排的位置，不敢有丝毫的怠慢，唯

（2017 年 9 月，崔刚到科学家公寓看望先生）

恐辜负了我人生中最为敬重的前辈。那个时候，研究生的课堂学风应该算得上是有点松垮，而欧阳老师的课程却是我们班出勤率最高、学得最认真的一个。这完全源于欧阳老师的学术魅力、人格魅力以及严慈的教学姿态。差不多应该是到了最后一堂课吧，欧阳老师顿了顿说，明年他就要从教学岗位上退下来了，嗓音有点沙哑，并掏出手帕轻轻擦拭了一下有些湿润的眼角。课堂上静悄悄的，任谁都能感受到一位老者对其毕生奉献的会计教育事业的满腔热忱与不舍。后来我听下届的师弟、师妹说，欧阳老师给他们讲授完最后一节课，就从此告别他站了 50 年的心爱的讲台。当时，欧阳老师哭了，同学哭了，大家簇拥在欧阳老师身边，陪着老人家缓缓走出教室，走出校园，久久不愿意散去。

（2019 年 8 月，崔刚到科学家公寓看望先生）

2003年我硕士毕业留校任教，居然有幸和欧阳老师共事了一年，常常垂首于欧阳老师身边听取欧阳老师的谆谆教诲。在欧阳老师光荣退休之后，每每去看望欧阳老师，总能发现欧阳老师笔耕不辍，并常有新作出现，而且还继续参与和指导一些制造企业的调研与成本会计实践，让我这个最该奋斗的后辈深受触动并感到惭愧。我本人并不善于与“数字”打交道，在最初接触成本会计的时候就对其“烦琐”的计算有所畏惧，这也是我拜谒欧阳老师的时候有些难为情的地方。欧阳老师对我并没有勉强和微词，而更多地关心我的生活，温婉地敦促我要在科研上多下一些功夫。留校没几年，因“革命的需要”，我主讲的课程也变成了成本会计。欧阳老师得知后，高兴地将他编著的《成本会计大典》和首都经贸大学出版社出版的那部经典的成本会计教材送给我，这成为我多年以来成本会计教学中最为宝贵和重要的参考书。我很想对欧阳老师说：“您一生勤勉所带来的宝贵知识财富正在一代代得以传承和发扬，您在天之灵一定会感到欣慰吧。”

想念您，欧阳老师！

2023年2月7日写于大连

崔刚：2000级东北财经大学会计专业硕士研究生，2003级东北财经大学会计学博士生，现为东北财经大学会计学院副教授，主要从事财务会计、成本与管理会计的教学与科研工作。

三十五、师恩浩荡，教泽绵长

2022年11月8日，我们敬爱的老师欧阳清教授与世长辞，我得到这个消息的时候，脑海中立刻浮现出欧阳老师诲人不倦的身影。

我们班是2001年东北财经大学招收的第一届中职教师研究生班，来自全国17个省市的42位同学攻读会计学硕士研究生。由于是首届中职教师研究生，东北财经大学非常重视，给我们安排了会计学院最好的老师，他们是邓延芳、欧阳清、夏乐书、刘淑莲、姜楠、刘明辉、牛彦秀、迟旭升等一批学术渊博、德高望重的老师。

我非常清晰地记得，2002年9月10日（星期二），这一天是我国第17个教师节。早晨，走进我们教室的是一位身体高大、精神矍铄的一位老师，他自我介绍是欧阳清，给我们教授“成本会计研究”课程，然后他缓缓地、又充满自信地说：“这是我的教师生涯最后一学期任课，整整满 50 年，也是第 100 个学期任教。”这句话让我们所有同学大吃一惊！这一年，欧阳老师 71 岁！为了我国会计教育事业，欧阳老师在三尺讲台已经奋斗了半个世纪——这一点已经让我们佩服不已了！

接下来，欧阳老师拿出了一本《会计大典——成本会计》，给我们介绍会计大典编写的台前幕后的故事，让我们一一辨认会计大典编审委员会的成员，这是我平生第一次与我国会计前辈近距离的接触，也感受到会计前辈为了我国会计教育事业作出的贡献。欧阳老师每次上课都带来一大堆复印好的资料，让我分发给每位同学，作为学习的参考资料。这些材料中包括他的代表作《关于工业企业班组经济核算问题的探讨》，也包括在《会计研究》《财务与会计》等期刊上发表的论文，也包括其他作者关于成本控制和成本分析的相关文章。欧阳老师详细介绍自己如何深入工厂、车间、班组调研，如何总结班组经济核算是企业最基层单位，班组如何完成生产活动的记录、计算、分析、比较，以期用最少的劳动消耗取得最大的经济效果。他在“连环替代法”“品种结构对可比产品成本的影响分析”“材料配比对成本影响分析”“产品等级结构对利润影响分析”等方面的研究可以说达到了登峰造极的境界，对很多学术问题都有自己独到的见解。令我记忆犹新的是标准成本分析的人工差异分析的三因素分析和四因素分析，以及固定制造费用双因素分析和三因素分析。这些一直困扰我的难题，在老师的循循善诱下，让我受益良多，也为我以后扎根职业教育、辛勤耕耘教材奠定了基础。

（1997 年 3 月，《会计大典》编审委员会委员合影）

欧阳老师不仅给我们讲授课程，还经常让我们一起讨论。那时，我是这个班的学习委员。一天，老师找到我，要我在班级组织一次成本会计大讨论，并主持这次活动。我听到这个消息时，非常紧张，也非常忐忑。老师看见我很为难，就鼓励我大胆尝试、敢于探索。在经过前期的周密准备，我们开展了第一次成本会计研究大讨论，同学们就成本控制、成本分析等诸多问题积极发言，我对同学们研究成功的案例进行点评，对争论较多的问题发表自己的见解。整个活动过程中，老师一直坐在下面认真听讲，时而点点头，时而记记笔记。活动结束后，老师很满意地走到讲台前说道："小丁同学，辛苦了！你今天主持得非常成功，点评也非常好。继续努力！"同时，带头鼓掌，表示祝贺。活动结束后，他把自己编写的《会计大典》第四卷《成本会计》一书送给我作为纪念，并在书的扉页签名、盖章！也正是老师这次活动，让我打开豁然开朗的性格，使我在未来的教学工作和学术研究上一直保持着一份激情和坚守，不断取得优异成绩。

天涯海角有尽处，只有师恩无穷期。感谢您，欧阳老师！

2022 年 11 月 24 日写于安徽芜湖

丁增稳：2001 级东北财经大学中职教师研究生，会计学硕士，安徽商贸职业技术学院教授，硕士生导师，全国首届教材建设先进个人，国家级课程思政教学名师，省级专业带头人，省级教学名师，省级先进会计工作者，中国注册资产评估师。现任安徽商贸职业技术学院会计学院院长。发表论文 30 多篇，主编高职高专财经类系列教材 40 多部，其中国家规划教材 8 部；4 次获得省级教学成果一等奖。

三十六、德高为师，身正为范——深切缅怀欧阳清教授

2022 年 11 月 9 日早上，我打开手机和牛彦秀教授准备沟通合作教改项目的进展情况，牛彦秀教授说正在去机场的路上，上午要乘飞机去上海，紧接着就告诉我一个震惊的消息，我们敬爱的欧阳清教授已于昨天下午 5 时 55 分在上海医院寿终，享年 92 岁！我当时感到难以置信，而且难以接受！欧阳清教授给我们上课时的音容笑貌不断在脑海里浮现，当我把讣告发布在班里的

微信群后，同学们都感到震惊和无比悲痛，委托我起草唁电分别发给欧阳清教授的亲属和会计学院以表达对欧阳清教授的缅怀之情。

我们班是先生教过的最后一届研究生班（第 100 期教学班），欧阳清教授教书育人，为人师表，关爱学生，诲人不倦，为我们树立了光辉典范。中国著名教育家陶行知先生对教师提出的要求是“德高为师，身正为范”，欧阳清教授用自己的言行为我们诠释了何谓“德高为师，身正为范”。

（一）德高为师，传道解惑

2001 年，为了加强职业院校师资队伍建设，教育部启动了职业院校教师在职攻读硕士学位选拔考试工作，经过一系列的选拔、考试，我有幸被东北财经大学录取，开始了会计学专业在职攻读硕士学位的学习之旅。首届在职硕士研究生班的 60 位同学们来自全国 20 个省区市，大多数同学是学校的业务骨干，考虑到在年龄和经验方面的优势，我和米莉同学被推举为班长，管理班级日常事务。

东北财经大学会计学院与高职学院非常重视教育部首批职业院校教师在职攻读硕士学位工作，为我们配备了最好的教授专家团队授课：“财务会计研究”由邓延芳教授授课，“成本会计研究”由欧阳清教授授课，“管理会计研究”由牛彦秀教授授课，“审计学研究”由刘明辉教授授课，“财务管理研究”由刘淑莲教授授课，“国际财务管理”由夏乐书教授授课，“会计信息系统”由王振武教授授课。

欧阳清教授的“成本会计研究”课程按教学计划在 2001—2002 学年的第一学期开设，3 学分 54 课时，每周三上午上课。我还能清晰记得第一次上课前我作为班长在学校南门迎接欧阳清教授的情景，第一次见到欧阳清教授，教授戴着鸭舌帽，身着黑色西装，打着红色领带，手提公文包，一看就是治学严谨的专家学者形象。陪同教授到了班级，邢天才院长给我们介绍欧阳清教授，欧阳清教授是东北财经大学会计学科的奠基人之一，也是新中国“成本会计”课程的开拓者和创立者，我们班同学都为有机会听到治学严谨的大师教授“成本会计研究”感到无比自豪。

欧阳教授第一次给我们上课，首先介绍了学习“成本会计”课程的意义，改革开放以来我国制造业飞速发展，制造业占 GDP 总额的达 46%，是国民经济的第一大产业，成本管理与核算对提高制造类企业的经济效益至关重要，希望同学们通过学习掌握成本会计的理论与方法。其次特别强调了“成本会计”是一门应用性强、紧密联系实际的课程，学习过程一定要理论联系实践，学有所长，学以致用。

在讲授成本会计理论时，欧阳清教授不仅详细教授教材的内容，还为我们班复印大量的学术论文，介绍成本会计最前沿、最新的研究成果，特别是介绍厦门大学余绪缨教授、中南财经政法大学郭道扬教授的学术观点。欧阳教授还采用规范性研究方法，为我们点评分析上海财经大学、中央财经大学、中国人民大学、中南财经政法大学出版编辑《成本会计》教材中对相关概念的不同表述，最后再介绍东北财经大学教材的观点（欧阳教授的观点），为我们树立了兼收并蓄、严谨治学的良好风范，正是通过这严格的学术训练，使得我们在理解的基础上系统掌握那些学术界公认的、已经实践证明有效的理论和方法，也培养我们在阅读参考文献的基础上撰写文献综述的能力，这在我们学位论文与学术论文写作过程中受益匪浅。

2001 年初，欧阳老师由学生周守华陪同到邯钢调研，系统总结“邯钢成本管理经验”，欧阳清教授用他在企业调研期间形成的一手真实数据为我们作案例分析。为了让我们了解邯钢的生产流程，欧阳清教授专门手工绘制烧结（铁矿石）、球团（铁矿石）、焦化（煤炭）、炼铁（高炉）、炼钢（转炉）、轧钢（热轧/冷轧）生产流程，结合生产流程介绍钢铁生产各环节的成本归集、计算、分配、结转方法，在介绍炼钢车间生产流程与成本核算时，着重介绍炼钢车间应用作业成本法改革传统生产成本核算方法的实践，邯钢改革传统生产成本核算方法，把炼钢车间发生的电费、转炉设备折旧费、维修费、炼钢车间技术人员、管理人员的工资 、办公费等制造费用分摊到炼钢转炉（按炼钢转炉设置制造费用二级账户），再按炼钢转炉生产效率精确分摊到每炉钢水的成本中，实现了按作业对象和成本动因对制造费用进行精细化核算。欧阳清教授指导我们先按传统的品种法、分步法计算钢水的成本（制造费用按工时分配到完工产品成本里），再按作业成本法进行计算钢水的成本，通过对比两种成本数据进一步体会到按作业、成本动因计算产品成本的精准性和及时性。正是通过这种形象直观的案例教学，帮助学生熟练掌握抽象、难以理解的成本核算方法。

经过一个学期的紧张学习，进入了期末考试阶段，欧阳老师的课程考核方法也是独特的，《成本会计》试题中没有出现传统的记忆类客观题，考的都是具有对比性、综合性、启发性、应用性的成本计算与分析题目，其中“连环替代法”“品种结构对可比产品成本的影响分析”“材料配比对成本影响分析”“产品等级结构对利润影响分析”等是必考内容，而且每个同学考试的成本数据各不相同，只有认真计算、分析才能得出各自正确的答案，尽管是腊月隆冬季节，每个同学都考得汗流浃背，紧张异常。还好我平时把欧阳老师讲的案例按成本计算的勾稽关系设计成相应的计算模型，大大提高了成本计算、分析速度和准确度，最后成本会计成绩居然考了 87 分优秀成绩。课程结束，我们班的同学一致认为从欧阳老师身上学到了真本事，真正培养了我们的分析问题、解决问题的专业能力。

（二）身正为范，言传身教

欧阳教授给我们班上课时已是 70 岁高龄老人，他坚持站在讲台为我们授课，一站就是 3 个小时，欧阳教授的板书设计精美，板书突出教学主题，清晰地揭示章节知识之间的内在逻辑。欧阳教授讲课声如洪钟，最后一排的同学都能清晰听得到他的授课内容。他曾经深情地对我们说，你们都是来自教学一线的教师，站着授课既体现了对学生尊重，便于板书和学生交流，也利于观察课堂情景，站着授课还可以利于发声，提升教学效果。

成本会计是欧阳教授教了近 50 年的熟课，但他每次上课前都认真备课，书写教案，每次上课他都紧密围绕教学主线，由表及里，由浅入深，由易到难，步步深入，授课逻辑井然有序，每次上完课程还要真诚听取同学意见，把上课心得和反思记录在教案上。真正做到了教书育人，身正为范，言传身教，为我们树立了良好的师德风范，使我们终身受益。

作为会计实验教学的开创者，20 世纪 80 年代末，欧阳清教授负责协调安排学生到工厂实习。当时很多企业处在由计划经济向市场经济的转型时期，企业都不愿意接收学生实习，怕实习的学生造成差错，不能胜任工作，他由此萌发了创立会计实验室的想法。东北财经大学建立的会计实验室是全国第一家会计实验室，一时间前来考察和交流的全国同行“络绎不绝”。会计实验教学成果最后被评为优秀教学成果，获得学校特等奖、辽宁省一等奖、国家二等奖并得以在全国推广。

在欧阳清教授会计实验教学理论与方法指导下，我利用自己在会计电算化教学方面积累的经验，参与了由刘永泽教授、吴大军教授主持的教育部“新世纪网络课程资源建设项目”中会计实验教学子课题研究，为“基础会计”“财务会计”“成本会计”“管理会计”“审计”5门课程配套了实验资源。正是基于这个项目的机缘，我于2004年9月调入东北财经大学，在会计实验室建设基础上整合全校的专业实验室资源组建东北财经大学经济管理综合实验室，与用友软件股份有限公司合作建成了第一家ERP实验教学中心。2005年，会计学院与网络学院合作开发了“会计循环网上模拟系统”，该系统填补全国高校自主开发会计实验教学软件的空白，荣获2005年辽宁省教育成果一等奖，在全国近百所高校会计学专业应用。2005年，会计学院与厦门网中网软件有限公司合作开发的会计技能竞赛平台作为全国大学生会计技能竞赛平台官方平台，该平台荣获中国教育技术学会技术创新一等奖。

2006年，在教育部组织的本科教学水平评估过程中，会计学院开发的“会计循环网上模拟实验”“基础会计实验”“财务会计实验”“成本会计实验”“管理会计实验”“审计实验”“Excel在财务建模中的应用”“会计信息系统实验”等成体系的专业实验课程，受到专家组组长南开大学副校长逄锦聚教授的高度好评，会计学院的实验教学7个指标全部被评为优秀。

2007年，在刘永泽教授、吴大军教授指导下，我申报的东北财经大学会计信息化辽宁省重点实验室于2007年获辽宁省教育厅批准设立（批准文号：辽教发〔2007〕85号），这是我省唯一的一所会计学专业重点实验室，该实验室每年为会计学院提供3个专项科研项目。

正是欧阳清教授在会计实验教学方面的奠基作用，会计学院才能在会计实验教学和科研方面取得如此大的成就，吃水不忘挖井人，我们将永远铭记欧阳教授的教诲，把先生教学育人、实践育人的思想落实到教学过程，实现先生为国育人理想。

2022年11月28日写于大连

赵合喜：2001级东北财经大学中职教师研究生，1987年7月本科毕业于河南大学历史系，在河南省三门峡社会管理学院获得讲师、高级讲师，2004年获东北财经大学管理学硕士，同年调入东北财经大学，副教授，硕士生导师。曾任东北财经大学实验教学部主任、实验教学中心（国家级实验教学示范中心）副主任。兼任国际财务管理协会（IFMA）中国总部首席专家，辽宁省高校大学生创业导师、大连市青年创业导师、大连市科技项目和科技型企业评审专家、厦门大学国家级经济管理实验中心教学指导委员会委员等职。主要从事企业信息系统、智能财务与会计方面的研究与教学工作。

三十七、深深缅怀，永远记忆

我与欧阳清教授相识于20世纪80年代初期。当时在辽宁财经学院（现东北财经大学）学习期间有幸听到了先生的讲课，从此便与先生结下了师生情缘。在此后30多年的财务工作中，我时刻谨记欧阳先生对我的教诲和指导。

在工作上，当老师知道我在国有企业和外资企业做财务工作时，多次给我讲解如何将企业成本核算做到合理分配、准确核算，如何真实反映企业经济技术指标对成本分析的影响。令我至今难忘的是，2000年2月先生将自己亲笔签名的《企业经济分析学》一书馈赠与我，并鼓励我要遵循“经济越发展，会计越重要”的理念，为企业的财务管理作出贡献。

（老师赠予的《企业经济分析学》）

在生活上，每次去老师家里，他总是要询问我的工作和生活，师母还会亲自为我下厨做她最拿手的宁波汤圆给我吃，那种对待亲人的感情让我无法忘怀。记得有一次生活中有点坎坷，恰好我到上海出差，本想第二天去拜访先生，可没等我去，先生傍晚就到宾馆找我，和我促膝长谈，点悟了我的生活方向。

由于工作原因，每一次与先生的相见都是匆匆，很遗憾每次相见都没有留下合影，但先生的音容笑貌却永远留在我心中。

虽然我最敬爱的欧阳先生永远地离开了我们，但是先生的谆谆教诲将铭记我心。借此，我谨献一首缅怀之诗，来悼念先生。

感怀恩师教诲，谨记恩师传承

残阳秋日风凄凄，噩耗耳边涕不禁。
音容笑貌今犹在，泪蒙双眼满衣襟。
良师益友情谊深，重情重义暖我心。
教书育人几十载，两鬓落雪织日月。
桃李天下满经纶，学生四海皆人杰。
前行路上虽艰难，恩师教诲记忆新。
恩师驾鹤西方去，名留经史永不忘。

2022 年 11 月 28 日写于杭州

刘春梅：1980 年在辽财财经学院进修会计相关学科。曾任大连国有企业财务科长、外资财务经理等，现已退休。

第三节　情深潭水——先生好友追忆先生①

一、慈父般的老人

我跟欧阳老师是忘年交，记得那是 20 多年前的一天，我正在出版社样书库里整理样书，那时的样书库在出版社的大书库里，忽听到一个难得的熟悉的乡音福建人的普通话，我立马走过去搭话，得知是久闻大名的欧阳清教授，我们就聊了起来，越聊越亲切，他老人家平易近人，和蔼可亲，没有一点架子，后来我就将欧阳老师介绍给了我的父亲，两家人见面后更是无话不谈，有一种似曾相识的感觉，更巧的是欧阳老师的干爹是我父亲的老师，我的老

① 本节由牛彦秀整理，秦志敏校审。

家和欧阳老师的老家都在福州的三坊七巷，在异乡遇见老乡格外的亲切，从此后，我们两家有了密切的往来，欧阳老师和他的夫人邵阿姨也成了我父母的好朋友，欧阳老师退休去上海后，我们每年都要相聚，接风送行是必不可少的。在和欧阳老师的交往中，在他老人家身上我体会了很多优秀的品质，所以我经常愿意跟他说说心里话，每次得到的都是严于律己、宽以待人的处事原则，交流后心里总会感到轻松了许多。多年的交往我们两家人已成了挚友，彼此间的挂念问候成了我们生活的一部分，2018 年欧阳老师的老伴邵阿姨不幸离世，为了排解他老人家的悲伤，在他来大连度夏期间，我妈妈经常从大有恬园搭车去科学家公寓陪他打麻将，欧阳老师为了不给我妈妈添麻烦，就每天去中山公园散步，观看老年合唱团排练，看到他老人家的精神有了好转，我们高兴极了。

（2017 年 8 月，陈薇父亲陈心铭、母亲郭润珍与先生及师母）

欧阳老师从不摆长辈架子，对我们晚辈总是关怀备至，2022 年我身体不好，多次住院，欧阳老师得知后，就隔三差五地给我打电话，问候我的病情和身体情况，安慰我，其实这期间他老人家也是在病后恢复期，每次接到电话我心里总是暖暖的，就在他老人家过世前一个月还给我打了电话，当时因为网络不好没能接到电话，从此就再也没有听到他老人家熟悉的声音了，现在想想当时我应该及时给他老人家回个电话，他一定是很想听听我的声音的，这件事让我遗憾终身！得知欧阳老师过世我悲痛万分，我们曾相约疫情后有机会在大连或上海相聚，但现在这已成了梦想。

欧阳老师安息吧，陈薇永远怀念您！

（2019 年 9 月，陈薇与先生）

陈薇：1957 年生人，大学本科学历，东北财经大学出版社副编审，现已退休，退休后参加了大连高新园区老教授合唱团，出演过三部话剧及多部小品、舞台情景剧，均为女主角，并于 2021 年参演了院线电影《保你平安》《不动声色》。

二、老师，我想您了

不记得老师走了多少日子，只记得想起他就泪水涟涟……前几天翻开通讯录，无意间看到老师的名字。我停留了许久，心如刀割，不知道是点开，还是删去？我知道，那个在远方的老师再也听不到我的声音，我也再听不到他“小纪，小纪”亲切的呼唤了。删去，就意味着永远都找不回来了；留下，就会像刀子剜心一样一次次的痛……

凝视着老师的名字，我一次次地在心里呼唤：那位唤着“小纪，小纪，我啥时能看你的大作啊？”的老师，您在哪呀？我眼前浮现出：您仔细阅读我每篇写作，提醒我要放宽眼界，鼓励我多投稿，并且把在北京从事编辑工作的乔老师介绍给我，让我和她交流的情景。那位知道我在国外腰不好，不远万里托女儿带去治疗仪的老师，您在哪呀？那位知道我在上海隔离，着急而送不进东西，就每天打电话担心我吃不好睡不好的老师，您在哪呀？那位我解除隔离后，一次次打电话安排他的学生孔繁国派司机接我去机场的老师，您在哪呀？您是一位多么慈祥的老人、多么亲切的老师啊！我们没有血缘，您却像父亲一样地呵护着我！今后，我有了委屈和高兴的事，我上哪找您倾诉啊！

老师，您做人、做学问都是当之无愧的楷模！你的温暖，如琼浆玉液般的甘甜；您的为人，如春风化雨般时刻感染着身边的人。这个世上不缺做学问的老师，缺的是像您这样既做学问又温暖、可亲可敬、甘为人梯的老师啊！

老师，您永远值得我们学习，永远值得我们尊敬，永远值得我们缅怀！

亲爱的老师，我想您了……

（2004 年，纪玮和爱人张先治到先生大连家中看望先生及师母）

纪玮：笔名，伟伟。电大中文和会计专业毕业。当过知青，无线电厂工人，宣传干事，企业会计，陪读妈妈，辅导员。爱好旅游、音乐、文学、美食。曾在网上发表“党旗下的英才”“忠诚”“母亲教给我什么”等文章。

三、追忆欧阳清教授

我和欧阳教授相识20多年了。虽然这期间我们只见过六次面，但我早已把先生当作恩师、知己；欧阳清教授也封我为他的“一位最难忘的编辑”。我认识先生的起因是邀请他为我们出版社写一本成本会计的案例教材。

2000年，也就是22年前，我们出版社计划搞一套中国最强大阵容作者队伍的会计书系，我是这个项目的负责人。

记得欧阳清教授是天津财经大学盖地老师引荐给我的。盖老师告诉我：他和欧阳老师一起编过《会计大典》，盖地老师的原话是“欧阳清是一位特别值得尊敬的学者，治学非常严谨”。阎达五老师也对我找欧阳清教授非常赞许：“你要做中国最权威的《成本会计学》，就找他写，错不了！”事实证明，盖老师、闫老师所言不虚！2003年3月，《成本会计学》第一版问世了。2005年，我去华盛顿，到美国国会图书馆拜访亚洲部主任，他告诉我，他们的藏书里有欧阳清先生的《成本会计》！回国后，我打电话告诉欧阳教授，他特别开心。

（2016年6月，乔剑带女儿王宇乔到上海家中看望先生，与先生及师母一起回忆2010年会面的情景）

和欧阳老师因为工作的需要而相识，而我们之间真挚的友谊则是开始于一封普通的信件。前几年我常在上海《新民晚报》发些随笔，北京的报摊不卖《新民晚报》，所以每次得麻烦编辑寄送样报，文章多了也就不好意思老要求人家了。一天，我忽然收到一封来自上海的平信，里面是一张叠得平平整整的报纸，原来是欧阳老师在看报时发现了我的名字，猜到是我写的，就把报纸留下了，然后到邮局去寄给我。要知道，这是件很费时间的事。而欧阳教授默默地，不胜其烦地做了，那时他已经80多岁了。

（2018年11月30日，乔剑到上海家中拜访先生）

从此，我每次在《新民晚报》上发文章，他都给我留着。也是从那以后，我每到上海，必去欧阳教授那里看望。而每次我离开时，他都会送我，要么让宁姐姐驱车到火车站，要么送到我的住处。2021年7月16日最后一次，欧阳教授走不动了，送到小区口挥手。那是我和欧阳教授的最后一面，我永远忘不了那一刻。

这就是我和欧阳清教授为数不多的交集。因为欧阳清教授，我才知道，人老了仍可以那么可爱，因为他，我才知道友情亦可如亲情一样不舍。我与欧阳教授以《成本会计学》开始，以真挚的友谊相待，以依依惜别绵延，可以说，这是我的工作带给我最大的福利与犒赏。下面，请允许我以一首小诗来表达我对欧阳教授的感恩之情：

送别

——写在欧阳清教授离开我们的日子

沪江晴美的晚秋
您匆匆别离
一时间
滨城烛光亮起
三山故里低吟
可叹
昔日的谈笑已无还期

此刻
千里之外的北京
您一定知道
还有一个编辑
多么难忘对您二十年的记忆

您的成本会计
不仅是一部书稿
在我眼里
那是您赐给我职业生涯的一份厚礼
您的成本会计
虽是我无法走进的世界
可它却成为了我人生中最绵长的追忆

亲爱的欧阳教授
从认识您的第一天起
我就沐浴在您的礼遇里
我想报之以同等的善意
可每每得到的都是您加倍的爱惜

您是我的作者
更是我的恩师、知己
您的学养、人品、意气
和那部厚重的成本会计
把我对事业的倦怠抹去
助我从艰难的生活中找到些欢喜
因为您，我才知道，
作者并非只是编辑的上帝
当我们之间没有了书稿的交易
杰出的作品将会诞生于真挚的友谊

别了，欧阳教授！
虽然早知人生终有分别季，
但先见看来没能阻止我的心碎
您挥手送别的样子成了我的长忆

您研究成本会计半个世纪
可您对他人的关爱却成本不计
“有借必有贷，借贷必相等”
这是您教会我们的最基本的会计原理。
所以
为了实现您未完的夙愿，
我们在这边一定会不遗余力。

别了，欧阳教授！
记得您常说
我是您最难忘的编辑
于我
这是一枚最珍贵的奖章

这让我最感荣耀至心底

别了，亲爱的欧阳教授！
世间少了您这尊菩萨
天堂定会多出一个神仙
万望您在天上继续为我们助力！

欧阳教授生前非常喜爱我的女儿，看着她长大。去年，欧阳教授听说她现在在中科院攻读生物医学博士，又惊讶又欢喜。昨天，我女儿得知我将参加欧阳清教授的追思会，特别为欧阳教授填了一首词，在这里请允许我也一并送上：

江城子·送别欧阳清教授

王宇乔

闽南衣锦育欧阳，学四海，觅书香。三坊七巷，樵采斗松忙。神使言理铸贤明，耕数载，桃李芳。

草头秋露映疏窗，滨城雨，杏坛霜。畅叙晚晴，玑珠映沪江。山空叶落风不起，玉壶里，冰心藏。

2022 年 11 月 19 日写于北京

（2021 年 7 月乔剑和女儿王宇乔在先生家中）

乔剑，笔名：零露，北京人。首都经济贸易大学出版社编审，专栏作家，编剧。《北京晚报》《读者》等媒体的专栏作者及签约撰稿人。著有《母爱的界限》（北京三联书店 2016 年出版）、《母爱可依》（作家出版社 2023 年出版）等作品。

四、对老同学欧阳清教授的追忆片段

东北财大欧阳清教授，是我在复旦大学读书学习时的同系同学。如果按入校或毕业年份来计算我们的相互交往，皆已超过整整七十个年头了。彼此互称为老同学，是值得这个称号的。

——欧阳清教授被授予全国五一劳动奖章，且不说给他本人带来了极大的荣光，更给复旦母校、母院、母系乃至于东北财大、我等老同学圈带来了相应的光环。这正是欧阳清老同学挚爱会计学科的发展、一生无悔的选择而毕生踔厉奋发、勇毅前行且笃行耕耘的结果，且更是人在干，天在看的必然结果。

（2019 年 9 月，徐彬炎、沈莺书夫妇及其女儿徐思红与先生合影）

——欧阳清老同学曾给我透露一个工程计划，他说，要说服、动员、组织并营造一个会计家族，来促进会计学科的长足发展。现在，这个工程正在进行之中，且已经扩展到他的第三代。这不由得使我回忆起在50年代中叶我们翻译了一本来自苏联专门描述一个营造造船业的一个家族世家的小说故事。真是世界之大，竟有如此近事！欧阳清老同学营造会计世家其爱莫大焉，无出其右!!!

——欧阳清老同学的离世，给我带来了无限悲痛，同时，也留下非常宝贵的财富，诸如不负年华，不负祖国，不负母校，不负社会主义，不负现代化，学习学习再学习，笃行笃行再笃行。

2023年1月9日写于大连

徐彬炎：国立复旦大学管理学院工商管理系1952年应届毕业生，在大连造船厂财务部工作，已退休。

第四节　魂牵梦萦——先生家人缅怀先生①

一、父亲的退休生活——深切缅怀我的父亲

今年是父亲离开后的第一个春节。大年初一我和往常一样独自静坐在父亲的卧室里，看着照片上父亲慈祥的面容，我眼含泪花，宽慰自己已经尽力了。

自2004年9月父亲告别教学生涯和母亲来上海定居至2022年11月8日仙逝，父亲和母亲在上海一起生活了14年。特别是2018年6月母亲去世后，我担心父亲孤独，便接他来和我同住，朝夕相处了四年。父亲常常感叹老人向往的幸福莫过于陪伴，他深深切切感受到了子女的敬孝，享受到了晚年生活的快乐。

父亲在上海的退休生活可以用多姿多彩来形容。在父母定居上海期间，他每周的安排非常丰富，连我去看望他们也得提前预约。父亲忙着参加复旦

① 本节由牛彦秀整理，崔刚校审。

每月的校友聚会，忙着每早去公园和老乡的聚会，忙着参加兄弟姐妹的聚会，忙着和母亲一起参加社区组织的旅游活动，忙着每周两次去各区图书馆阅览，忙着每周两次的按摩……总之是忙得不亦乐乎！

（2019 年，欧阳宁和父亲一起迎新年）

父亲最开心的还是每周参加上海劳模协会组织的劳模活动。在那里他心情愉悦，彼此畅谈，结交了许多志趣相投的新老年朋友。劳模协会让父亲有了心灵归属感。在 2022 年新冠疫情刚解封后劳模协会第一次活动之时，为了再感受一下活动氛围，父亲坚持坐着轮椅让我开车送他去参加。在父亲 2021 年 11 月摔跤后的病卧期间，劳模协会和这些老朋友多次前来探望慰问，给予了父亲情绪和精神上的莫大安慰。

父亲平时酷爱音乐，无论天寒地冻、刮风下雨还是炎热酷暑，每周五晚他和母亲总是兴高采烈地双双去参加社区文化馆的音乐会。我依旧清楚地记得有一次我邀请父母去上海大剧院听音乐会，二老洋溢在脸上的笑容是那么的美好，深深地印刻在我的脑海里。此后我暗下决心并和父母约定：无论多忙，每年的跨年音乐会我一定买好票陪同他们一起参加。这个约定一直持续到 2020 年的跨年。

（2020 年 12 月 31 日，欧阳宁和父亲一起迎新年）

父亲蔼然可亲，乐于助人。他退休在上海期间关心和帮助了多名年轻的外来打工者。我记得其中有对双胞胎姐妹想考会计师，请求父亲帮助，父亲了解了她们面临的经济困难，让她们来家里亲自辅导了数月。最终姐姐通过了会计师的考试，妹妹找到了心仪的工作。当她们拿着礼物上门感谢时，父亲谢绝并嘱咐她们要珍惜来之不易的机会，要努力地工作。今年（2023年）春节，我接到多名年轻人来电向父亲拜年，当他/她们听到父亲已经离世时，在电话里哽咽。我知道这些人都是受过父亲帮助的年轻人。

父亲来上海定居的退休生活是快乐并幸福的。然在2021年11月10日在没有任何前兆下他在家客厅无意识地仰头摔倒，导致左筒骨骨折而卧床不起。摔跤后父亲心态平稳，住院期间配合治疗，出院后努力康复。半年后父亲在精心照料下能被搀扶着行走几十步。我为之而兴奋，感谢上苍给予父亲的眷顾，更加地细心照顾，对父亲能恢复如前信心十足。可我还是低估了老人摔一跤的巨大危害性，摔跤后长期卧床会致全身衰竭不可逆，这是多么的无奈啊！

时间永远地定格在了2022年11月8日傍晚5时55分，我亲爱的父亲在这一刻永远地离开了我。希望天堂没有病痛，父亲和母亲再续前缘！

2023年春节写于上海

（2017年11月15日，欧阳宁与父母一起的最后合影）

欧阳宁：欧阳清教授的大女儿。工程师、咨询师、拍卖师。曾任上海豪林投资咨询有限公司总经理；香港简福怡测量行上海有限公司市场总监；上海粮食储运公司仓储运输计算机自动控制中电器模块软件设计师、仓储物流计算机管理系统模块构建和软件编制总设计师。现已退休。

二、童年的记忆，永恒的怀念

一年四季，又逢农历二十三，北方的小年。往年的这个时间我已经安排完工作，收拾好行李，准备回上海陪父亲过年了。小的时候是父母每年从大连回上海来陪我，等他们老了又变成我每年从大连回上海陪他们。今年却只有回忆和怀念陪伴着我。父亲在去年（2022 年）的 11 月 8 日永远地离开了我们。

父亲，在我童年的记忆里比较模糊但有些片段又记忆深刻。我出生在上海，小时候一直和姐姐住在上海。父母在大连工作，在我的记忆里他们总是来去匆匆，而我有的时候住在爷爷奶奶家，有的时候住在外婆家。最开心的日子就是父母回上海看望我们，父亲每天早晨会给我们一点钱，让姐姐带我去买我最爱吃的油条。最高兴的时光是父亲每次回上海带我去买玩具，这可是向小朋友炫耀的资本，那个年代一般家庭是不会给孩子买玩具的，之后他又会耐心地告诉我如何玩这些玩具。快乐的时光总是短暂的，分离让父亲那高大、慈祥、慷慨的身影在我脑子里由清晰慢慢变得模糊了。

（1968 年回大连后，欧阳祖浩与父母的合影）

记得5岁左右（1968年），我从上海来到大连，回到了父母身边。当时（“文革”时期）母亲被下放劳动到车间同工人一起工作，没有时间照顾我，因为我太小语言又不通（我当时说上海话），怕我出去会被欺负，所以她上班的时候经常把我锁在家里并画图告诉我饿了吃什么，而父亲要过很多天才能回来一次（父亲被抽调到市写作组常常不在家），每次父亲回来都会带很多的小人书给我，我非常高兴，为此常常期盼父亲的出现，因为我喜欢小人书。很快我能够听懂大连话并有了小朋友，有的时候我会招呼一些小朋友来我家窗前和我一起分享小人书（因为被母亲锁在家中出不去）。后来母亲像工人一样三班倒，此时根本没时间、也没精力照顾我，无奈我被寄养到母亲的一个工友家里，这一家有四个孩子，我算是最小的，我常常会有失落感。因为十分想念父母，想念家，有一次我一个人用了三个多小时沿着当时的有轨电车道走回了家。我多么希望父母能留下我，但父母的精力都在工作上，无奈我又被送回，继续被寄养。

（2019年9月，欧阳祖浩最后一次送父亲回上海的前一天）

直到小学5年级的时候我才又回到父母的身边，但由于寄养期间，无人引导，玩伴的品行较差，回来后的我一身恶习，骂人、打架、不爱学习。我给父母带来了很多的痛苦，我的所作所为令父母头痛，也经常受到父亲的棍棒和皮鞭教育。为了能尽快赶上新学校的学习进度，父亲想尽各种办法，找来补课老师强迫我学习，另外还经常找他的学生来辅导我，以他们做榜样激励我、教育我。在那段日子里，我幼稚的心无法理解，只希望父亲放我一马，让我自由生长。

在父亲的多方引导下，我逐渐改正了自己的恶习，考进了重点高中，上了大学。大学的学习生活和后来的工作及家庭生活，让我明白了今严日后必知甜的道理，对于父亲当时极端的行为也有了深刻的理解，那也是一种父爱，是一种恨铁不成钢的父爱，是你当时无法理解只有经历了才能明白的父爱。如果没有父亲的严格管教，我的人生道路又会如何，我不敢想象。

（2017 年 2 月 8 日，欧阳祖浩和爱人牛彦秀与父母在上海）

父亲走了，他的一生献给了教育事业，对教育严谨、执着，对学生严格、慈爱。在父亲的追思会上，听了学生们描述父亲对他们关爱的点点滴滴，看到他们对父亲的尊重和感激，我不禁泪目，我从他们的描述中看到了父亲的大爱，也明白了做人的道理，作为一个教育工作者能赢得这么多学生的敬爱，父亲您应该没有遗憾了。

父亲，我亲爱的父亲，感恩童年的引导，永远怀念您！

2023 年 1 月 14 日写于大连

欧阳祖浩：1986 年毕业于辽宁师范大学外语系，毕业后先后在辽宁外贸学校、大连海事大学任教。现任大连富博国际物流有限公司董事长。

三、榜样在身边，垂范静无声

因为您和姐姐生命约定的第一目标是 95 岁，所以一直没有任何心理准备，当您疫情后第二次住院时，我总是在想，不会的、不会的！但没想到这次，2022 年 11 月 8 日，您，我生命中的第二个父亲，却永远地离开了我们！泪奔……。

我的父亲，是一位让我刻骨铭心、终生不忘的至亲亲人，他是我人生的最初启蒙者，我父亲虽然不会教我书本上的知识，但他会以自身的行为告诉我做人的基本道理，鼓励我努力拼搏。我的公公，我人生的第二个父亲，则是我走向工作岗位的引导者。我比别人幸运，当我有知识疑惑时，您会帮我解惑；我比别人幸运，在您身边可以感受您的一言一行。满满的正能量，您是我身边的榜样。

1. 您一心向党

2022 年 7 月 1 日，学校举行“光荣在党 50 年”的纪念章颁发仪式，这个消息我没敢告诉您，因为这是您心中的一个痛。1956 年在极“左”思潮影响下，您被视为臭老九，不公正地受到留团查看处分，这注定您无缘提早叩开党的大门。但您一直要求进步，对党执着向往。很感谢东财档案馆王俊奎馆长的支持以及馆员徐晓航的帮助，帮拍下了您当年的入党申请书（1984. 8. 9. ），上面清晰地写着“我再一次向党组织递交我的入党申请书”。经过一年的考察，您多年的愿望终于实现，于 1985 年 12 月正式成为一名光荣的中国共产党党员。1989 年您就获得了学校颁发的优秀共产党员第一个证书。据说 20 世纪 90 年代学院党总支请您为学生讲党课，当

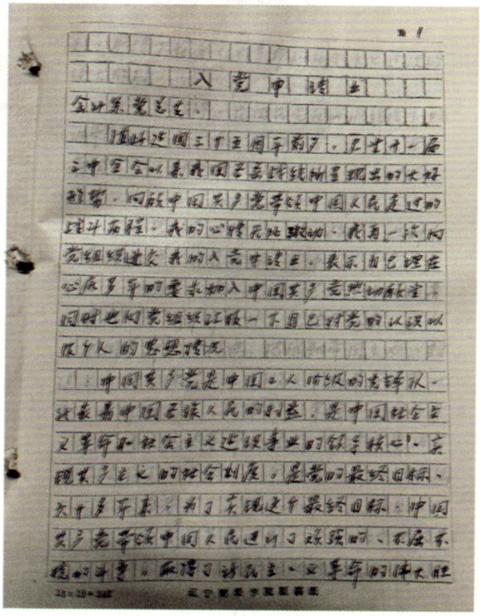
入党申请书

会计系党总支：

值此建国三十五周年前夕，党的十一届三中全会以来我国各条战线所呈现出的大好形势，回顾中国共产党带领中国人民走过的战斗历程，我的心情无比激动，我再一次向党组织递交我的入党申请书，表示自己埋在心底多年的要求加入中国共产党的热切愿望；同时也向党组织汇报一下自己对党的认识以及个人的思想情况。

中国共产党是中国工人阶级的先锋队，代表着中国各族人民的利益，是中国社会主义革命和社会主义建设事业的领导核心。实现共产主义的社会制度，是党的最终目标。六十多年来，为了实现这个最终目标，中国共产党带领中国人民进行了艰苦的、不屈不挠的斗争，取得了新民主主义革命的伟大胜

（公公的入党申请书第 6－1 页）

提到入党经历时，您曾经为此而哽咽。

您退休回上海后，交纳党费是您一直记挂的事情，每年一到3月份，您的第一个电话一定是询问什么时候交党费。我和您说“党费该交时，我就替您交，您就别总惦记此事”。可您却说，“这可不行，党费与其他不同，你可以代交，但钱必须是我出。”每次都拗不过您，您一定让姐姐通过微信将钱转给我。

您一直对党有着深厚的感情，在您的心中，入党和交纳党费都是神圣的，对党来不得半点虚假，您完全具有一个真正共产党员应有的素质。

2. 您教与研相结合

自2005年东财会计学院招收MPAcc研究生以来，我一直在给研究生讲授“管理会计理论与实务”这门课程。顾名思义，课程内容应立足于理论与实务的结合，讲授中需要不断充实案例素材。记得2008年9月初，为了上好这门课，我在提前备课。之前在讲授目标成本制定与分解的相关内容时，我已经整理并讲授过与理论内容相匹配的企业集团和单个企业目标成本制定的案例，虽然这些案例很贴切，但我自知还缺少一个企业内部分解案例。我从您在首都经贸大学出版社出版的《成本会计学》一书中找到了一个将目标成本分解到车间直至供应商的案例，这样就形成了一个企业集团—企业—车间—供应商的目标成本制定与分解的真实实务模拟场景。备课时，我捧着您写的长达7页（6号字）的案例，研究了整整一天，但是无解，因为分解数据和总值怎么也对不上。第二天我只能求助于您，您坐下来给我耐心地讲解企业与最后车间之间的数据关联点，前后车间数据之间的关联点，以及各车间中各费用项目数据之间的关联点，并将整体数据与分数据画矩阵图表示，使我茅塞顿开，终于明白了案例的来龙去脉。您虽然不在企业工作但好像就是企业人！

当我在写这部分教案时，您随手翻看我为了准备课程买来的尚未通读的最新成本会计相关书籍，您看到有一本目标成本分解案例书时，告诉我说“这个案例有问题”。我不解地问“怎么能看出?”，您回答道：“目标成本的分解必须是从后至前的逆序分解，而这个案例的分解顺序却与实际成本核算顺序保持一致，从前向后，这与实际相悖，肯定错误。”顷刻间，我为您深厚的理论功底与实务功底所折服！一直以来，您教学与科研不分家，发表的很多论文都是基于实践的，而授课中之所以引人入胜，是因为您穿插了大量的实务案例。您的课后作业常常像是一个沙盘演练，学生们必须倾全力才能完成，这就出现了学生上您的课不敢怠慢，课后整天捧着您的书看的现象。

教学与科研本不矛盾，应该是你中有我，我中有你的关系，可以相互促进，您留给后人教与研结合方式值得我们及后人很好的借鉴。

3. 您待人极具亲和力

记得1992年我生安琪后的第42天，我的父母放下长我姑娘32天的孙子，来到大连探望。您和婆婆几乎每天都会过来，一是看孙女，另外就是询问我父母有什么需要，常常还带些小吃等。当我父亲先离开大连时，您坚持打车，亲自和我一起去送父亲。我的父母很感动，他们心中一直潜藏的担心自此消失。进入通信发达的21世纪后，您和我的父母，每年春节都会通一次话，互致问候。当我的母亲、父亲病重时，您都会送上问候，当他们先后离开我时，您都会让我节哀。亲戚们从我父母的口传中，都知道您和我婆婆待人真诚，和蔼可亲。

应该是2014年末，我的学生高悦在平安信托年会前送来了四张音乐票，您和我欣然前往，另外两张给了我父母的好友丛桂芝阿姨和张积杰老师。丛姨和张老师退休后定居在故里大连，他们一大家人一直像亲人一样待我，我自然就想到了他们。他们二人很讲究，当晚我们在大连剧场碰面时，他们拿出礼物让我们带回去，恭敬不如从命。礼物有点沉，那时我身体有些虚弱，您一直和我抢着拿东西，非要自己一个人拿，不准我拿。当时我们争执不下的场景，丛姨和张老师在后来常常提起，赞美说："你公公，人真好！"。是啊，凡接触过您的人，都会为您的行为细节所感动，为您的人品而点赞！

4. 您十分注重仪表

翻阅家中的照片以及和爱人的交谈确认，爷爷并不秃顶，通过不多几次的近距离接触发现，叔叔的头发至今很多，但您却由于用脑过度，很早就出现这种现象。自我和我爱人1988年10月结婚后，好像您在家中一如既往地带着您标志性的鸭舌式帽子。您每每出去，都会在镜前打量一下自己，看看有没有灰尘，是否满意。进入20世纪90年代，随着我国的不断对外开放，

（2017 年 7 月在学校附近的上岛咖啡，牛彦秀陪公公等待回忆录调研组调研结束）

人们的生活视野逐渐被拓宽，您似乎也被感染，在家中偶尔会脱帽。有一天在饭桌上，我说“脱帽后，我觉得您更有风度”，其他家人也都随声附和，自此您开始不戴帽子可以出家门。具体的时间我不记得了，大家在看后续照片时，可能会找到脱帽的时间答案。

您作为一名高校教师，一生重视仪表，做到了穿着得体、大方与整洁干净，体现出的是教师的儒雅风采，值得为您点赞。

5. 您信守诺言

记得是您和婆婆一起回大连的 2017 年 8 月，您和邓延芳老师、夏乐书老师、王天柱老师等约定，第二天一早 9:30 在邓老师家聚聚。那天早晨，天下着雨，虽然不是暴雨，但必须打雨伞。您整装待发，我们都劝您不要出去，打个电话说一下，另约时间。但您有点生气，“都约好了，我怎么能食言，大家都还在等我。”“我又不是七老八十了！”后一句话，我一直记得，想想好笑，实际上您当时是 87 岁，但在您的心里，自己身体很好，就不算是高龄老人。您的固执使得我们无所适从，只能随您意愿。

一直以来，无论是生活中还是工作中，您只要允诺，必然会行动，从不食言，您信守诺言就像保卫您的荣誉一样。

6. 您乐善好施

记得我姑娘五岁时（1997 年），东财幼儿园开运动会，设有家长与孩子一起比赛项目，我和姑娘密切配合，取得第一的好成绩。领奖时，园长好奇我姑娘的名字，问“学校有个欧阳清老师，与你们有关系吗?”，当她得知二人的关系时，园长既惊讶也高兴：“没想到是欧阳老师的孙女！欧阳老师多次给幼儿园捐款……。”您从未提起此事，即使自家孙女入园，您也一直没提。写这篇文章时，为了求证次数与金额，几经周折联系到了当时的李园长，但李园长已经想不起来了，而幼儿园在2005年就已经解散，已无据可查。您退休后的每年六一儿童节前，都会忙着买礼物，因为您心中总有需要送礼物的孩子。

国家有突发事件发生时，如汶川地震、疫情等，您说：“国家有难，应该支援!”之前您的捐助对方都没发证书，只有在2020年疫情防控期间的捐助有据可查。当您听说学校要求自愿捐款时，您虽然在上海已经捐过，但在大连共捐出2100元，除在本支部捐出100元外，您还直接再捐2000元，这在学校退休人员中是不多见的。

捐款收据

欧阳清　　同志自愿捐款计人民币

贰仟壹佰　元，用于支持新冠肺炎疫情

防控工作，特致感谢。

中共中央组织部

2020年3月30日

（收到的中共中央组织部捐款收据）

前面提到您和邓老师等约会不食言，其实那天近12点您还没有回来，我们有些着急，打电话到邓老师家，邓老师儿子纪元说：“我妈妈送欧阳老师出去还没回来，应该在路上。”又过了半个多小时，您满心欢喜拎着几条鱼回来，说您和邓老师在路边碰到一位卖鱼人，卖鱼人说，下雨天贱卖，您和邓老师两人全部包圆，一人一半。实际上，鱼并没有贱卖，是您二人看到雨天卖鱼人的不容易，才有这个举动吧。

无偿捐助是您一直以来的作风；心存善念一直是您为人的标准，社会上的人如果都像您这样充满爱心，我们的国家将更加和谐。

7. 您善交朋友

记得您退休后，每次回大连，不算小包，大包都有三四个，回上海也是一样。回大连后，您常常从上海带礼物去看望老朋友（徐彬岩、王妈妈等）、老同事（王盛祥、杨惠城老师等）、学生等；每次回上海，我们都需要陪您去趟大菜市，买十几斤大连虾塘、十几袋海米、十几袋虾皮、十几袋木耳等，您说上海朋友多，光劳模协会就需要给很多人。

您没有晨练的习惯，但您有打电话的习惯，只要您在家，家中的电话就会络绎不绝，不是您往外打，就是接来电。如果有谁要来看您，必须提前预约，否则您电话结束后就会按既定计划办事或到公园等地方走步，不到中午饭点不回家。

在和您接触的时间轴中，从您嘴里听到的都是别人的好，从未听到您说别人的坏。实际上，您心里有杆秤，但如果对方有错，您从不当面揭其短。这可能就是您有众多朋友的原因之一吧。

（2015 年 7 月，牛彦秀陪公公到学校）

8. 您不落俗套

有些结婚的学生告诉我，每到春节她们都会为不知该去谁家而苦恼，因为男女双方父母都要求家中过年，而 7 天假期感觉跑双方时间还是不够，只能是今年婆家，明年妈家。我们家讲究的是初三回娘家。我母亲一方面观念传统，另一方面也是思女心切，春节前会频频询问什么时候回来，言外之意是我必须初三回娘家。您和婆婆很开通，自我 1988 年结婚至 2021 年，期间只有 2017 年，应婆婆之约我先去的上海，初五回的河北，另一次则是由于自己的腰不能动而被迫待在大连，其他的春节都是在我父母家中度过的。您和婆婆对此从没有怨言，我很感激！

您虽然很注重仪表，但不追求奢华，对我和我女儿的要求也是一样。我女儿从不刻意打扮，有同学看到我女儿穿硕士服毕业时的照片说："老师，您应该让安琪好好打扮，否则当今时代找不到对象。"但您和婆婆从没有这种要求，而对我女儿的学习和工作却格外关心。生活在这样一种家庭氛围，自然感到舒心。

（2011 年 9 月，牛彦秀一家三口与公婆在一起）

9. 您忠贞爱情

2022 年七夕前夕（8 月 4 日），财务与会计公众号发起征集财务人爱情故事的征文，要求每篇字数不超过 500 字。我一直被您和婆婆相濡以沫的爱情所感动，准备投稿。在此前，无论在任何场合，我都不愿提到您，也不愿参与您与学生的聚会（2016 年前都未参加，之后感觉婆婆身体大不如从前，开始陪同），因为您是我的老师，我们工作在同一学院，我不愿在您的光环笼罩下工作，我希望依靠自己的努力取得成绩。但这次行动，一是考虑到您马上要退休，二是想讲讲您和婆婆的故事。而限于字数制约，有一些内容并没有写到，因此在这里进行补充（该发表文章见相关报道部分）。

您和我婆婆两个人的性格完全相反，一个快，一个慢，但又是和谐的。您从不做家务，也不会，但您总会在恰当的时候赞美我的婆婆，如手艺精湛、菜买得嫩等等，这使婆婆的不满也就随之烟消云散。每到三八妇女节，您会送婆婆礼物，如鲜花、女士包等，这让婆婆非常开心。

您和我婆婆的共性是二人都很认真。退休前，因为您一直忙于教学和科研，因此没有感觉二人有拌嘴的习惯。但退休后，随着年龄的增长，每天早晨拌嘴成为家常便饭。由于房间隔音差，每天早晨你们声音提高时，我们就会隐隐听到，虽然具体内容听不清，但知道你们又在争执。实际上都是些鸡毛蒜皮的小事，你们二人早晨的争执好像是每天必开的“晨会”。我们知道这个规律后，就不再在意，但如果有哪天你们没有动静，我和爱人却反而感到不安，这时会过去看看。最有意思的是，有时会看着婆婆一早生气出门（婆婆有早锻炼的习惯），但约 9—10 点您出去后（平时有走步习惯），还能准确找到婆婆，并一起去办事后高兴而归，好像从没生气过。当然也有一前一后婆婆气呼呼回来的时候，那是因为您慢半拍所致，回来婆婆发泄发泄后，也就会风平浪静。

2018 年婆婆的离世对您打击很大，您常常拿着婆婆的照片陷入沉思。您曾说：“我最佩服你妈妈的是，当我受到不公正对待时，你妈不但没有离开我，反而却坚决地要求嫁给我。”这奠定了您忠贞爱情的基础。虽然您的家人最后都长期居住在上海，但您在决定留大连还是定居上海问题上，实际上没有绝对的倾向性，但婆婆不一样，她一生的向往就是回到故居地上海。当婆婆决定去上海时，您妇唱夫随，欣然前往。在您的眼中，婆婆所做的一切都是正确的，您总是她行动的坚决支持者。

常常听周围人说，有些老人丧偶后会很快再找女伴。但我们从没有这种担心，因为您对婆婆的挚爱不会有这种念头。在您的生命中，妻子是唯一的。

（2019 年 8 月，牛彦秀与公公最后一次在大连）

当我女儿在 2019 年初第一次带爱人从澳大利亚飞上海首先看您时，您安排的第一件事就是去祭奠我婆婆。很遗憾没能留下他们祭奠时与您的合影，而这次则成为您对我婆婆最后一次的祭奠。

自 2019 年末疫情后，您一直怀念大连，因为大连有您痴迷的老歌演唱（中山公园固定周三、周六）会，有您牵挂的亲朋，有您引以为豪的弟子和学生，有您走不够的步行自由线路……我和爱人说，如果 2023 年可以，我去上海接您。但这个愿望没能实现，成为永久的遗憾。

总想留您人世间，无可奈何花落去。清风和煦静静吹，身边榜样细细品。崇高伟大是楷模，精神永存照后人。

我为有您这样一位德高望重的父亲而感到骄傲！公公，我亲爱的父亲，永远怀念您！

2023 年 1 月 10 日写于大连

牛彦秀：1981 级辽宁财经学院工业会计专业本科，1988 年 7 月硕士毕业于东北财经大学会计学专业。教授，硕士生导师，教育部学位中心论文评审专家，大连市高企项目评审专家。辽宁省教学名师（2020 年），东北财经大学优秀共产党员（2018 年），东北财经大学教学名师（2018 年），东北财经大学师德模范（2019 年），中国 MPAcc 案例大赛优秀指导教师（2021 年）。曾任管理会计课程组组长，财务管理系副主任。2022 年 11 月退休。

四、怀念我的爷爷

每年的大年初一，下班回家的第一件事就是和爷爷视频，送上节日的问候，但 2023 年的春节不需要了……

都说隔辈亲，这句话在我爷爷奶奶身上应验。小时候爷爷总是对我微笑，和蔼可亲，但实际上他不会哄孩子，也没有时间陪我玩。相比而言，我与奶奶更亲。从小到初中，我最愿意去的就是奶奶家，因为奶奶会给我做好吃的，陪我游玩。每次去，我都会兴奋地在家中到处跑，此时的爷爷，并不受我的影响。爷爷只要在家中，不是看书就是在伏案写作，似乎对我的吵闹没有任何感觉，所有的心思都集中在工作中。

（1995 年 7 月 5 日，爷爷奶奶为欧阳安琪过 3 岁生日）

硕士毕业后的第二年回国，我像往常一样，买了从墨尔本经上海中转到大连的机票，首先到上海去看望爷爷奶奶。我在上海有两个要好的同学，相约第二天晚上聚聚，由于这两个同学都上班，因此只能约到晚上 6 点。聚会的地点离爷爷奶奶住的地方很远，我提早出发。爷爷奶奶虽然没有阻拦，但他们内心却为我的安全担忧。我如约到了聚会地点，刚刚一起聚了不到 40 分钟，爷爷就打来电话，说奶奶心脏不舒服，让我赶快回去。无奈我匆匆离开，可到家一看，奶奶冲着我笑。一定是奶奶的主意，而爷爷总是言听计从，配合默契，他们两人一起编了个谎言骗我早点回家。我当时非常生气。现在想想，在他们的眼中，我永远是个孩子，他们的担忧，体现着对隔辈的爱。

（2009 年欧阳安琪从澳大利亚到上海，奶奶亲自下厨，与爷爷奶奶在家中）

这次回国还闹了个乌龙。每次回家，为了享受到低折扣，我都会提前订机票，这次是提前 2 个月订的 12 月末到上海的机票。爷爷得知我回来的消息后，误认为是当月末。那天，爷爷和奶奶一早就开始准备，奶奶做了一桌的饭菜，结果等到中午 1 点多种，还没见我的人影，爷爷连忙打电话询问，这才知道是自己记错了时间。电话中爷爷并没有抱怨，而是笑着说“这一桌饭菜只能我们自己享用了”。不是所有人都能以这种心态面对的，而爷爷与众不同。

记得奶奶去世的前一年我回来，奶奶很高兴，身体原因她不能走远，但一定要陪我到小区的运动场所玩玩。非常开心能和奶奶最后一次玩跷跷板，爷爷忙着为我们拍照，爷爷奶奶二人总是很默契。

（2017 年 12 月末，爷爷在小区拍的照片：欧阳安琪和奶奶）

2019 年初，我结婚后和爱人一起回国的第一站还是上海。按照爷爷的安排，我们需要第二天一早出发去墓地祭奠奶奶。一早醒来发现，天气阴沉，怕下雨，我们和爷爷商量想打车去墓地，但爷爷坚持坐地铁去。墓地离家很远，而且墓地非常大，等祭奠之后，返回墓地门口，我感觉爷爷已经显得有些疲惫，因此再次建议打车回家，但爷爷还是坚持坐地铁回家，我们只好跟随。爷爷虽然退休金不低，但日常生活中他却十分简朴，这是他一贯的作风，为我们晚辈树立了榜样。

爷爷永远地离开了我们，追思会上学生们的深情回忆，让我看到了一个平凡而伟大的爷爷，看到了一个品行高尚的爷爷，永远怀念我的爷爷！

2023 年 1 月 24 日写于澳大利亚墨尔本

欧阳安琪：2000 级东北财经大学国际商学院会计专业本科，2004 年 7 月到澳大利亚墨尔本大学攻读会计硕士，澳大利亚注册会计师，毕业后在某私企做会计工作。

第四部分

月朗风清：先生生平、年谱

第一节　冰清玉润——先生生平[①]

中国共产党的优秀党员，新中国成本会计学科的创立者之一，经济活动分析学科的领军人之一，东北财经大学会计学科的奠基人之一，全国五一劳动奖章获得者，全国优秀教育工作者，国务院政府特殊津贴专家，全国财政系统劳动模范，辽宁省劳动模范，辽宁省优秀教师，大连市模范教师，东北财经大学会计系原副主任，著名会计学家欧阳清先生，因病医治无效，于2022年11月8日17时55分在上海逝世，享年92岁。

先生于1930年7月20日出生于福州一个工程师家庭。1936年秋，随父母到上海，在上海圣德小学就读一年级。1937年抗战全面爆发，回到福州陶淑小学继续读书。1939年起，为躲避日本侵略者的炮火，先后求学于福州岑后小学、英华小学、南门镇小学、鼓楼小学、道山小学。1943年6月从道山小学毕业，9月升入福州闽侯县立初级中学，并于1946年6月毕业。1946年9月，考入福建省立商业职业学校，并于1949年6月毕业。1949年8月，考入上海私立光华大学。1950年9月考入国立上海商学院（上海财经大学的前身），后转入复旦大学就读。

先生在中学和大学求学期间，不仅学业优异，而且十分关心国家大事，积极参加反饥饿反内战运动，参加勤工俭学、社会调查活动、群众卫生运动，积极接受共产主义思想，确立了为革命奋斗和为人民服务的人生观。1952年3月，光荣加入中国共产主义青年团。

1952年8月从复旦大学毕业后积极响应国家号召，投身于东北财经学院的建设，并一直在东北财经学院、辽宁大学、辽宁财经学院和东北财经大学从事教学科研工作，直至2004年光荣退休。

先生忠诚于党的教育事业，忠诚于人民教师的光荣职责，始终以高度的政治责任感和饱满的工作热情投入教育教学工作。先后为专科生、本科生、

① 本节由刘明辉执笔，东北财经大学会计学院审定，王玉红审校。

研究生等不同层次的学生讲授过“工业企业经济活动分析”“财务分析”“成本管理”“成本会计”“成本管理会计”“经济活动分析研究”“成本会计研究”等课程。1980 年晋升副教授，1982 年开始担任硕士研究生导师，1986 年晋升教授。

先生从教 52 年，始终坚持以德树人，以智育人，言传身教，以身作则，通过多年的教学实践总结出“在教书中育人，在育人中教书”的教学指导思想。他治学勤奋、严谨、睿智、循循善诱，深受学生爱戴，堪称教育工作者的典范。曾多次被评为东北财经大学优秀青年教师、优秀教师，大连市优秀教师、模范教师、优秀教育工作者，辽宁省优秀教师。1987 年，东北财经大学作出《关于向欧阳清同志学习的决定》。1991 年被评为全国优秀教育工作者。

先生十分重视理论研究与学术交流，倡导走出去、请进来，倡导学术研究要为企业服务。曾先后担任中国成本研究会理事、常务理事、顾问，辽宁省机械工业会计学会副会长，辽宁省成本研究会副会长，辽宁省冶金会计学会顾问、大连市审计学会理事、全国财经管理干部院校财会研究会高级顾问、中国中青年财务成本研究会顾问等学术兼职。曾多次深入各地财政局、深入行业协会、深入基层企业组织学术讲座、传送先进理念和创新成果。

先生一直倡导将会计实践融入会计研究，倡导从实践中找问题，研究真问题，真研究问题，把论文写到工厂里、车间里。曾多次带着学生深入沈阳重型机器厂、中捷友谊厂、抚顺电瓷厂、抚顺挖掘机总厂、大连纺织工业总厂等企业，开展企业调查、管理咨询与制度设计，通过解剖“麻雀”研究问题。先后在《会计研究》《财经问题研究》等杂志发表了有关“班组经济核算”“成本目标管理的理论与实践”“我国成本管理改革的回顾与展望”等一系列接地气、有深度、原创性强的文章。先生著述丰厚、著作等身，科研成果惠及众多企业。1982 年，被评为“大连市科协积极分子”；1985 年，被评为“大连市会计学会优秀工作者”；1986 年，被评为辽宁省高等教育学会 1982—1986 年度优秀高教研究积极分子；1999 年，被评为东北财经大学科研积极分子。

先生是东北财经大学会计学科的重要开创者、主要谋划者、积极推动者。

先生在担任会计系副主任期间，积极推进和谋划专业设置改革、课程设置改革、教材内容改革、考试方式改革，推动实验教学，改革实验方式，推动全方位地教书育人，为东北财经大学会计学科的建立、完善、改革、发展和腾飞作出了巨大贡献。1984 年以来，多次被评为“东北财经大学先进工作者”；1987 年和 1989 年，两次被评为“全国财政系统劳动模范”；1991 年，被评为“辽宁省劳动模范”，并获得全国五一劳动奖章；1994 年获得国务院颁发的政府特殊津贴。

先生于 1984 年光荣加入中国共产党，始终以一名合格共产党员的标准严格要求自己，对共产主义理想坚贞不渝，对党和人民无限忠诚。他认真学习马克思列宁主义、毛泽东思想、邓小平理论、“三个代表”重要思想、科学发展观、习近平新时代中国特色社会主义思想，始终在思想上政治上行动上同党中央保持高度一致。他光明磊落，勤勤恳恳，任劳任怨。他严于律己，清正廉洁，生活俭朴，始终保持共产党人的政治本色。1986 年至 1999 年，先后 6 次被评为东北财经大学优秀共产党员；1986 年、1989 年两次被评为大连市优秀共产党员；1990 年 5 月，当选中共大连市第七次代表大会代表；1991 年，获得辽宁省优秀共产党员荣誉称号。

先生对教职员工特别是困难群众饱含深情，经常看望慰问贫困群众。十分关心学生的成长和生活。学生谈恋爱、结婚、晋职晋级、工作调动、生病、失业，只要有大事发生，他都会在第一时间送去关怀和指点。先生是教职员工心中的知心人，是学生心目中的丰碑、人生路上的提灯人。

先生家庭和睦，家风淳朴。不仅关注后代学业的进步，更注重对晚辈人格的塑造和品德的培养。会计世家，一门俊杰，书香门第，三代财会，充分体现出他和家人对会计的热爱。

先生的一生，是追求进步、追求真理、追求卓越的一生。欧阳清同志的逝世，让我们痛失了一位德高望隆、学养深厚的大先生，是东北财经大学会计学科的重大损失，也是我国成本会计学界、经济活动分析和财务分析界的重大损失。先生忠于党、忠于人民的政治品格、科学严谨、孜孜不倦的治学精神，潜心育人、奖掖后学的大师风范，勤奋务实、一丝不苟的工作态度，以及在成本会计、经济活动分析等领域的丰硕学术成果和宝贵教学经验，将永远感召、引领和激励我们接续努力、砥砺奋进。

先生千古!

第二节　逾年历岁——先生年谱[①]

1930—1936 年

1930 年 7 月 20 日，出生在福州市三坊七巷（2009 年 6 月 10 日获得中华人民共和国文化部、国家文物局批准的“中国十大历史文化名街”荣誉称号）衣锦坊“欧阳祖屋”中。排行第三，有大姐欧阳冬光，长兄欧阳宗南，其后妹欧阳素光、欧阳维懿，及弟欧阳宗健六姊妹。

祖父欧阳琔，有 1 女 14 子。父欧阳崑（笔名欧阳省修），兄弟中排行 13。由父亲提议，经家族成员共议，按族谱为其取名欧阳宗清（后自己改名为欧阳清）。

父欧阳崑于 1923 年在福建马尾海军学校毕业后，前往日本佐世堡海军实习，回国后在上海海军军械处任职。母张宛冬女士曾在新学师范学校就读，是一位接受过新思想、新教育的时代女性，知书达理，善持家务。

幼年时，父母分居上海与福州，随母在福州，依赖父亲薪水生活，虽不十分富裕，但也无忧无虑。

1936 年 9 月，随母到上海与父相聚，就读于教会小学上海圣德小学一年级。

1937—1943 年

1937 年 8 月，抗战全面爆发，上海沦陷。父随国民政府撤至重庆，在不做亡国奴思想感召下，随母回福州，就读于福州陶淑小学。

1939 年 9 月～1943 年 6 月，福建多地遭日军轰炸，为避难随母四处辗转，与远在重庆的父亲中断联系，失去经济来源，全靠母亲凭一己之力维持生活。先后就读于岑后小学、英华小学、南门镇小学、鼓楼小学、清寒小学和道山

① 本节由陈友邦撰稿，万寿义校审。

小学。

1943 年 6 月，从道山小学毕业。

1943 年 9 月，以优异成绩考入位于闽侯县尚干镇的福建闽侯县立初级中学。

1944—1949 年

1944 年 10 月，日军占领福州，随学校迁入闽侯县西边山区的永泰县。因与母失去联系，被迫卖掉手表交齐伙食费，得以继续求学。

1945 年，日军向海边逃窜，学校由山区向河谷平地转移。随学校由永泰县山区迁到闽清县小箬镇。常与挚友吴鸿基（1949 年在闽江中洲码头分别，六十一年后与其重逢于湖北襄樊）结伴散步，学习游泳，背诵唐诗。5 月，福州光复，随学校迁回闽侯县旧校址。

1946 年 6 月，从闽侯县立初级中学初中毕业。

1946 年 9 月，考入福建省立高级商业职业学校会计专业，从此与会计结下不解之缘。在校学习期间，任课教师陈奋（1996 年与陈奋老师相会于台湾）讲授的成本会计对先生在日后成本会计的学习和研究产生重要影响。

1947 年 5 月 4 日，积极参加“反饥饿、反内战和反迫害”游行。

1949 年 6 月，从福建省立高级商业职业学校毕业。拒绝台湾堂弟的邀请，选择留在大陆。

1949 年 8 月，福州解放，即前往上海。由于福建到上海无法直通，只好从福建坐货车，经古田、武夷山到江西上饶，转乘火车经杭州，6 天后到达上海，与全家团聚并备考大学。

1949 年 9 月，因错过国立大学的招生录取，考入上海私立光华大学。在校园合作社做兼职售货员，并在校外做兼职家庭教师，以补贴学习费用，减轻家庭负担。

1950—1952 年

1950 年暑假期间，参加上海学联组织的社会调查活动。

1950 年 9 月，考入国立商学院（今上海财经大学前身）保险系。后得知复旦大学招收工商管理专业转校生的信息，再次报考并以第一名的成绩转入复旦大学工商管理系。因系转校生，直接进入二年级学习。由于经济条件所限，选择走读以节省开支。

1951 年夏季，国家对全体大学生发放助学金并免除伙食费，得以住校读书。与时任学生会副会长的李岚清住同一宿舍上下铺，在其鼓励帮助下，追求思想进步，关心国家大事，积极参加集体活动和社会活动，靠近共青团组织。成本会计课程的任课老师是何士芳教授，何教授理论联系实际的作风对先生影响巨大，奠定了先生一生从事研究工作的理论基础。后因东北财经学院（先生在该校任教）迁至大连（1959 年），与辽宁商学院（何教授在该校任教）合并成立辽宁财经学院（后更名为东北财经大学），两人竟成同事。大学三年级担任人事管理课程的课代表。

1952 年 3 月，加入中国共产主义青年团。

1952 年 7 月，复旦大学毕业，积极要求到东北支援经济建设，被分配到东北人事部。因有志于从事教育事业，请时任毕业分配工作学生代表的李岚清帮助向分配小组反映情况。在所乘火车快到沈阳时，接李岚清通知，改派到东北教育部。报到后被分配到东北财经学院（校址沈阳）。

1952 年 8 月，到东北财经学院报到，被分配讲授财务管理课程。

1953—1957 年

1953 年，在东北财经学院财政信贷系任助教，讲授会计学课程。

1954 年，被评为“东北财经学院优秀青年教师”。

1956 年 2 月，因帮助对俄文版《工业企业工作的经济分析》的翻译（译者不懂专业）进行梳理和更正，急于交稿，未能及时参加“肃反”活动的会议，加之有人借机提出其叔父是国民党高官，被指走“白专路线”遭错误批判，给予开除团籍处分。经申诉及上级组织反复协商改为留团查看处分。

1956 年 3 月 10 日，与邵爱琴女士登记结婚。财政信贷系老师和邵爱琴女士的大学同学前来祝贺，校刊陈记者到场祝贺并摄影，以所得 300 元稿费款待来宾并支付其他相关费用。半间宿舍、一张床、一张书桌和一把椅子，由此走上了六十二年同舟共济之路。

1957 年，晋升讲师。

1958—1965 年

1958 年 9 月，辽宁省组建综合性的辽宁大学，随东北财经学院并入辽宁大学，在财政系任教。

1959 年 4 月，长女欧阳宁出生。

1959 年 9 月，原东北财经学院财政系和计统系与辽宁商学院合并，成立辽宁财经学院，随校迁入大连，在财政系任教。

1963 年 7 月，长子欧阳祖浩出生。

1966—1979 年

1966 年，抽调到大连市革委会写作小组。参与大连染料厂等企业的调查研究，完成大连染料厂群众理财的调查报告。后经《人民日报》记者依其素材整理成文发表在《人民日报》，使大连染料厂的相关经验在全国传播。

1967 年 10 月，中央等部门发出《关于大、中、小学校复课闹革命的通知》，高校虽未恢复正常教学秩序，但有了复课的希望。从写作小组退出，返回辽宁财经学院继续从事教学工作。

1969 年 12 月，次女欧阳静出生。

1970 ~ 1972 年，参与在辽宁省各地举办的会计培训班，为各地培养了大批财会人员，获社会好评，对学校持续办学和复课起了重要作用（从 1966 年至 1970 年辽宁财经学院被迫停课达四年之久）。为适合当时形势需要，和其他老师将所有会计专业课程缩编为“会计基础”“工业会计核算”“成本核算”和“资金管理”四分册。

1972 年 2 月，因劳累过度导致胃出血，到上海经五个小时手术治愈。

1974 年，担任工会 74 班辅导员，并讲授会计专业课。带领学生去鞍钢等企业进行班组经济核算调查，之后形成多篇论文，探讨中国特色责任会计核算方法。

1975 年 9 月，带领工会 74 班学生到沈阳、鞍山、抚顺等地进行为期四个月的教学实习。

1977 年 11 月，到厦门大学进行师资培训、课程设置、教材编写等方面交流。

1979 年，开始探索改革考试方式，创造性提出“课前提问、分段考试、期末加权计总分”的考试方式。

1980 年

3 月 15 日，晋升副教授。

3 月，在《会计研究》创刊号发表论文：“关于工业企业班组经济核算问题的探讨”。

4 月，在《财经问题研究》第 2 期发表论文：“关于工业企业班组经济核算问题的探讨”。

8 月，为高考制度改革后第一批考入辽宁财经学院的工业会计专业 77 级讲授“工业企业经济活动分析”课程。

9 月，加入中国成本研究会。

9 月 27 日，任辽宁财经学院学术委员会委员。

10 月，所著“利用价值规律进行班组经济核算”一文被中国成本研究会收入《成本管理文集》第 1 辑。

是年，总纂的《工业会计》由辽宁人民出版社出版。

1981 年

6 月，与谷祺等合编《工业企业财务管理》由中国财政经济出版社出版。

6 月，独立编著《工业企业经济活动分析》由吉林人民出版社出版。

10 月 23 日，任会计系财务教研室副主任。

10 月，《财经问题研究》第 4 期发表论文：“谈谈成本决策分析”。

12 月，论文“谈谈成本决策分析”被大连市会计学会评为优秀论文。

是年，被评为“大连市科协积极分子”，“辽宁财经学院先进工作者”。

1982 年

3 月，在《大连财会》第 3 期发表论文：“目标成本会计（上篇）”。

4 月，《财经问题研究》第 2 期刊登讲座：“工业企业成本管理基础知识讲座 第三讲 成本控制”。

4 月，合编《成本会计》由吉林人民出版社出版。

7 月，在《大连财会》第 7 期发表论文：“目标成本会计（下篇）”。

9 月，担任会计专业第一届硕士研究生毛岩亮的导师。

10 月，《财经问题研究》第 4 期发表论文：“产品成本控制”。

10 月，《财经问题研究》第 4 期发表书评：“深受欢迎的一本会计工具书——《财务会计手册》”。

10 月，合编《工业企业财务管理》由辽宁人民出版社出版。

12 月，论文“产品成本控制”被大连市会计学会评为优秀论文。

是年，被评为“大连市成本学会优秀工作者”，“大连市科协积极分子”，“东北财经大学先进工作者”。

1983 年

1 月，《财经问题研究》第 1 期发表论文：“论成本分析”。

1 月，《财经问题研究》第 1 期刊登讲座：“工业企业成本管理基础知识讲座 第四讲 成本分析（上）”。

4 月 20 日，“目标成本会计（上篇）”“目标成本会计（下篇）”“谈谈成本决策分析”三篇论文被大连市财政、会计、成本研究会评为优秀论文。

4 月，《财经问题研究》第 2 期刊登讲座：“工业企业成本管理基础知识讲座 第五讲 成本分析（下）”。

7 月，应邀为锦州市冶金局做“标准成本的理论与实践”学术报告。

7 月，应邀为黑龙江省科技学会做学术报告。

8 月，《财会通讯》第 8 期发表论文：“目标成本会计在我国的应用”。

9 月，所著“成本核算改革方向的探讨——兼论目标成本会计在我国的应用”一文被中国会计学会秘书处收入《一九九二年会计学论文选》。

10 月 30 日，担任编委与作者的《成本管理手册》（许毅、杨纪琬主编）由社会科学出版社出版。

12 月 19 日，出席锦州机械工业会计学会辽宁省分会第一次学术讨论会并做专题报告。

12 月，加入机械工业会计学会，任辽宁省分会副会长。

12 月，《财会通讯》第 12 期发表论文：“论利润分析”。

是年，获评“大连市成本学会优秀工作者”，“辽宁财经学院会计系先进工作者”。

1984 年

1 月，《工业企业经济活动分析》（会计师必读）由吉林人民出版社出版。

1 月，《财经问题研究》第 1 期发表论文：“关于产品销售利润分析中几个问题的探讨”。

2 月，任审计与分析教研室主任。

7 月，赴湖南财经学院面试 84 级硕士研究生考生刘明辉和周首华。

7 月，《经济研究参考资料》第 17 期发表论文："关于成本核算与考核改革方向的探讨"。

8 月 9 日，再次向党组织提交入党申请书。

11 月，在成都参加电子工业部 1984 年财会工作会议和中国电子工业会计学会年会，并做大会学术交流。

12 月 17 日，论文"关于成本核算与考核改革方向的探讨"被大连市财政、会计、成本研究会评为优秀论文。

12 月 29 日，光荣加入中国共产党，成为中共预备党员。

是年，被评为"大连市优秀教师"，"东北财经大学先进工作者"。

1985 年

1 月，《会计研究》第 1 期发表论文："成本目标管理的理论与实践——从辽宁部分企业的经验看成本管理的发展"。

3 月，论文"目标成本会计在我国的应用"被《财会通讯》杂志社评为优秀文章。

4 月，《福建会计》第 4 期发表论文："成本核算改革新探"。

5 月 15 日，论文"目标成本会计在我国的应用"被大连市会计学会评为优秀论文一等奖。

6 月 21 日，受中国成本研究会委托，在大连举办成本目标管理研究班。

7 月，任分主编的《晋升会计师业务学习 1000 题》由"辽宁人民出版社"出版。

9 月 10 日，被授予"大连市 1985 年度优秀教育工作者"称号。

11 月，《福建财政与会计》第 11 期发表论文："成本目标管理的理论与实践"。

12 月 24 日，论文"成本目标管理的理论与实践"被评为大连市财政、会计、成本研究会优秀论文一等奖。

12 月 28 日，预备期满，转为正式党员。

是年，受聘为沈阳会计师事务所顾问。

是年，被评为"大连市会计学会优秀工作者"。

1986 年

1 月，应邀到中捷人民友谊厂调查诊断成本核算并指导实施。

3 月，《机电工业财会》第 3 期发表论文：“成本核算改革新探的实践——对中捷友谊厂成本核算工作进一步完善化的几点意见”。

3 月 22 日，被评为“大连市劳动模范”。

4 月，应抚顺财政局邀请协助企业进行成本核算改革。

4 月 24 日，论文“成本目标管理的理论与实践”被评为辽宁省会计学会优秀论文奖。

5 月，主编的《工业企业经济活动分析》由东北财经大学出版社出版。

6 月 7 日，论文“关于成本核算改革方向的探讨”被辽宁省哲学社会科学联合会评为二等奖。

6 月 27 日，任会计系副主任。

6 月，论文“成本核算改革新探”被评为机械工业会计学会优秀奖。

6 月，被评为“东北财经大学优秀共产党员”。

7 月 1 日，被评为“大连市优秀共产党员”。

7 月，《财务与会计》第 7 期发表论文：“成本核算改革新探”。

8 月，出席在抚顺大伙房水库罗台山庄举办的成本改革研讨会。

8 月，《抚顺财会》第 8 期发表论文：“关于建立中国式标准成本会计的探讨”。

8 月 26 日，论文“成本核算改革新探”被评为机械工业会计学会辽宁分会优秀奖。

9 月，出席大连轧钢厂异地改造项目论证会。

9 月 10 日，辽宁省政府授予“优秀教师”称号。

10 月 5 日，收到中捷人民友谊厂的感谢信，为中捷友谊厂设计并实施的标准成本制度改革项目获辽宁省机械工业厅管理现代化优秀成果一等奖。

10 月，东北财经大学的《科研通讯》发表论文：“教材建设几个问题的探讨”。

11 月 19 日，《发展战略报》发表论文：“我国成本核算改革方向的探讨”。

11 月，晋升为教授（1987 年 4 月省下发批文）。

12 月 19 日，论文“我国成本核算的改革目标”被东北财经大学评为三等奖。

12 月 27 日，被评为“辽宁省高等教育学会 1982—1986 年度优秀高教研究积极分子称号”。

是年，被聘为大连市中级会计职称评委会副主任，大连市高级会计职称评委会委员，南京理工大学兼职教授。

是年，第二次被评为“大连市优秀教师”。

1987 年

3 月 24 日，出席辽宁省机械工业会计学会第二届第二次常务理事会。

3 月，牵头创建会计模拟实验室，开始探索会计模拟实验教学。

3 月，被评为“大连市精神文明建设活动积极分子称号”。

4 月 15 日，《东北财经大学校刊》刊登文章：“忘我劳动，默默奉献”，介绍其先进事迹。

5 月，带领 83 级实习学生为大连服装机械厂设计标准成本会计制度，由大连市多名专家组成的评审委员会给予高度评价。

6 月 17 日，出席在阜新召开的辽宁省会计学会第三次代表大会暨成本研究会成立大会并致闭幕词，当选辽宁省成本研究会第一届理事会副会长。

6 月，应邀到抚顺石油二厂作学术报告。

6 月，应邀在辽阳会计学会组织的学术报告会上作报告。

6 月 30 日，出席大连市先进党支部优秀共产党员座谈会。

7 月，出席东北财经大学与大连染料厂建立教学、科研、社会实践三结合协议书签字仪式。

7 月，被评为“东北财经大学优秀共产党员”。

7 月，被财政部和中国财贸工会授予“全国财税系统劳动模范”称号。

7 月 14 日，出席在北京举行的全国财政系统劳动模范表彰大会。

7 月 15 日，李先念主席接见全国财政系统劳动模范全体代表。

8 月，应邀出席辽宁省机械会计学会举办的成本管理研讨会并作学术报告。

9 月 10 日，东北财经大学党委及行政做出《关于向欧阳清同志学习的决定》，教师节大会上代表立功受奖同志讲话。

9 月，应邀到青岛钢厂作学术报告。

9 月，任编委与作者的《成本管理大辞典》由“经济管理出版社”出版。

10 月 21 日，出席在沈阳召开的辽宁省成本研究会理论研究会并作学术报告：“关于成本管理几个问题的探讨”。

11 月 4 日，中捷人民友谊厂实施标准成本制度取得成效，再次收到感谢信。

11 月，论文“关于建立中国式标准成本会计的探索”在大连市会计学会第五届年会被评为一级优秀论文。

12 月，模拟教学改革项目被东北财经大学评为“会计教学改革特等奖”，“辽宁省优秀教学成果一等奖”。

是年，加入辽宁省冶金会计学会，被聘为顾问。

是年，被聘为大连市教育局第二学士学位专家评论组成员。

是年，被评为“大连市模范教师”，“大连市精神文明建设积极分子”。

1988 年

1 月，《财经问题研究》第 1 期发表论文：“论建立中国式标准成本会计”。

1 月，《辽宁会计》第 1 期发表论文：“关于成本管理几个问题的探讨”、系列讲座第一讲“工业企业成本技术经济分析的意义”。

2 月，《辽宁会计》第 2 期发表系列讲座第二讲“工业企业技术经济分析的性质和内容”。

3 月，到抚顺水泥厂推行标准成本会计，帮助进行成本核算改革。

3 月，被列入由高等教育出版社出版的《中国普通高等学校教授人名录》。

3 月，《辽宁会计》第 3 期发表系列讲座第三讲“成本技术经济分析应注意的问题”。

4 月，到天津财经学院参加《工业会计辞典》编写讨论会。

4 月，《辽宁会计》第 4 期发表系列讲座第四讲“成本技术经济决策分析

（一）”。

5 月 4 日，出席在青岛召开的中国成本研究会第三届理事会暨学术理论讨论会，当选常务理事。

5 月 7 日，被辽宁省财政厅批准为兼职注册会计师。

5 月，参加在天津财经大学召开的会计学专业系列教材审稿会。

5 月，《辽宁会计》第 5 期发表系列讲座第五讲“成本技术经济决策（二）”。

6 月 4 日，出席在大连召开的全国首届中青年财务成本理论研讨会。

6 月 5 日，论文“成本管理的理论和实践”被辽宁省科学技术协会评为三等奖。

6 月，被聘为大连市会计师评委会评委。

6 月，《辽宁会计》第 6 期发表系列讲座第六讲“技术经济指标对单位产品成本影响的分析（一）”。

7 月 1 日，被评为“东北财经大学优秀共产党员”。

7 月，论文“关于成本管理几个问题的探讨”被大连市财政、会计、成本研究会评为优秀论文一等奖。

7 月，《辽宁会计》第 7 期发表系列讲座第七讲“技术经济指标对单位产品成本影响的分析（二）”。

8 月 25 日，主编的“工业企业经济活动分析”被评为财政部 1988 年优秀教材二等奖。

8 月，《辽宁会计》第 8 期发表系列讲座第八讲“技术经济指标对单位产品成本影响的分析（三）”。

9 月，《辽宁会计》第 9 期发表系列讲座第九讲“技术经济指标对单位产品成本影响的分析（四）”。

10 月，《辽宁会计》第 10 期发表系列讲座第十讲“技术经济指标对单位产品成本影响的分析（五）”。

11 月 12 日，出席中国共产党东北财经大学第五次代表大会，代表全校党员教师致贺词和表决心。

11 月，《辽宁会计》第 11 期发表系列讲座第十一讲“影响技术经济指标诸因素分析（一）”。

12 月 10 日，论文“关于成本管理几个问题的探讨”被评为大连市 1986—1988 年度论文二等奖。

12 月，《成本与价格资料》第 12 期发表论文：“关于成本差异即期处理几个理论的探讨”。

是年，被聘为大连市中级审计职称评委会委员。

1989 年

1 月，《辽宁会计》第 1 期发表系列讲座第十一讲“影响技术经济指标诸因素分析（二）”。

2 月，《辽宁会计》第 2 期发表系列讲座第十三讲“影响技术经济指标诸因素分析（三）”。

3 月，《辽宁会计》第 3 期发表系列讲座第十四讲“技术组织措施与技术经济指标的责任落实（一）”。

3 月 19 日，任东北财经大学高级统计师、高级会计师、高级经济师评审委员会委员，高级会计师评议组成员。

4 月，《财经问题研究》第 4 期发表论文：“成本管理改革原则的探讨”。

4 月，《辽宁会计》第 4 期发表系列讲座第十五讲“技术组织措施与技术经济指标的责任落实（二）”。

4 月 30 日，出席辽宁省先进集体、劳动模范表彰大会。

5 月 24 日，出席在丹东举行的“东北地区首届成本理论研讨会”并致开幕词。

5 月，《财会通讯》第 5 期刊登：“记全国财税系统劳动模范欧阳清教授”。

6 月，被评为“辽宁省劳动模范”。

6 月 30 日，被评为“东北财经大学优秀共产党员”。

7 月，出席鞍山财政局组织的成本讨论会。

9 月，被财政部授予“全国财政系统劳动模范”。

10 月，患脑血栓预兆在大连友谊医院治疗，仍坚持指导硕士研究生毕业论文。

10 月 13 日，第二次被评为“大连市优秀共产党员”。

11 月，被聘为“大连市首届会计知识大赛”评委并在总结及表彰大会上讲话。

11 月 15 日，论文“成本管理改革原则的探讨”被辽宁省冶金学会评为1989 年优秀论文一等奖。

11 月，任副主编与作者的《工业会计辞典》由辽宁人民出版社出版。

12 月，论文“成本目标管理的理论与实践”被中国财政学会评为佳作奖。

12 月，主编的《工业企业经济活动分析及解答》由东北财经大学出版社出版。

是年，独著的《成本管理》由东北财经大学出版社出版。

1990 年

1 月，任编委与作者的《简明成本管理辞典》由“中国物价出版社”出版。

3 月，出席在沈阳召开的辽宁省工会第六次代表大会。

3 月，主编的《工业企业经济活动分析》《工业企业经济活动分析学习指导书》由中央广播电视大学出版社出版。

4 月 28 日，被大连市委批复为中国共产党大连市第七次代表大会正式代表。

6 月，主编的《工业企业经济活动分析图解及题解》由东北财经大学出版社出版。

7 月，辞任会计系副主任。

8 月 3 日，出席在厦门举行的全国高等财经院校财会教学改革研讨会第二届年会。

8 月 22 日，出席中国中青年财务成本研究会鞍山支会成立大会。

8 月，主审由刘永泽、刘明辉主编的《资产评估指南》由东北财经大学出版社出版。

10 月 3 日，参加大连庆祝中秋歌舞晚会。

10 月 24 日，出席全国第四次会计工作会议。

11月13日，出席在沈阳召开的辽宁省会计学会第四届会员代表大会、辽宁省成本研究会第二届会员代表大会，当选辽宁省成本研究会第二届理事会副会长。

11月，论文“关于成本管理几个问题的探讨”被辽宁省会计学会评为1986—1990年度优秀论文奖。

12月，“教书育人做青年学生的良师益友”教学成果获东北财经大学首次优秀教学成果评比二等奖。

12月，应邀担任辽宁省首届会计知识大赛评委。

1991年

2月，《辽宁会计》第2期发表论文：“关于强化成本管理对策的探讨”。

4月，全国总工会授予“全国五一劳动奖章”“全国优秀教育工作者”称号。

5月1日，出席大连市各界人民庆祝五一国际劳动节相关活动及颁奖会。

5月，到凌源钢铁厂参加由辽宁省工业厅组织的班组经济活动分析研讨会。

6月，受学校返聘继续从事教学活动。提出“在教书中育人，在育人中教书”的教学指导思想。

6月29日，《大连日报》刊登文章：“部分先进党组织优秀党员剪影”介绍其先进事迹。

6月，《宣教通讯》第6期刊登“一代尊师 青年挚友——全国五一劳动奖章获得者欧阳清教授教书育人先进事迹之一”。

7月1日，被授予辽宁省“优秀共产党员”。

7月，文章“一代尊师 青年挚友——记东北财经大学欧阳清教授教书育人的先进事迹”，在《教书育人文集》发表，大连理工大学出版社出版。

8月，主编的《工业企业经济活动分析》由东北财经大学出版社出版。

8月，合编的《工业企业成本技术经济分析》由东北财经大学出版社出版。

9月，受中国成本研究会委托，在大连举办成本研究班。

9月30日，主审的由东北财经大学、辽宁大学、辽宁省冶金工业学校、河北省经济干部管理学院联合编写的《会计模拟实验系列教材》进行征订说明。

10月22日，出席在江西财经学院举行的国家教委《会计学统计学》教材审稿会。

11月28日，出席在铁岭举办的辽宁省机械工业91年财务工作、会计学会会议。

12月10日，出席在北镇举办的辽宁省会计学会、成本研究会年会并做学术报告："关于建立中国式责任会计体系"。

12月，《东北财经大学青年教师培养工作经验交流专辑》刊登文章："为青年教师迅速成长呕心沥血，言传身教——欧阳清教授培养青年教师的实践"。

是年，被选为大连市工会代表大会特约代表。

是年，第二次被评为"辽宁省优秀教师"。

1992年

4月，在《会计文萃》第4期发表论文："我国成本管理的现状与改革思路"。

7月1日，被评为"东北财经大学优秀共产党员"。

8月31日，被评为"大连市优秀专家"。

11月17日，出席在保定举办的中国成本研究会第四届理事会暨第九次学术理论讨论会。

12月，被评为"东北财经大学优秀指导教师"。

12月，回复旦大学参加毕业40周年纪念活动，与李岚清等同学相聚。

是年，任大连光华会计师事务所副主任会计师。

1993年

1月7日，出席在辽阳召开的辽宁省会计学会第五次、成本研究会第三次会员代表大会并致开幕词，当选辽宁省成本研究会第三届理事会副会长。

1月，《会计研究》第1期发表论文："我国成本管理的现状与改革思路"。

1月，《辽宁会计》第1期发表讲座第1讲："我国责任会计的产生与发展”。

2月，《财经问题研究》第2期发表论文：“实行会计试验教学 完善会计教学改革”。

2月，《辽宁会计》第2期发表讲座第2讲：“我国责任会计的几个理论问题”。

3月1日，被大连市委命名为大连地区首批优秀专家。

3月，《辽宁会计》第3期发表讲座第3讲：“我国责任会计的方法体系”。

4月，《辽宁会计》第4期发表讲座第4讲：“我国责任会计的主要模式”。

5月，《财会通讯》第5期刊登“东北财经大学教授 硕士研究生导师欧阳清先生”。

5月，《辽宁会计》第5期发表讲座第5讲：“责任单位与责任指标”。

6月6日，出席在广西北海举行的全国财政系统部省级以上劳模座谈会。

6月，合编的《成本会计》由吉林科学技术出版社出版。

6月，《辽宁会计》第6期发表讲座第6讲：“责任预算的编制”。

7月，《辽宁会计》第7期发表讲座第7讲：“内部结算”。

8月，《辽宁会计》第8期发表讲座第8讲“责任利润的核算与控制”。

9月4日，教学项目“会计教学改革的新路”被国家教育委员会评为“全国优秀教学成果二等奖”。

9月8日，“会计教学改革的新路”教学成果被国家教育委员会评为1993年全国普通高等学校国家级优秀教学成果二等奖。

9月13日，应邀为“财务会计改革理论与实务研讨班”作专题报告。

9月，《辽宁会计》第9期发表讲座第9讲：“责任成本的核算与控制”。

10月19日，出席在本溪举行的辽宁省冶金会计学会第三届会员代表会暨93年年会。

10月，《辽宁会计》第10期发表讲座第10讲：“责任资金的核算与控制”。

11月，被评为“全国财政系统优秀教师”。

11 月，《辽宁会计》第 11 期发表讲座第 11 讲："责任考核与评价"。

12 月，《辽宁会计》第 12 期发表讲座第 12 讲："我国责任会计应用的条件及基础工作"。

是年，再次担任辽宁省冶金会计学会顾问。

1994 年

1 月 3 日，获国务院政府特殊津贴。

5 月 18 日，应邀为"全国财务会计改革理论与实务研讨会"作专题报告。

9 月 10 日，第三次被评为"辽宁省优秀教师"。

9 月，任编委与作者的《新成本管理大辞典》由中国物价出版社出版。

11 月 10 日，被聘为京都股份制企业顾问有限公司（北京）高级顾问。

12 月，合编《成本会计学》（东财会计系列教材，第 1 版）由东北财经大学出版社出版。

是年，应邀为"全国基层财务会计改革理论与实务研讨会"作专题报告。

1995 年

6 月，《财经问题研究》第 6 期发表论文："成本核算改革新探"。

8 月，合编《企业经济活动分析》由中国经济出版社出版。

8—9 月，应邀与陈友邦老师一起为中国人民银行总行录制"企业经济活动分析"，共 18 讲。

9 月，因突出贡献，大连市政府奖励科学家公寓一套 118 平方米住房。

12 月 15 日，论文"成本目标管理的理论和实践——从辽宁省部分企业的经验看成本管理的发展"被国家教委评为论文二等奖。

是年，任《会计之友》杂志社特约编审。

1996 年

2 月 9 日，《成本会计学》被评为财政部第三届全国财政系统大中专优秀教材一等奖。

8 月，受聘为三友会计研究所顾问。

5 月 12—15 日，参加在庐山举行的中国会计学会会计教育改革研讨会和全国高等财经院校财会教学研讨会。

9 月 4 日，给分管教育工作的李岚清写信，提出对教育改革的个人观点。

10 月，合编《成本会计学》（东财会计系列教材，第 2 版）由东北财经大学出版社出版。

12 月，应邀前往台湾进行学术交流，并参加福建省立高级商业职业学校在台湾举行的 90 周年校庆。

12 月，《企业经济分析学》被评为 1978—1996 年度大连市优秀著作奖。

1997 年

1 月，《大连市老教授老专家为科技兴国做贡献汇报会文集》刊登文章："献身科技 永奏进取乐章"。

1 月，《辽宁财税》第 1 期发表论文："浅谈企业改制中的人力资源投资"。

1 月，《财会通讯》第 1 期刊登文章："一代尊师 青年挚友——记全国财税系统劳动模范欧阳清教授"。

7 月，出席在延安举办的全国财政系统专家座谈会。

8 月，应邀到朝阳工程机械有限公司进行成本诊断，完成调查报告："加强成本管理 提高经济效益"。

是年，任编委的《注册会计师必读》由中国物价出版社出版。

是年，任大连审计学会理事。

1998 年

2 月，《辽宁财税》第 2 期刊登文章："莫道健牛暮蹄缓 夕阳正艳染桑榆——记东北财经大学知名学者欧阳清教授"。

3 月 6 日，论文"浅谈企业改制中的人力资源投资"被中国会计学会评为三等奖。

3 月，《财经政法资讯》第 3 期发表书评："经济效益研究的一部开拓性著作——评张先治新著《经济效益研究》"。

5 月，《会计研究》第 5 期发表论文："我国成本管理改革的回顾和展望"。

6 月，独著《成本管理理论与方法研究》由东北财经大学出版社出版。

7 月 24 日，出席辽宁省成本研究会年会并作学术报告。

12月，论文“我国成本管理的回顾与展望”获大连市第八届社会科学优秀学术成果论文类优秀奖。

是年，偕夫人邵爱琴女士到海南旅游。

1999年

1月下旬，夫妇二人与会计学院部分教师和家属去新加坡、马来西亚和泰国旅游。

2月，《东北财经大学学报》第2期发表论文：“现代化成本管理理论在我国企业中应用的探讨”。

2月，偕夫人回到阔别多年的福州老家。

4月，为在职研究生班（广州）授课。

6月，主编的会计大典第四卷《成本会计》由中国财政经济出版社出版。

6月，主编《成本会计学》由东北财经大学出版社出版。

6月28日，被评为“东北财经大学优秀共产党员”。

7月10日，论文“我国成本管理改革的回顾与展望”被中国会计学会评为论文二等奖。

8月5日，《中国财经报》发表论文：“邯郸制造费用核算”。

9月，《财务与会计》第9期发表论文：“关于标准成本修改差异的核算”。

9月，《辽宁财税》第9期发表论文：“产品成本核算原则的探讨”。

10月，《辽宁财税》第10期发表论文：“标准成本修改差异的核算”。

10月，应上海大唐移动通信设备有限公司邀请，做关于成本管理改革的学术报告。

11月，《财务与会计》第11期发表论文：“成本会计的发展趋势及我们的对策”。

是年，被评为“东北财经大学会计学院科研积极分子”。

2000年

6月26日，被评为“东北财经大学优秀共产党员”。

是年，主持东风集团朝阳柴油机公司、一汽集团大连柴油机厂和大连创新实业公司的成本管理诊断。

2001 年

3 月，《福建财会》第 3 期发表论文：“现代成本管理的研究——兼论我国成本管理深化改革的思路”。

6 月，主编的《成本会计学》由东北财经大学出版社修订后出版。

12 月，《成本会计学》（1999 年版）经财政部专家评审组评审，被评定为高等财经院校试用教材。

是年，被聘为“中国成本研究会”顾问。

2002 年

5 月，参加学校组织的四川成都之行。

6 月，应邀参加在无锡举行的“加入 WTO 对中国企业的影响”高层研讨会暨中国成本研究会 2002 年年会。

7 月，对大连创新零部件制造公司进行成本管理和价格控制项目调查。

9 月，主编《成本会计》（国家级重点学科，东财会计系列教材）由东北财经大学出版社出版。

11 月 8 日，被聘为东北财经大学财务与会计研究中心“成本管理理论与应用”研究室首席研究员。

12 月 18 日，东北财经大学会计学院授予“从事教学工作终身成就奖”。

是年，最后一次为本科生、2002 级全日制研究生、第一届中职教师研究生班授课，在教学生涯 50 载、第 100 学期后离开了心爱的讲台。

是年，“红旗团委书记金东和全国劳模欧阳清”文章，在《东北财经大学 50 年史志》第八章第四节刊登。

2003 年

2 月，《会计研究》第 2 期发表书评：“会计理论基础与时俱进——评侯文铿教授新著《马克思会计学说研究》”。

2 月，回复旦大学参加毕业 50 周年纪念活动，与李岚清等同学再聚。

3 月，主编的《成本会计学》由首都经济贸易大学出版社出版。

是年，受聘担任福州大学管理学院兼职教授。

2004 年—2011 年

2004 年，从东北财经大学会计学院退休。与夫人邵爱琴女士定居上海。

加入徐家汇社区劳模联谊会。

2004 年 4 月 21 日，与陈济民等 8 位老同学如约拜访李岚清并合影留念。

2004 年 6 月，被东北财经大学内部控制与风险管理研究中心聘为顾问。

2006 年，《校友通讯》第 1 期刊登文章："师恩似海，淡雅如菊——访欧阳清教授"。

2007 年，与夫人邵爱琴女士一起游历祖国大好河山。

2008 年 5 月，在南京大学作学术报告，并到扬州亚星实地调研德企成本管理实践。

2008 年 8 月，主编的《成本会计学》第 2 版被评为普通高等教育"十一五"国家规划教材，由首都经济贸易大学出版社出版。

2008 年 8 月，调研沈阳机床厂的成本管理。

2008 年，与小学同学杨望松、吴省白于七十一年后相聚于上海。

2010 年 5 月，到湖北襄樊、十堰和武汉三市汽车座椅厂考察，并与初中挚友相聚襄樊。

2010 年 5 月，应邀到长春汽车厂做关于标准成本制度的学术报告。

2011 年 1 月，《校友通讯》第 1 期刊登文章："润物无声 大爱无疆"。

2011 年，《东财人》刊登文章："欧阳清"。

2011 年，《信风·学人专访》刊登文章："再拾青春朝花 永奏进取乐章——记我校硕士研究生导师欧阳清教授"。

2011 年，《东财大学生》第 100 期刊登文章："欧阳清"。

2012 年—2022 年

2012 年 12 月 1 日，回复旦大学参加毕业 60 周年纪念活动。

2013 年 10 月 11 日，接受上海国家会计学院"会计口述历史"项目组采访，进行"会计口述历史"记录。

2013 年 11 月 1 日，再次接受采访并向中国会计视野网"会计口述历史"项目捐赠著作权。

2014 年 8 月，回大连避暑时，到大连美罗医药公司和辉瑞制药公司调研。

2015 年 6 月 2 日，《北京晚报》刊登文章："欧阳清教授的书桌"。

2015 年 6 月 2 日，中国会计视野网"会计口述历史"栏目刊登项目组文章“欧阳清：会计教育改革的先行者”。

2015 年 11 月，《中国工会财会》第 11 期刊登文章：“把理论转化为实践的会计教育改革的先行者——记全国财税系统劳动模范欧阳清”。

2015 年 11 月 27 日，《中国会计报》刊登文章：“欧阳清：会计教育改革的先行者”。

2016 年，东北财经大学《校友通讯》第 2 期刊登文章：“会计口述历史——记欧阳清老师”。

2017 年 6 月，回大连看望同事、好友等，与学生相聚。

2017 年 8 月，到大连出版社调研。

2018 年 6 月，《会计教育人生——欧阳清回忆录》，由上海交通大学出版社出版。

2018 年 6 月，夫人邵爱琴女士病逝。

2018 年 7 月，在长女陪同下回大连散心。

2018 年 8 月 1 日，《新民晚报》刊登文章：“昨日逢君开旧卷”。

2018 年 8 月，《财务与会计》第 16 期刊登文章：“光般温暖的会计人生——我认识的欧阳清教授”。

2018 年 10 月 28 日，最后一次回到故乡福州，11 月 3 日，到厦门。

2019 年 5 月 15 日，由长女陪同，应李岚清之约叙旧并合影留念。

2019 年 7 月，自己乘软卧最后一次回大连，与同事、好友和学生相聚。

2019 年 9 月，《财务与会计》第 17 期刊登文章：“‘身入心至’搞调查研究 让思想光芒照亮实践——访会计教育改革的探索者欧阳清”。

2019 年 10 月，荣获中共中央、国务院、中央军委颁发的庆祝中华人民共和国成立 70 周年纪念章。

2020 年 3 月 30 日，为支持新冠疫情防控工作捐款，收到中共中央组织部的捐款收据。

2020 年 11 月，《会计口述历史》第 2 辑，由立信会计出版社出版。

2021 年 6 月，“北京教育网”刊登文章：“党旗下的英才”。

2022 年 8 月 4 日，“财务与会计公众号”刊登文章：“挚爱——公婆的爱情故事”。

2021 年 11 月，《东财春秋》第 1 期刊登徐晓航的文章：“谁其识者有欧阳，清流异等固其常”。

2022 年 10 月 26 日，因肠梗阻入院。

2022 年 11 月 8 日，逝世于上海，享年 92 岁。

2022 年 11 月 12 日，在上海举行线上线下追悼会，东北财经大学会计学院致悼词（陈福义代读）。

2022 年 11 月 19 日，先生的线上线下追思会在东北财经大学图书馆科学报告厅举行。

第三节　硕果累累——先生获奖情况概览[①]

一、一生拼搏，成绩斐然

① 本节由牛彦秀整理，陈文铭校审。

1991 年 4 月，荣获全国五一劳动奖章

1988 年 7 月 7 日，被评为全国财税系统劳动模范

1989 年 9 月，被评为全国财政系统劳动模范

2019 年 10 月，荣获庆祝中华人民共和国成立 70 周年纪念章

1989 年 6 月，被评为辽宁省劳动模范

二、荣获的国家级荣誉称号证书

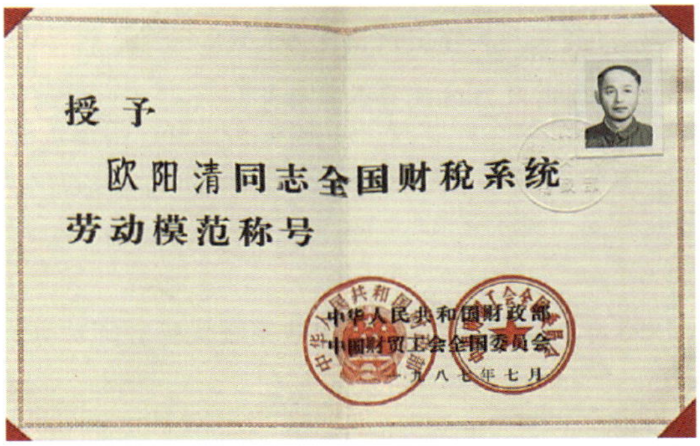

1987 年 7 月，荣获全国财税系统劳动模范称号

1989 年 9 月，荣获全国财政系统劳动模范称号

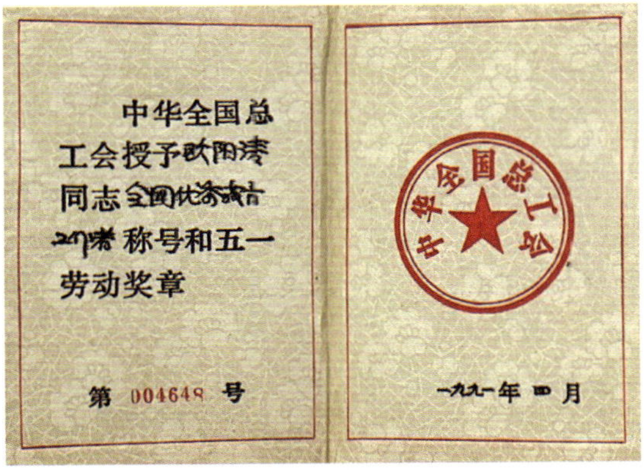

1991 年 4 月，荣获全国优秀教育工作者称号和五一劳动奖章

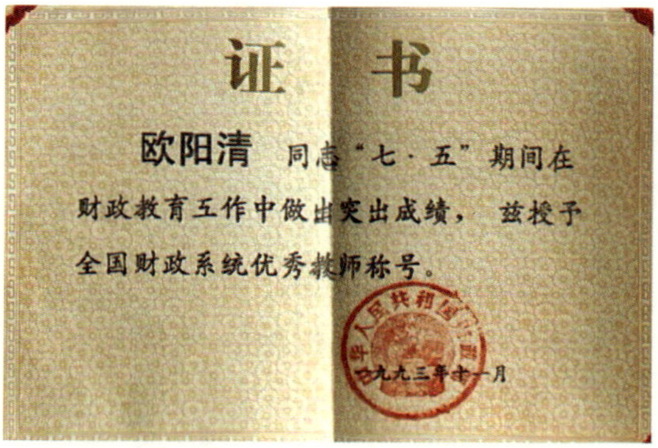

1993 年 11 月，荣获全国财政系统优秀教师称号

1994 年 1 月 3 日，荣获国务院政府特殊津贴（从 **1993** 年 **10** 月起）

三、荣获的国家级教学成果和科研成果证书

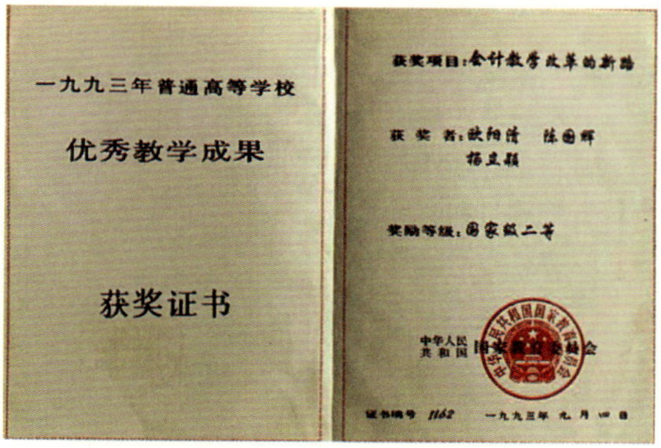

1993 年 9 月 4 日，《会计教学改革的新路》获 **1993** 年普通高等学校优秀教学成果二等奖

1993 年 9 月 8 日，《会计教学改革的新路》获全国普通高等学校国家级优秀教学成果二等奖

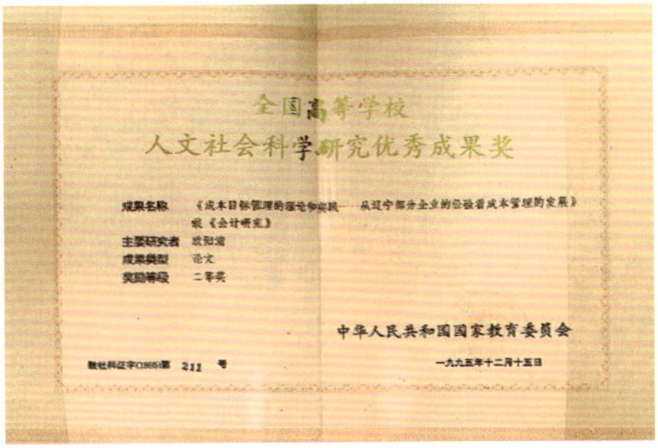

1995 年 12 月 15 日，《成本目标管理的理论和实践——从辽宁部分企业的经验看成本管理的发展》一文获国家级二等奖

1988 年 8 月 25 日，《工业企业经济活动分析》教材获国家级二等奖

荣誉證書

王威祥主编的、欧阳清、韩殿文、万寿义、秦志敏参编的《成本会计学》荣获财政部第三届全国财政系统大中专优秀教材一等奖。

中华人民共和国财政部

证书编号：　　　一九九六年二月九日

1996 年 2 月 9 日，《成本会计学》教材获财政部第三届全国财政系统大中专优秀教材一等奖

2008 年 8 月，主编的《成本会计学》（第二版）获“普通高等教育“十一五”国家级规划教材

四、中捷人民友谊厂感谢信（第一封）

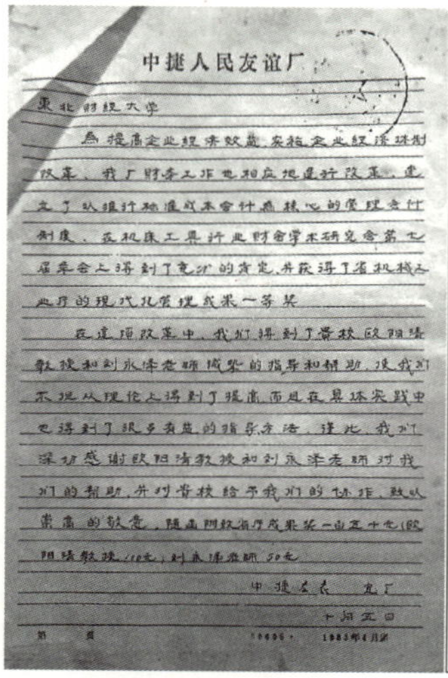

中捷人民友谊厂

东北财经大学：

为提高企业经济效益，实现企业经济体制改革，我厂财务工作也相应地进行改革。建立了以推行标准成本会计为核心的管理会计制度，在机床工具行业财会学术研究会第七届年会上得到了充分的肯定，并获得了省机械工业厅的现代化管理成果一等奖。

在这项改革中，我们得到贵校欧阳清教授和刘永泽老师诚挚的指导和帮助，使我们不但从理论上得到了提高，而且在具体实践中也得到了很大有益的指导方法。谨此，我们深切的感谢欧阳清教授和刘永泽老师对我们的帮助，并对贵校给予我们的协助致以崇高的敬意，随函附致省厅成果奖一百五十元（欧阳清教授100元；刘永泽老师50元）

中捷人民友谊厂

10月5日（1986）

五、学校及学院的决定

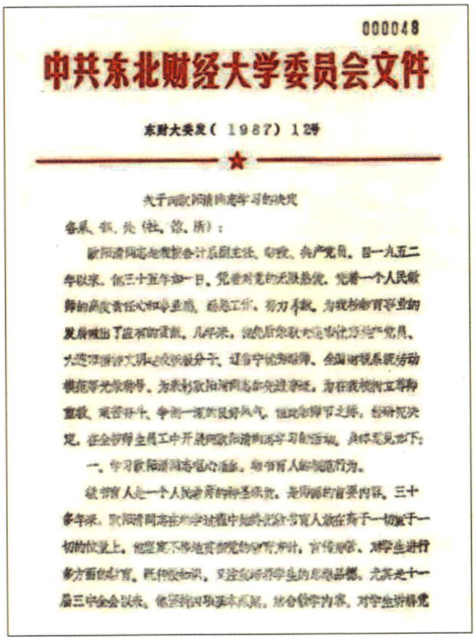
000048

中共东北财经大学委员会文件

东财大委发（1987）12号

关于向欧阳清同志学习的决定

各系、部、处（社、馆、所）：

欧阳清同志是我校会计系副主任、教授、共产党员。自一九五二年以来，他三十五年如一日，凭着对党的无限热爱，凭着一个人民教师的高度责任心和事业感，勤恳工作，努力奉献，为我校教育事业的发展做出了应有的贡献。几年来，他先后荣获大连市优秀共产党员、大连市精神文明建设积极分子、辽宁省优秀教师、全国财税系统劳动模范等光荣称号。为表彰欧阳清同志的先进事迹，为在我校树立尊师重教、艰苦奋斗、争创一流的良好风气，值此教师节之际，经研究决定，在全校师生员工中开展向欧阳清同志学习的活动，具体意见如下：

一、学习欧阳清同志呕心沥血、教书育人的模范行为。

学校决定第4-1页

关于向欧阳清同志学习的决定

各系、部、处（社、馆、所）：

欧阳清同志是我校会计系副主任、教授、共产党员。自一九五二年以来，他三十五年如一日。凭着对党的无限热爱、凭着一个人民教师的高度责任心和事业感。勤恳工作。努力奉献。为我校教育事业的发展做出了应有的贡献。几年来，他先后荣获大连市尤秀共产党员、大连市精神文明建设积极分子、辽宁省优秀教师、全国财税系统劳动模范等光荣称号。为表彰欧阳清同志的先进事迹。为在我校树立尊师重教、艰苦奋斗、争创一流的良好风气。值此教师节之际，经研究决定，在全校师生员工中开展向欧阳清同志学习的活动。具体意见如下：

一、学习欧阳清同志呕心沥血．教书育人的模范行为．（内容略）
二、学习欧阳清同志勇挑重担，勤奋忘我的奉献精神．（内容略）
三、学习欧阳清同志严谨务实，理论联系实际的优良学风．（内容略）
四、学习欧阳清同志，是我校的一项重要活动．（内容略）

中共东北财经大学委员会
东北财经大学
一九八七年九月十日

2002年12月18日，东北财经大学会计学院授予“从事教学工作终身成就奖”。

六、科研成果奖一览表

类型	序号	获奖时间	论文或教材名称	奖励级别	奖励名称	发奖单位
论文	1	1995. 12. 15.	成本目标管理的理论和实践—从辽宁部分企业的经验看成本管理的发展	国家级	全国高等院校人文社会科学研究优秀成果二等奖	中华人民共和国国家教育委员会
	2	1989. 12.	成本目标管理的理论与实践	部级	佳作奖	中国财政学会
	3	1999. 7. 20.	我国成本管理改革的回顾与展望	部级	优秀论文二等奖	中国会计学会
	4	1998. 3. 6.	浅谈企业改革中的人力资源投资	部级	优秀论文三等奖	中国会计学会
	5	1986. 6.	成本核算改革新探	部级	优秀论文奖	机械工业学会
	6	1986. 8. 26.	成本核算改革新探	部级	优秀论文奖	机械工业会计学会辽宁分会
	7	1989. 11. 15.	成本管理改革原则的探讨	省级	1989 年优秀论文一等奖	辽宁省冶金会计学会
	8	1986. 6. 7.	关于成本核算改革方向的探讨	省级	辽宁省优秀论文二等奖	辽宁省哲学社会科学联合会
	9	1988. 6. 5.	成本目标管理的理论和实践	省级	辽宁省优秀论文三等奖	辽宁省科学技术协会
	10	1986. 4. 24.	成本目标管理的理论和实践	省级	辽宁省优秀论文奖	辽宁省会计学会
	11	1986. 8. 26.	成本核算改革新探	省级	优秀论文	机械工业会计学会辽宁省分会
	12	1990. 11.	关于成本管理几个问题的探讨	省级	辽宁省优秀论文奖	辽宁省会计学会
	13	1985. 12. 24.	成本目标管理的理论与实践	市级	大连市优秀论文一等奖	大连市财政、会计、成本（研究会）、珠算学（协）会

续表

类型	序号	获奖时间	论文或教材名称	奖励级别	奖励名称	发奖单位
论文	14	1988. 7.	关于成本管理几个问题的探讨	市级	大连市 1987 年优秀论文一等奖	大连市财政、会计、成本（研究会）、珠算学（办）会
	15	1987.	关于建立中国式标准成本会计的探索	市级	大连市一级优秀论文奖	大连市财政学会、大连市会计学会、大连市成本研究会、大连市珠算协会
	16	1988. 12. 10.	关于成本管理几个问题的探讨	市级	大连市 1986—1988 年度优秀论文二等奖	大连市哲学社会科学联合会
	17	1983. 4. 20.	谈谈成本决策分析	市级	大连市 1981 年优秀论文奖	大连市财政、会计、成本（研究会）珠算学（协）会
	18	1983. 4. 20.	目标成本会计	市级	大连市 1982 年优秀论文奖	大连市财政、会计、成本（研究会）珠算学（协）会
	19	1984. 12. 17.	关于成本核算与考核改革方向的探讨	市级	大连市 1984 年优秀论文	大连市财政、会计、成本（研究会）珠算学（协）会
	20	1998. 12.	我国成本管理的回顾与展望	市级	大连市第八届社会科学优秀论文奖	大连市人民政府
	21	1985. 3.	目标成本会计在我国的应用		《财会通讯》创刊五周年优秀论文奖	财会通讯杂志社
	22	1983. 4. 20.	目标成本会计	校级	优秀论文一等奖	东北财经大学
	23	1986. 12. 19.	我国成本核算的改革目标	校级	优秀论文奖	东北财经大学
	24	1988. 12. 16.	关于成本管理几个问题的探讨	校级	优秀论文奖	东北财经大学

续表

类型	序号	获奖时间	论文或教材名称	奖励级别	奖励名称	发奖单位
教材	1	1988. 8. 25.	工业企业经济活动分析	国家级	1988 年优秀教材二等奖	中华人民共和国财政部
	2	1996. 2. 9.	成本会计学（第一参编）	国家级	财政部第三届全国财政系统大中专优秀教材一等奖	中华人民共和国教育部
	3	2008. 8.	成本会计学（第2版）	国家级	普通高等教育“十一五”规划教材	中华人民共和国教育部
	4	2001. 12.	成本会计学（1999版，主编）	部级	高等财经院校试用教材	财政部编审委员会
	5	1996. 12.	企业经济分析学	市级	1978—1996 年度大连市优秀著作奖	大连市学术专著评审委员会
	6	1988. 12. 16.	工业企业经济活动分析	校级	优秀教材奖	东北财经大学

七、教学成果奖一览表

序号	获奖时间	名称	奖励级别	奖励名称	发奖单位
1	1993. 9. 4.	会计教学改革的新路	国家级	1993 年普通高等学校优秀教学成果二等奖	国家教育委员会
2	1993. 9. 8.	会计教学改革的新路	国家级	全国普通高等学校国家级优秀教学成果二等奖	国家教育委员会
3	1990. 12.	教书育人做青年学生的良师益友	校级	东北财经大学优秀教学成果评比二等奖	东北财经大学

八、个人荣誉一览表

序号	获奖时间	奖励级别	奖励名称	发奖单位
1	1987. 7.	国家级	全国财税系统劳动模范称号	中华人民共和国财政部、中国财贸工会全国委员会
2	1989. 9.	国家级	全国财政系统劳动模范称号	中华人民共和国财政部
3	1991. 4.	国家级	全国优秀教育工作者称号和五一劳动奖章	中华全国总工会
4	1993. 11.	国家级	全国财政系统优秀教师称号	中华人民共和国财政部
5	1994. 1. 3.	国家级	政府特殊津贴	中华人民共和国国务院
6	2019. 10.	国家级	庆祝中华人民共和国成立70周年纪念章	中共中央、国务院、中央军委
7	1986. 9. 10.	省级	优秀教师称号	辽宁省人民政府
8	1986. 12. 27.	省级	辽宁省高等教育学会1982—1986年度优秀高教研究积极分子称号	辽宁省高等教育学会
9	1989. 6.	省级	辽宁省劳动模范称号	辽宁省人民政府
10	1991. 7. 1.	省级	优秀共产党员称号	中共辽宁省委
11	1994. 9. 10.	省级	辽宁省优秀教师称号	辽宁省人民政府
12	1985. 9. 10.	市级	优秀教育工作者称号	大连市人民政府
13	1986. 7. 1.	市级	优秀共产党员称号	中国共产党大连市委员会
14	1987. 3.	市级	大连市精神文明建设活动积极分子称号	中共大连市委员会、大连市人民政府
15	1988. 3. 22.	市级	一九八六—一九八七年度劳动模范称号	中共大连市委、大连市人民政府
16	1989. 10. 13.	市级	优秀共产党员称号	中国共产党大连市委员会
17	1992. 8. 31.	市级	大连市优秀专家称号	中共大连市委、大连市人民政府

续表

序号	获奖时间	奖励级别	奖励名称	发奖单位
18	1988. 7. 1.	校级	“两先一优”一九八八年度优秀党员称号	中共东北财经大学委员会
19	1989. 6. 30.	校级	“三先两优”优秀共产党员称号	中共东北财经大学委员会
20	1992. 7. 1.	校级	东北财经大学优秀共产党员称号	中共东北财经大学委员会
21	1999. 6. 28.	校级	1998—1999 年度优秀共产党员称号	中共东北财经大学委员会
22	2000. 6. 26.	校级	1999—2000 年度优秀共产党员称号	中共东北财经大学委员会

九、感谢信及表彰决定

序号	时间	单位	来源
1	1986. 10. 5.	中捷人民友谊厂（第一封）	家中手稿
2	1987. 11. 4.	中捷人民友谊厂（第二封）	会计教育人生回忆录 P81
3	1987. 9. 10.	关于向欧阳清同志学习的决定	中共东北财经大学委员会文件
4	2002. 12. 18.	从事教学工作终身成就奖	东北财经大学会计学院

十、其他

序号	时间	名称	单位
1	2020. 3. 30.	支持新冠疫情防控工作捐款	中共中央组织部
2	2013. 11. 1.	为中国会计视野网“会计口述历史”项目捐赠著作权	上海国家会计学院
3	2010. 7. 20.	贺 80 大寿	上海市劳动模范协会
4	1994. 11. 10.	高级顾问	京都股份制企业顾问有限公司（北京）

第四节　驰声走誉——有关先生的报道①

一、报道一览表

类别	序号	姓名	文章名	发表时间	发表来源
逝世后	1	会计口述历史项目组	欧阳清：会计教育改革的先行者	2022.11.9	上海国家会计学院公众号
	2	董大胜	永远的师恩——回忆欧阳清教授对我的培养教育	2022.11.10	会计学术联盟公众号
	3	乔剑	沉痛悼念欧阳清教授	2022.11.10	首都经贸大学公众号
	4	刘明辉	恩师欧阳清，我人生路上的提灯人！	2022.11.11	财务与会计公众号
	5	会计学院	致敬·传承·奋进	2022.11.26	会计学院公众号
	6	张明明	缅怀我的老师欧阳清教授	2022.11.18	会计之友公众号
逝世前	1	徐晓航	谁其识者有欧阳，清流异等固其常——无私奉献、倾囊相授的欧阳清教授	2021.11（第1期）	东财春秋
	2	牛彦秀	挚爱——公婆的爱情故事	2022.8.4	财务与会计公众号
	3	伟伟	党旗下的英才	2021.6.26	北京教育网
	4	会计口述历史（第2辑）	欧阳清：会计教育改革的先行者	2020.11	立信会计出版社
	5	闫秀丽、刘雺	“身入心至”搞调查研究 让思想光芒照亮实践——访会计教育改革的探索者欧阳清	2019.17期	财务与会计
	6	杨雄胜	光般温暖的会计人生——我认识的欧阳清教授	2018.16期	财务与会计

① 本节由牛彦秀整理，陈文铭校审。

续表

类别	序号	姓名	文章名	发表时间	发表来源
逝世前	7	乔剑	昨日逢君开旧卷	2018. 8. 1	新民晚报
	8	欧阳清口述 朱金玉整理	会计教育人生欧阳清回忆录	2018. 6	上海交通大学出版社
	9	张涛	把理论转化为实践的会计教育改革的先行者——记全国财税系统劳动模范欧阳清	2015. 11 期	中国工会财会
	10	张涛	欧阳清：会计教育改革的先行者	2015. 6. 2	中国会计视野
	11	零露	欧阳清教授的书桌	2015. 6. 2	北京晚报
	12	学生撰稿	再拾青春朝花 永奏进取乐章——记我校硕士研究生导师欧阳清教授	2011	信风·学人专访（校内部刊物）
	13	韩续诗	润物无声，大爱无疆	2011. 1 期	校友通讯（校内部刊物）
	14	学生撰稿	欧阳清	2011. 100 期	东财人（校内部刊物）
	15	学生撰稿	师恩似海，淡雅如菊——访欧阳清教授	2006. 1 期	校友通讯（校内部刊物）
	16	特约撰稿	红旗团委书记金东和全国劳模欧阳清	2022	《东北财经大学50年史志》第八章第四节
	17	庄宁	莫道健牛暮蹄缓 夕阳正艳染桑榆——记东北财经大学知名学者欧阳清教授	1998. 2 期	辽宁财税
	18	建桥、智新	一代尊师 青年挚友——记全国财税系统劳动模范欧阳清教授	1997. 1 期	财会通讯
	19	专栏撰稿人	献身科教，永奏进取乐章	1997. 1	大连市老教授老专家为科教兴国做贡献汇报会文集
	20	陆建桥	东北财经大学教授 硕士研究生导师 欧阳清先生	1993. 5 期	财会通讯

续表

类别	序号	姓名	文章名	发表时间	发表来源
逝世前	21	学生撰稿	为青年教师迅速成长呕心沥血，言传身教——欧阳清教授培养青年教师的实践	1991. 12	东北财经大学青年教师培养工作经验交流专辑（校内部刊物）
	22	建桥、智新	一代尊师 青年挚友——记东北财经大学欧阳清教授教书育人的先进事迹	1991. 7	教书育人文集，大连理工大学出版社
	23	特约撰稿	一代尊师 青年挚友——全国五一劳动奖章获得者欧阳清教授教书育人先进事迹之一	1991. 6 期	宣教通讯（校内部刊物）
	24	珊晖	记全国财税系统劳动模范欧阳清教授	1989. 5 期	财会通讯
	25	特约学生撰稿	忘我劳作，默默奉献	1987. 5	东北财经大学校刊

二、欧阳清：会计教育改革的先行者

首创会计实验室

20 世纪 80 年代末，我负责协调安排学生到工厂实习。有一天，我听到工厂反映：“你的学生不像话，收款地应当是北京他写成了南京，结果款收不到。”当时很多企业都不愿意接收学生实习，怕实习的学生造成差错，不能胜任工作。我由此萌发了创立会计实验室的想法。

理科有实验室，文科也可以有啊，于是我就牵头探索会计实验教学。首先是建成一个规划完整的、模拟的企业财会部门，把企业会计工作实际情况都“搬到”实验室。然后通过校企合作等方式开发案例，编写涵盖各个行业的模拟实验教材。其次是开展实验教学，要求学生从登记原始凭证开始做到最后的编制报表。实验课的效果非常好，一举解决了学生实践能力提升和青年教师案例开发等多方面的难题。

东北财经大学的会计实验室是全国第一家会计实验室，一时间前来考察和交流的全国同行“络绎不绝”。因为做案例既费时又费力，有些单位就复制了我们的案例。有人对此提出异议，认为要保密，我说这有什么值得保密的，他们复制我们的案例，对他们搞模拟实验教学会方便许多，这对培养学生有好处。会计实验教学成果最后被评为优秀教学成果，获得学校特等奖、辽宁省一等奖、国家二等奖并得以在全国推广。当时在全国财经院校中，仅有两个项目获此殊荣。

理论成果转化

我觉得财经科学研究一定想办法把理论研究成果转化为生产力。在信息技术不发达的时代，科研成果是怎么转化为生产力的?

一是办研究班。我曾经是中国成本研究会的常务理事，中国成本研究会委托我在大连办一个成本研究班。研究班结束后，河北宣化钢铁公司机械厂就推行了目标成本管理。

二是办学习班。譬如，我觉得班组经济核算很好，应该推行，就在沈阳市办班组经济核算的学习班。要推行理论，一定要亲自到某一个厂，但是也只能一个厂实施，要在整个市推行怎么办？我就办学习班，给各个厂的人讲课。

三是到各地做学术报告。我每写一篇论文，不是写完就结束了，还要到各处去做报告，一般会跑 10 多个城市给大家做学术报告。时间非常紧张，经常利用礼拜六、礼拜天时间，这样能扩大自己研究成果的影响，促进研究成果转化为生产力，而不是纸上谈兵。因为我是辽宁省机械工业会计学会副会长、辽宁省成本研究会副会长，又是中国成本研究会常务理事、大连市企业财务研究会的名誉会长，这些学会在开年会的时候往往会请我作报告。这种报告影响面就广了，参会者回去要传达会议精神，在当地推行会议内容。我觉得搞研究就要反对纸上谈兵，这是我科研的特点。纸上谈兵没有意思，只是为升副教授、教授写文章，对实际没有帮助。

把科研成果纳入教材

另一种推广科研成果的方式是把经过理论验证的成果纳入教材。我在教材里面增加了班组经济核算的内容。一般的教材都没有这部分内容，但是我觉得这是很好的中国经验，国外对我们的这方面都很钦佩，这是中国群众性会计，算到班组这个程度在国外是没有的。几位美国专家到鞍钢去调查，调查完了以后他们在 1985 年 5 月“泛太平洋企业经营、经济与技术交流会议”上提交了一篇文章，叫作《责任会计在中国——鞍山钢铁公司的实验》，系统介绍了鞍钢的班组经济核算。这说明班组经济核算也受到了国际社会的重视。外国专家一看，发现中国搞得这么细。但是在我国却忽视这个，认为它很简单，不能登大雅之堂，实际上它能解决问题。

（本文摘自 2022 年 11 月 9 日的上海国家会计学院公众号，作者：会计口述历史项目组）

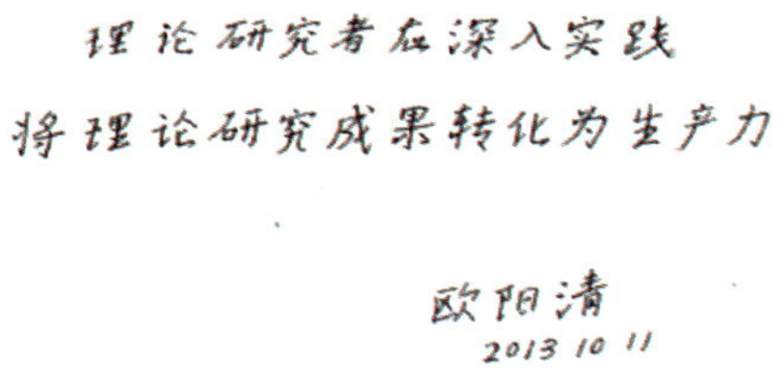

会计口述历史小组第一次调查先生所写

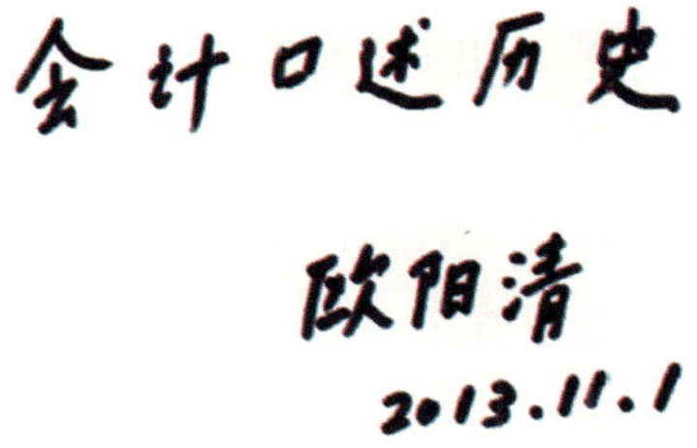

会计口述历史小组第二次调查先生赠送著作权

三、永远的师恩——回忆欧阳清教授对我的培养教育

欧阳老师善于运用启发式教学。在讲课时他常说的一句话就是：那么我就问同学，这句带有福建口音的普通话，循循善诱，给人启发，与学生互动，解决了我们很多学习中的疑惑。直到现在，我依然会记得欧阳老师教学时的音容语调。

欧阳老师还把他的科研成果运用到教学中。在当时计划经济体制下，国有企业的流动资金分为定额流动资金和非定额流动资金。定额流动资金包括储备资金、在产品资金和产成品资金三个部分。人们在考察定额流动资金周转率时发现，储备资金周转率、在产品资金周转率与产成品资金周转率之和并不等于定额流动资金总周转率。其中的原因是什么，当时还没有人给出清晰明确的回答。欧阳老师根据马克思资本总周转的理论，揭示了其中的原因。当欧阳老师在课堂上讲授这部分内容的时候，我们既感到新鲜，也受到启迪，会计学也能和马克思的理论联系在一起，也有许多理论问题值得研究。就是从那时起，我开始系统研读马克思的《资本论》，在以后的学习和工作生涯中又多次反复研读。可以这样说，欧阳老师的科研与教学成果，推动了我努力学好马克思主义经济学说。

欧阳老师注重教学与实践相结合。我们在校学习期间，正值学习所谓“朝农经验”（朝阳农学院），大搞“开门办学”，即到社会上，到实践中，到工农群众中去办学。毋庸置疑，这种办学模式对正常的高等教育教学秩序形成了严重冲击。但欧阳老师把“开门办学”巧妙地与教学实践结合起来，使之为教学服务，把“开门办学”冲击教育的负能量转化为促进教学的正能量。例如，1975 年下半年，我们已经完成了工业会计核算的课堂教学。在“开门办学”形式下，我们到有关工业企业进行了为期四个月的教学实习。我和其他三位来自抚顺地区的学员，被安排到抚顺挖掘机厂实习。抚顺挖掘机厂是一个大型国有企业，生产各种型号的挖掘机，当时在国内很有名气。我们进厂后，从铸造车间，到金工车间，再到装配车间，一个一个车间地跟班学习劳动，熟悉生产流程，掌握会计核算、成本核算的特点。下车间完成后，我们又到厂部有关科室，从出纳、材料、应收应付款、成本、资金、分类账、总账、月、季、年度报表等诸环节一一接触，对工业会计实际工作有了直接的、第一手的了解，也学到了产业工人和一线财会工作人员的好品质。在我们实习的四个月中，欧阳老师和沈老师穿梭于各实习工厂之间，给同学们以及时的指导。同学们普遍感到，这次实习收获很大。在回校后的总结交流会上，同学们畅谈了实习体会。记得一位同学用“冷手抓热馒头”来形容理论脱离实际的状态，受到欧阳老师的肯定，认为如不参加实践，是学不到这样生动的语言的。

在与欧阳老师的接触中，他治学的勤奋、严谨、睿智给我留下了深刻的印象。我们刚入学不久，就到大连市的一些企业进行了班组经济核算调查。因为我是支部学习委员，就指定我负责调查报告的撰写。我在报告中写道这样一句话：我们要深刻理解毛主席的“鞍钢宪法”精神（即两参一改三结合，就是干部参加劳动，工人参加管理，改革不合理的规章制度，工人群众、领导干部、技术人员相结合），否则就会左右摇摆。欧阳老师看了后，把左右摇摆改为摇摆不定。因为当时在那个极“左”思潮横行的年代，把左的说成右的，把右的说成左的，人们也搞不清怎样说才对，说不好还有政治风险。欧阳老师避开了左右的提法，同样把意思表达出来了。这个改动令我心悦诚服。可以这样说，这个改动对我以后在学术研究中，在起草修改文件报告中，如何更加精准地遣词用字，都产生了深远的影响。

（本文摘自 2022 年 11 月 10 日的会计学术联盟公众号，作者：董大胜）

四、致敬·传承·奋进

欧阳清教授时刻以“德高为师，身正为范”来要求自己，真正做到了爱生如子，在欧阳清教授 52 年的育人生涯中，他对教育事业的忠诚，对科学研究的执着，对后辈师生的照拂，展现了欧阳清教授“大爱、大先生”的伟岸形象。斯人虽逝，但精神永存。在构建中国特色哲学社会科学自主知识体系过程中，欧阳清教授重视实地调研，研究“真问题”，真研究问题的学术风格，非常值得我们当前学术研究者去学习和反思。我们一定会继续秉持欧阳清教授立德树人的教育理念，勤奋务实、一丝不苟的工作态度，理论联系实际、科学严谨的研究风格，薪火相传，继往开来，在欧阳清教授的精神鼓舞和光辉照耀下，继续完成他未竟的事业，把东北财经大学会计学科建设得更好，把东北财经大学建设得更好。

（本文摘自 2022 年 11 月 26 日的会计学院公众号，作者：会计学院）

五、谁其识者有欧阳，清流异等固其常——无私奉献、倾囊相授的欧阳清教授

欧阳清教授始终认为，为人师表是一名教师必备的品质，也是教书育人的重要条件。他经常超负荷接受教学任务，《东北财经大学 50 年大事记》中，曾经对欧阳清的教学工作有过这样一段记载：“欧阳清凭着一个人民教师的高度责任感和事业心，勤奋工作，努力奉献，为高等教育事业作出突出贡献。1987 年 1 月，学校进行任职资格评聘的时候，统计了他 1980 年到 1986 年间的教学工作量，结果是总计完成了 12871 学时，平均每年完成 1840 学时，远

远超过核定工作量，等于六年中平均每天都加班四小时，其中有的年份甚至超额完成教学工作量的九倍”。在教学任务如此繁重的情况下，他依然认真备课，精益求精。为了教好书、备好课，欧阳清教授从不间断对国内外最新学术动态的学习与研究，也从不间断提高自己的专业知识和教学水平。在长期的教学科研中，他还总结出了自己的一套方法和理论。他认为，教书应该是全方位的，不但要抓好学生的学习，还要加强对学生的思想引导，帮助学生树立为社会服务的思想；不但要教授书本理论，还要培养学生的科研能力和实践能力；不但要注重课堂教育，还要重视课外甚至毕业后的追踪教育。他常告诫学生们要埋下头去，静下心来，深入调查，广泛对比，争取学能兼优。

（本文摘自 2021 年 11 月（第 1 期）的《东财春秋》，作者：徐晓航）

六、挚爱——公婆的爱情故事

我公公欧阳清是东北财经大学会计学院教授，曾荣获“国家五一劳动奖章”“辽宁省优秀共产党员”；我婆婆邵爱琴是高级会计师、大连轧钢厂的总会计师。公婆二人 1956 年结婚，情深似海，相濡以沫 62 载，岁月的点点滴滴见证了他们的挚爱。

2016 年 1 月在上海家中

公婆属于师生恋。婆婆入学后，被严谨、认真且在学生中有较高威信的上海同乡、年轻英俊的公公所吸引。结婚后，因公公家境不富裕，其父母需要长期经济援助，婆婆每月领到工资时，将其全部寄往上海，直至爷爷奶奶过世，这让公公可以没有牵挂地全身心投入工作。当公公为了培养学生，想要将课堂知识与实践相结合时，婆婆为学生积极提供深入工厂参观和实习的机会，为公公实践性教学注入了活力。当公公撰写论文或书籍时，婆婆常常帮忙整理、抄录和校对，有时还会提出改进建议。公公成功的背后有婆婆的功劳。公公常常留学生在家中吃饭，婆婆必定忙前忙后、尽显厨艺，这让学生对师母的“拿手菜”始终念念不忘。公公常常捐赠，婆婆也夫唱妇随。为此，物业为公婆二人特此摄影留念。

2018 年 6 月婆婆辞世。告别仪式上，公公将连夜拿到的自传《会计教育人生》回忆录放在婆婆的身边，深情追思，满含热泪地说：“妻子是我一生的挚爱!”

（本文引自 2022 年 8 月 4 日的财务与会计公众号：七夕特辑｜聆听会计人的爱情故事，作者：牛彦秀）

七、“身入心至”搞调查研究　让思想光芒照亮实践——访会计教育改革的探索者欧阳清

生于 1930 年的欧阳清教授现已 89 岁高龄，曾写下“夕阳未必逊晨曦，耄耋之年奋蹄飞。矢志引驹驰千里，丹心赤胆献科教”来勉励自己。

欧阳清教授创新会计教育模式，强调理论与实践并重。回首半个多世纪的执教生涯，欧阳清教授有三件令自己比较满意的事情。一是探索会计实验教学。实验教学在自然科学的理论研究与教学中司空见惯，而在社会科学领域，尤其是会计学科的理论研究和教学中却很少见到。欧阳清认为，会计学科是一门实践性很强的应用型经济学科，在会计教学中，除了传授会计理论和方法，还要培养学生应用会计理论和方法的能力。于是，他牵头探索会计实验教学，建立了会计实验室，帮助学生提升实践水平，将理论与实际相结合。为了解决会计教科书与实验教学理论与实际脱节的问题，他重新编写了一套教材指导学生会计业务具体做法，学生按照教材授课进度进实验室操作，再撰写实验报告，实现从理论到实践、再到理论的循环。会计实验教学当时

在国内尚属首创，很快就取得了较好的教学效果和社会效益，许多高校前来考察交流。二是改革实习方式。欧阳清发现，学生写实习报告往往按照“一听、二看、三写”的思路，即请企业业务人员讲课，再跟着财务人员去生产车间看具体操作，最后写实习报告。这样做的结果是学生自己没有实际操作，缺乏对实际问题的思考。他认为，教育不能仅限课堂授课，更应该培养学生独立思考和实际操作的能力。为此，他经常带学生下厂实习，发现问题、解决问题，将过去的“一听、二看、三写”改为“一听、二看、三出方案”。三是开展企业诊断。企业诊断是欧阳清为了培养优秀研究生和青年教师而创新性提出的一种实践手段，分为企业介绍、实地调查研究、写诊断报告并落实三个阶段。过去，企业经常因为怕麻烦或工作忙而不愿意或推脱接收实习生，而欧阳清带领学生去为企业诊断问题，既能够帮助企业解决实际问题，有益于企业提高管理水平，也加强了校企联系，学生获得了实践平台，拓展科研思路，实现校企“双赢”。

欧阳清教授反对科研“纸上谈兵”，提倡从实践中来到实践中去。欧阳清教授注重调查研究，认为写论文、搞科研不能“纸上谈兵”，只有深入实践调研、发现问题、总结经验，才能“真刀真枪”地解决问题、指导实践、转化为生产力。他也用三件比较满意的事来总结自己的研究成果。一是班组经济核算。经过实践淬炼的《关于工业企业班组经济核算问题的探讨》一文，是欧阳清的代表作之一。文中，欧阳清提出班组经济核算是对企业最基层单位——生产班组的生产活动进行记录、计算、分析、比较，以期用最少的劳动消耗取得最大的经济效果，澄清了班组核算是否必须是工人核算、是否只在社会主义一定阶段存在以及是否可以用货币形式来核算的模糊认识。谈及此篇论文的研究历程，欧阳清回忆起早在“文革”初期，大连市成立革委会写作小组，他就作为其中一员被派到大连染料厂实地调研 20 多天，学习、总结该厂班组经济核算的情况并形成调研报告；1974 年工农兵学员进高校学习，他在讲授班组经济核算专题后，打破常规要求学员们前往各工厂去调查班组经济核算的实际情况并撰写调查报告；1979 年财政部领导到大连市视察，他详细汇报了大连市群众理财、班组经济核算的情况，得到领导肯定，还形成文字材料在《人民日报》上发表。二是成本目标管理。欧阳清撰写的《成本目标管理的理论和实践——从辽宁省部分企业实行成本目标管理的经验看成本管理的发展》一文分析了成本目标管理是围绕企业一定时期总的奋斗目标，各部门、各环节乃至各员工都应制定自己的奋斗目标及实现措施，保证总目标的完成，介绍了成本目标管理步骤包括目标成本的测定、分解、控制、分析等，还阐述了开展成本目标管理应注意的问题。20 世纪 80 年代初期，辽宁省一些企业就开始推行成本目标管理，他先后对沈阳重机厂、水泵厂，大连机床厂、冷冻机厂等部分实行成本目标管理的企业进行调查研究，总结企业成功经验，同时为企业存在的问题提出诊断建议。在此基础上，他对我国企业成本目标管理作了进一步概括总结，撰写了该篇论文。欧阳清教授仍然记得这样一封感谢信。信中提到，全厂通过成本目标管理与厂内银行的配套应用，消化增收 283 万元，增加经济效益 90 万元，真正将科学理论转化为了实实在在的生产力。三是推行中国标准成本会计。欧阳清教授认为，在学习西方标准成本会计制度的优势后，应建立一套适合我国国情的标准成本会计制度，总结完善我国自己的经验。同样，在对企业进行广泛调查的基础上，他提出建立中国标准成本会计首先要实行企业内部管理的标准化，其次要打破传统成本核算的束缚，加强成本差异核算、责任核算和经济效益核算。时值抚顺财政局正在帮助水泥厂推行标准成本会计，遇到一些难题亟需解决，便邀请欧阳清前来指导。他下厂后，认真考察该厂的实践情况，解答了厂方的疑惑。历时半年，他将抚顺水泥厂的做法总结了十大特点，认为是符合我国国情的标准成本会计，在其他厂进行了推广应用。欧阳清教授一直强调科研要从实践中来到实践中去，特别寄语当代青年学者，光有理论和实践还不够，还得进一步总结和归纳，把自己独到的见解形成文字，用最有生命力的理论来指导实践、推广应用。在他看来，真正的科研应该是“理论——实践——理论”三者的结合，任何环节都不能少。

（本文摘自 2019 年 17 期的《财务与会计》，作者：闫秀丽、刘霁）

八、光般温暖的会计人生——我认识的欧阳清教授

我认识欧阳老师，是 1985 年在连云港财经学校任教期间。当时我所任课

程是《企业经济活动分析》，而时任东北财经大学教授的欧阳清老师就是国内这方面的权威专家。我内心非常想在遇到专业难题时得到他这样的学术大牛的指点。但是，作为中专学校的年轻教师，在这门专业课方面还未有任何深刻的学术见解，更遑论拿出像样的学术成果，故自己实在没有底气联系欧阳教授。这样的矛盾心态也促使我对经济活动分析一些基本问题作出深入的钻研与思考，并就当时占主导地位的主要技术方法——因素分析法的应用难点，集中精力作了系统梳理，写出了有关因素分析替代顺序怎样安排才较为科学的体会性文章，而且很幸运为《会计研究》摘要发表。于是，我把论文的原稿和对“经济活动分析”其他一些理论问题的认识论文，一并寄给了欧阳老师。令我感动的是，欧阳老师在收到我论文后，就回信充分肯定了我思考的价值，提醒我关注这方面已有的各种研究，并概要提示了他了解到的这方面已有研究结论，鼓励我继续作出创新性研究。

正是在欧阳老师的鼓励下，我在1986年组织学生认真编写了《“因素分析法”研究摘编》打印稿。此书虽只作为校内教材，并未正式出版，但自此我开始养成了一个习惯：对任何问题学习研究，必须对这一问题的学术脉络有个完整清晰的了解和把握，以确保所研究的内容具有学术贡献价值。事隔数年，对学界特别强调每篇论文一定要有理论学术观点回顾这一点，我是很自然接受并深以为然。

更令我感动的是，1988年我到大连参加中国中青年财务成本研究会成立大会暨第一次学术讨论会期间，研究会秘书长刘明辉教授告诉我，在前几年欧阳清教授的研究生课上，欧阳教授把我寄给他的论文打印稿，让全体研究生看，说“这是一位中专学校老师写的论文，钻研精神值得大家学习”，勉励研究生们珍惜学习机会，更加努力学好专业，多出成果。我听后诚惶诚恐，欧阳教授对我这般看重，给了我巨大的压力和动力，只有再接再厉做好研究并多出成果，才能不辜负欧阳老师对我的赞赏。

其实，我对名利向来不敢有所追求，研究的初衷纯由于教师的责任感使然，但欧阳清教授等一批会计前辈对我各种有形与无形的肯定和鼓励，确实极大地激发了我对学术研究的激情，使我不敢在会计学术上马虎草率和急功近利。我的灵魂深处，一个问题一直在拷问自己：现在如果有一个学历低、工作层次不高、毫无交往、根本不了解的年轻人，突然报以很大期望下了很大决心给我寄来一些他自认为有学术价值但在我看来非常青涩的论文，我会怎样？欧阳教授已作出了很好的榜样！但是，现在这一行当能真正自觉自愿践行这样做法的会计教授，能有几人？

1988 年尤其是 1992 年后，我与东北财经大学结下了不解之缘。是刘明辉与刘永泽教授发起成立的中国中青年财务成本研究会，团结了全国财务成本界年轻学术才俊，曾经散兵游勇的我有了组织归属感；我成为东北财经大学会计学院在职硕士研究生，开始名正言顺听到了欧阳清教授在内的几位会计名家的讲课，而且堂而皇之地可以自称为欧阳清教授的学生了。以后自然而密切的交往中，欧阳老师与师母给予我万般包容与关爱，使我感到做他的学生真的很幸运。

2008 年，我邀请欧阳教授来南京大学做学术报告，但他答应时给了我一个附加条件，必须在江苏为他找几家企业，他要到现场去调研。对老师的要求，我当然只能答应。当我领着欧阳老师去扬子石化、南化、扬州亚星去实地调查时，欧阳老师都会要求接受调研的企业领导和有关专业人员签字并留下通信方法。在扬州亚星，欧阳老师与德国工程师围绕成本问题的忘情交流，把我们完全撇在一边，而德国工程师似乎在中国遇到了知音，居然忘掉下班与晚餐时间，我们只能在一旁间接地感受到欧阳老师听到来自国际大公司成本会计新实务的那种久旱逢甘霖的舒坦。欧阳老师那天的表情，绝对不亚于一个武痴得到梦寐以求武林秘籍时那般兴奋。受调研的企业领导事后向我坦言，学校老师来企业调研要他亲自签字的还是第一回。这样规范的做法，使他感到欧阳清教授作为德高望重顶级会计教授的底气和严谨！我也对欧阳老师上了年纪还如此钟情于企业调研相当敬佩，他细致踏实的工作作风和炉火纯青的学术功底，造就了他学术成果的前瞻性和对中国会计实践指导价值的不可替代性。

在欧阳老师身上，还有一种我们这个时代格外稀缺的品质。只要与欧阳老师交往，你很快会感到，他很会积极地鼓励并引导人，而且与他交往的每一个人，不论富贵贫贱，都充满着感恩之心，总是以他最大努力去帮助他认为需要帮助的人。他时刻感恩党和政府，感恩组织，感恩自小到大的各位老师，感恩出版他书发表他论文的出版社、杂志社及其责任编辑，感恩同学与同事，感恩自己的学生和退休以后的社区方方面面，更感恩自己的父母与孩子，特别感恩我们的师母。这种全方位的感恩，使欧阳老师身上散发出的爱心，自然流露于他的每一个言行中，这种只想投入付出不计任何回报的交往风格，使我们与他一旦交往就自然会感受到一种愈益强大而奋发上进的磁场，都会情不自禁更多地与欧阳教授交往。我想，感恩与关爱，也是我们现在会计界特别需要的优良品质。会计人如果能更多地具备这样的品质，我们这个行业就会赢得更多的社会尊严，从而大大提高会计行业的和谐程度，使之成为年轻一代就业优先选择的行业之一。

（本文摘自 2018 年 16 期的《财务与会计》，作者：杨雄胜）

九、昨日逢君开旧卷

上午，正被春日的阳光照得犯困，忽听得屋外有人叫门，隔窗看去，是我熟悉的那个邮递员。和往日不同，这次他递给我的并不是报社汇来的稿费，只是一个薄薄的、发自上海的平信。一边关门，我一边猜，会是谁呢？如今相熟的朋友不都是用电子邮件往来吗？

用剪子剪开信封之前，我端详了上面的字，蓝黑墨水，称呼上还加了同志，心中已有了八九分的数。果然，是欧阳清教授。

信封里并无信纸，仅仅有一页三天前的《新民晚报》。我马上把电话拨到了上海："欧阳教授，感谢啊，我正愁怎么跟报社说寄一份样报来呢！"电话的另一头是欧阳教授熟悉的声音："我在新民晚报上看到了你的文章，想必你在北京难得买到上海的报纸，让报社邮寄，又会给人家添麻烦，所以就到邮局为你寄了份报。"听了这番话，我不知说些什么才能平静我的心。我仿佛看到这样的一幕——

一张折叠得平平整整的《新民晚报》被小心地装入信封，找到一位并不经常往来的编辑的地址也并非一件很容易的事情，再用钢笔工整地抄录下那些信息。对了，还有邮票，虽然不需要太多的钱，但这得跑趟邮局才成，一位 83 岁高龄的老人步行到了邮局，认真地用胶水封上信封，贴牢邮票，然后把成品投进邮筒。我计算过，即使邮局近在咫尺，这全部的动作至少也需要耗时大约一个钟头。我实在想不出，我于欧阳教授那里是如何修到这样的情谊的。

（本文摘自2018年8月1日的《新民晚报》，作者：乔剑）

十、一代尊师　青年挚友——记欧阳清教授教书育人的先进事迹

严谨治学　为人师表

“身教重于言教，以身作则，为人师表是一位教师必备的品质，也是搞好教书育人的重要条件，教师只有严于律己，才能严格要求学生，才能使学生信服。”

这便是他的座右铭，他的教学信条。多年来，欧阳清教授积累了丰富的教学经验。他认为，当好一名教师首先必须在知识水平、教学质量、思想品格上对学生要有“影响力”“吸引力”，而要提高自己的“影响力”和“吸引力”就必须不断提高自己，更新自己，要让自己走在会计学理论的前沿。

几度风雨，几度春秋，他是这样说，这样想的，也是这样做的。

欧阳清教授教书30多年，精心教学，一丝不苟。许多课程已经讲了数十遍，而且不少教材都是他自己编写的，内容几乎都能背下来，但他每次上课前仍然坚持认真备课。对此，许多人都理解不了，而他则笑笑说：“确实，我不备课也能上讲台，但我必须对学生负责，我多补充一些新的教学内容，学生就能学得多一些，新一些，深一些，否则在课堂上讲不好，教师在学生中就没有威信，又怎么去教书育人呢？又怎么去做学生的思想工作呢？”。为了教好书，备好课，欧阳清教授几十年如一日，从不间断对国内外最新学术动态的学习、研究，从不间断提高自己的专业知识和业务水平。有时为了给学生讲授新课题，他不惜查阅数十万字的文献资料；有时为了上好一堂两小时的研究生课，他要在图书馆花上十几天的时间查找资料……。“讲一分，要懂十分”，成了他的教学原则。

会计学是一门应用性强，联系实际紧的经济学科，为了把课讲得生动，

为了适应教学改革的需要，把理论和实践联系起来，欧阳清教授除了注重理论吸收以外，还经常深入基层，参与实践。无论工作多忙，他每年都要抽出一两个月的时间深入工厂调查研究，并将调查中所得材料加以理论概括，形成文字补充教材，充实教学，并作为案例，引导学生把所学知识与社会实际结合起来，改变了过去“填鸭式”的教学模式，受到学生们的欢迎。

但是，光教是不够的，欧阳清教授十分清楚这一点。高等教育承担着教学和科研的双重任务，两者紧密结合互不可分。搞好科研，某种程度上讲是提高教学质量的一个重要环节。所以，他在搞好教学、年年大量超额完成教学工作量的同时，非常重视科学研究。近几年他已公开发表了50多篇论文，约35万字，其中8篇先后获得国家、部、省级奖励，有1篇被中国会计学会主编的《现代会计手册》选用，作为新中国成立以来有代表性的40多篇论文中的一篇；另外，他还编著出版教材、专著和工具书14部，个人完成120余万字。他撰写的《经济活动分析》被评为财政部优秀教材。在科研中，欧阳清教授反对纸上谈兵，十分注重科研项目的运用，几年来，他充分利用开会、调研的机会，到东北三省及青岛、天津等十多个城市作了数十场学术报告，大连、沈阳、抚顺以及本溪等地的许多工厂留下了他搞会计管理、成本改革的足迹，为社会创造了巨大财富，如“标准成本会计”一项就先后在沈阳中捷友谊厂、抚顺水泥厂等企业得到了实施，取得了良好的经济效益，其中中捷友谊厂还获得了辽宁省机械工业现代化管理成果一等奖；同时，欧阳清作为省成本研究会副会长，他更对全省的成本工作做了深层的理论探讨，发挥了改革指导作用，1987年，欧阳清教授在辽宁省成本研究会理论研讨会上做了《关于成本管理几个问题的探讨》的学术报告，事后该会认为：“这个报告为我们指出了成本管理的改革方向，对建立具有中国特色的现代化成本管理方法体系，正确评价我国传统成本等问题，对实行成本管理，推行标准成本制度，建立责任成本制度，责任成本和产品成本怎样结合，以及班组经济核算等问题，做了精辟而系统地阐述，为我们实际从事成本管理工作和成本理论教学研究工作的同志，提供了改革捷径和可以借鉴、学习的思想理论基础，也可以说对我省近几年来成本管理工作做了一个比较切实的基本总结，我们可以在此基础上进行成本改革的争鸣和创新。”

更为可贵的是，欧阳清教授始终十分注重向同行学习，以吸引国内外先进理论和方法改进教学，他讲授“经济活动分析”课程时，有个常用术语叫“有比较，才有鉴别”，他发现搞教学也是同一道理，也必须搞好对比研究。他把这种对比分为三个方面内容，即和别的老师们治学态度的对比，教学内容的对比，教学效果的对比。通过不断对比，用人之长，补己之短，特别是某些教师讲课效果很好，他便虚心学习，甚至当面请教，使自己的教学工作精益求精，不断提高。

兢兢业业，不辞辛劳，欧阳清教授就是这样永葆着一颗年轻的求知之心，永存着一方对教学高度负责的可贵空间。难怪有人说他走的是一条“内涵扩大再生产”的道路，难怪有人说他是“时间—效率—知识”的三位一体，难怪他的治学态度、治学精神激励了一批又一批学生。

全方位教书育人

通过几十年的教育实践，欧阳清教授摸索出了一条独特的“在教书中育人，在育人中教书”的教学新路，把教书与育人紧密地结合了起来。他认为，教书应该是全方位的，不但要抓好学生的学习，还要加强对学生的思想引导，树立为社会服务的方向；不但要传授专业知识，还要培养学生的理论联系实际能力、科研能力和社会实践能力；不但要注意课堂教育，还要重视课外甚至毕业后的追踪教育，为社会培养更多的合格人才。

欧阳清教授讲课内容生动，不落俗套，富有新意，学生很欢迎，愿意听，针对这种优势，欧阳清教授经常通过对比分析，把加强思想教育和理论教育渗透到传播的专业知识当中去，透过经济现象揭示社会本质，澄清了学生的模糊认识，提高了他们分析问题、解决问题的能力。如为了让学生们看到十一届三中全会前后中国发生的巨大变化，他在讲授指标对比分析法时，通过改革前后经济指标的动态比较，使学生们在掌握经济分析方法的同时，又提高了对党的路线、方针、政策正确性的认识，在讲授单位产品工资项目分析时，他又通过对国内外同类产品单位工资成本的对比，说明了我国目前某些产品单位工资成本高于美国的事实，使学生认识到我国工资偏低并非上交国家利税多的缘故，而是因为生产效率不高所致，因此，要提高平均工资，关键要提高劳动生产率，而不应不加分析地提出与现实不符合的过高要求；在讲授成本决策分析时，他针对有些同学不求上进，认为读书越多越吃亏，考研究生机会成本太高的错误认识，阐述了什么是机会成本，如何看待考研究生的机会成本，教育学生不要从个人利益出发，而应把国家利益放在首位，激发了学生学习积极性，报考研究生的同学明显增加了。

欧阳清教授总是把关心青年学生的思想进步作为自己的大事。曾经有一段时期，部分学生缺乏远大理想，对要求进步信心不足，党总支请他为学生讲党课，而当时他的教学任务十分繁重，同时给本科生和两个专业的研究生三个班上课，但他毫无怨言，硬是减少休息，挤出时间找学生谈心，到团委、系党总支了解学生的思想动态，归纳了一些典型问题，查阅了几十万字的资料，并结合自己三十多年坚定不移跟党走、投身教育的坎坷经历和切身体会，用现身说法，向学生们进行了一次意义深远的思想教育，坚定了他们在求知成才道路上不断奋进的信心，激起了大家争做又红又专、德才兼备的经济人才的热情。由于党课内容既有一定的理论深度，又有大量事实分析，不少不是听课对象的学生也挤进了课堂。

我们的经济改革，由于历史原因，十分需要各方面的经济管理人才，而近年来，又出现了一些高校毕业生高分低能，不适应社会需要的现象，欧阳清教授作为一名老教育工作者，看到这种情况后十分痛心，他深知这种“供需矛盾”的后果，因此，他深切地感到教育不光是课堂上的简单重复，更重要的是要培养学生的独立思考、分析问题的能力，实际操作能力和科研能力。为此，他总是尽可能多地利用各种机会带学生下工厂，搞调查，接触实际，巩固课堂知识，并引导学生发现问题、解决问题。尤其是学生实习，他更是倍加重视，从实习方案的制定，到实习报告的完成，他都亲自严格把关，精心指导，取得了良好的实践效果。他带领会计 83 级学生到大连服装机械厂搞毕业实习时，当他看到该厂的成本管理有待改进。便积极引导学生理论联系实际，在搞好调查研究的基础上，为该厂设计了一套完整的标准成本会计制度，为改革企业成本管理打下了坚实的基础。事后，由市经委、财政局、轻工局等部门领导及专家组成的评委会，对这一方案给予了充分肯定，他们在《评审意见》中指出：“东北财经大学应届毕业生实习小组在该校欧阳清教授直接领导下，与大连服装机械厂财务科合作，共同制订了《标准成本设计方案》，该方案不是西方标准成本的简单移植，而是结合我国国情批判地借鉴，在内容和方法上都有所创新，具有中国特色”。类似这样的事情还有很多，有些工厂为此专门写来了感谢信，传来了改革获利的好消息，省、市电视台还作了专门报道。这样的实习，工厂满意，教师满意，学生更满意，无论学生的业务水平，还是政治觉悟都有很大提高，打破了原来的教学条框，缩短了教学与实际的距离。一位学生实习回来深有体会地说：“新的实习方式丰富了教学体制改革的内容，使我们认识到了自己在社会的价值和所学知识的局限性，我们希望这种实习方式能持久下去。”一位走上工作岗位的学生在来信中说：“如今每当回想起可爱的大连，总要想起在您指导下毕业实习的日日夜夜，在那些难忘的日夜里，我们学到了许多书本上学不到的东西，我们从您身上学到了许多优秀品质，严谨、认真、踏实、坚韧不拔……，我想这对我们来说是一项不可多得的财富。”是啊，欧阳清教授本身就是一项不可多得的财富，而这项财富的更大价值，则在于为社会培养了创造更多财富的人才。

光会思考，光有理论和实践还是不够，还得学会总结和归纳，还得把自己的独到观点形之成文，加以推广。欧阳清教授对待学生就是这么严格要求的。他认为，一个优秀人才应该是“理论—实践—科研”三者循环的结合体，任何环节不能缺少，所以，他在培养学生学好理论、打好基础之上，积极引导学生开展科研活动。一些学生在他引导下走上了经济学研究的广阔天地，并在各级刊物上发表论文，提出自己的见解。对学生的学年论文和毕业论文，欧阳清教授都悉心指导、讲解，如何选题，使学生科研能力、科研兴趣不断提高。有一名从启蒙到成长都经他细心指导培养起来的学生，毕业几年就发表论文60多篇，其中许多论文反响强烈，颇有价值，而且这名学生毕业仅6年就被破格晋升为副教授。这样的例子，在全国也极为少见。如今欧阳清教授培养起来的本科生、研究生中已有一大批活跃在会计学理论研究的前沿，为我国会计学理论的研究和会计管理的发展起了很大推动和指导作用。至于由此而产生的社会经济效应更是无法估量。而这一成就的取得又哪一项不浸渗着欧阳清教授呕心沥血、谆谆指导的良苦用心。

学生的良师益友

高等学校师生之间缺少沟通，缺乏交流似乎已成为一种现象，尤其是在人们的印象中，对教授更是敬而远之。然而，欧阳清老师却成了学生的知心朋友，与学生的沟通渠道可以说风雨无阻，细水长流，看看欧阳清教授案台上一摞摞学生来信，与学生的一次次谈心，书房中络绎不绝的学生拜访者，也就不足为奇了。中国有句老话叫："以心换心"，他是在用自己的爱心关心，培植着新一代成长，无论工作有多忙，他都一定要抽出时间来与学生聊一聊，交流一下思想，交流一下感情。作为一名会计学教授，他懂得资金、知识投资的重要，但他更深知"感情投资"的必要。通过和学生谈心，一方面了解到学生的思想顾虑，掌握了学生的思想动态，另一方面又及时解决了学生的实际问题，给学生以人生引导和生活启迪。欧阳清教授曾经说过："国家培养一个大学生不容易呀！出一个优秀人才更不容易，所以我十分爱才，尤其是那些学习认真但犯了点错误的学生，我更是特别关心他们，因为那时，他们最需要老师的安慰、别人的理解，而千万不能撇开一边不管。"眷眷慈父之心，溢于言表。

一位1984级的学生，平常学习突出，工作认真，毕业论文还获得全系两个优秀成绩中的一个，但是由于在1986年学潮中思想认识模糊，犯了点错误，所以老想不开，思想包袱很重，欧阳清老师发现这个情况以后，就及时找他谈心，利用自己几十年来在党教育下成长的切身体会，阐明利害，并鼓励他树立信心，积极上进，使该同学的思想转了弯，学习积极性也提高了，毕业后分配工作有困难，欧阳清教授又在百忙中抽空写信安慰他，并替他作了客观、中肯的情况介绍，使该同学卸下了包袱。后来这位学生在来信中说："欧阳老师，从您身上，学生不仅学到了很多会计知识，而且学会了好多做人的道理……在此，学生谨向我最尊敬的老师表示感谢，而其实这一切又如何能以一个'谢'字相表呢。"

还有一位女同学，是学生干部，学习成绩也很不错，但由于个人感情问题产生了思想包袱，欧阳清教授知道后就及时找她谈话，指出了她在学习方面的优点和长处，也推心置腹地告诉她大学生学习期间如何正确处理好学习与个人感情之间的关系，鼓励她放下包袱，把学习搞好，准备今后报考研究生，后来这位同学分配到新单位后做教育工作，在欧阳清老师的进一步鼓励下，刻苦学习，备课认真负责，她来信说："在我心灵最痛苦、最迷茫的时刻，是老师谆谆的劝导滋润了我的心田，……毕业后老师的话语时时鞭策、激励着我，我决不会辜负老师殷切的期望。用自己的实际行动——努力工作来表达对老师的感谢。”

多年来，欧阳清教授不仅从政治上、思想上、学习上关心学生的成长，生活方面也尽力给学生以关怀和帮助，学生经济上有困难，他慷慨解囊；学生有病，他尽量抽出时间去探望、慰问。……凡此种种，举不胜举。系里有一位研究生因患肝炎住院，他曾两次前去探望，使这位学生深受感动，毕业后他写信表示感谢，他在信中写道：“欧阳老师，学生虽然远离了您，走上了工作岗位，但是您的深恩，您的培养和关怀，学生终生难忘，我要以更大的成绩来报答老师的培育之恩，谨在此节日之际，学生奉上一句发自心肺的话：‘慈父良师’……。”除了经常和学生谈心外，欧阳清老师还经常参加学生组织的经济学会活动，元旦文艺联欢活动等，并坚持和学生们一起欢度新年。通过这些活动，更进一步加强了与学生们的联系，密切了师生感情，促进了相互沟通和理解。

风风雨雨，岁月蹉跎，欧阳清教授总是一如既往地关心着学生的健康成长，而留给自己的则是更加紧张的工作，更加仓促的时间，苍白的头发，瘦弱的身体，更何况他还要支撑一个五口子的家庭。对此他爱人经常抱怨：“平时忙得不可开交，与我说话三言两语，家务活从来不沾，孩子有病从未及时照顾，孩子学习上很少指导，我的业务也很少帮助，可学生一来，您就谈个没完。”欧阳清教授只淡淡一笑说：“我不是闲谈，我是通过这种方式尽一个教师的职责。”是啊，人都有七情六欲，他又何尝不想享受一个家庭的温馨，可是他实在太忙，实在抽不出空来。

高风亮节无私奉献

商品经济的大潮冲击着社会的各个角落，新的价值观念，新的思潮开始蜂拥而入，许多人的人生坐标开始在金钱和功利面前彷徨了，倾斜了，然而他，依然“故我”，博大如海，坚定如钢，岿然不动。为了教育事业，为了对人民负责，为了培育一代新人，他竭尽全力。

一次，会计系讲《审计学》的教师因病不能继续讲这门课，而这门课又是新开设的课，教师缺乏，系领导为此感到十分为难，欧阳清教授得知这一情况后，毅然放弃撰写专著的机会，接开这一新课任务。周围一些人说他这样做是“满地黄金不去捡，却对自己进行‘快速折旧’”，他回答说：“我首先是教师，教学是第一位的。”他放下手头的工作，悉心备课，整个假期内，他连半天都没休息，常常忙到深夜一两点钟，翻阅大量资料，搞了专题调查研究，进行了充分准备，开学后，他走上了讲台，很快就把同学们的注意力吸引了过来。许多教师感到不解，他何以在短短一个假期，竟将课准备得如此充分。

其实，要理解这一切并不费力，知情人都知道发生在他身上的类似事情何止这一件。有一学期，医生检查出他的胃有病，要他住院治疗，他却将医生的忠告置之度外，若无其事地带领学生们实习去了，每天只悄悄地服点药，硬是咬着牙挺了过来，坚持完成了实习任务。1989 年 10—11 月，欧阳清教授因患脑血栓预兆住院期间，一面治疗，一面还指导四个研究生写论文，并完成两本书的审查定稿，还受托为纺织工业部研究纺织工业经济效益分析方案，最后医生不得不对他提出严重警告：“你不是来治病的，你是来工作的，这样下去你的身体怎能受得了呢?”他哪里知道，在欧阳教授看来，工作从来都是第一位的，他的心里只有工作，只有学生。凡是熟悉他的人都知道，每逢他爱人出差，他由于工作太忙，顾不上做饭，只能和孩子们以方便面为主食，买的新鲜蔬菜也经常顾不上做而干枯；去北京、西安等地开会，他舍不得花时间游览当地名胜古迹，而是一头扎进工厂调查、考察，进行学术研究；凡是在他身边工作过的人都知道，他外出作报告，为了节省时间，多跑几个点，常常白天做报告，晚上坐火车，有时甚至头天下午还在沈阳做报告，而第二天一早就出现在学校课堂上有声有色地给学生讲课了。

有人说，“金钱可衡量一个人”，然而我们却透过这个孔方窥见了一个默默奉献、不图报酬的崭新形象。他带学生到工厂实习做学术报告，从不接受报酬，大连服装机械厂、青岛钢厂给报酬时，他都婉言谢绝了，学生给大连服装机械厂搞标准成本电算化时，他教育学生也没要报酬。近几年，由于他在学术上屡有建树，在会计工作中对社会贡献大，请他讲课、做报告的单位越来越多，许多都是慕名而来，重金相聘，但都被他一一谢绝了。一次，某单位与他联系，利用暑假讲授 25 次课，可得课酬 500 元，这在当时是一笔可观的收入，他拒绝了，却接受了系里安排的外出教学任务，并去抚顺协助财政局召开标准成本制度理论讨论会。还有一次，某单位高薪聘请他讲授经济活动分析课，他却把这个机会让给了一位生活上有困难的青年教师，自己则主动替这位教师承担了函授课。1988 年，某部门请他做学术报告，有关人员想比照以往他讲课时的酬金标准，查阅他从前作报告的付酬底账，竟然没有查到，他们很惊讶，可欧阳清教授却谦虚地说："我做过多次报告，从未拿过酬金，因为我是人民教师理应为人民作点贡献。"另一次，他应邀去沈阳会计师事务所做学术报告，当要付给他酬金时，他诚恳地说："我的学术报告是大家帮助的结果，我个人蹲在家里是写不出来的，今天，我把这份报告奉还给同志们，请大家在实践中检验、论证，这笔酬金就算我交的学费吧！"有的单位对欧阳清教授不收报告酬金，觉得过意不去，就把钱寄到学校，欧阳清教授实在没办法，就把钱交给系里或有关单位，光这类款项，仅 1989—1990 年就上交了 2800 多元。

欧阳清教授惜时如金，但又有求必应。本溪钢铁公司财务部门一位同志担任自学考试班辅导教师，在国庆节期间千里迢迢慕名而来，准备用重金聘请欧阳清教授前去授课，他因学校有课不能前往，就在自己家里帮助这位教师备课，并将课程难点、重点一一讲给这位不曾相识的教师，鼓励他回去给学生讲课。这位教师勇敢地承担了教学任务。不久，他给欧阳老师写来了一封信，上面写着："您在假日期间，牺牲自己，扶植学生，我深受感动，……从您身上我看到了东北财经大学教师的风貌，看到了一代尊师的良苦用心！"

（本文摘自 1991 年 7 月由理工大学出版社出版的《教书育人文集》（经验篇），作者：建桥、智新）

十一、记全国财税系统劳动模范欧阳清教授

事迹之一："内涵扩大再生产"与"知识更新"

内涵扩大再生产就是通过挖潜、革新、改造来提高技术水平，从而实现效率的提高。欧阳清教授在教学生涯中，惜时如金，苦心耕耘，从两鬓斑霜中，我们看到他走的是一条"内涵扩大再生产"的路。

他，坚持理论联系实践，每年抽一、两个月深入工厂调查、研究，并将调查中所得的知识加以研究、整理，形成文字补充教材，充实教学。

他，教学和科研相结合，以科研促教学，既注重于理论研究，又注重于科研项目运用。

他，虽已久负盛名，但仍注重于向同行们学习，吸收国内外先进理论和方法，丰富和充实自己。

他，博览群书，大量参阅文献资料，每次讲课重新修改讲义，讲授最新知识。

由此推出的结论是，时间—效率—知识三位一体，留下的印象是欧阳清教授严谨的治学态度和治学风格。

事迹之二：“机会成本”与“不适宜的决策观”

机会成本是指被放弃的选择所能产生的效益。从会计观点来看，适宜的决策观是所选择项目的效益应大于机会成本，即最佳选择。欧阳清教授深知机会成本的内涵，但我们惊奇地发现，他个人的选择却是“不适宜的决策观”。

他终年奔波，百忙中挤出时间与学生谈心，接待慕名而来的求教者，而自己却不时用方便面充饥，常常掌灯至深夜；婉言谢绝重金相聘，却愉快接受系里安排的外出教学任务，并帮助、指导沈阳、抚顺、本溪等工厂推行成本现代管理方法，从不收取报酬。

这对我们的触动是，对于个人来说，什么是机会成本？个人效益与社会效益如何抉择？

（本文摘自1989年第5期的《财会通讯》，作者：珊晖）

第五部分

清风月影：先生珍贵瞬间[①]

① 本部分由王玉红整理,刘永泽审校。

第一节　清风徐徐——先生成长风采

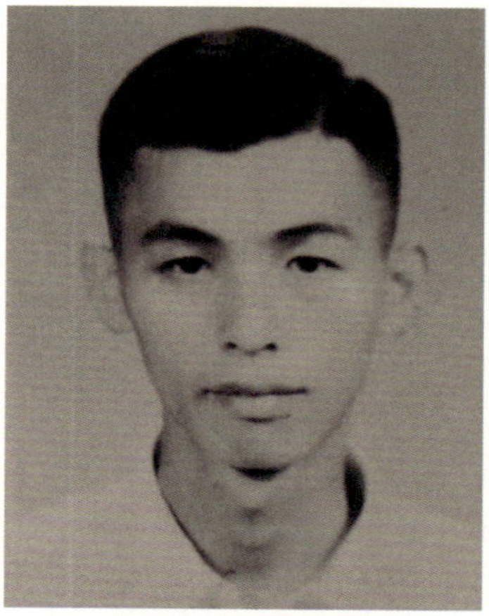

1951 年，先生在复旦大学工商管理系就读时留影（上海）。

1952 年，先生到东北财经学院工作时留影（沈阳）。

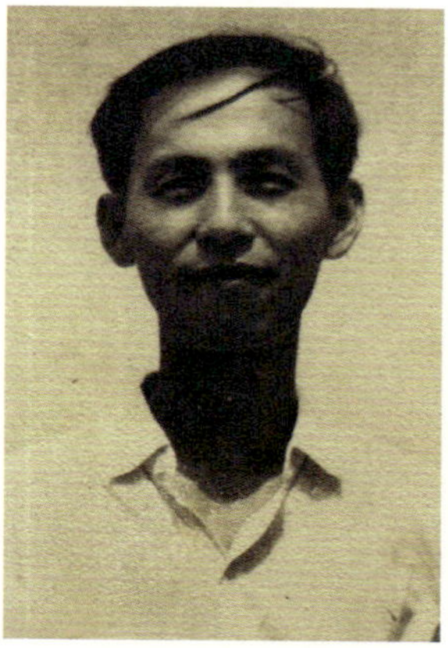

1967 年，先生在辽宁财经学院工作时留影（大连）。

1972 年 2 月，先生在上海做胃出血手术后留影（上海）。

1980 年 3 月，先生晋升副教授（大连）。

1981 年，先生获评“大连市科协积极分子”（大连）。

1986 年，先生晋升教授（大连）。

1989 年 6 月，先生被评为“辽宁省劳动模范”受表彰时留影（大连）。

1991 年 4 月，先生荣获“全国五一劳动奖章”和“全国优秀教育工作者”称号（大连）。

2000 年，先生 70 周岁留影（大连）。

2007 年 2 月，先生在家中（上海）。

2010 年，先生 80 周岁生日（上海）。

2011 年 7 月，先生于建党 90 周年纪念日留影（上海）。

2012 年 12 月，先生参加复旦大学 1952 届工商管理系校友毕业 60 周年返校活动（上海）。

2013 年 9 月，先生在家中（大连）。

2013 年 10 月，先生接受会计口述历史项目组采访（上海）。

2019 年 6 月，先生在上海南京东路书店阅读（上海）。

2021 年 7 月，先生 91 周岁生日（上海）。

第二节　春风沐雨——先生教学风仪

1970 年左右，先生在辽宁财经学院东门家属大院家中工作（大连）。

1975 年 **9** 月，先生到鞍山红旗拖拉机厂看望并指导工会 **74** 级实习学生（鞍山）。

左起：王开栋、王树田、先生、孟华、孙育华。

1977 年 **11** 月，先生与谷祺老师到厦门大学进行师资培训、

课程设置、教材编写等方面交流时留影（厦门）。

1979 年，先生在辽宁财经学院南山家属楼家中备课（大连）。

1983 年 7 月，先生受邀为锦州市冶金局下属企业财务骨干讲授目标成本会计（锦州）。

1986 年，先生为本科生讲授《工业企业经济活动分析研究》课程（大连）。

1987 年 5 月，先生带领 83 级本科生到大连服装机械厂实习（大连）。

1987 年 7 月，先生代表东北财经大学与大连染料厂签订建立教学、科研、社会实践三结合协议书（大连）。

1988 年 6 月，参加 85 级研究生答辩（大连）。左起王盛祥、张杜中、先生、沈其煜。

1989 年 7 月，参加 1985 级、1986 级研究生班学位论文答辩后集体合影（大连）。第一排（导师和答辩委员）左起：宫桤、邓延芳、谷祺、魏振雄、张柱中、王盛祥、先生、沈其煜；第二排（学生及答辩秘书）左起：夏博辉、吴大军、万寿义、陈国辉、赵燕、孙坤、刘淑莲、傅荣。

1989 年 12 月，参加 1987 级研究生学位论文答辩（大连）。第一排（导师与答辩委员）左起：先生、王平、谷祺、夏乐书；第二排（学生）左起：邵良志、王福胜和林荔红。

1991 年 6 月，先生在学校教学楼前留影（大连）。

1995 年 8 月，先生应邀为中国人民银行总行录制“企业经济活动分析”课程时与工作人员留影（北京）。

1998 年 7 月，先生和孙坤（前排右）作为最受毕业生欢迎的教师参加学生毕业典礼（大连）。

2002 年，先生与所教授的最后一批全日制研究生（会计 2002 级 1 班）合影（大连）。

2003 年，先生受聘担任福州大学管理学院兼职教授（福州）。

第三节 皓月当空——先生学术风姿

1983 年 7 月，先生为锦州市冶金局做“标准成本的理论与实践”学术报告（锦州）。

1983 年 7 月，先生参加黑龙江省科技学会会议与熊明钧留影（哈尔滨）。

1984 年 11 月，先生参加中国电子工业会计学会的学术交流（成都）。

1986 年 8 月，先生在抚顺大伙房水库罗台山庄出席辽宁省会计学会、辽宁省成本研究会组织的“成本改革研讨会”（抚顺）。前排分别是沈广镕（左 1），田文珍（左 2），潘恒辉（左 6），王文元（右 2）；后排吕万太（左 1），陈福义（左 2），刘永泽（左 4）、先生（右 1）。

1987 年 **3** 月，先生（前排左 **4**）出席辽宁省机械工业会计学会第二届第二次常务理事会（鞍山）。

1987 年 **6** 月，先生在抚顺石油二厂做目标成本管理应用状况调研，并做学术报告（抚顺）。

1987 年 10 月，先生出席辽宁省成本研究会理论研究会并做学术报告（沈阳）。

1988 年 5 月，先生出席中国成本研究会第三届理事会暨学术理论讨论会并做学术报告（青岛）。

1989 年 11 月，先生在大连市首届会计知识大赛总结及表彰大会上致辞（大连）。

1990 年 8 月，先生（前排左 6）出席全国高等财经院校财会教学改革研讨会第二届年会（厦门）。

1990 年 8 月，先生（前排左 5）出席中国中青年财务成本研究会鞍山支会成立暨全体会员合影留念（鞍山）。

1990 年 12 月，先生（左 8）应邀担任辽宁省首届会计知识大赛评委（沈阳）。

1991 年 **5** 月，先生在凌源钢铁厂参加省机械工业厅组织的班组经济活动分析研讨会（凌源）。左起：季秉学、先生、方丹妮、张生权。

1991 年 **11** 月，先生（前排左 **4**）出席辽宁省机械工业 **1991** 年财务工作、会计学会会议合影留念（铁岭）。

1993 年 1 月，先生出席辽宁省会计学会第五次、成本研究会第三次会员代表大会并致开幕词（辽阳）。

1993 年 9 月，先生应邀为“财务会计改革理论与实务研讨班”做专题报告（大连）。

1997 年 7 月，先生（后排右 4）出席全国财政系统专家座谈会（延安）。

1997 年 **8** 月，先生应邀到朝阳工程机械有限公司进行成本诊断（朝阳）。左起：李文旭、万寿义、先生、于凡等。

1999 年，先生（前排右 **1**）与《会计大典》编委合留影（北京）。

2002 年 **6** 月，先生应邀参加“加入 **WTO** 对中国企业的影响”高层研讨会暨中国成本研究会 **2002** 年年会（无锡）。左起：张树宏、薛清梅、樊清玉、先生、张先治、刘明辉。

2008 年 **5** 月，先生到扬州亚星实地调研德企成本管理实践（扬州）。左起：张明燕、先生及师母、杨雄胜、李志光。

2010 年 5 月，先生在湖北襄阳考察东风李尔襄阳工厂时给财务管理人员签名送书时留影（襄阳）。

第四节　满庭芳香——先生桃李成蹊

2001 年，先生及师母在家里招待在校弟子 1999 级和 2000 级会计学专业研究生（大连）。左起：唐丽茹、郭涛、先生及师母、刁志波和杨海英。

2002 年，部分会计学专业研究生及家属看望先生（上海）。前排左起：曹利、先生、孔庆春夫人、杨云飞夫人；后排左起：孔庆春和杨云飞。

2006 年 12 月，先生和部分弟子相聚（大连）。左起：刘继伟、陈文铭、杨海英、刘明辉、张先治、先生、陈友邦、秦志敏、陈岩和王玉红。

2007 年 2 月，弟子 1998 级会计学专业研究生杨云飞看望先生（上海）。

2007 年 10 月，先生和部分学生聚会（大连）。前排左起：刘明辉、刘永泽、先生、张先治、陈友邦；后排左起：唐丽茹、杨海英、陈岩、王玉红、陈文铭。

2008 年 9 月，先生受邀参加工会 1974 级师生联谊会时留影（沈阳）。

2009 年春节，部分学生及家属看望先生（上海）。前排左起：曹利、杨云飞夫人、先生、孔庆春夫人、孔繁国夫人；后排左起：孔庆春、孔繁国、陈福义、杨云飞。

2010 年 4 月，部分学生看望先生（上海）。左起：胡仁昱、曹利、先生及师母、陈文铭和孙光国。

2010 年 8 月，先生和部分学生聚会（大连）。第一排左起：陈友邦、刘永泽、先生、毛岩亮、张先治；第二排左起：孙光国、陈文铭、刘继伟、秦志敏、王玉红、孙旭春。

2010 年 8 月，先生与弟子 1982 级会计学专业研究生毛岩亮、78－1 班本科生孟慧卿留影（大连）。

2011 年 8 月，1984 级会计学专业研究生谢军容看望先生及师母（大连）。

2013 年 9 月，先生与工会 74－1 班孟华、王树田夫妇留影（大连）。

2013 年 9 月，部分弟子看望先生（大连）。左起：王玉红、秦志敏、先生及师母、张先治。

2014 年 9 月教师节，先生和部分学生聚会（大连）。第一排左起：陈友邦、韩岩、先生、刘永泽；第二排左起：陈文铭、刘继伟、张先治、秦志敏、王玉红。

2015 年，弟子 1996 级会计学专业研究生陈岩看望先生（上海）。

2016 年，工会 1974 级本科生董大胜看望先生及师母（上海）。

2017 年，1999 级会计学专业研究生杜莹和刘立国夫妇（左右）探望先生及师母（上海）。

2017 年 9 月，先生和部分学生聚会（大连）。前排左起：张先治、先生及师母、陈友邦、陈文铭、牛彦秀；后排左起：王玉红、刘继伟、朱长忠、万寿义、孙坤、傅荣、秦志敏。

2018 年 6 月，部分学生及家属看望先生（上海）。后排左起：孔繁国夫妇、陈玲夫妇、李连军夫妇。

2018 年 10 月，先生给学生赠书（福州）。左起：先生、胡建雄、郑季恒。

2018 年 8 月，先生和部分学生聚会（大连）。后排左起：刘继伟、牛彦秀、傅丹、秦志敏、陈友邦、王玉红。

2018 年 9 月，弟子郭涛探望先生（上海），先生很开心并赠送签名的回忆录。

2018 年 12 月，部分学生看望先生（上海）。左起：王玉红、郭永清、先生、秦志敏、常颖。

2019 年 7 月，1987 级会计本科生孙旭春看望先生（大连）。

2019 年 9 月，先生与工会 1977 级本科生傅荣（左 1）、弟子唐丽茹留影（大连）。

2019 年 9 月，先生赠书给前来看望的 2015 级会计学专业研究生公言磊和刘慧影（大连）。

2019 年 11 月，部分学生看望先生（上海）。前排左起：刘永泽、先生、韩岩；后排左起：胡仁昱、陈文铭夫妇、邵良志。

2019 年 11 月，郑季恒看望先生（上海）。

第五节　清风高谊——先生友谊合照

1984 年，先生与会计系同事留影（大连）。左起：夏乐书、沈琪煜、刘淑莲、俞机先、王卫平、先生。

1986 年 8 月，先生与辽宁大学王文元教授（右）留影（大连）。

1988 年 7 月，调到福州大学的侯文铿教授回学校时留影（大连）。左起：王佩苓、吴公正、邓延芳、汪祥春、侯文铿和先生。

1991 年 5 月，先生出席大连市各界人民庆祝五一国际劳动节及颁奖会，与校工会主席陈和新留影（大连）。

1990 年 3 月，先生（左 4）参加辽宁省工会第六次代表大会（沈阳）。

1996 年 12 月，先生与老师陈奋教授相聚（台北）。

1996 年 12 月，先生与福建省立高级商业职业学校校友留影（台北）。

1996 年 12 月，先生回福州参加校庆时在福州大学与侯文铿留影（福州）。

1998 年 10 月，先生与校内外老师留影（大连）。左起：先生、阎德玉、裘宗舜、刘永泽、谷祺、罗飞、林万祥。

2001 年，先生（前排左 3）与会计教研室同事留影（大连）。

2008 年 5 月，先生及师母（前后排中间）与小学同学在 71 年后相聚（上海）。前后排左为杨望松夫妇，前后排右为吴省白夫妇。

2010 年 5 月，先生与初中同学、挚友吴鸿基（左 1）相会（襄樊）。

2012 年 12 月，先生（第二排左 4）参加复旦大学 1952 届工商管理系校友毕业六十周年返校纪念活动（上海）。

2013 年 10 月，先生接受会计口述历史项目组采访（上海）。左起：童方磊、先生、沈锋。

2016 年 9 月，先生及师母（右侧）与邻居宋老师夫妇（左侧）留影（大连）。

2017 年 5 月，先生与 1952 年一同分配到东北财经学院任教的林继肯教授（右 1）、邓延芳教授（中）留影（大连）。

2017 年 7 月，先生登门探望杨惠城老师（大连）。

2017 年 8 月，先生与东财原财政系老教师江月辉（左一）、王天柱（右一）聚会合影（大连）。

2018 年 6 月，先生与好朋友王礼溥及夫人留影（上海）。

第六节　林下清风——先生亲密时刻

1937年，先生（右**1**）与父母、姐姐欧阳冬光（左**1**）、哥哥欧阳宗商（左**3**）留影（上海）。

1946年前后，先生与父母、兄弟姐妹留影（上海）。前排左起：母亲张宛冬、弟弟欧阳宗健、父亲欧阳崐；后排左起：大妹欧阳素光、先生、大姐欧阳冬光、哥哥欧阳宗商、二妹欧阳维懿。

1955 年，先生与爱人邵爱琴留影（大连）。

1956 年 3 月，先生与夫人邵爱琴登记结婚（大连）。

1966 年春节，先生与父母、兄弟姐妹及晚辈的全家福（上海）。第一排左起：大妹的小女儿、先生的儿子、大姐的小女儿、先生的大女儿；第二排左起：大妹的儿子、先生及师母、母亲张宛冬、大姐的二女儿、父亲欧阳岷、大姐夫妇、大妹的大女儿；第三排左起：大姐的大女儿、二妹夫妇、哥哥欧阳宗商、大妹夫妇、弟弟夫妇。

1996 年 2 月，先生及师母在家中（大连）。

1996年8月，先生及师母与家人（大连）。左起：儿媳牛彦秀、夫人邵爱琴、小女儿欧阳静、孙女欧阳安琪、先生、大女儿欧阳宁、儿子欧阳祖浩。

1999年2月，先生及师母旅游时留影（泰国）。

2002 年，先生及师母在家中（上海）。

2003 年，先生及师母旅游时留影（琼海）。

2004 年 **5** 月，先生及师母在家中（大连）。

2005 年 **7** 月，先生及师母和儿子全家（大连）。后排左起：儿媳牛彦秀、儿子欧阳祖浩、孙女欧阳安琪。

2009 年 2 月，先生为夫人祝贺 78 岁生日（上海）。

2010 年 5 月，先生及师母在南京将军山（南京）。

2010 年，先生及师母与家人（大连）。前排左起：孙女、先生及师母、儿子；后排左起：大女儿夫妇、儿媳。

2012 年，先生及师母在家中（上海）。

2012 年 12 月，先生及师母返校参加复旦大学毕业 60 周年纪念活动参观中华艺术馆（上海）。

2013 年 9 月，先生及师母在小平岛海边（大连）。

2014 年 7 月，先生及师母留影（大连）。

2015 年 1 月，先生及师母在家中喜迎春节（上海）。

2016 年，先生及师母参加业主捐助物业时留影（上海）。

2016 年 2 月，先生为夫人祝贺八十五岁生日（上海）。

2017 年，先生及师母与家人（上海）。左起：儿媳、先生、外孙、夫人。

2019 年春节前夕，先生和大女儿欧阳宁在家中（上海）。

第七节　清风朗月——先生休闲时光

1986 年 8 月，先生于抚顺大伙房水库罗台山庄（抚顺）。

1996 年 5 月，先生于庐山（庐山）。

2002 年 5 月，先生于峨眉山（四川）。

2010 年 5 月，先生于湖北武当山（十堰）。

2010 年 5 月，先生于古隆中（襄阳）。

2011 年 9 月，先生于星海湾广场“大连百年纪念城雕”寻找自己的足印（大连）。

2012 年 9 月，先生于金石滩国家地质公园（大连）。

2015 年 8 月，先生于地铁站（上海）。

2017 年 8 月，先生于东北财经大学校园（大连）。

2018 年 **10** 月，先生和大女儿回故乡省亲于罗星塔公园（福州）。左起：胡建雄、先生、郑季恒、欧阳宁。

2018 年 **11** 月，先生回老宅出生地福州市三坊七巷衣锦坊（福州）。

2018 年 11 月，先生于上海豫园（上海）。

2019 年 5 月，先生于家中喝下午茶（上海）

2019 年 6 月，先生于上海外滩（上海）。

2019 年 8 月，先生与中山公园好声音团队团长合影（大连）。

2020 年国庆节，先生于上海鲁迅公园（上海）。